2차 면접대비

청소년상담사
2급 한권으로 끝내기

시대에듀

2025 시대에듀 청소년상담사 2급 2차 면접대비

Always with you

사람의 인연은 길에서 우연하게 만나거나 함께 살아가는 것만을 의미하지는 않습니다.
책을 펴내는 출판사와 그 책을 읽는 독자의 만남도 소중한 인연입니다.
시대에듀는 항상 독자의 마음을 헤아리기 위해 노력하고 있습니다.
늘 독자와 함께하겠습니다.

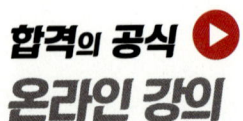  

보다 깊이 있는 학습을 원하는 수험생들을 위한
시대에듀의 동영상 강의가 준비되어 있습니다.
www.sdedu.co.kr ➔ 회원가입(로그인) ➔ 청소년상담사 2급

머리말

그토록 어려운 2급 1차 필기시험에 합격하신 것을 우선 진심으로 축하드립니다. 2급 필기시험에 합격하기 위하여 그동안 너무나 힘들게 노력하고 애쓰며 공부하신 결과 마침내 필기시험 합격의 영광을 얻으셨습니다. 1차 필기시험에 이어 2차 면접시험도 별다른 어려움 없이 합격하시어 청소년상담사 2급 자격증을 취득하시기를 간절히 기원합니다.

"어떻게 하면 존경받는 완벽한 상담사가 될 수 있을까?"라는 고민은 상담사라면 누구나 한 번쯤 하게 되는 고민일 것입니다. 내담자 청소년이 각양각색의 특징과 상황, 여건을 가지고 여러분들 앞에 앉기 때문에 상담에는 정답이 없으며, 호소문제를 직접적으로 해소하는 식의 간단한 대처방법도 정답은 아닙니다. 각기 다른 성장환경, 부모의 양육방식 그리고 현재에 처한 문제와 상황, 내담자의 다양한 성격, 정서, 태도와 행동으로 인하여 겉으로 똑같은 문제라 하더라도 내담자 특성에 따라 상담자가 개입하는 방법이 천차만별인 것이 현실입니다. 그래서 상담을 오래 한 저 역시 상담 중에 좌절감을 느끼기도 하고 매 순간 새로운 도전을 맞닥뜨리기도 합니다.

그러나 저는 청소년의 문제유형에 따라 기본적인 상담개입 전략이 있다고 믿고 있으며 이를 정립해 보려고 상담 일선에서 무척 노력하였습니다. 상담에는 정답이 없지만 최소한 이 책에서 기술하는 바와 같이 '면접관이 머리를 끄덕일 정도의 답변'을 찾아 여러분에게 제공하기 위해 이 책을 만들었습니다. 10년이 넘는 청소년상담 경험을 통해 얻은 여러 가지 지식과 경험, 이론적인 학습, 현장에서 적용한 상담기법 등을 종합하여 가장 보편적이고 일반적인 방법을 기술하였습니다.

이 책에서 소개되는 사례들은 제가 청소년상담을 하면서 오랫동안 축적된 경험과 지식을 바탕으로 하여 만들어 낸 것과 주위에서 일어나는 사례들을 포함하였습니다. 기출사례들은 해마다 2급 응시 수험생들이 면접시험 후 인터넷에 게시하는 면접후기를 참고하였습니다. 수험생에게 개별적으로 특별히 부탁하여 재생하여 만들었으며, 가능한 한 기출제된 사례를 원문과 가깝게 복원하였습니다. 사례 이외에 면접관들이 현장에서 질문한 사항들은 이 책의 해당 사례에 적절히 배분하여 매년 반영, 보완하고 있습니다.

이 책이 나오기까지 여러 사례에 대해 여러 모로 도와주시고 조언을 아끼지 않으신 시대에듀에 무한한 감사를 드립니다. 장차 상담 각 분야에서 뛰어난 상담가로 활약하실 수험생 여러분의 무궁한 건승을 빕니다. 감사합니다.

저자 문두식

이 책의 구성과 특징 STRUCTURES

청소년상담사 윤리강령

청소년상담사 윤리강령은 청소년상담사 2급 필기시험과 면접시험, 현장에서도 숙지하여야 하는 기본 내용입니다. 이러한 청소년상담사 윤리강령을 면접을 대비하며 한 번 더 찾아보지 않아도 되도록 가이드에 수록하여, 언제든지 쉽게 읽어보실 수 있도록 하였습니다.

윤리강령 DOCTRINE

- **청소년 사이버상담**
  1. 사이버상담에서의 정보 관리
     ㉠ 운영 특성상, 한 명의 내담자가 여러 명의 사이버상담자를 만나게 되는 경우 상담자들 간에 정보를 공유할 수 있음을 내담자에게 알린다.
     ㉡ 사이버상담 운영기관에서는 이용자가 다른 사람의 신분을 도용하지 않도록 절차를 마련해야 한다.
  2. 사이버상담에서의 책임
     ㉠ 사이버상담자는 만약에 있을지 모르는 ... 을 가지고 있어야 한다.
     ㉡ 사이버상담이 내담자에게 부적절하다 ... 를 하여야 한다.

- **지역사회 참여 및 제도 개선에 ...**
  1. 지역사회를 돕는 전문가 역할
     ㉠ 청소년상담사는 경제적 이득이 없는 ... 과 협력하고 사회공익을 위해 전문적 ...
     ㉡ 청소년상담사는 내담자가 다른 정신건강 ... 가와 긍정적이고 협력적인 관계를 맺는 ...
  2. 제도 개선 노력
     ㉠ 청소년상담사는 청소년 및 복지관련 ...
     ㉡ 청소년상담사는 자문을 요청한 내담자 ...

- **상담기관 설립 및 운영**
  1. 상담기관 운영자의 역할
     ㉠ 청소년 상담기관을 운영하고자 할 경우 ...
     ㉡ 상담기관 운영자는 직원이나 학생, 수 ... 는 안 된다.
     ㉢ 상담기관 운영자는 자신과 현재 종사 ...
     ㉣ 상담비용은 내담자의 재정 상태 등을 ...
     ㉤ 상담기관 운영자는 직원 채용 시 자격 ...
  2. 상담기관 종사자의 역할
     ㉠ 청소년상담사는 자신이 종사하는 기관 ... 야 한다.
     ㉡ 청소년상담사는 고용기관에 손해를 끼 ... 미리 알려주어야 한다.

윤리강령 DOCTRINE

청소년상담사는 청소년의 인지, 정서, 행동, 발달을 조력하는 유일한 상담전문 국가자격증이다. 청소년상담사는 항상 청소년과 그 주변인들에게 인간으로서의 존엄성을 높이고자 노력하고, 청소년이 스스로 결정할 수 있도록 도와주며, 청소년의 아픔과 슬픔에 대해 청소년상담사로서의 책임을 다한다. 청소년상담사는 청소년이 사랑하는 가족, 이웃과 더불어 행복하게 살아갈 수 있도록 지원하기 위해 다음과 같이 윤리규정을 숙지하고 준수할 것을 다짐한다.

- **제정 목적**
  1. 청소년상담사의 책임과 의무를 분명하게 제시하여 내담자를 보호한다.
  2. 청소년상담사가 직무 중에 발생하는 문제를 처리할 수 있는 기준을 제공한다.
  3. 청소년상담사의 활동이 전문직으로서의 상담의 기능 및 목적에 저촉되지 않도록 기준을 제공한다.
  4. 청소년상담사의 활동이 지역사회의 도덕적 기대에 부합하도록 준거를 제공한다.
  5. 대한민국 청소년들의 건강·성장을 책임지는 전문가로서의 청소년상담사를 보호하는 기준을 제공한다.

- **청소년상담사로서의 전문적 자세**
  1. 전문가로서의 책임
     ㉠ 청소년상담사는 청소년기본법에 따라 청소년의 권리와 책임을 다 할 수 있게 지원해야 한다.
     ㉡ 청소년상담사는 자기의 능력 및 기법의 한계를 인식하고, 전문적 기준에 위배되는 활동을 하지 않도록 한다.
     ㉢ 청소년상담사는 검증되지 않고 훈련 받지 않은 상담기법의 오·남용을 하지 않도록 유의한다.
     ㉣ 청소년상담사는 청소년과 관련된 정책·규칙·법규에 대해 정통해야 하고, 청소년 내담자를 보호하며 청소년 내담자가 최선의 발달을 이루도록 노력해야 한다.
  2. 품위유지 의무
     ㉠ 청소년상담사는 전문상담자로서 품위를 손상하는 행위를 하지 않는다.
     ㉡ 청소년상담사는 현행법을 우선적으로 준수하되, 윤리강령이 보다 엄격한 기준을 설정하고 있다면, 윤리강령을 따른다.
     ㉢ 청소년상담사는 상담적 배임행위(내담자 유기, 동의를 받지 않은 사례 활용 등)를 하지 않는다.

면접상황 준비

면접진행의 개괄과 기본적으로 면접 준비를 위해 대비하여야 하는 사항을 총정리하였습니다. 본격적인 면접 준비 전 가볍게 읽어보면서 면접대비에 유용한 팁들을 확인할 수 있습니다. 이를 통해 실전의 낯선 상황에서도 당황하지 않고 본인의 능력을 100% 끌어낼 수 있습니다.

이 책의 구성과 특징 STRUCTURES

면접관 현장질문 대비

면접시험에서 수험생들에게 주어지는 질문과 상황을 모아서 구성하였습니다. 일부 문제는 블로그, 수험생 모임카페, 합격후기 등에 복원된 문제를 본 파트의 목적에 맞게 재구성하였습니다. 현직 전문상담사의 모범답변을 참고하면서 자신만의 답안을 만들어 나가시길 바랍니다.

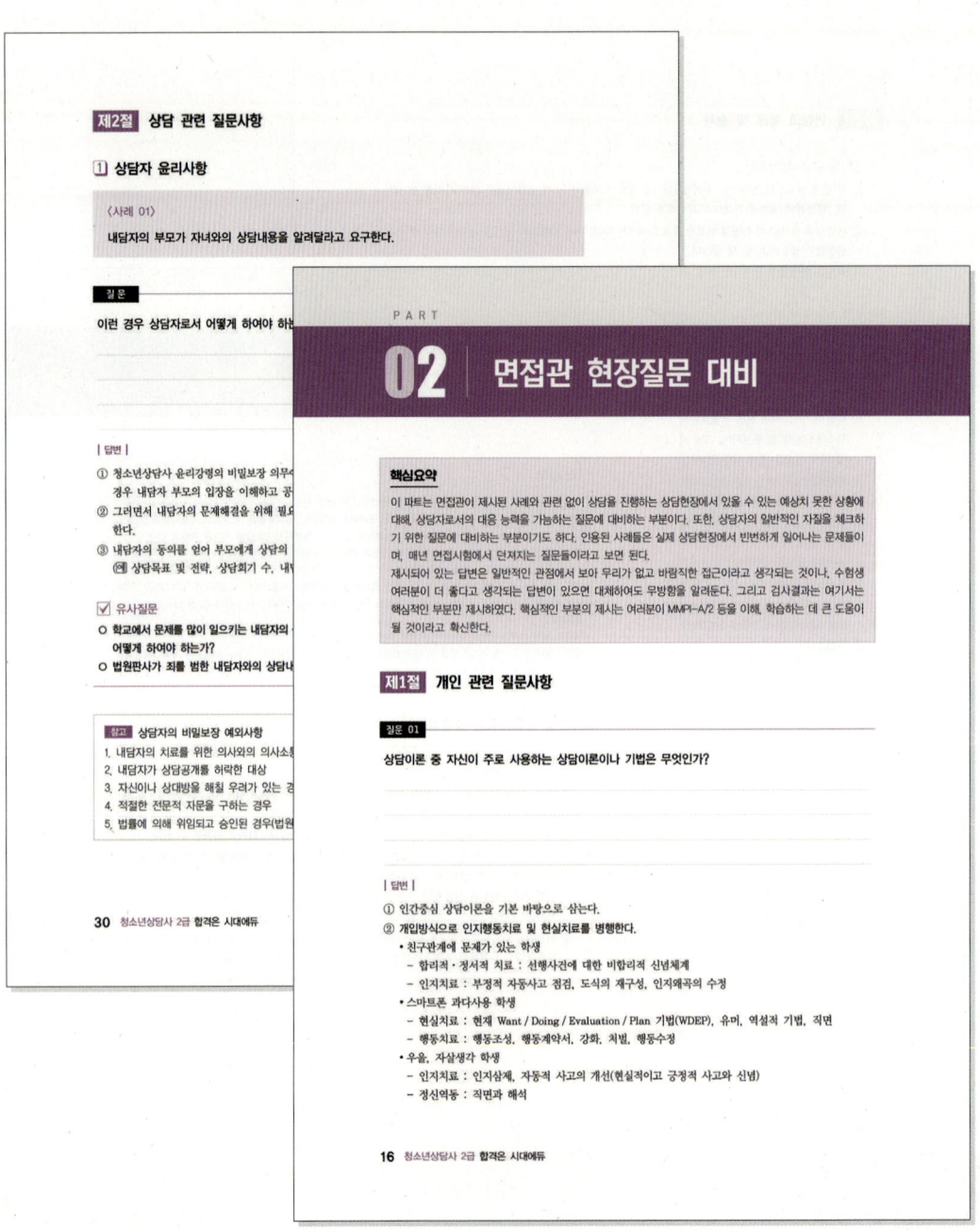

합격의 공식 Formula of pass | 시대에듀 www.sdedu.co.kr

제시된 사례질문 대비

면접시험에서는 제시된 사례에서 청소년의 문제행동과 원인을 단 10분 안에 파악하여야 합니다. 주어진 짧은 시간 안에 전략적으로 면접을 대비하실 수 있도록, 블로그나 수험생 모임카페, 합격후기 등에 게시된 사례를 5개의 주요한 청소년 문제 분야로 나누어 총 30개의 사례로 수록하였습니다.

이 책의 구성과 특징 STRUCTURES

2급 기출사례 익히기

2016년 14회부터 2024년 23회까지 2급 면접시험에서 실제 제시된 사례들과 질문을 재구성하여 실었습니다. 사례와 질문들은 면접시험 경험자들의 복원을 바탕으로 만들어진 것이기 때문에 실제와는 약간 차이가 있을 수 있으나, 수험생 여러분이 면접시험을 준비하는 데 많은 도움을 줄 것이라고 생각합니다. 다른 사례에서 중복 출제된 질문을 생략하고 각 사례별 3~4개의 질문으로 알차게 구성하였습니다.

실전 모의면접

총 20가지 상황을 통하여 수험생 여러분이 실제 면접과 동일하게 연습해 볼 수 있도록 모의면접 장면을 구성하였습니다. 해당 사례들은 면접 당일에 수험생에게 주어지는 사례와 그에 따른 5~6개의 질문을 받는 상황을 반영하였습니다. 실제로 답안을 현출하는 연습을 하신다면 면접장에서 그 노력이 빛을 발하리라 확신합니다.

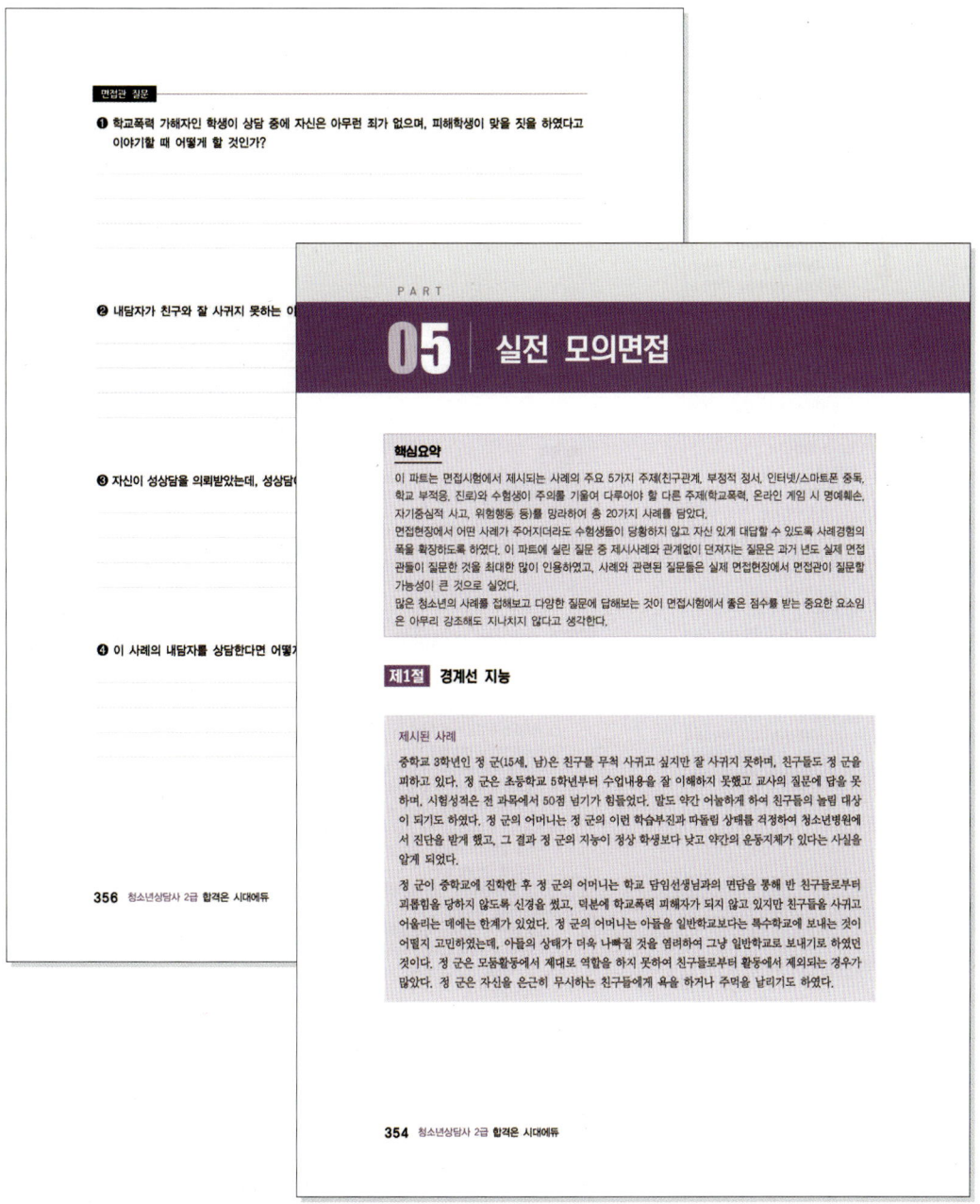

이 책의 구성과 특징 STRUCTURES

면접자료

청소년상담사로서 반드시 알아야 할 청소년 문제유형별 상담개입전략과 위험행동에 대한 지식, 청소년상담과 관련 제도 및 기구들을 정리, 수록하였습니다. 부록까지 꼼꼼하게 학습하시면, 청소년상담사 2급 2차 면접시험도 무난히 합격할 수 있을 것입니다. 예상 못 한 질문에도 수월하게 답변하실 수 있도록 시험 직전까지 틈틈이 학습하시기 바랍니다.

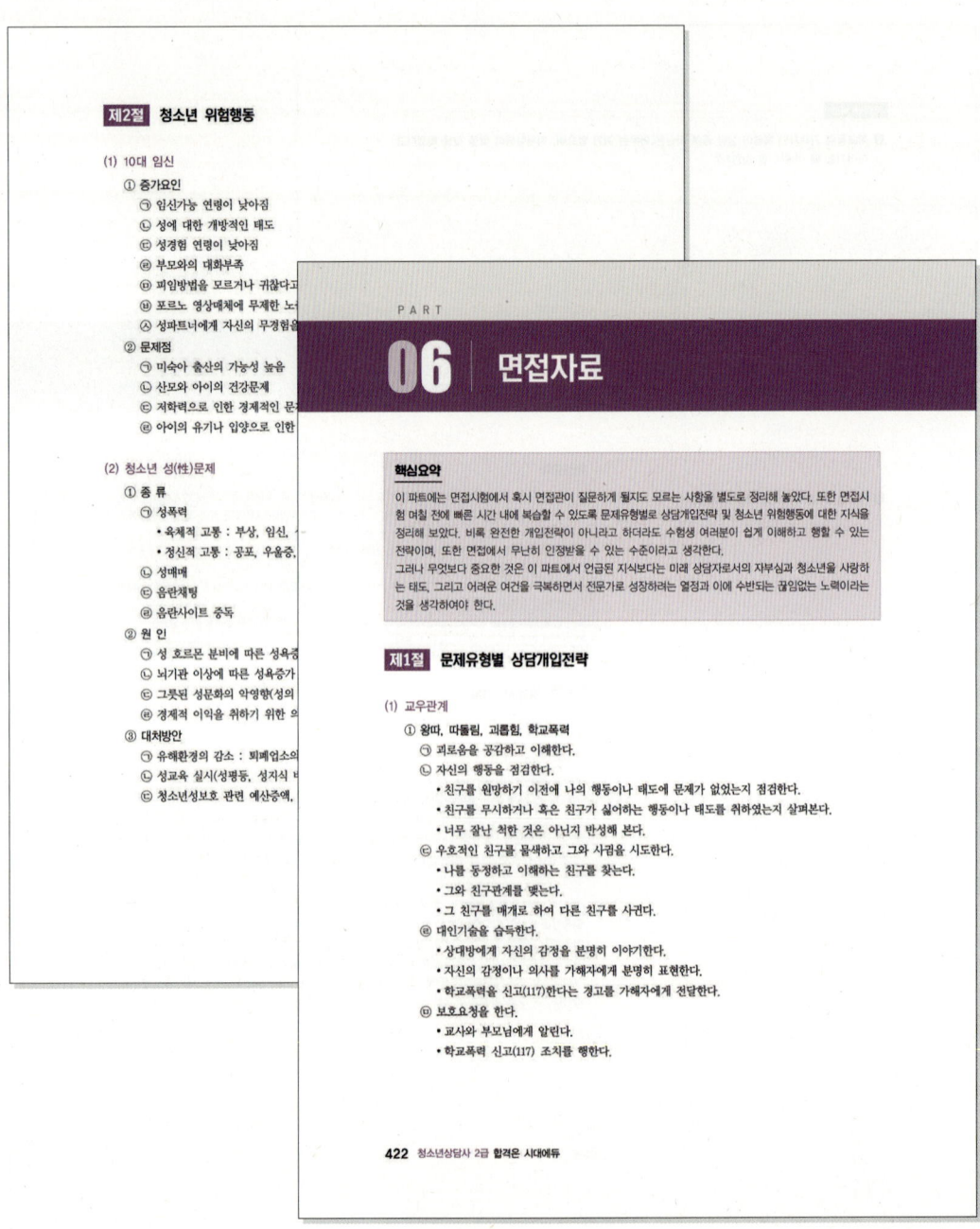

시험안내 INFORMATION

○ 주최 · 주관기관
- 여성가족부 : 정책수립
- 한국산업인력공단 : 필기시험, 면접시험, 응시자격서류 심사
- 한국청소년상담복지개발원 : 자격시험 연수, 자격증 교부

○ 2025년 시험일정

회 차	원서접수	빈자리 접수	필기시험	필기합격자 발표일	면접접수	면접시험	면접합격자 발표일
24회	7.21(월)~ 7.25(금)	9.4(목)~ 9.5(금)	9.13(토)	10.22(수)	11.3(월)~ 11.7(금)	11.24(월)~ 11.29(금)	12.24(수)

※ 시험일정은 변경될 수 있으니, 반드시 해당 홈페이지를 확인하시기 바랍니다(www.q-net.or.kr/site/sangdamsa).
※ 2025년도 국가자격시험 시행일정 사전공고를 바탕으로 작성되었습니다.
※ 필기시험 정답은 www.q-net.or.kr/site/sangdamsa에서 "합격자발표 〉 가답안/최종정답공개"에서 확인할 수 있습니다.

○ 최근 5개년 2차 면접시험 합격률(2급)

구 분	2020년	2021년	2022년	2023년	2024년
응시자(명)	2,191	3,052	2,136	2,375	3,996
합격자(명)	1,714	2,568	1,736	1,959	3,041
합격률(%)	78.28	84.14	81.27	82.48	76.10

※ 위 통계는 면접시험 합격자 수입니다. 최종합격은 경력서류 심사에서 합격하여야 합니다.
※ 큐넷 청소년상담사 홈페이지 자료에 따른 내용으로 수치에 오차가 있을 수 있습니다.

시험안내 INFORMATION

◯ 면접관 평가기준표

평가항목	배점	합격	불합격
청소년상담사로서의 가치관 및 정신자세	5점	면접관 3명의 점수평균이 15점 이상일 때 (25점 만점)	• 면접관 3명의 점수평균이 15점 미만일 때 • 면접관 과반수(3명 중 2명 이상)가 5개 항목 중 어느 하나의 평가사항에 대해 "하"(1점)로 평점하였을 때 평균점수와 관계없이 불합격 처리
청소년상담을 위한 전문적 지식 및 수련의 정도	5점		
예의, 품행, 성실성	5점		
의사표현의 정확성과 논리성	5점		
창의력, 판단력, 지도력	5점		
총점	25점	평균 15점 이상	평균 15점 미만

◯ 면접시험 대상 및 고사장 안내

- **대상** : 필기시험 합격예정자 중 응시자격 증빙서류 심사 합격자/면접시험 재응시자
- **방법 및 장소** : 응시자격 증빙서류 심사 합격자 발표 시 공고
  ※ 면접시험 원서접수 전 선착순에 따라 본인이 일시 및 장소를 사전에 선택하여 접수(원서접수 마감 후에는 변경 불가)
- **면접수험표 지참 필수** : q-net.or.kr/site/sangdamsa → 마이페이지에서 출력

◯ 면접시험 합격자 공고

- **방법** : 한국청소년상담복지개발원 홈페이지, 한국산업인력공단 홈페이지에서 공고
- **재응시 규정** : 면접시험에 불합격하였을 경우, 다음 회(차기 1회)의 시험에 한하여 필기시험, 서류심사 면제(공단에 제출한 경우 법령이 개정되기 전까지 계속 인정)
- **합격자 공고** : 한국산업인력공단 청소년상담사 홈페이지(q-net.or.kr/site/sangdamsa)에서 '합격자 발표' → '합격자 발표조회', ARS (1666-0100)

◯ 문의 · 안내

- **원서접수/필기시험/응시자격/면접시험**
  한국산업인력공단 HRD 고객센터 : 1644-8000, 인터넷 홈페이지(q-net.or.kr/site/sangdamsa)
- **자격연수/자격증 교부 관련**
  한국청소년상담복지개발원 자격연수팀 : 051-662-3103/3104, 인터넷 홈페이지(www.youthcounselor.or.kr)

윤리강령 DOCTRINE

청소년상담사는 청소년의 인지, 정서, 행동, 발달을 조력하는 유일한 상담전문 국가자격증이다. 청소년상담사는 항상 청소년과 그 주변인들에게 인간으로서의 존엄성을 높이고자 노력하고, 청소년이 스스로 결정할 수 있도록 도와주며, 청소년의 아픔과 슬픔에 대해 청소년상담사로서의 책임을 다한다. 청소년상담사는 청소년이 사랑하는 가족, 이웃과 더불어 행복하게 살아갈 수 있도록 지원하기 위해 다음과 같이 윤리규정을 숙지하고 준수할 것을 다짐한다.

◯ 제정 목적
1. 청소년상담사의 책임과 의무를 분명하게 제시하여 내담자를 보호한다.
2. 청소년상담사가 직무 중에 발생하는 문제를 처리할 수 있는 기준을 제공한다.
3. 청소년상담사의 활동이 전문직으로서의 상담의 기능 및 목적에 저촉되지 않도록 기준을 제공한다.
4. 청소년상담사의 활동이 지역사회의 도덕적 기대에 부합하도록 준거를 제공한다.
5. 대한민국 청소년들의 건강·성장을 책임지는 전문가로서의 청소년상담사를 보호하는 기준을 제공한다.

◯ 청소년상담사로서의 전문적 자세

1. 전문가로서의 책임
㉠ 청소년상담사는 청소년기본법에 따라 청소년의 권리와 책임을 다 할 수 있게 지원해야 한다.
㉡ 청소년상담사는 자기의 능력 및 기법의 한계를 인식하고, 전문적 기준에 위배되는 활동을 하지 않도록 한다.
㉢ 청소년상담사는 검증되지 않고 훈련 받지 않은 상담기법의 오·남용을 하지 않도록 유의한다.
㉣ 청소년상담사는 청소년과 관련된 정책·규칙·법규에 대해 정통해야 하고, 청소년 내담자를 보호하며 청소년 내담자가 최선의 발달을 이루도록 노력해야 한다.

2. 품위유지 의무
㉠ 청소년상담사는 전문상담자로서 품위를 손상하는 행위를 하지 않는다.
㉡ 청소년상담사는 현행법을 우선적으로 준수하되, 윤리강령이 보다 엄격한 기준을 설정하고 있다면, 윤리강령을 따른다.
㉢ 청소년상담사는 상담적 배임행위(내담자 유기, 동의를 받지 않은 사례 활용 등)를 하지 않는다.

윤리강령 DOCTRINE

❸ 보수교육 및 전문성 함양
㉠ 청소년상담사는 자신의 전문성을 유지·향상시키기 위해 법적으로 정해진 보수교육에 반드시 참여한다.
㉡ 청소년상담사는 다양한 사람들을 상담함에 있어 상담에 필요한 이론적 지식과 전문적 상담 및 연구능력을 향상시키기 위해 교육, 자문, 훈련 등 지속적인 노력을 기울여야 한다.

○ 내담자의 복지

❶ 내담자의 권리와 보호
㉠ 청소년상담사는 내담자의 복지를 증진하고 존엄성을 존중하는 것에 최우선 가치를 둔다.
㉡ 청소년상담사는 내담자가 상담 계획에 참여할 권리, 상담을 거부하거나 개입방식의 변경을 거부할 권리, 거부에 따른 결과를 고지 받을 권리, 자신의 상담 관련 자료를 복사 또는 열람할 수 있는 권리 등을 보장해주어야 한다. 단, 기록물에 대한 복사 및 열람이 내담자에게 해악을 끼친다고 판단될 경우 내담자의 기록물 복사 및 열람을 제한할 수 있다.
㉢ 청소년상담사는 외부 지원이 적합하거나 필요할 때 의뢰를 요청할 수 있으며, 이를 청소년 내담자 및 보호자(만 14세 미만 내담 청소년의 경우)에게 알리고 서비스를 받을 수 있도록 노력한다.
㉣ 청소년상담사는 자신의 질병, 죽음, 이동, 퇴직 등으로 인하여 상담을 중단해야 하는 경우 이에 대한 적절한 조치를 취해야 한다.
㉤ 청소년상담사는 청소년 내담자에게 무력, 정신적 압력 등을 사용하지 않는다.

❷ 사전 동의
㉠ 청소년상담사는 상담을 시작할 때 내담자가 충분한 설명을 듣고 선택할 수 있도록 적절한 정보를 제공해야 하고, 상담자와 내담자 모두의 권리와 책임에 대해 알려줄 의무가 있다.
㉡ 청소년상담사는 내담자에게 상담 과정의 녹음과 녹화 여부, 사례지도 및 교육에 활용할 가능성에 대해 설명하고, 내담자에게 동의 또는 거부할 권리가 있음을 알려야 한다.
㉢ 청소년상담사는 내담자가 만 14세 미만의 청소년인 경우, 보호자 또는 법정대리인의 상담 활동에 대한 사전 동의를 구해야 한다.
㉣ 청소년상담사는 내담자에게 상담의 목표와 한계, 상담료 지불방법 등을 명확히 알려야 한다.

❸ 다양성 존중
㉠ 청소년상담사는 모든 인간의 기본적인 권리, 존엄성, 가치를 존중하며 성별, 장애, 나이, 성적 지향, 사회적 신분, 외모, 인종, 가족형태, 종교 등을 이유로 내담자를 차별하지 않는다.
㉡ 청소년상담사는 내담자의 다양한 문화적 배경을 이해하고, 청소년상담사 자신의 고유한 문화적 정체성이 상담 과정에 영향을 주지 않도록 노력해야 한다.
㉢ 청소년상담사는 자신의 개인적 가치, 태도, 신념, 행위를 자각하고 내담자에게 자신의 가치를 강요하지 않는다.

상담관계

❶ 다중관계
㉠ 청소년상담사는 법적, 도덕적 한계를 벗어난 다중관계를 맺지 않는다.
㉡ 청소년상담사는 내담자와 연애 관계 및 기타 사적인 관계를 맺지 않는다.
㉢ 청소년상담사는 내담자와 상담 비용을 제외한 어떠한 금전적, 물질적 거래 관계도 맺지 않는다.
㉣ 청소년상담사는 내담자와 상담 이외의 다른 관계가 있거나, 의도하지 않게 다중관계가 시작된 경우에는 적절한 조치를 취해야 한다.

❷ 부모/보호자와의 관계
㉠ 청소년상담사는 부모(보호자)의 권리와 책임을 존중하고, 청소년 내담자의 건강한 성장을 위해 부모(보호자)에게 상담자의 역할에 대해 설명하여 협력적인 관계를 성립하도록 노력한다.
㉡ 청소년상담사는 내담자의 성장과 복지에 필요하다고 판단되는 경우, 내담자의 동의하에 부모(보호자)에게 내담자에 관한 최소한의 정보를 제공한다.

❸ 성적 관계
㉠ 청소년상담사는 내담자 및 내담자의 가족, 중요한 타인에게 자신의 지위를 이용하여 성적 접촉 및 성적 관계를 가져서는 안 된다.
㉡ 청소년상담사는 이전에 연애 관계 또는 성적인 관계를 가졌던 사람을 내담자로 받아들이지 않는다.

비밀보장

❶ 사생활과 비밀보장의 의무
㉠ 청소년상담사는 내담자와 부모(보호자)의 사생활과 비밀보장에 대한 권리를 최대한 존중해야 한다.
㉡ 청소년상담사는 상담기관에 소속된 모든 구성원과 관계자, 수퍼바이저, 주변인들에게도 내담자의 사생활과 비밀이 보호되도록 주지시켜야 한다.
㉢ 청소년상담사는 청소년 내담자 상담 시 사전에 상담에 대한 내담자의 동의를 받고 상담 과정에 부모나 보호자가 참여할 수 있으며, 비밀보장의 한계에 따라 정보를 제공할 수 있음을 알린다.
㉣ 청소년상담사는 청소년 내담자 상담 시, 상담 의뢰자(교사, 경찰 등)에게 내담자 및 보호자(만 14세 미만 내담 청소년의 경우)의 동의하에 정보를 제공할 수 있다.
㉤ 청소년상담사는 비밀보장의 의미와 한계에 대하여 청소년 내담자의 발달단계에 적합한 용어로 알기 쉽게 설명해주어야 한다.
㉥ 청소년상담사는 강의, 저술, 동료자문, 대중매체 인터뷰, 사적 대화 등의 상황에서 내담자의 신원 확인이 가능한 정보나 비밀 정보를 공개하지 않는다.

윤리강령 DOCTRINE

❷ 기록 및 보관
㉠ 청소년상담사는 내담자에게 전문적인 서비스를 제공하기 위해 상담 내용을 기록하고 보관한다.
㉡ 기록의 보관은 공공기관이나 교육기관 등은 각 기관에서 정한 기록 보관 연한을 따르고, 이에 해당하지 아니한 경우에는 3년 이내 보관을 원칙으로 한다.
㉢ 청소년상담사는 기록 및 녹음에 관해 내담자의 사전 동의를 구한다.
㉣ 청소년상담사는 면접기록, 심리검사자료, 편지, 녹음 및 동영상 파일, 기타 기록 등 상담과 관련된 기록을 보관하고 처리하는 데 있어서 비밀을 준수해야 한다.
㉤ 청소년상담사는 원칙적으로 내담자 및 보호자(만 14세 미만 내담 청소년의 경우)의 동의 없이 상담의 기록을 제3자나 기관에 공개하지 않는다.
㉥ 청소년상담사는 내담자와 보호자가 상담 기록의 삭제를 요청할 경우 법적, 윤리적 문제가 없는 한 삭제하여야 한다. 상담 기록을 삭제하지 못할 경우 타당한 이유를 내담자와 보호자에게 설명해 주어야 한다.
㉦ 청소년상담사는 퇴직, 이직 등의 이유로 상담을 중단하게 될 경우, 기록과 자료를 적절한 절차에 따라 기관이나 전문가에게 양도한다.
㉧ 전자기기 및 매체를 활용하여 상담관련 정보를 기록·관리하는 경우, 기록의 유출 또는 분실 가능성에 대해 경각심과 주의 의무를 가져야 하며, 내담자의 정보 보호를 위해 적극적인 노력을 해야 한다.
㉨ 내담자의 기록이 전산 시스템으로 관리되는 경우, 접근 권한을 명확히 설정하여 내담자의 신상이 공개되지 않도록 조치를 취한다.

❸ 상담 외 목적을 위한 내담자 정보의 사용
㉠ 청소년상담사는 자신의 사례에 대해 보다 나은 전문적 상담을 위해 내담자 및 보호자(만 14세 미만 내담 청소년의 경우)의 동의를 구한 후, 내담자에 대해 사실적이고 객관적인 정보만을 사용하여 동료나 수퍼바이저에게 자문을 받을 수 있다.
㉡ 청소년상담사는 교육이나 연구 또는 출판을 목적으로 상담 관련 자료를 사용할 때에는 내담자 및 보호자(만 14세 미만 내담 청소년의 경우)의 동의를 구해야 하며, 신상 정보 삭제와 같은 적절한 조치를 취하여 내담자에게 피해를 주지 않도록 한다.

❹ 비밀보장의 한계
㉠ 청소년상담사는 상담 시 비밀보장의 1차적 의무를 내담자의 보호에 두지만, 비밀보장의 한계가 있는 경우 청소년의 부모(보호자) 및 관계기관에 공개할 수 있다.
㉡ 비밀보장의 한계가 있는 경우는 다음과 같다.
  • 청소년상담사는 내담자의 생명이나 사회의 안전을 위협하는 경우 비밀을 공개하여 그러한 위험의 목표가 되는 사람을 보호하기 위한 합당한 조치 등 안전을 확보한다.
  • 청소년상담사는 법적으로 정보의 공개가 요구되는 경우 내담자에게 그 사실을 알리고 최소한의 정보만을 제공한다.
  • 청소년상담사는 내담자에게 감염성이 있는 치명적인 질병이 있을 경우 관련 기관에 신고하고, 그 질병에 노출되어 있는 제3자에게 정보를 공개할 수 있다.
㉢ 청소년상담사는 아동학대, 청소년 성범죄, 성매매, 학교폭력, 노동관계 법령 위반 등 관련 법령에 의해 신고의무자로 규정된 경우 해당 기관에 관련 사실을 신고해야 한다.

○ 심리평가

❶ 심리검사의 실시
㉠ 청소년상담사는 심리검사를 실시하고 해석할 수 있는 능력을 배양해야 한다.
㉡ 청소년상담사는 심리검사 실시 전에 내담자 및 보호자(만 14세 미만 내담 청소년의 경우)에게 사전 동의를 받아야 한다.
㉢ 청소년상담사는 검사 도구를 선택, 실시, 해석함에 있어서 모든 전문가적 기준을 고려하여 사용한다.
㉣ 청소년상담사는 내담자에게 적절한 심리검사를 선택해야 하며 검사의 타당도와 신뢰도, 제한점 등을 고려한다.
㉤ 청소년상담사는 다문화 배경을 가진 내담자를 위한 검사 선택 시 내담자의 사회문화적 맥락을 신중히 고려해야 한다.

❷ 심리검사의 해석
㉠ 청소년상담사는 심리검사 해석에 있어 성별, 나이, 장애, 성적 지향, 인종, 종교, 문화 등의 영향을 고려하여 검사 결과를 해석한다.
㉡ 청소년상담사는 청소년이 이해할 수 있도록 심리검사의 목적, 성격, 결과에 대한 설명을 제공한다.
㉢ 청소년상담사는 심리검사 결과를 다른 이들이 오용하거나 외부에 유출하지 않도록 하여야 한다.

○ 수퍼비전

❶ 수퍼바이저의 역할과 책임
㉠ 수퍼바이저는 사례지도 방법과 기법들에 대한 교육과 훈련을 지속적으로 받음으로써 사례지도 역량을 향상시키기 위해 노력한다.
㉡ 수퍼바이저는 전자 매체를 통하여 전송되는 모든 사례지도 자료의 비밀보장을 위해서 주의하고, 필요한 조치를 취한다.
㉢ 수퍼바이저는 사례지도를 시작하기 전에, 진행 과정에 대해 충분히 설명한 후 동의를 받음으로써 수퍼바이지의 적극적 참여를 독려할 책임이 있다.
㉣ 수퍼바이저는 수퍼바이지에게 전문가적·윤리적 규준과 법적 책임을 숙지시킨다.
㉤ 수퍼바이저는 지속적 평가를 통해 수퍼바이지의 한계를 파악하고, 그가 자신의 한계를 인식하고 보완할 수 있도록 돕는다.

❷ 수퍼바이저와 수퍼바이지의 관계
㉠ 수퍼바이저는 수퍼바이지와 상호 존중하며 윤리적, 전문적, 개인적 그리고 사회적 관계를 명료하게 정의하고 유지한다.
㉡ 수퍼바이저와 수퍼바이지는 성적 혹은 연애 관계, 그 외에 사적인 이익관계를 갖지 않는다.
㉢ 수퍼바이저와 수퍼바이지는 상호간에 성희롱 또는 성추행을 해서는 안 된다.
㉣ 수퍼바이저는 가족, 친구, 동료 등 상대방에 대한 객관성을 유지하기 힘든 사람과 수퍼비전 관계를 맺지 않는다.

윤리강령 DOCTRINE

◆ 청소년 사이버상담

❶ 사이버상담에서의 정보 관리
- ㉠ 운영 특성상, 한 명의 내담자가 여러 명의 사이버상담자를 만나게 되는 경우 상담자들 간에 정보를 공유할 수 있음을 내담자에게 알린다.
- ㉡ 사이버상담 운영기관에서는 이용자가 다른 사람의 신분을 도용하지 않도록 절차를 마련해야 한다.

❷ 사이버상담에서의 책임
- ㉠ 사이버상담자는 만약에 있을지 모르는 위기개입 등의 상황을 대비하기 위해서 내담자의 신분을 확인할 방법을 가지고 있어야 한다.
- ㉡ 사이버상담이 내담자에게 부적절하다고 간주될 경우, 상담자는 대면상담 연계 등 이에 적합한 서비스 연계를 하여야 한다.

◆ 지역사회 참여 및 제도 개선에 대한 책임

❶ 지역사회를 돕는 전문가 역할
- ㉠ 청소년상담사는 경제적 이득이 없는 경우에도 청소년의 최선의 유익을 위하여 지역사회의 기관, 조직 및 개인과 협력하고 사회공익을 위해 전문적 활동에 헌신함으로써 사회에 공헌하도록 한다.
- ㉡ 청소년상담사는 내담자가 다른 정신건강 전문가와 상담을 받고 있음을 알게 되면, 내담자의 동의하에 그 전문가와 긍정적이고 협력적인 관계를 맺도록 노력한다.

❷ 제도 개선 노력
- ㉠ 청소년상담사는 청소년 및 복지관련 법령, 정책 등의 적용과 개선을 위해 노력한다.
- ㉡ 청소년상담사는 자문을 요청한 내담자나 기관의 문제 혹은 잠재된 사회문제를 규명하고 해결하는 데 도움을 준다.

◆ 상담기관 설립 및 운영

❶ 상담기관 운영자의 역할
- ㉠ 청소년 상담기관을 운영하고자 할 경우, 운영자로서의 전문성 및 역량을 갖추도록 노력해야 한다.
- ㉡ 상담기관 운영자는 직원이나 학생, 수련생, 동료 등을 교육·감독하거나 평가 시에 착취하는 관계를 가져서는 안 된다.
- ㉢ 상담기관 운영자는 자신과 현재 종사하고 있는 직원의 전문적 역량 향상에 책임이 있다.
- ㉣ 상담비용은 내담자의 재정 상태 등을 고려하여 합리적으로 책정한다.
- ㉤ 상담기관 운영자는 직원 채용 시 자격 있는 사람을 채용해야 한다.

❷ 상담기관 종사자의 역할
- ㉠ 청소년상담사는 자신이 종사하는 기관의 목적과 운영방침을 따라야 하며, 기관의 성장 발전을 위해 노력해야 한다.
- ㉡ 청소년상담사는 고용기관에 손해를 끼칠 수 있는 상황이나 기관의 효율성에 제한을 줄 수 있는 상황에 대해 미리 알려주어야 한다.

◎ 연구 및 출판

❶ 연구활동
- ㉠ 청소년상담사는 청소년 문제 해결을 위해 윤리적 기준에 따라 과학적인 방법으로 연구를 계획하고 수행한다.
- ㉡ 청소년상담사는 연구 대상자를 심리적·신체적·사회적 불편이나 위험으로부터 보호하여야 한다.
- ㉢ 청소년상담사는 연구 참여자들에게 연구의 본질, 결과 및 결론에 대한 정보를 제공하는 것이 과학적 가치와 인간적 가치를 손상시키지 않는 한, 연구 참여자들이 이에 대한 정보를 얻을 수 있는 기회를 제공한다.

❷ 출판활동
- ㉠ 청소년상담사는 연구 결과를 출판할 경우에 자료를 위조하거나 결과를 왜곡해서는 안 된다.
- ㉡ 청소년상담사는 투고논문, 학술발표원고, 연구계획서를 심사할 경우 제출자와 제출내용에 대해 비밀을 유지하고 저자의 저작권을 존중한다.

◎ 자격취소

❶ 청소년상담사는 청소년기본법 제21조의2(자격의 취소)에 해당하는 경우 자격이 취소된다.
- ㉠ 청소년기본법 제21조의 결격사유에 해당하게 된 경우
  - 미성년자, 피성년후견인 또는 피한정후견인
  - 파산선고를 받고 복권되지 아니한 사람
  - 금고 이상의 형을 선고받고 그 집행이 끝나거나 집행을 받지 아니하기로 확정된 후 3년이 지나지 아니한 사람(3호)
  - 금고 이상의 형을 선고받고 그 집행유예의 기간이 끝나지 아니한 사람(4호)
  - 3호 및 4호에도 불구하고 다음 아래의 어느 하나에 해당하는 죄를 저지른 사람으로서, 형 또는 치료감호를 선고받고 확정된 후 그 형 또는 치료감호의 전부 또는 일부의 집행이 끝나거나(집행이 끝난 것으로 보는 경우를 포함한다) 집행이 유예·면제된 날부터 10년이 지나지 아니한 사람
    - 「아동복지법」 제71조 제1항의 죄
    - 「성폭력범죄의 처벌 등에 관한 특례법」 제2조의 성폭력범죄
    - 「아동·청소년의 성보호에 관한 법률」 제2조 제2호의 아동·청소년대상 성범죄
  - 법원의 판결 또는 법률에 따라 자격이 상실되거나 정지된 사람
- ㉡ 거짓이나 그 밖의 부정한 방법으로 자격을 취득한 경우
- ㉢ 자격증을 다른 사람에게 빌려주거나 양도한 경우

◎ 청소년상담사 윤리강령 제·개정 및 해석

❶ 한국청소년상담복지개발원은 청소년상담사 윤리강령 교육·보급을 위해 노력해야 한다.
❷ 한국청소년상담복지개발원은 청소년상담사 대상 의견수렴 및 전문가 토론회, 자격검정위원회의 보고 등 자문을 통해 청소년상담사 윤리강령 개정안을 수립한 후 청소년상담사 윤리강령을 개정할 수 있다.
❸ 윤리강령과 관련하여 의견이 있거나 공문 등을 통해 윤리적 판단을 요청할 경우, 한국청소년상담복지개발원에서 전문적 해석을 제공할 수 있다.

합격수기 REVIEW

청소년상담사 3급, 2급 동시합격!

작성자 : 위**

청소년상담사 3급 시험은 시대에듀 교재로 독학해서 합격을 했고, 그보다 난도가 높은 2급은 동영상 강의와 교재로 공부를 했습니다. 시대에듀 덕분에 청소년상담사 3급과 2급 자격을 동시 취득할 수 있었습니다.

면접은 상담사례에 대한 이해와 상담기법, 이론들에 대한 이해가 중요합니다. 특히나 면접은 사례를 주고 질문을 하기에 비슷한 유형들이 자주 출제되어서 복원 사례를 충분히 숙지하는 것이 중요하다고 생각합니다.

시대에듀의 면접 기출사례는 복원도가 높을 뿐만 아니라, 해설도 적합하다고 생각합니다~! 저 역시도 시대에듀에서 복원한 기출사례가 실제로 출제된 3급, 2급 면접을 봤습니다^^! 저는 면접 준비를 2주 정도 했고, 예상 질문에 대한 답변을 저의 말로 적고 입으로 연습하면서 시대에듀에서 제공해 주시는 강의를 참고했습니다.

청소년상담사 2급 면접 합격 후기

작성자 : 이**

청소년상담사 필기에 합격하고 시대에듀 면접교재를 구매한 뒤, '면접 합격률이 높은데 설마 떨어질라고?'라는 안일한 생각으로 제대로 학습을 하지 않고 면접을 보러 갔다가 14점이라는 점수를 받고 탈락 ㅠㅠ

면접 준비를 하면서 관련 실무경험이나 교육 없이 면접준비를 하는 것에 어려움을 느끼고 시대에듀의 청소년상담사 면접 특강을 신청하였습니다. 휴대폰 어플로 한 달 정도 자차로 출퇴근하는 길에 수시로 틀어놓고, 퇴근 후 인강을 집중하여 듣기 2번, 프린터 교재를 2번 완독…

과거에 구매한 교재는 따로 볼 수 있는 시간이 여유치 않아서 공부를 하지 못했지만, 청소년상담사 면접 특강에 제공된 프린트 교재물만 제대로 학습을 해도 충분히 좋은 결과를 얻을 수 있을 것이라고 생각합니다.

실제 면접장에서 면접관의 질문이 학습내용과 동일한 질문은 없었지만, 학습을 통해 자연스럽게 대응하며 답변할 수가 있었습니다. 교수님이 충분히 할 수 있다, 생각하면 다 기억난다고 하셨던 말씀이 정말 맞더라고요.

커트라인인 15점만 넘기면~~ 이라는 생각보다 훨씬 높은 20점을 받고 합격을 하였습니다. 청소년상담사 면접 특강을 신청한 것이 얼마나 다행인지요. 좋은 강의 올려주셔서 감사드립니다~

청소년상담사 2급 합격 후기^^

작성자 : 윤**

청소년상담복지센터에서 근무를 하게 되면서 청소년상담사 자격증을 취득한다는 목표를 세웠습니다. 그러나 연초 계획과는 달리 새롭게 바뀐 직장에 적응하느라 바빠서 청소년상담사 자격증 공부를 병행하기는 쉽지 않았습니다. 그렇게 전혀 공부를 하지 못하고 답답한 시간이 흘러가면서 '올해는 시험을 포기해야겠다'라는 생각까지 하게 되었습니다. 그러던 중 우연한 기회로 인터넷에서 시대에듀 강의를 듣고 합격했다는 경험담을 접하게 되었습니다. 순간 '혹시나 나도 도움이 될 수 있을까?'라는 생각을 하고 바로 강의를 신청하였습니다.

최종 합격할 수 있었던 것은 시대에듀의 면접강의 덕분입니다. 저는 기관장으로 근무를 하면서 실제 상담경력이 없었기에 면접에 대한 부담감이 너무 컸습니다. 그런데 면접에 대한 안내부터 사례까지 모든 내용이 들어있는 자료와 사례에 대한 강의까지 제공해 주셔서 그 강의를 반복해서 들었던 것이 합격에 결정적인 도움이 되었습니다.

제가 청소년상담사 2급을 한 번에 합격할 수 있었던 것은 강의를 듣고 공부를 한 덕이라고 생각합니다. 그래서 요즘 주변에 합격의 비결을 묻는 사람들에게 강의를 꼭 들으라고 추천을 하고 있습니다. 그리고 이 기회를 빌어 강의를 제공해 주신 시대에듀에 감사의 인사를 전합니다^^

청소년상담사 2급 합격 후기

작성자 : 황**

저는 2급 시험에 한번에 합격하지 못하고 여러 번 시도했습니다. 면접 또한 한번 떨어졌었어요. 청소년상담사 인강을 매일 1시간씩 공부를 한다고 생각하고 매일 돌려보며 문제 유형을 익히니, 나중에 실전에서 문제를 보았을 때 익숙한 느낌 덕분에 자신감이 생기더군요.

면접시험은 합격률이 높아 가볍게 여겼는데, 첫 면접 때는 두루뭉술한 답변만 하다가 떨어지게 됐습니다. 그래서 재응시를 준비할 때는 면접도 기출특강을 들으면서 중요 요점을 파악하고 답변을 준비했습니다. 스터디를 통해 직접 말하는 연습까지 한 끝에, 면접도 패스하게 됐어요.

중요한 포인트가 정리된 시대에듀의 교재와 강의가 많은 도움이 됐습니다.

※ 해당 후기는 시대에듀 합격자 수기 게시판에 남겨주신 내용을 재구성하였습니다.

이 책의 목차 CONTENTS

PART 1 　면접상황 준비

01 면접시험의 중요성 · **2**

02 면접의 형태 및 순서 · **4**

03 면접에 임하는 자세 · **6**

04 면접 전 준비사항 · **7**

05 면접 답변 요령 · **8**

06 2급 사례 및 질문 특징 · **10**

07 제시사례 분석방법 · **11**

PART 2 　면접관 현장질문 대비

01 개인 관련 질문사항 · **16**

02 상담 관련 질문사항 · **30**

03 일반지식 관련 질문사항 · **77**

PART 3 제시된 사례질문 대비

01 학교 및 가정 관련 사례 · **88**
02 친구 관련 사례 · **103**
03 인터넷 관련 사례 · **113**
04 부적응 및 비행 관련 사례 · **124**
05 진로 및 기타 사례 · **138**

PART 4 2급 기출사례 익히기

01 2급 기출사례 – 2024년 23회 · **154**
02 2급 기출사례 – 2023년 22회 · **179**
03 2급 기출사례 – 2022년 21회 · **204**
04 2급 기출사례 – 2021년 20회 · **225**
05 2급 기출사례 – 2020년 19회 · **248**
06 2급 기출사례 – 2019년 18회 · **265**
07 2급 기출사례 – 2018년 17회 · **284**
08 2급 기출사례 – 2017년 16회 · **305**
09 2급 기출사례 – 2016년 15회 · **321**
10 2급 기출사례 – 2016년 14회 · **337**

이 책의 목차 CONTENTS

PART 5 실전 모의면접

01 경계선 지능 · **354**

02 학교폭력 · **358**

03 우울과 유기불안 · **362**

04 스마트폰 과다사용 · **365**

05 절 도 · **368**

06 어머니와의 갈등 · **371**

07 우 울 · **374**

08 불 안 · **377**

09 틱 장애 · **380**

10 학교폭력 가해자 · **383**

11 존재감 혼란 · **386**

12 일 중독 · **389**

13 부모의 이혼 두려움 · **392**

14 무기력 · **395**

15 자기중심적 사고 · **398**

16 진로갈등 · **402**

17 명예훼손 · **405**

18 친구집착 · **408**

19 대인관계의 어려움 · **412**

20 자살생각 · **416**

PART 6 면접자료

01 문제유형별 상담개입전략 · · · · · · · · · · · · · · · · · · · **422**

02 청소년 위험행동 · **429**

03 청소년 관련 정보 · **438**

PART 01
면접상황 준비

CHAPTER 01	면접시험의 중요성
CHAPTER 02	면접의 형태 및 순서
CHAPTER 03	면접에 임하는 자세
CHAPTER 04	면접 전 준비사항
CHAPTER 05	면접 답변 요령
CHAPTER 06	2급 사례 및 질문 특징
CHAPTER 07	제시사례 분석방법

▲ 정오표

PART 01 면접상황 준비

> **핵심요약**
>
> 상담이 인간과 인간의 관계에서 이루어지듯이 면접도 짧은 시간 내에서 면접관과 피면접자라는 인간관계가 이루어진다. 이는 일방적인 관계가 아니라 상호작용하는 관계임을 의미하는 것이다. 물론 피면접자의 발언내용을 면접관이 평가하여 당락을 결정하는 형식이지만, 인간관계에서 일어나는 보편적인 의사교류 방식을 취하고 있다.
> 즉, 상대방을 바라보며 자연스럽고 진솔하게 자신이 생각하는 바를 명확하고 간결하게 전달하는 것이 중요하다. 가식적이거나 경직되고 부자연스러운 태도로 자신을 표현하면 면접관도 부자연스럽게 반응하게 되어 평가결과가 좋지 않게 되는 것은 당연하다. 그러므로 자신이 평소에 알고 생각했던 바를 간단하고 명확하게 이야기하고 모르는 것은 미소를 짓기도 하며, 앞으로 상담을 하면서 노력하여 학습할 것을 약속하는 등 여유와 평정을 잃지 않는 자세가 필요하다.
> 책에서 배운 지식을 전달하기보다는 사례를 통해 청소년들의 고통을 마음으로 느끼며 사랑과 관심, 공감과 배려와 같은 기본적인 인간의 향기를 맡을 수 있는 내용으로 전달하여야 한다. 인간의 따뜻함이 배어나는 자세로 응한다면, 면접관도 상담자가 될 당신의 인간다움에 높은 점수를 줄 것이다.

제1절 면접시험의 중요성

(1) 면접시험 경쟁률이 높아지고 있다.

① 당해 연도에 최종적으로 선발할 인원을 기준으로 필기고사 평균 60점 이상을 취득하여 1차 필기시험에 합격한 수험생들이 해를 거듭할수록 점점 더 많아지는 추세이다. 이는 2차 면접시험의 합격률이 80%를 상회한다고 해도 실제 불합격자의 수는 많아진다는 의미로 해석할 수 있다.

② 다시 말해서, 과거에 형식적인 것에 불과했던 면접시험이 이제는 최종 당락을 결정하는 중요한 변수로 작용하게 되었다. 해가 갈수록 상담을 필요로 하는 학생의 수가 폭발적으로 증가하고 있고, 대학교와 대학원의 상담계열 전공 이수자가 늘어나고 있는 상황에서 청소년상담사 국가자격을 취득하려는 수험생들이 그만큼 늘어나고 있는 사회적 현상을 반영하고 있다고 보아야 할 것이다.

③ 면접관은 1차 필기시험에서 평균 60점 이상을 받은 수험생들이 상담에 필요한 지식을 기본적으로 갖추었다고 가정하고 피면접자를 대면한다. 즉, 모든 수험생을 면접결과에 따라 점수를 매김으로써 결국 면접이 최종 합격·불합격 결정을 하게 되는 요소가 된 것이다.

④ 그러므로 면접 전에 자신의 말하는 방식과 태도를 점검하고, 말하는 연습과 더불어 면접관이 던지는 질문의 요지를 정확하게 파악하는 훈련이 필요하다.
⑤ 최근 들어 면접 합격률은 80% 이상을 유지하고 있지만, 응시자 수가 급속하게 늘어나고 있어 상대적으로 불합격자 수가 늘어나고 있다. 이를 감안한다면, 단순히 합격률만 보고 면접시험에 안일하게 대처해서는 안 된다.

(2) 피면접자의 긴장이 면접을 망칠 수 있다.
① 필기시험에 합격한 사람들은 기본적으로 상담에 필요한 기본적인 지식을 갖추고 있다고 볼 수 있다.
② 그러나 면접 시 너무 긴장하게 되면 자신이 알고 있는 내용도 자신 있게 말하지 못하거나 면접관의 질문에 당황하여 엉뚱한 답변을 할 가능성이 높다.
③ 면접 장소에서 피면접자가 긴장하는 것은 당연한 일이다. 따라서 긴장감을 줄이기 위해서는 많은 사례를 접하고 이에 대처하는 내용을 미리 준비하는 것과 면접상황을 만들어 연습하는 수밖에 없다.

(3) 상담자의 자질과 잠재된 상담능력을 측정한다.
① 상담자는 상담에 관한 지식, 상담경험 그리고 기본적으로 인간을 사랑하는 태도가 갖추어져야 훌륭한 상담자가 될 수 있다.
② 면접관은 면접을 통하여 피면접자의 지식과는 별도로 예상 밖의 질문에 대한 대처능력, 진술할 때의 표정과 자세, 자기의사를 전달하는 방식과 태도 등 수험자의 상담자로서의 자질과 잠재된 상담능력을 점검한다.
③ 피면접자는 유연한 자세, 여유 있는 행동, 솔직한 대답과 자신이 배울 것이 많다는 겸손을 면접관에게 나타내어야 할 필요가 있다.

(4) 피면접자의 상담 실무지식을 측정한다.
① 면접관은 상담 현장에서 일어날 수 있는 여러 가지 상황을 제시하여, 피면접자가 취할 수 있는 반응·행동·태도·결정사항을 측정하고자 한다.
② 상담경험이 없는 경우 피면접자는 당황할 수밖에 없다. 그러므로 면접 현장에서 일어날 수 있는 여러 상황을 미리 예측하여 준비할 필요가 있다.
③ 또한 내담자의 문제행동의 원인을 파악하고 개입의 구체적인 방법을 제시하는 지식을 측정하므로 상담이론, 상담기법, 청소년의 특징, 상담 관련 기관 등의 폭넓은 지식이 필요하다.

제2절 면접의 형태 및 순서

(1) 면접의 유형(그룹면접)
① 한 번에 면접실로 들어가는 피면접자는 2명 정도가 보통이다. 이 수험생들은 같은 사례를 부여받고, 면접관의 질문에 차례대로 대답하게 된다.
② 면접실에 들어갈 때 가볍게 면접관 쪽으로 목례를 하고, 다른 사람들이 앉기를 기다려 같이 앉거나 면접관이 앉으라고 할 때 앉는다.
③ 좌석은 면접실에 들어가기 전에 진행자가 보통 지정해 준다.

(2) 면접 당일의 순서
① 수험생들은 지정된 일시에 면접시험 장소에 도착하여 자신의 이름과 면접실 번호를 확인하고 대기한다(수험자 종합대기실). 당일 면접을 보는 수험생이 많아 시간대별로 도착시간을 정해서 수험생들에게 통보된다.
② 면접을 볼 시각이 다가오면 일단 필기시험 수험번호별로 각 면접 대기장소로 흩어져 이동한다.
③ 면접 대기장소에서 면접 진행요원이 수험생에게 봉투에 있는 비번호(즉 면접번호)를 뽑게 한다. 보통 5개조(10명)로 편성되며, 그날 자신이 뽑는 비번호가 속한 조에 속하여 면접실로 들어가기 때문에 뒤의 번호를 뽑게 되면 한 시간 이상을 기다려서 면접을 보게 된다.
④ 비번호(면접번호)를 뽑으면서 소지한 핸드폰을 맡긴다. 면접 대기장소에서는 화장실 이용이 제한되어 있기 때문에 화장실에 갈 경우 진행요원의 허락을 받고 간다.
⑤ 면접 시에는 면접관에게 자신의 이름이나 최종학교 등 개인정보를 질문 받지도 않았는데 노출해서는 안 된다. 부정을 사전방지하기 위하여 도입된 조치이니, 이를 명심하여 불필요한 오해나 불이익을 받지 않도록 주의해야 한다. 그러므로 면접번호만으로 자신을 나타내어야 한다.
⑥ 면접실에 들어갈 때는 필기구 지참이 일절 허용되지 않는다.
⑦ 배분된 사례는 A4용지의 2/3에서 한 장 전체의 분량이다. 이를 읽고 답변을 준비할 시간은 대략 10분 내외이다(최근에는 부여시간이 5분 정도로 짧아졌다고 수험생들은 전하고 있다).
⑧ 면접순서

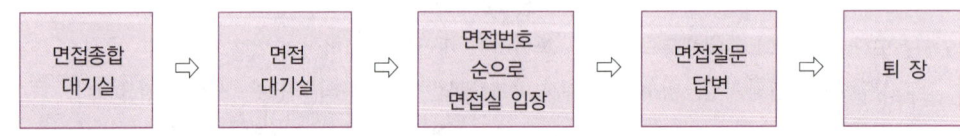

⑨ 면접시험을 마친 수험생이 대기자와 서로 접촉할 시 모두 부정행위로 간주될 수 있다.

(3) 질문의 순서

① 수험생들이 순번에 맞추어 앉으면 면접관이 번갈아 가면서 순서 없이 임의로 질문한다.
② 질문을 많이 하는 면접관이 있는가 하면, 수험생이 대답한 것에 대해 꼬리질문을 하여 구체적인 대답을 요구하는 면접관도 있다. 부드러운 면접관을 만나는가 힘들게 하는 면접관을 만나는가 하는 것은 그날의 운이라고 해야 할 것이다.
③ 자신이 한 말에 대해 면접관이 다시 질문하는 경우 당황하기 마련이다. 이때도 평정을 잃지 않고 아는 만큼만 대답하도록 한다.

(4) 질문의 수와 내용구성

① 질문의 내용은 원칙적으로 면접관에 따라 다르다고 보아야 한다. 그러나 당일 면접관에게 주어진 전형적인 질문이 있어 그 리스트를 보면서 질문한다.
② 질문은 일반적으로 다음의 3가지로 구성된다.
- 개인적 질문 : 상담사로서의 개인적인 계획, 희망, 포부, 자질에 관한 질문
- 상담 관련 질문 : 상담을 할 때 현장에서 일어날 수 있는 여러 가지 상황에 대처하는 방식에 관한 질문
- 제시된 사례에 대한 본인의 생각이나 상담목표 및 상담전략, 주호소문제, 가능한 개입방법 등의 질문

③ 면접관 3명에 수험생이 2명이며, 원칙적으로 3개의 질문이 주어진다(추가 질문이나 꼬리질문은 제외).
④ 앞 사람과 같은 질문을 받을 수도 있고, 옆 사람과 다른 개별 질문을 받을 수도 있다.

(5) 답변의 순서

① 답변의 순서는 면접관이 정해주는 대로 진행된다.
② 좌측에서 우측으로, 우측에서 좌측으로 답변하고 때로는 면접관이 지정하여 답변을 요구하기도 한다. 그렇기 때문에 자신의 답변 차례가 될 때까지 자신이 어떻게 이야기할지 미리 생각해 놓아야 한다.

(6) 면접관의 특징

① 보통 3명 정도의 면접관이 앉아 있다. 정도의 차이는 있지만 3급 면접관과는 달리 수험생의 실수를 빨리 파악하여 수험생의 지식이나 수준을 판단하는 데 능숙하다. 그러므로 답변은 짧게 명확하게 하는 것이 좋다.
② 면접관의 선정은 한국청소년상담복지개발원이 위촉하여 당일 면접을 하게 되는데, 일반적으로 한국상담심리학회에서 발급한 심리상담사 1급 소지자나 청소년상담사 1급 소지자로 구성된다.
③ 심리상담사 1급 혹은 청소년상담사 1급 소지자는 대학교 교수로 재직하고 있기도 하고, 개인 상담기관을 운영하기도 하며, 상담기관의 장(長)이나 책임연구원, 수석상담자로 일하고 있는 경우가 많다.
④ 면접관은 상담실무에 상당히 밝은 전문가라고 할 수 있다. 따라서 확실하게 이해하지 못한 이론이나 기법을 이야기하다가는 발목을 잡힐 우려가 있다. 그리고 정확하게 알지 못하는 사항을 애매모호하게 이야기하는 것도 감점의 대상이 된다.
⑤ 요점이 없는 이야기를 장황하게 늘어놓거나, 잘 모르면서 아는 척하는 인상을 주게 되면 질문공세를 당할 수도 있음을 주의해야 한다.

제3절 면접에 임하는 자세

(1) 옷차림
   ① 남 성
      • 재킷과 와이셔츠를 입으면 좀 더 깔끔한 인상을 줄 수 있다.
      • 청바지나 라운드티(Round T-shirt)와 같은 캐주얼한 복장은 부정적인 인상을 줄 수 있다.
      • 신발은 운동화나 슬리퍼보다는 캐주얼화나 신사화가 더 좋은 인상을 준다.
   ② 여 성
      • 노출이 심한 옷이나 지나친 액세서리는 좋지 않은 인상을 줄 수 있다.
      • 신발은 단정한 느낌을 주는 단화가 좋다.

(2) 앉는 자세
   ① 무릎을 붙이고 앉고, 손은 무릎 위에 얌전히 얹는다.
   ② 시선은 면접관을 향한다.
   ③ 어깨를 펴고 허리를 곧게 세운다.
   ④ 경직되지 않고 자연스러운 자세를 유지한다.

(3) 면접의 목적과 기본적 자세
   ① 청소년상담사 2급 시험에 시간이 많이 소요되고 주관적인 판단이 개입될 수 있는 면접을 굳이 채택하여 시행하고 있는 이유는, 아래의 사항을 통하여 면접관들이 수험생을 판단하기 위함이다.
      • 모나지 않은 원만한 인성인지 아닌지를 파악(보편타당한 사고와 판단을 하고 있는지의 여부)
      • 상담자로서 적합한 자질을 지니고 있는지를 가늠(전문적·인간적인 자질)
      • 상담자로서의 열의와 사명감 정도의 판단
   ② 수험생이 가져야 할 자세
      • 상식적인 수준의 이해력과 행동 및 정서를 지니기
      • 청소년을 사랑하고 그들의 언어와 세계를 이해하며 수용하는 자세를 가진 것을 표현하기
      • 우유부단한 면을 보이거나, 너무 딱딱하고 냉정한 인상을 남기지 않기
      • 예상 밖의 질문에 당황하지 않고, 유머가 넘치고 여유로운 답변하기
      • 모를 때는 모른다고 시인하면서 자신의 솔직함을 드러내고, 앞으로 노력하겠다는 겸손함을 보이기

(4) 답변하는 자세
   ① 말을 할 때 면접관과의 눈맞춤(Eye Contact)이 중요하다. 이는 수험생의 자신감의 표시일 수 있다.
   ② 피식 웃거나 중얼거리고, 손과 발을 쓸데없이 떨거나 움직여서는 안 된다.
   ③ 옆 사람이 답변하는 동안 허공을 바라본다거나 쓸데없는 동작을 하면 무성의한 인상을 주어 감점이 될 수 있다. 그러므로 열심히 경청하는 자세를 취하면서 머릿속으로는 자신의 답변을 준비하여야 한다.

(5) 면접종료 후 퇴장하는 자세
① 면접이 끝나고 나가도 좋다고 면접관이 이야기할 때 "감사합니다"라고 이야기하고, 의자 옆으로 비껴서 조용히 나오도록 한다.
② 맨 뒤에 나오게 되면 조용히 문을 닫는다.

(6) 마음을 편하게 가지는 것이 중요하다.
① 3급에 비해 2급 면접질문은 예상 못 한 전문지식이나 특수한 사항에 대한 질문이 있을 수 있다. 수험생이 너무 긴장하게 되면 면접관의 질문의 의미나 의도를 잘 파악하지 못하는 경우가 발생한다. 다른 사람들보다 과도하게 긴장하는 수험생의 경우, 면접 한 시간 전에 마음을 안정시키는 약을 복용하는 것도 고려해 보아야 한다.
② 면접에서 불합격되면 다음 해에 면접시험만 한 번 더 응시가 가능하니, '올해에는 경험 삼아 도전한다'는 생각으로 마음의 안정을 확보해야 한다.
③ 답변을 하다가 말이 끊길 때는 당황하지 말고, 면접관에게 양해를 구하여 조금 쉬었다 다시 이야기한다.

(7) 면접에서 중요하게 평가하는 사항(상담자로서의 결격사유 판정)
① 현재 심각한 심리적인 문제를 겪고 있는지?
② 너무 종교적인 관점이 강하여 상담 본연의 기능을 도외시하지는 않는지?
③ 태도나 신념이 편협하고 고착되어 있는 것은 아닌지?
④ 성실하고 적극적으로 대답을 하려 하는지?
⑤ 청소년에 대한 애정이나 관심이 많은지?
⑥ 자격증 취득을 너무 취업을 위한 수단으로 생각하고 있지는 않은지?
⑦ 2급 청소년상담사로서의 전문적인 지식이 갖추어져 있는지?

제4절 면접 전 준비사항

(1) 필요한 서류를 하루 전에 챙겨둔다.
① 수험표
② 신분증
③ 대기시간에 볼 요약표나 정리된 노트
④ 기타 필요서류

(2) 문제유형별로 상담개입 방법을 정리하여 외운다.
사례가 달라도 접근하는 방식은 유사할 수 있기 때문에 청소년 문제의 유형별 개입방법을 정리하여 숙지한다.

(3) 자신이 선호하는 상담이론을 1~2가지 선정하여 제시되는 사례에 적용한다.
로저스(Rogers) 인간중심 상담이론, 엘리스(Ellis) 합리적 정서 행동치료, 벡(Beck) 인지치료, 스키너(Skinner) 조작적 조건형성, 펄스(Perls) 게슈탈트 상담이론 등을 완전히 숙지하고, 이를 제시되는 사례에 접목하는 것도 좋다.

(4) 거울 앞에서 연습한다.
① 면접시험 며칠 전부터 대형거울을 앞에 놓고, 자신이 대답하는 형태를 관찰하고 수정한다(연습 5회 이상).
② 거울 앞에서 자신에게 "나는 잘할 수 있다"고 이야기함으로써 자신감을 키운다.

(5) 실제 면접상황을 만들어 본다.
① 친구나 부모님에게 부탁하여 실제 면접관 역할을 할 모의 면접관에게 준비된 사례를 질문하게 한 다음 자신이 대답한다. 혹은 스터디 그룹(Study Group)을 만들어 서로 돌아가면서 면접상황을 재연해 보는 것도 좋다.
② 타인의 피드백을 받아 자신의 태도나 답변 내용을 수정한다.

제5절 면접 답변 요령

(1) 너무 전문적인 용어의 사용은 피한다.
① 수험생들은 때때로 자신의 지식을 드러내기 위하여 필요 이상의 전문용어를 사용하려 한다.
② 자격시험의 면접과정은 상담자로서의 기본적인 소양과 성격, 태도 등에 초점을 맞추고 있기 때문에 대단한 지식의 보유자를 선호하는 것이 아님을 명심하여야 한다.
※ 한 수험생이 '아들러(Adler)의 수프에 침뱉기' 기법을 이야기하였다가, 면접관이 그것을 꼬치꼬치 파고들어 질문하는 바람에 곤혹을 치렀다고 한다.

(2) 영어표현이나 용어를 가급적 자제한다.
① 충분히 한국어로 표현할 수 있는 용어를 영어로 답변하는 것은 면접관에게 좋지 않은 인상을 줄 수 있다.
　예 표준을 'Standard', 과정을 'Process' 등으로 말하는 것
② 상담이론에서 영어식의 표현은 전문성을 드러내는 전략이 될 수 있다.
　예 교류분석(Transaction Analysis), 투사(Projection), 원초아(Id) 등

(3) 단정적으로 이야기하지 않는다.
단정적으로 이야기하는 것은 면접관에게 역으로 질문공세를 받을 수도 있으므로, 겸손한 자세로 "제 생각에는…"하고 이야기하는 편이 낫다.

(4) 많이 아는 척하지 않는다.
상담이론의 학자나 학설, 그 이론에 등장하는 상담기법이나 원리를 자기가 완전히 숙지하고 많이 활용하는 것처럼 이야기하면 면접관의 꼬리질문을 받기 쉽다.

(5) 결론을 먼저 이야기한다.
① 연역적으로 결론을 먼저 이야기한 후 부연설명을 하는 것이 좋다.
② 면접관의 질문에 긴장한 나머지 결론 없이 서론만 길게 이야기할 가능성을 차단한다.

(6) 옆 사람의 답변을 참고한다.
① 옆 사람이 면접관의 질문에 대해 어떤 답변을 하는지 잘 듣고 참고하는 것이 좋다.
② 그렇다고 해서 옆 사람이 이야기한 것을 그대로 반복하는 것은 감점의 요인이 된다.
③ 차라리 자신만의 접근방법과 해결방법을 이야기하여 전문성을 돋보이게 한다.
④ 자신이 확신하는 경우에는 옆 사람이 이야기한 것을 비판하거나 지적할 수도 있지만, 일반적인 경우 자신의 견해가 다르다는 점만 부각하면 충분하다.
⑤ 상대방의 잘못된 답변을 수정하는 것은 좋지 않은 인상을 줄 수도 있다.

(7) 면접관에게 부정적인 인상을 줄 수 있는 답변의 예
① 어눌한 목소리나 분명하지 않은 답변
② 초점을 벗어난 답변
③ 애매모호한 답변
④ 장황한 답변
⑤ 성의가 없는 아주 짧은 답변
⑥ 너무 현학적(衒學的)인 표현의 답변

제6절 2급 사례 및 질문 특징

(1) 일반 사항
① 수험생이 3명의 면접관에게서 받는 질문의 수가 보통 4~6개 정도인데, 청소년상담사 2급의 질문은 3급에 비해 약간 어렵다고 할 수 있다. 이는 마음 편하게 설명할 수 있는 개인적인 특성이나 포부, 계획, 소감 등의 일반적 질문이 상대적으로 적기 때문이라고 할 수 있다.
② 사례내용의 분량은 2급의 경우 A4용지 3/4 이상의 분량으로 제시된다.
③ 사례의 내용에 보통 MMPI-A 타당도 척도나 임상척도가 전체적으로 제시되며, 그 이외에 TCI, MBTI, Holland 진로탐색검사, 드물게는 HTP의 결과가 제시된다.
④ 질문은 미리 준비된 것을 사용하지만 수험생에게 각기 다른 질문을 던지며 답변하는 순서도 일정하지 않다.

(2) 질문의 내용
① 개인 관련/상담 관련 질문
- 질문이 구체적이며 전문적이다.
- 특정 상담기법에 대한 질문이 포함된다.
  예 - 훌륭한 상담사라면 어떤 특징이 있는가?
  - 당신의 인간관이 상담 현장에서 나타날 때 그 부정적·긍정적 영향은 무엇인가?
  - 현실주의 상담이론을 적용할 경우의 과정을 설명해 보아라.
  - 공포증을 가지고 있는 내담자를 치유하기 위해 행동주의 상담기법을 사용한다면 어떤 것을 사용할 것인가?

② 제시된 사례질문
- 2급의 경우 제시된 사례에 대해 상담 현장에서 구체적으로 개입하는 방식을 묻게 된다.
- 상담의 기법에서는 적용할 개입방법을 구체적으로 질문하는 사례가 많다.
  예 - 제시된 사례의 사례개념화를 해보시오.
  - 상담자라면 어떤 상담목표를 세울 것인가?
  - 이처럼 우울이 깊은 내담자에게 인지적인 접근을 어떻게 할지 구체적으로 이야기해 보시오.

(3) 학습방법
① 이 책은 가능한 한 많은 사례를 실어 수험생들이 폭넓게 사례를 경험할 수 있도록 하였다. 사례를 읽으면서 원인을 빨리 파악하고 그것을 해결하는 방안을 항상 머릿속으로 생각하여야 한다.
② 일반적으로 2급의 질문은 3급보다 어렵다고 하지만 난이도의 차이를 명시하는 것은 불가능하다. 면접관의 성향이나 면접 분위기에 따라 난이도가 결정되기도 하기 때문이다. 2급만을 위한 면접대비 책을 만들면서 2급 수준에 맞는 사례를 더 보강하였지만 PART 03의 〈제시된 사례〉들은 핵심적인 주제만을 언급하였고 심리검사도 주목할 만한 것만 요약하여 제시하였다.

③ 이 책에서 제시한 답안은 일반적이고 보편적인 사항으로 자신의 경험이나 논리로 다른 답안을 얼마든지 만들 수 있다. 따라서 기술된 답안을 그대로 외울 필요는 없다. 단지 이런 문제에 대해서는 이런 해결책이 유효하다는 정도의 감각을 가지면 좋겠다. 그리고 사례를 읽으면서 자신만의 질문이 연상되는 경우, 이에 대해 답해 보는 것도 좋다.

제7절 제시사례 분석방법

(1) 일반사항

① 면접실 앞에서 대기하는 대략 5~10분(앞 팀이 면접시험을 보는 시간)은 짧지만 철저한 준비를 해야 하는 숨 막히는 시간이다.
② 이 시간 동안 제시된 사례의 구성과 분석방법을 몸에 익힌다면, 면접관의 사례관련 질문에 대해 어느 정도 자신 있는, 납득할 만한 대답을 할 수 있을 것으로 확신한다.
③ 사례의 내용이나 분량은 그 짧은 시간 내에 소화하기에는 정말 힘들며 긴박한 상황에서 정신을 집중하기에도 어려운 상황이다. 그러므로 다음에서 제시하는 사례 접근방식에 익숙해지도록 평소에 연습해 두는 것이 중요하다.
④ 실제 면접 때 수험생에게 제시되는 사례는 아래에 언급된 것과 같이 정형화되어 있지는 않지만, 구성내용은 거의 일치한다고 보면 된다. 면접관들이 질문을 하기 위해 최소한의 근거를 사례에서 제시하기 때문이다.
⑤ 제시된 사례를 읽으면서 다음 사항을 생각하여야 한다.
- 내담자의 문제가 무엇인지? 주된 문제와 부수적인 문제가 각각 무엇인지?
- 그 문제의 원인은 무엇인지?
  (사례에서 구체적으로 제시되어 있거나 맥락으로 쉽게 추정할 수 있는 원인들)
- 문제를 유지하는 요인은 무엇인지?
- 내담자의 강점이 무엇인지?
- 어떤 방식으로 개입할 것인지? 등을 파악한다면, 어떤 질문이든지 자신 있게 답변할 수 있을 것이라고 확신한다.

※ 제시되는 사례의 내용과 언급되는 사항이 해를 거듭할수록 복잡해지고 길어지고 있으며, 사례를 읽는 시간 역시 점점 짧아지고 있다.

(2) 사례의 구성
① 보통 사례는 '전문, 본문, 종결문'의 3개 문단으로 구성되어 있다.
② 구성의 내용

전문 (前文)	• 내담자의 인적사항(나이, 성별, 학년 등) • 가족사항(현재 동거하고 있는 가족의 직업, 성격, 내담자와의 관계역동 등) • 내담자의 소속과 소속원(친구, 교사 등)과의 관계 • 방과후 활동 • 내담자가 현재 보이고 있는 인지·행동·정서·태도의 내용
본문 (本文)	• 내담자의 문제와 관련된 추가정보 : 원인에 대한 직·간접적인 정보가 제공된다. • 부모의 양육방식이나 양육태도 : 내담자의 심리적이고 행동상의 문제에 원인을 제공하는 부모의 양육방식이나 가족구성원의 상호관계에 관한 정보 등이 담겨있다. • 내담자의 정서나 욕구에 대한 언급 : 괴롭다든가 가출하고 싶다든가 하는 현재의 내담자 자신에 대한 인지·정서 상태를 언급한다.
종결문 (終結文)	• 내담자가 자신의 문제에서 느끼는 감정이나 생각 • 미래에 대한 내담자의 걱정이나 예정된 행동 • MMPI-A, SCT, MBTI, 홀랜드(Holland) 진로탐색검사 등의 결과치 제시

(3) 분석의 3단계
① 문제 및 문제의 원인파악
② 내담자의 자원 포착
③ 개입방법의 결정

(4) 문제 및 문제원인의 파악
① 문제의 파악
이 부문은 그렇게 어렵지 않다. 보통 사례에서 직접적으로 제시되어 있기 때문이다. 사례에서 문제로 거론되는 정서·인지·태도·행동을 빨리 파악한다.
② 문제원인의 파악
• 문제원인의 파악은 좀 어려운 편이다. 그러나 이 부문이 가장 핵심적이고 개입방법을 쉽게 결정할 수 있는 중요한 부분이라고 할 수 있다.
• 문제의 원인은 '내적요소'와 '외적요소'로 나눌 수 있다.

내적요소	내담자의 스트레스에 대한 취약한 기질이나 성격, 잘못된 인지도식, 편향된 성격요소(MMPI-A에서 주로 제시됨), 이상행동 등이다.
외적요소	부모의 직업이나 경제적인 상황, 부모의 바람직하지 않은 양육방식, 또래관계를 맺는 내담자의 패턴, 학업과 성적의 스트레스, 과거의 경험 등으로 직접 언급되어 있거나 언급된 상황에서 유추할 수 있다.

(5) 내담자의 자원 포착
   ① 자원은 내담자가 가지고 있는 강점이나 장점, 잠재력이라고 할 수 있다. 이는 내담자를 지탱하고 있고, 차후 행동이나 정서의 변화를 유도하는 동력으로 작용한다.
   ② 사례에서 직접 제시되기도 하고 안 되기도 하여 수험생의 직관력이 요구되기도 한다.
   ③ 자원은 내담자가 긍정적으로 생각하는 방식, 좋은 가정환경, 내담자의 개발되지 않은 능력이나 발휘하고 있는 능력, 학교에 잘 다니고 있는 것, 자부심과 자긍심, 성취하려는 동기와 노력, 주위 사람들의 걱정과 관심, 상담에 대한 긍정적인 생각, 자신의 문제를 개선하려고 생각하는 것, 자신의 미래를 밝게 보는 것 등이 있다.

(6) 개입방법의 결정
   ① 상담이론적 접근
      - 문제를 치유하는 상담이론과 상담기법을 생각한다.
      - 이 경우 수험생이 자신 있게 대답할 수 있는 상담이론과 기법을 1~2개 정도 숙지하고 있어야 한다.
      - 쉽게 접근할 수 있는 이론은 현실주의, 인지·행동적 접근, 인간중심적 접근이다.
   ② 자원연계적 접근
      - 강점을 인식·부각시키거나 발휘하게 하는 내용이다.
      - 강점과 앞으로의 직업을 연계하고 성취동기를 자극하는 내용이다.
   ③ 내담자를 둘러싼 미시체계(부모, 친구, 교사 등)에 대한 접근
      - 가장 대표적인 개입방법은 부모상담을 병행하는 것이다.
      - 참고로 내담자 문제행동의 직접적인 감소나 소거보다는 근본적인 원인규명과 심리적 문제 해소 방식이 면접관에게 더 높게 평가될 것이다.
      - 지역사회 청소년통합지원체계와 연계한다.

합격의 공식 **시대에듀** www.sdedu.co.kr

▲ 정오표

PART 02

면접관 현장질문 대비

CHAPTER 01	개인 관련 질문사항
CHAPTER 02	상담 관련 질문사항
CHAPTER 03	일반지식 관련 질문사항

PART 02 면접관 현장질문 대비

> **핵심요약**
>
> 이 파트는 면접관이 제시된 사례와 관련 없이 상담을 진행하는 상담현장에서 있을 수 있는 예상치 못한 상황에 대해, 상담자로서의 대응 능력을 가늠하는 질문에 대비하는 부분이다. 또한, 상담자의 일반적인 자질을 체크하기 위한 질문에 대비하는 부분이기도 하다. 인용된 사례들은 실제 상담현장에서 빈번하게 일어나는 문제들이며, 매년 면접시험에서 던져지는 질문들이라고 보면 된다.
>
> 제시되어 있는 답변은 일반적인 관점에서 보아 무리가 없고 바람직한 접근이라고 생각되는 것이나, 수험생 여러분이 더 좋다고 생각되는 답변이 있으면 대체하여도 무방함을 알려둔다. 그리고 검사결과는 여기서는 핵심적인 부분만 제시하였다. 핵심적인 부분의 제시는 여러분이 MMPI-A/2 등을 이해, 학습하는 데 큰 도움이 될 것이라고 확신한다.

제1절 개인 관련 질문사항

질문 01

상담이론 중 자신이 주로 사용하는 상담이론이나 기법은 무엇인가?

| 답변 |

① 인간중심 상담이론을 기본 바탕으로 삼는다.
② 개입방식으로 인지행동치료 및 현실치료를 병행한다.
- 친구관계에 문제가 있는 학생
  - 합리적·정서적 치료 : 선행사건에 대한 비합리적 신념체계
  - 인지치료 : 부정적 자동사고 점검, 도식의 재구성, 인지왜곡의 수정
- 스마트폰 과다사용 학생
  - 현실치료 : 현재 Want / Doing / Evaluation / Plan 기법(WDEP), 유머, 역설적 기법, 직면
  - 행동치료 : 행동조성, 행동계약서, 강화, 처벌, 행동수정
- 우울, 자살생각 학생
  - 인지치료 : 인지삼제, 자동적 사고의 개선(현실적이고 긍정적 사고와 신념)
  - 정신역동 : 직면과 해석

- 행동치료 : 학습된 무기력, 실패경험에 대한 귀인 양식의 변화
- 게슈탈트 : 빈 의자 기법, 자기 부분들 간의 대화

③ 그 외
- 애착형성이 불안정하다고 판단되는 학생에게는 대상관계이론을 적용하여 상담한다.
- 비행학생 : 욕구지연학습, 분노조절훈련

질문 02

상담이 실제 자신의 삶에 어떤 영향을 주는가?

| 답변 |

① 대인관계가 좋아진다.
- 상대방의 행동이나 태도의 원인을 알게 되어 이해하는 마음이 생긴다.
- 미움, 비판의 시각에서 수용하는 태도로 변한다.
- 대화할 때 상대방을 수용, 반영, 무조건적 존중 등의 상담기법을 사용하게 되어 상대방이 나에게 호감을 가지게 된다.

② 청소년을 사랑하게 된다.
- 청소년의 특성을 이해한다.
- 청소년의 저항을 공감·수용한다.
- 청소년의 발전과 성장을 기대하게 된다.

③ 가족이나 자녀를 이해하게 되고 관심을 기울이고 사랑하게 된다.
- 대화 속에 가족구성원의 숨겨진 의도와 욕구를 파악하게 되어 가족관계가 개선된다.
- 자신의 감정을 솔직하게 이야기하여 가족들에게 이해받게 된다.
- 자녀와의 대화를 통해 항상 관심을 기울이고 사랑한다고 표현하게 된다.

④ 인생을 의미 있게 보낸다.
- 자신의 존재 이유나 의미를 부여한다.
- 자신의 감정·행동·사고를 객관적으로 바라볼 수 있다.
- 생활의 스트레스를 극복하는 능력을 가진다.

⑤ 인간관계 형성에 여유로운 마음을 가지게 된다.
- 상대방의 욕구를 이해한다.
- 상대방의 정서를 공감, 반영한다.
- 나의 태도와 행동을 바르게 인지해서 스스로를 변화시킨다.

질문 03

본인이 청소년기로 돌아간다면 다시 해보고 싶은 것은 무엇인가? 발달과업에 맞게 이야기해 보아라.

| 답변 |

① 청소년의 발달이론에서 언급할 사항을 찾아본다.
- Gesell의 성숙이론에서 성숙에 맞는 과제부여
- Sullivan의 인간발달단계에서 친구관계의 중요성
- Erikson의 심리사회이론에서 자아정체감 확립

② 청소년 시기에 경험할 수 있는 여러 가지 경험을 하고 싶다.
- 부모의 관심과 인정을 받기 위하여 공부에만 매달려서 친구 사귐이나 문화적인 생활을 거의 하지 못하였다.
- 이런 경험의 부족으로 성숙한 인격의 형성이 미흡하였다.

③ 친구들과 폭넓게 사귀고 그들의 생각과 정서가 나와 차이가 있다는 점을 인정하고 그들을 배려하고 수용하고 싶다.
  실제로 나와 취미가 다르거나 나에게 동조하지 않은 애들을 배척하고 피해를 준 적이 있다.

④ 부모가 원하는 미래가 아니라 나 스스로 결정하고 판단한 직업을 가지고 정체성을 확립하고 싶다.
- 부모가 원하는 학과, 성적에 맞는 전공을 택하고 그것이 나의 길이라고 생각하였다.
- 진로탐색, 적성, 흥미, 나의 바람(Want)을 기초하여 나의 인생설계를 하지 못하였다.

☑ 유사질문

○ 청소년 때 하지 못하여 지금도 후회하고 있는 점은?
  이 경우 〈질문 3〉과 유사하게 자신의 경험을 이야기한다.
○ 부모와 갈등을 겪고 있는 청소년을 상담할 때 그 청소년에게 꼭 하고 싶은 말은?

질문 04

당신의 장점과 단점은 무엇이고, 상담 상황에서 어떻게 나타날 것 같은가?

_____
_____
_____
_____

| 답변 |

① 장점(예)
- 분석적·계획적·평가적이다.
  - 단기 해결중심 상담에서 상담효과를 확실히 달성한다.
    예 학습부진, 스마트폰 과다사용, 친구관계 문제 상담
- 직관적이고 논리적이다.
  - 상담의 구조화를 잘한다.
  - 사례개념화에 능하다.
  - 상담평가를 철저히 하고 상담효과를 확인한다.
- 인간에 대한 이해력이 높다.
- 상대방의 문제에 대해 관심이 많으며, 같이 고민하고 해결하는 데 즐거움을 느낀다.

② 단점(예)
- 성격이 급하다.
  - 내담자의 침묵을 기다리지 못한다.
  - 내담자를 가르치려고 든다.
- 상담에서 주도적인 역할을 하게 된다.
  - 상담에서 상담목표를 향해 내담자를 끌고 가려는 경향이 강할 것 같다.
  - 상담의 과도한 구조화(상담목표, 상담전략, 중간평가 등)가 이루어진다.
  - 지시적인 말을 많이 사용한다.
  - 해결책을 제시하거나 권유한다.
- 내담자의 통찰을 끌어내는 부분이 미흡할 것 같다.
- 내담자의 말과 태도, 행동 속에 숨어있는 욕구·의도를 잘 파악하지 못한다.

※ 위의 답변은 한 예이다. 수험생은 자신의 장점과 단점을 미리 파악하고 이를 정리하여 상담 장면에서 그러한 장단점이 어떻게 작용할 것인가를 기술하고 충분히 연습해 두는 것이 좋다.

질문 05

상담을 잘하기 위해서 본인이 보완하여야 할 점은 무엇인가?

| 답변 |

다음과 같은 사항을 보완할 사항으로 솔직히 인정한다면 면접관에게 좋은 인상을 줄 수 있을 것이다.
① 평소 공감능력이 부족하여 내담자의 정서적인 탐색 노력이 부족하다.
② 상담이론은 알지만 구체적인 상담기법에 대해서는 아직 경험이 부족하여 이를 보완하고 싶다.
③ 나 자신의 문제를 철저히 분석하고 이를 우선적으로 해결하고 싶다.
④ 내담자의 사례개념화를 정확히 하지 못하여 상담의 효과를 내지 못하는 경우가 있다.
⑤ 상담을 지나치게 주도적으로 이끌어 가면서 내담자의 행동을 변화시키려고 한다.
⑥ 내담자의 반응이나 태도에 너무 몰입하여 역전이가 발생할 가능성이 높다.
⑦ 내담자의 숨겨진 의도나 욕구를 읽지 못하여 정확한 개입을 하지 못한다.
⑧ 내담자의 주호소문제를 표면적이고 기계적인 해결책으로 해결하려고 한다.
⑨ 내담자를 미숙한 존재로 보고 가르치고 설득한다.
⑩ 상담경험의 부족으로 상담에 대한 불안감이 크고 상담기술에만 의존한다.

☑ 유사질문

훌륭한 상담사가 되기 위하여 더 함양하여야 할 부분은 무엇인가?

질문 06

경력을 중심으로 자신을 간단히 소개하시오.

| 답변 |

① 자신의 경력을 간단하고 명료하게 언급한다.
- 대체적인 학력 수준(전문대졸, 대졸, 대학원졸)과 전공과목(단, 이때에도 자신의 이름이나 졸업한 학교 등의 개인정보를 이야기하지 않도록 유의해야 한다)
- 상담연수, 상담대상, 연간 상담건수의 설명
- 현재 하고 있는 업무의 간략한 소개
- (직장이 없으면) 청소년상담사를 지원하게 된 계기 소개

② 앞으로의 계획과 포부를 언급한다.
- 하고 싶은 일
- 일하고 싶은 기관이나 직장
- 목표하는 최종 직위·직책·업무의 소개

③ 상담국면에서의 자기소개
- 선호하는 상담이론과 성과
- 수련경험(수퍼비전 수련) 정도
- 상담 관련 자기계발 내용이나 노력 정도

질문 07

청소년상담사 시험에 합격하여 자격증을 받으면 무엇을 할 예정인가?

| 답변 |

① 자신이 평소 근무하고 싶은 기관과 근무처에 대해 이야기한다.
   예) 청소년상담사 자격증으로 도전할 만한 직장
   - 각 시·군·구의 청소년상담복지센터
   - 건강가정지원센터
   - 아동보호센터
   - Wee Center
   - 초등학교, 중학교, 고등학교 전문상담교사
   - 청소년쉼터
   - 서울시의 6개 I Will Center 상담원
   - 생명의 전화 상담원
   - 1388 상담원
   - 성/가정폭력 상담소 등

② 자신이 계획하거나 추구하는 일에 대해 이야기할 수도 있다.
   - 청소년 성장을 위한 집단상담
   - 컴퓨터게임, 스마트폰 중독 학생을 둔 부모 교육
   - 청소년 자아개발 훈련 프로그램 시행
   - 왕따, 따돌림, 학교폭력 가해자, 피해자 학생 집단상담
   - 인터넷 과다사용 학생의 치유를 위한 집단상담 등

☑ 유사질문
○ 청소년상담사가 된 이후의 장·단기 목표를 이야기해 보시오.
   위의 답변과 〈질문 15〉의 답변을 같이 이야기한다.
○ 청소년상담사가 되었을 때 앞으로의 포부는?
   상기 답변과 유사하게 답변한다.
○ 상담사가 되면 무엇을 할 계획인가?

질문 08

상담공부를 하면서 어떤 역량을 키웠나?

| 답변 |

① 대답을 위한 착안사항
- 대학원에서 공부할 때 가장 흥미 있었던 과목
- 상담을 하고 있는 경우에는 내담자의 특성에서 착안한 사항
- 평소 자신이 부족하다고 생각하였던 사항

② 다음의 사항이 포함된다면 바람직한 답변이 될 것이다.
- 부족한 인간적인 역량을 키웠다. 특히 경청하고 상대방을 이해하고 배려하며 공감하는 능력의 함양을 위하여 노력하였다.
- 심리검사의 해석을 정확하게 하는 능력을 키우기 위하여 심리검사의 결과해석에 주안점을 두고 공부하였다.
- 평소 남의 말을 잘 듣지 않고 나의 고집을 주로 내세웠는데 상담공부를 하면서 진심을 다하여 상대방의 말을 경청하고 그 말에 담긴 욕구나 정서를 이해하려고 노력하였다.
- 상대방의 말과 행동, 태도가 서로 다른 경우, 상대방이 양가적 감정이나 태도를 가졌음을 인지하게 유도하고 이를 다루도록 하는 계기를 만들어 주었다.
- 상대방의 비언어적 특징(옷차림, 손과 발을 움직임, 눈맞춤 등)을 보고 밑에 깔려 있는 정서나 욕구를 파악하여 표현해 주는 능력이 증가하였다.

질문 09

상담사로서의 보람과 상담 시의 예상되는 문제점은 무엇인가?

| 답변 |

상담의 경험이 있는 현직 상담사의 경우 다음의 사항을 언급하는 것이 좋다.

① 보 람
- 청소년 내담자가 자신의 문제를 스스로 해결하고 바람직한 방향으로 나아가고 심리적인 괴로움에서 해방된 것을 경험하였을 때
- 상담 초기 구제불능으로 여겨졌던 내담자가 부정적인 행동패턴을 보이지 않고 학교생활에 적응하고 학습목표를 세우고 노력하는 것을 보았을 때
- 가정형편이 열악하여 우울하고 학습부진을 겪는 내담자가 지역사회의 여러 도움으로 용기와 희망을 가지고 생활하게 되었을 때
- 상담을 끝낸 내담자에게 스승의 날이나 생일에 문자를 보내주며 안부를 물어왔을 때

② 예상되는 문제점
- 상담에 협조적이지 않은 내담자로 인하여 받는 스트레스
- 소속되어 있는 상담기관의 행정적인 요구사항에 대한 저항감
- 내담자의 어두운 정서나 행동, 사고에 의한 상담사 자신의 소진 발생
- 상담의 효과가 지지부진하여 자신의 상담능력과 전문가적 자질에 의문이 발생하는 경우
- 상담 중간에 종결(Drop)하는 내담자에 대한 분노감과 자책감

상담의 경험이 없는 대학원 졸업생의 경우 예상되는 문제점은 앞의 경우와 같으나 상담자로서의 보람에 대한 내용은 다음을 언급하는 것이 바람직할 것이다.

① 보 람
- 청소년의 장래를 책임진다는 자부심
- 청소년의 건강한 삶과 건전한 사고와 행동을 조성하는 데 기여한다는 기대감
- 청소년의 일탈행동이나 패배적인 사고를 수정하고 심리적인 문제를 해소하는 데 도움을 준다는 자존감
- 청소년의 위험행동이나 범죄행동을 예방하는 청소년 지킴이로서의 역할인식
- 학교폭력이나 성폭력 피해학생의 구제나 보호에 대한 사명감

✓ 유사질문

상담자로서 앞으로 어려운 점이 있을 텐데 어떤 일이고 어떻게 대비할 것인가?

질문 10

당신의 인간관은 무엇인가?

| 답변 |

인간중심의 인간관이 답변하는 데 제일 용이하다.

인간의 심리적 문제는 현실을 인지하는 방식의 문제, 학습된 행동방식의 문제 그리고 실제의 자신과 바깥으로 드러내는 자신의 차이(Gap)에서 발생한다고 믿는다. 그러므로 인간을 합리적인 생각과 행동을 할 수 있는 존재로 보고 자기실현의 동기를 가진 긍정적인 존재로 본다.

각 상담이론의 인간관

정신분석 (Freud)	• 인간을 비합리적 · 결정론적 존재로 가정한다. • 생물학적인 충동과 본능을 만족시키기 위하여 행동이 동기화된다.
개인심리 (Adler)	• 프로이트의 생물학적 · 결정론적 관점에서 벗어나 사회심리적 · 비결정론적 관점에서 인간을 본다. • 무의식이 아닌 의식이 성격의 중심이며, 환경에 영향을 미치고 환경을 창조하는 능력을 가지고 있다.
형태주의 (Perls)	• 인간은 자유의지를 가졌으며 자신의 행동에 책임을 진다. • 환경과 접촉하는 존재이며 현재를 중심으로 자신을 경험하며 성장, 성숙한다.
의사교류분석 (Berne)	• 인간은 반결정론적 · 자율적 존재이며, 패배적인 인생각본에서 벗어나 보다 적절한 생활양식을 선택하고 결정할 수 있다. • 인간은 자신의 감정과 행동에 대해 책임을 져야 한다.
현실주의 (Glasser)	인간은 스스로의 삶을 효과적으로 통제할 수 있는 능력을 가지며, 결과에 대해 스스로 책임을 지는 존재이다.
합리 · 정서치료 (REBT), (Ellis)	인간은 역기능적인 인지체계에서 심리적인 문제를 일으키는데, 이를 합리적인 사고로 전환하여 바른 행동을 유도한다.
인지치료 (Beck)	개인의 역기능적인 정보처리와 인지적 왜곡을 재구성하여, 정서나 행동의 변화를 일으킨다.
행동주의 (Skinner)	• 인간의 행동은 학습된 결과이며 새로운 행동을 학습한다. • 인간의 행동은 일정한 법칙성을 지니고 있다고 가정한다.
인간중심 (Rogers)	• 인간은 자기 자신의 일을 스스로 결정하며, 자기실현의 동기를 가지고 태어났다. • 자신의 중요한 일들을 스스로 결정하고, 자신의 문제를 해결할 수 있다.

☑ 유사질문

당신이 좋아하는 상담이론과 그 인간관은 무엇인가?

질문 11

자신이 가지고 있는 상담사의 자질은 무엇이라고 생각하는가?

___

___

___

___

| 답변 |

다음의 자질을 감안하여 적절하게 대답한다.
① 전문가적인 자질
- 관련 학문의 수강과 관심(사회학, 심리학, 범죄학, 생리학, 교육학 등)
- 상담이론의 정확한 이해와 적용
- 상담기술 훈련, 자격증 보유
- 상담자의 자기계발
    - 학회, 연구회 참석
    - 공개 사례 참석
    - 공개 수퍼비전, 연구분석, 집단상담 참석
- 객관적·논리적인 사고방식과 평가능력
- 상담경력
- 수퍼비전 수련 정도
- 자신의 상담능력 한계 인식

② 인간적인 자질
- 인간의 폭넓은 이해, 청소년을 사랑하는 마음
- 참을성과 인내심, 인간의 발전 가능성에 대한 믿음
- 상담에 대한 열의
- 철저한 자기관리
- 청소년과 이야기하고 활동하는 것을 선호함
- 자발성과 수용성, 타인에 대한 열린 마음
- 삶에 대한 진지함과 좋은 대인관계
- 긍정적인 인간관
- 개인적인 심리문제의 선해결

☑ 유사질문
○ 상담사의 자질 중 어떤 자질이 청소년을 상담할 때 중요하다고 생각하나?
○ 이상적인 청소년상담사란?

질문 12

당신의 성장과정을 소개해 보시오.

| 답변 |

이 질문 또한 수험생의 개별성으로 인하여 바람직한 답변을 규정하기는 어려우나, 다음의 사항이 언급되면 면접관의 주의를 끄는 답변이 될 것이다.
① 어린 시절 친구에게 상처를 주었거나 상처를 받았던 일
② 친구나 가족이 슬픔에 잠겨 있었던 일
③ 학창 시절 친구관계에서 경험한 어려움이나 기쁜 일
④ 부모와 형제관계에서의 정서적 경험
⑤ 친구를 도왔을 때의 기쁨
⑥ 친구관계, 부모와의 관계에서 의문을 가진 점
⑦ 내가 성장하여 부모가 된다면 그러지 말아야겠다고 느낀 점
⑧ 꿈의 좌절, 절망의 경험
⑨ 타인에게서 받은 실망감, 배신감 등

질문 13

상담자가 되면 하고 싶은 집단 프로그램이 있는가?

| 답변 |

집단상담의 종류를 감안하여 이야기한다.
① **치유집단** : 집단구성원의 행동을 바꾸고, 개인적인 문제를 완화하거나 대처하는 집단
   예 외상 후 스트레스 장애 치유집단, 마약중독자 치료집단, 금연·금주집단, 주의력이 현저히 떨어지는 아동집단
② **과업집단** : 과업의 달성을 위해 성과물을 산출해 내거나 명령을 수행하기 위해 만들어진 집단
   예 Task-Force 팀, 위원회, 특별조사집단

③ **자조집단** : 장차 일어날 사건에 좀 더 효과적으로 적응하기 위하여 대처기술을 발전시킴으로써 집단구성원들이 삶의 위기에 대처하도록 돕는 집단
    예 이혼가정의 취학아동모임, 암환자 가족모임, 한부모 집단
④ **성장집단** : 집단구성원의 자기 인식을 증진시키고, 자신의 사고를 변화시키는 것을 목적으로 하는 집단
    예 부부의 결혼생활 향상집단, 청소년 대상 가치관 확립 집단, 퇴직을 준비하는 집단, 청소년 자기계발 집단
⑤ **교육집단** : 집단구성원의 지식과 정보 및 기술향상을 목적으로 하는 집단
    예 부모역할 훈련집단, 청소년 성교육 집단, 위탁가정의 부모가 되려는 집단, 입양에 관심을 갖는 부모 집단, 학업중단 청소년 집단
⑥ **사회화 집단** : 사회관계에 어려움이 있는 집단구성원들이 사회생활에 필요한 사회적 기술을 배우거나 증진시키는 것을 목적으로 하는 집단
    예 과거 정신장애자의 집단, 자기주장 훈련집단, 공격성을 가진 아동들의 집단, 친구관계에 어려움이 있는 집단

질문 14

청소년쉼터에 머물고 있는 학생들을 위한 프로그램을 운영한다면, 어떤 프로그램을 운영하겠는가?

| 답변 |

① 홀로서기 능력배양 프로그램
② 진학(진로)지도 프로그램
③ 스트레스 인내력 증강 프로그램
④ 학습능력 증진 프로그램
⑤ 직업훈련 프로그램
⑥ 자율성과 독립심 함양 프로그램

질문 15

15년 후, 청소년상담사로서 성장한 자신의 모습을 간단히 이야기해 보시오.

___

| 답변 |

개인적인 가치관이 다르고 능력, 환경, 기회가 각기 다르기 때문에 다양한 답변이 있을 수 있다. 그러나 다음의 사항이 포함되면 바람직한 답변이 되겠다.

① 지역사회의 청소년 문화증진과 청소년 성장과 발달을 위해 노력하며 성과를 이루는 상담자 혹은 청소년기관장이나 상담지도자
② 가정과 학교, 그리고 청소년 사이의 가교역할을 하는 사람
③ 청소년의 현실적응능력을 증진시키는 교육책임자
④ 가정과 사회에서 소외되어 차별받는 청소년을 구제하고 선도하는 단체의 장
⑤ 지역사회에서 청소년의 지위와 권리를 고양시키는 사람
⑥ 청소년 문제를 종합적으로 접근하는 청소년센터장
⑦ 다문화 가정의 자녀와 외국인 부모의 상담이나 교육을 담당하는 선임상담사 등

☑ 유사질문
○ 청소년상담사 자격증을 취득한 후 자신의 미래를 그려 보시오.
○ 성공한 청소년상담자의 모습은 어떤 모습인가?
○ 상담사가 된다면 어디에서 근무하고 싶은가?
○ 앞으로 어떤 종류의 상담일을 하고 싶은가?

제2절 상담 관련 질문사항

1 상담자 윤리사항

〈사례 01〉
내담자의 부모가 자녀와의 상담내용을 알려달라고 요구한다.

질문

이런 경우 상담자로서 어떻게 하여야 하는가?

| 답변 |

① 청소년상담사 윤리강령의 비밀보장 의무에 의거하여 상담내용을 알려줄 수 없음을 분명히 이야기한다. 이 경우 내담자 부모의 입장을 이해하고 공감하는 태도를 보인다.
② 그러면서 내담자의 문제해결을 위해 필요한 경우, 부모와의 면담이나 부모상담이 필요하다는 점을 전달한다.
③ 내담자의 동의를 얻어 부모에게 상담의 내용을 알려줄 경우, 최소한의 범위에서 상담내용을 전달한다(예 상담목표 및 전략, 상담회기 수, 내담자의 변화과정 등).

☑ 유사질문
○ 학교에서 문제를 많이 일으키는 내담자의 상담내용을 그 담임선생님이 공개 요구한다. 이런 경우 상담자로서 어떻게 하여야 하는가?
○ 법원판사가 죄를 범한 내담자와의 상담내용을 요구한다. 상담자로서 어떻게 하여야 하나?

참고 상담자의 비밀보장 예외사항
1. 내담자의 치료를 위한 의사와의 의사소통을 위한 정보제공
2. 내담자가 상담공개를 허락한 대상
3. 자신이나 상대방을 해칠 우려가 있는 경우
4. 적절한 전문적 자문을 구하는 경우
5. 법률에 의해 위임되고 승인된 경우(법원의 판사요청은 이에 해당한다)

⟨사례 02⟩
상담 중 고1 여학생이 임신을 한 사실을 털어놓았고, 상담자의 비밀보장 의무를 이야기하면서 절대 부모에게 말하지 말고 자기를 도와달라고 한다.

질문

이 경우 상담자로서 어떻게 대응할 것인가?

| 답변 |

① 내담자의 상황에 충분히 공감해 준다.
- '비밀보장의 예외 사항'은 아니나 내담자에게 비밀을 보장한다고 성급하게 이야기하지 말고, 일단 내담자의 불안한 마음에 충분히 공감해 준다.
- 심리적인 안정감을 되찾게 하고 위험행동을 감행할지 모르는 상황을 대비하여 안전을 확보한다.

② 임신 사실 여부를 확인한다.
- 임신을 하였는지 아니면 불안한 상태가 증폭되어 그러한 고백을 하는지 탐색한다.
- 병원에 가서 진찰을 받자고 제의한다.
  ※ 상담기관이 지방자치단체의 예산으로 운영되는 경우, 병원진찰비는 보조금으로 지원된다.
- 임신이 사실로 밝혀질 경우
  - 부모에게 알려야 함을 설득한다(임신은 보호자의 보호와 개입이 필요한 사안임을 전달한다).
  - 병원진료의 필요성을 알려준다.

③ 부모로 하여금 자녀인 내담자의 행동이나 정서를 적절히 관찰하고, 위험행동을 예방하게 한다.

④ 필요한 경우, 미성년자의 임신문제를 지원할 수 있는 전문기관에 도움을 의뢰한다.

☑ 유사질문
임신한 여학생이 상담실에 찾아왔을 때 부모에게 알려야 하는가?

> **참고** 낙태법 폐지
>
> (1) 2019년 4월 낙태죄에 대한 헌법재판소의 헌법불일치 판결로 2021.1.1.부로 형법상의 낙태죄가 폐지되어 낙태로 인한 형사처벌은 폐지되었다. 그러나 관련법이 개정되지 않아 임신중절수술을 진행하는 기준에는 여러 가지 혼선이 일어나고 있다.
> (2) 임신중절수술은 다음에 해당될 때 가능하다.
>   ① 모자보건법 제14조에 해당할 때
>   ② 임신중절수술이 가능한 주수(週數)가 되었을 때(병원의 초음파를 통해 산출함)
>   ③ 본인 및 배우자가 동의할 때
>   - 만약 ①의 요건이 안 되는 경우라도 ②, ③이 가능하면 수술은 가능하다.
>   - 만약 ①의 요건이 안 되면서 ③의 요건이 안 되는 경우 수술은 불가능하다.
>   - ②의 경우는 임신가능일 5주 이상이 되어야만(아기집 보임) 수술이 가능하다.
>   - ②의 경우 태아가 상당히 자랐을 때는 중절수술의 위험성을 감안하여 병원에서 결정하는 것이 상례이다.
> (3) 모자보건법 제14조 해당 요건은 다음과 같다.
>   ① 본인이나 배우자가 우생학적(優生學的) 또는 유전학적 정신장애나 신체질환이 있는 경우
>   ② 본인이나 배우자가 전염성 질환이 있는 경우
>   ③ 강간 또는 준강간에 의하여 임신된 경우
>   ④ 법률상 혼인할 수 없는 혈족 또는 인척 간에 임신된 경우
>   ⑤ 임신의 지속이 보건의학적 이유로 모체의 건강을 심각하게 해치고 있거나 해칠 우려가 있는 경우

〈사례 03〉
내담자가 상담 후에 자신에게 문제가 생겨 이를 해결하기 위해, 급히 20,000원을 빌려 달라고 하면서 부모에게는 알리지 말라고 당부한다.

질문

이때 본인이 상담자라면 어떻게 할 것인가?

| 답변 |

① 돈을 빌려 달라고 하는 진짜 이유가 정말 돈이 필요한 경우인지, 아니면 거짓말을 하여 용돈으로 사용하려고 하는 경우인지 알아본다. 후자의 경우, 상습적으로 돈을 구하기 위하여 둘러대는 경우가 많다.
② 이유별 대처
- 차비 등 급한 용무를 보기 위한 경우
  - 빌려주지만 꼭 갚도록 한다.
  - 갚지 못할 경우는 상담목표를 수행하는 과제를 실행하게 한다.
  - 돈을 빌려주는 것은 1회에 한한다.
- 용돈으로 쓰려고 하는 경우(예 사고 싶은 물건을 구입하기 위해)
  - 신뢰성 상실 등 거짓말의 부정적 결과를 설명한다.
  - 욕구의 자제 및 부적절한 행동을 교정한다.
  - 필요한 경우 추가 상담목표를 설정한다.
  - 자신의 행동에 대한 책임의식을 고양시킨다.
- 또래들로부터 금전적 요구를 받고 있는 경우
  - 학교폭력 관련 여부를 판단한다.
  - 학교폭력에 해당한다고 판단되는 경우 소속기관장과 부모에게 이를 즉각적으로 알린다(신고의무 조항).

☑ 유사질문

○ 내담자가 상담자에게 차비를 빌려달라고 하면 어떻게 할 것인가?
○ 내담자가 상담자에게 급히 전화하여 돈을 빌려 달라고 할 때 어떻게 하겠는가?

〈사례 04〉
상담을 받고 있는 남학생이 상담자에게 사랑을 느낀다고 하면서 접근한다.

질문

이 경우 청소년상담사의 윤리강령과 관련하여 어떻게 개입하여야 하는가?

| 답변 |
① 상담사는 윤리강령을 지켜야 하는 의무가 있으므로, 내담자와 이중관계를 형성하여서는 안 된다.
② 일단 차갑게 대하며 접근을 차단한 다음, 공감을 통해 내담자의 자존감을 회복하게 하고 상담자와 내담자의 역할과 책임을 상기시킨다.
③ 이성과의 교제 욕구를 해소하기 위한 대안활동을 내담자로 하여금 수행하게 한다.
 • 취미활동의 탐색과 수행
 • 학업성과를 향상시키기 위한 학습계획 수립 및 실천
 • 적극적인 봉사활동, 동아리 활동 전개
④ 상담 중에 상담자 자신이 보였을지도 모르는 역전이 여부를 점검한다.

☑ 유사질문
자신에게서 상담 받고 있는 학생이 바깥에서 따로 만나자고 요청한다면 어떻게 대응하겠는가?

〈사례 05〉

상담 중에 내담자가 상담자를 선생님이 아니라 "누나, 엄마, 형"과 같이 부르며 과도한 친근감을 표시한다.

질문

이런 경우 상담자로서 어떻게 하여야 하는가?

| 답변 |

① 원칙적으로 친근감의 호칭을 사용하는 것에 대해 고마움을 표시한다.
② 상담의 원활한 진행을 위하여 그런 부적절한 호칭을 삼가도록 권유한다. 이는 내담자와의 이중관계 형성을 사전에 방지하는 효과가 있다.
③ 내담자가 상담자를 협조자·전문가·촉진자로 인식하고, 자신의 문제를 좀 더 탐색하게 한다.
④ 내담자의 충족되지 않은 욕구를 파악하고 이를 해결하는 것을 상담목표에 추가로 포함한다.
⑤ 이것이 개선되지 않을 때, 다른 상담자에게 그 사례를 인계(Refer)하거나 상담전문가로부터 수퍼비전(Supervision)을 받는다.

〈사례 06〉
자신이 상담하고 있는 내담자가 상담자의 주소, 개인 전화번호를 알려달라고 한다.

질문

이런 경우 상담자로서 어떻게 할 것인가?

| 답변 |

① 먼저 내담자가 알고 싶어 하는 이유를 탐색한다.
② 내담자의 단순한 호기심과 관심의 표시인 경우
- 우선 상담자에 대한 내담자의 호감과 관심에 대해 고마움을 표시한다.
- 상담자와 내담자는 상담을 통하여 이루어지는 관계이며, 상담시간 이외에 연락을 취하는 것은 상담자의 사생활을 침해할 수 있음을 인지하게 한다.
- 타인의 사생활을 존중하는 배려가 인간관계를 형성하는 데 매우 중요하다는 점을 이야기한다.
- 인간관계에서 서로가 지켜야 할 예의(매너)가 있음을 느끼게 한다.
③ 내담자의 인간관계를 형성하는 패턴인 경우
- 심리검사를 시행하여 내담자의 욕구와 성격 등을 규명하여 적절한 개입을 한다.
- 상대방에게 너무 집착하는 경향을 경감시키고 폭넓은 친구관계를 맺도록 유도한다.
④ 이러한 과정을 거치지 않고 라포 형성을 위하여 개인정보를 전달하면, 내담자가 시간을 가리지 않고 연락하거나 방문함으로써 상담자에게 내담자에 대한 미운 감정이 생길 수 있고, 동시에 상담자에 대한 내담자의 의존성을 키우는 역효과가 발생할 수 있다.

〈사례 07〉
내담자가 사적으로 하루에도 여러 번, 심지어는 저녁 늦게 상담자에게 전화를 하고 있다.

질문

이런 경우 상담자가 어떻게 대처해야 하는가?

| 답변 |

① 처음에는 내담자의 전화에 친절하게 응대해 준다.
② 그러나 상담을 통해서 이야기할 것을 권유한다. 이야기할 사항을 전화로 성급하게 할 것이 아니라, 상담시간에 차근차근 이야기하는 것이 더 바람직하다고 이야기한다.
③ 상담과 사적인 친교가 구별되어야 함을 알려주고, 상담자와 내담자가 상담 이외의 관계를 형성하는 것이 상담의 효과적인 진행에 방해가 됨을 인지시킨다.
④ 내담자가 도움을 원하는 사항을 본인 스스로 생각하고 행동할 수 있도록 상담시간에 자율성과 독립성을 높여준다.
⑤ 상담을 통해 내담자의 욕구통제나 욕구지연의 능력을 높인다.
⑥ 상담자가 내담자의 의존성을 높이지 않았는지 점검한다.

✓ 유사질문

상담하고 있는 내담자 청소년이 상담예약도 없이 시도 때도 없이 상담실을 찾아올 때 어떻게 대처할 것인가?

② 내담자 저항반응 대처

> **〈사례 01〉**
> 어머니의 손에 이끌려 상담실을 찾은 학생을 상담하려고 하는데, 상담자에게 대뜸 자신은 상담이 필요 없다고 이야기한다.

질문

이런 경우 상담자로서 어떻게 해야 하는가?

_____
_____
_____

| 답변 |

① 상담실에 오게 된 상황을 다룬다.
- 불편하고 화가 난 감정에 대하여 공감을 표시하고, 자신이 이해받고 있다는 느낌을 받게 한다.
- 필요한 경우 감정의 발산을 돕고 이를 통한 정화를 유도한다.
- 어머니에게 이끌려 온 것이 어느 정도 상담을 받을 의사나 어머니에 대한 배려가 있었음을 칭찬한다.
- 내담자가 일상생활에서 짜증을 느끼는 일이 있을 것이라고 이야기한다.
  - 예) 어머니와의 갈등, 스마트폰 사용 통제

② 상담을 받는다는 사실에 대해 불안을 느끼는 경우
- 비밀보장을 약속한다.
- 상담기록이 학교생활기록부에 기재되지 않는다는 사실을 알려준다.
- 상담을 받는다는 사실이 '문제가 있는 학생'이라는 의미는 아니라는 점을 이야기해 준다.
- 상담자 역할(촉진자, 협조자)과 상담의 효과에 대해 설명한다.

③ 저항(상담의 불필요, 상담효과에 대한 회의)하는 경우
- 상담을 받고 좋아진 사례에 대한 정보를 제공한다.
- 상담자의 전문성과 경험을 객관적인 사실을 인용하여 신뢰감을 형성한다.
- 심리검사, 성격검사 실시 등으로 자기탐색의 기회를 제공함으로써 상담에 대한 흥미를 유발한다.

☑ **유사질문**
- 비자발적 내담자를 어떻게 대할 것인가?
- 어머니와 상담실에 온 내담자가 화난 표정을 지으며 아무 말도 하지 않을 때 어떻게 하겠는가?

〈사례 02〉

상담을 하고 있는 내담자가 있는데 아이돌(Idol)의 열렬한 팬으로 그가 하는 공연에 가야 한다며, 상담을 여러 차례 미루기도 하고 상담에도 나타나지 않는다.

질문

이런 경우 상담자로서 어떻게 할 것인가?

| 답변 |

① 내담자의 행동원인을 알아본다.
- 내담자의 수동적 저항(상담자가 자신의 마음을 알아주지 못한다는 것을 간접적으로 표현)인지 점검한다.
- 저항이 아니면, 상담을 종결하고 싶은 의사의 간접적 표시일 수도 있다.
- 갈등이 많고 우유부단한 성격이거나 문제회피의 징후일 가능성도 감안한다.
- 자신의 욕구를 적절히 통제하지 못하는 충동성이 원인일 수도 있다.

② 수동적 저항의 경우
- '상담할 때 어떤 느낌인지, 무엇이 충족이 되지 않았는지'를 묻고 탐색한다.
- 상담자의 상담기법, 촉진적 관계 구축, 호소문제의 재검토, 개입방법이나 상담전략을 평가하고 수정하는 등 상담방법을 개선한다.
- 해당 사례에 대해 수퍼비전(Supervision)을 받아본다.

③ 내담자가 종결을 강하게 요구하고, 이를 변경할 수 없는 경우
- 상담을 1~2회 더 진행하면서 종결 준비를 한다.
- 내담자에게 추수상담을 안내한다.
- 그러나 상담을 받고 싶지 않은 이유를 내담자로부터 직접 듣는 것이 중요하다.

④ 상담자와의 갈등과 우유부단한 태도에서 종결 요구를 한 경우
- 상담자와의 갈등의 원인이 무엇인지 탐색한다.
- 상담 중에 자신의 문제를 노출시키는 것을 회피하는 원인을 파악한다.
- 내담자와 치료적 동맹을 강화하여 그 원인을 제거한다.

⑤ 욕구억제, 지연의 능력이 떨어지는 경우
- 자신의 욕구를 인지하고 의미를 생각하게 한다.
- 욕구 충족의 행동결과를 평가하게 한다.

⑥ 이유가 불분명한 경우, 내담자의 욕구에 부응하여 상담관계를 회복한다.
- 내담자의 열정을 공감하고, 그 아이돌(Idol)의 공연에 깊은 관심을 보이며 이해와 공감을 표시한다면, 내담자와의 상담관계를 복구할 수 있는 좋은 계기가 될 수 있다.
- 상담 하루 전에 메시지를 보내 상담자가 내담자에게 항상 관심을 기울이고 있음을 나타낸다.

✅ **유사질문**
○ 내담자가 상담시간을 자주 어기고 나타나지 않는다면, 이럴 때 어떻게 대처할 것인가?
○ 상담시간에 항상 늦게 오거나 상담 당일에 다음 주로 상담을 연기하고자 하는 내담자에게 어떻게 대응할 것인가?
○ 내담자가 상담시간에 항상 10~20분 정도 늦게 도착하는 경우 어떻게 할 것인가?

〈사례 03〉
집단상담 참여자들이 상담자에 대해 불만을 토로하고 반대의사를 이야기하며, 집단상담이 지루하고 의미없다고 이야기한다.

질문

이런 경우 집단리더로서 어떻게 하여야 하는가?

| 답변 |

① 집단상담 참여자들의 저항 완화에 최선을 다한다.
  • 이해와 수용
  • 상담분위기의 변화
    - 집단 진행방식, 거론되는 사항, 상담자의 피드백 등 불만사항을 공식적으로 다룬다.
    - 리더 자신의 지적된 문제점, 개선할 점을 수용할 것을 약속한다(이런 경우 참여자 중에는 리더의 지지자가 있기 마련이다).
    - 친밀한 관계를 형성할 수 있는 행사나 이벤트에 참가자들과 함께 참가한다.
    - 지속적으로 부정적 행동을 보이는 참가자들과 별도의 모임을 통해 의견을 모으는 기회를 마련한다.
② 상담과정의 재탐색을 시도한다.
  • 내담자의 문제인식과 탐색이 되지 않는 이유 규명
  • 참가자들과 합의하여 집단방식 개선
  • 집단리더의 집단운영상의 문제 검토
  • 집단의 응집성이나 참가자의 자기노출을 방해하는 원인 규명
③ 위의 ①, ②의 조치에도 불구하고 같은 상태가 계속 지속되면 전문가의 수퍼비전(Supervision)을 받는다.

〈사례 04〉

내담자가 상담자의 전문성을 의심하고 상담효과에 대해 불신한다.

질문

이런 경우 상담자로서 어떻게 하여야 하는가?

| 답변 |

① 내담자가 상담효과에 대한 불신을 표시하는 용기를 우선 칭찬해 준다.
   - 내담자의 불신과 불만 내용을 경청한다.
   - 내담자가 상담에 대해 지적하는 사항을 이해하고 그의 견해를 존중해 준다.
   - 상담자는 인정할 것은 인정하고 수용할 것은 수용하며, 지적하는 사항에 고마움을 표현한다.

② 내담자가 상담자의 전문성을 의심하는 이유를 탐색한다.
   - 상담자의 진행이 너무 내담자의 주도하에 진행되고 있는 것은 아닌가?
   - 내담자의 이야기에 너무 몰입하여 이에 편승하고 있는 것이 아닌가?
   - 내담자가 평소 상담의 효과에 대해 불신하고 과소평가하는 것 때문인가?
   - 자신의 문제는 자신이 알아서 할 수 있다는 내담자의 자만심의 표현인가?
   - 내담자의 욕구의 비합리성을 지적하고 이를 바로잡으려고 한 것인가?

③ 원인별 대처방안

상담자의 전문성 불인정	• 내담자의 문제원인과 차후 개입방법 설명 • 청소년상담사 자격의 전문성 설명 • 유사 사례의 성공적인 상담결과 예시 • 적절한 심리검사의 시행과 진단 제시
상담효과에 대한 불신	• 상담목표와 전략, 적용하는 상담기법의 재평가 • 상담과정상 상담자의 실수 인정과 사과
내담자의 자기과신	• 상담의 전문성 강조 • 내담자의 심리적 문제 진단과 해결책 제시 • 내담자에게 상담을 통한 해결가능성 강조(내담자의 문제가 전문가의 도움이 필요한 사안임을 강조)

④ 상기 조치가 효과가 없을 때에는 다른 상담자에게 의뢰하거나 상담을 종결한다.

<사례 05>

초등학생이 학교에 가기 싫다며 등교를 거부하고 있다.

질문

이런 경우 상담자로서 어떻게 개입할 것인가?

| 답변 |

① 먼저 내담자가 학교에 가기 싫어하는 마음에 공감한다.
② 내담자가 학교에 가기를 싫어하는 원인을 탐색한다.
  - 친구와 싸워 교사에게서 질책이나 벌을 받았다.
    예 친구와의 싸움에서 자신이 잘못이 없는데도 벌을 받았다고 생각한다. 이 경우 싸움의 흔적은 옷차림이 흐트러져 있었거나, 단추가 떨어져 나갔거나, 옷에 흙이 묻어 있거나 얼굴에 멍이나 상처가 생겼을 가능성이 크다.
  - 수업시간에 장난을 치다 야단을 맞았다.
  - 친구에게 따돌림이나 괴롭힘을 당하고 있다.
  - 모둠 시간에 모둠 학생들로부터 제외되었다.
③ 원인별 개입
  - 교사의 질책으로 인한 등교기피 : 교사의 역할에 대해 서로 생각하고 교사가 되어보는 체험을 해 본다. 자신의 실수나 잘못을 인정하고 선생님에게 잘못하였다는 점을 용기 있게 이야기하게 한다.
  - 친구의 따돌림이나 괴롭힘 : 교사에게 이러한 사실을 알리고(대화 내용 녹음이나 문자 캡처 등의 증거물 제시), 내담자는 학교폭력 가해자에게 그만할 것을 분명하게 말하도록 훈련하며, 117(학교폭력 신고센터)에 신고할 수 있음을 가해자에게 경고하는 용기를 가지게 한다.
  - 모둠 활동에서 제외 : 친구 사귐의 패턴 탐색, 상대방에 대한 배려심 유무 판단, 독선적인 주장과 행동 유무 등을 파악하여 적절한 개입(사회성 기술훈련 등)을 한다.

〈사례 06〉
집안일을 많이 하고 있는 여학생 내담자가 집에 들어가기 싫다고 이야기하고 있다.

질문

이런 경우 상담자로서 어떻게 개입할 것인가?

| 답변 |

① 내담자가 집안일로 인하여 힘든 상황을 이해하고 집안일을 하기 싫은 마음에 공감한다.
② 내담자가 처한 가정환경을 탐색한다.
  - 모가 근무하고 있어 가사를 돌볼 수 없는 상황인지
  - 모의 부재 중에 돌보아야 할 동생들이 있는지
  - 내담자가 집안에서 하여야 할 가사 내용과 정도
  - 내담자가 집안일을 등한시하였을 때 어떤 결과가 일어나는지
③ 내담자의 집안일에 대한 정서 및 인지를 파악한다.
  - 집안일로 인하여 공부하는 데 지장이 있는지
  - 친구들과 사귀고 노는 시간이 없어 이에 불만을 가지고 있는지
  - 가정상황(부모의 무관심, 빈곤, 과도한 집안일 등)에 대한 불만과 이와 관련한 우울감인지
④ 사항별 개입
  - 자존감 형성 : 내담자의 가정에서의 역할의 중요성을 부각해 준다. 부모님을 돕는 일이 값지고 훌륭하다는 점을 인지하게 한다.
  - 가사일 경감 : 주소지에 있는 주민센터의 복지담당자와 협의하여 가사보조인의 도움을 받도록 한다.
  - 학습기회 부여 : 지역사회의 통합지원체계를 통하여 대학생 멘토의 지원을 받도록 해준다.
  - 동생의 돌봄 : 청소년통합지원체계를 통해 동생의 방과 후 수업이나 돌봄 서비스를 제공하도록 한다.
  - 생활지원 : 내담자를 위기청소년으로 선정하게 하여 생활비를 지원받게 한다.
⑤ 상담목표 설정
  내담자의 심리적인 문제를 탐색하여 상담목표에 포함하여 상담을 통해 이를 해소한다.

〈사례 07〉
상담 중 상담자가 하는 이야기에 내담자가 사사건건 따지고 든다.

질문

이런 경우 상담자로서 어떻게 대응할 것인가?

| 답변 |

① 모든 사항을 비판적인 시각으로 보고 의견을 내는 내담자를 일단 칭찬한다.
② 내담자의 입장에서 생각해 보는 여유를 가진다.
  • 내담자가 하는 이야기에서 상담자가 감안해야 할 사항이 있기 마련이다.
  • 내담자가 상담 중 상담자에게 보이는 일반적인 반응형태를 탐색한다.
③ 상담자는 자신의 말속에 실수가 있는지 점검해 본다.
  • 내담자를 실망시키거나 무시하지는 않았나?
  • 자신의 편견에서 비롯된 말을 하지는 않았나?
  • 확실한 근거 없이 내담자에 관해 섣불리 판단하는 말을 하지는 않았나?
④ 내담자의 충족되지 아니한 욕구를 탐색하여 이를 상담에서 다루어 준다.
  • 내담자의 반응과 의견을 충분히 듣고 공감해 준다.
  • 내담자의 태도와 반응에서 직면해야 하는 사항을 확실하게 짚어준다.
  • 이런 경우 내담자에게 상담자가 자신의 말을 끝까지 주의 깊게 들어준다는 인상을 준다.
⑤ 상대방을 비판하면서 우월감을 느끼고 있는 경향이 있는 경우
  • 일단 자신의 우월감의 표현을 이해하고 수용해 준다.
  • 상대방의 입장을 고려하고 배려하며 존중하는 태도의 중요성을 부각해 준다.
  • 그러한 행동으로 인하여 발생하는 부정적인 결과(친구관계 단절, 말다툼, 싸움 등)를 알려준다.
  • 수정할 행동을 정하여 상담목표에 포함한다.

〈사례 08〉
상담 중 상담자에게 내담자가 "엄마처럼 이야기한다"고 불평한다.

질문

이런 경우 상담자로서 어떻게 대응할 것인가?

| 답변 |

① 이것은 내담자의 전이현상이다.
② 내담자 전이현상이 발생할 때 상담자는 전이를 수용하고 공감한다.
  - 상담자가 어떤 점에서 어머니와 비슷한지 물어본다.
  - 상담자의 말이 내담자의 저항을 불러온 점을 겸허하게 수용한다.
  - 어머니에게 느꼈던 감정을 상담자에게도 비슷하게 느끼는 점에 공감한다.
③ 상담자는 내담자의 전이내용을 해석해 준다.
  - 어머니와 상담자의 말에서 유사한 측면은 어떤 부분이었으며, 내담자가 어떻게 되기를 바라는 마음에서 한 말이라고 생각하는지 물어본다.
  - 어머니 혹은 상담자의 말이 내담자를 향한 관심의 표현이며, 내담자의 개선 가능성을 믿고 기대하는 것임을 이해하게 한다.
  - 자신의 문제를 곰곰이 생각하게 하고 어떻게 해결하는 것이 바람직한지를 따져보게 한다.
  - 내담자가 마음만 먹으면 자신의 문제적 상태(태도나 행동, 감정 등)를 개선할 수 있음을 통찰하고 확신하게 한다.
  - 상담자는 내담자의 변화를 확신하고 이를 격려한다.
④ 이 경우 상담자의 역전이가 발생하지 않도록 주의하여야 한다.

〈사례 09〉
부모와 같이 상담실을 찾은 내담자가 상담 초기면접 시 나와는 상담을 하고 싶지 않다고 이야기한다.

질문

이런 경우 상담자로서 어떻게 대응할 것인가?

| 답변 |

① 처음 만나는 상담자에 대해 알지 못하면서 상담을 거부하는 것은 상담에 대한 내담자의 전형적인 저항반응이라고 할 수 있다.
② 내담자가 상담받는 것을 싫어하는 것을 충분히 이해하고 공감해 준다.
  - 부모님의 상담압력에서 느끼는 스트레스를 거론해 주면서 이해하고 공감한다.
  - 상담실까지 동행한 이유에 대해 물어본다. 부모의 바람에 부응한 사실이 언급되면 놀라움을 표시하고 칭찬해 준다.
  - 자신이 상담에 대해 알고 있는 사항을 열거하게 한다.
③ 내담자의 강점을 부각해 준다.
  - 외현적으로 드러나는 특징을 보아 추정하여 장점이나 강점을 표현한다.
  - 상담신청서에 기입된 주호소문제와 관련하여 내담자가 잘해 낼 것이라는 상담자의 확신을 표현한다.
④ 상담과 상담자에 대해 소개한다.
  - 상담의 성격과 상담자와 내담자의 관계에 관한 정보를 전달한다.
  - 상담을 받음으로써 일어날 수 있는 내담자의 변화에 대해 예측해 준다.
  - 상담은 내담자가 원하면 언제든지 그만둘 수 있음을 부각한다.
  - 상담자의 경력이나 지금까지의 상담효과 실적, 상담 후의 내담자들의 변화된 상태와 지속적인 교류를 설명한다.
⑤ 내담자와의 만남을 소중하게 여기는 상담자의 감정을 솔직하게 전달한다.

3 내담자 위기상황 대처

〈사례 01〉
전화상담을 하고 있는 동안에 갑자기 내담자가 "나는 살아야 할 의미가 없다"고 이야기하며 죽을 계획을 밝히고 죽겠다고 하였다.

질문

내담자의 '죽는다'는 말에 뭐라고 이야기해 줄 것인가?

답변

① 우선 침착성을 유지하면서 학생에게서 당장 필요한 정보를 파악한다.
   - 주소, 집 전화번호, 본인 핸드폰 번호, 부모님 핸드폰 번호 확보
   - 학교명, 학년, 나이 등의 신상정보 파악
   - 현재의 위치, 같이 있는 사람의 존재 유무 파악
② 자살하려는 사연에 공감하면서 계속 말을 시킨다.
   - 자살이유, 자살계획, 지금의 심정
   - 활용 가능한 자원을 알려줌
   - 자살만이 해결책은 아니라고 이야기함
③ 개입전략
   - 절박한 경우 위기개입 체계마련
     - 인근 청소년상담복지센터 위기지원팀이나 119 출동을 의뢰한다.
   - 설득과 희망고취
     - 죽음은 여러 해결책 중의 하나일 뿐이며, 자살 이외에 더 좋고 쉬운 해결책이 많이 있다는 사실을 알려준다.
     - 자살을 하려다 그만두고 밝은 삶을 사는 사람의 사례를 전한다.
     - 통화 중에 파악된 학생의 장점을 부각시킨다.
     - 학생의 문제는 해결할 수 있는 일임을 설득한다.
   - 자살의도가 누그러졌을 경우
     - 자살하지 않겠다는 약속을 받고 상담을 예약한다.
     - 부모나 담임선생님에게 연락하여 주의를 기울일 것을 당부한다.

✓ 유사질문

○ 1388 청소년전화에서 여학생이 죽고 싶다고 이야기한다. 전화로 어떻게 대화할 것인가?
○ 상담 중인 내담자가 전화를 걸어와 지금 가출하여 죽을 생각을 하고 있다고 말할 때 대처하는 방법은?

> **참고** 자살시도 내담자의 상담적 개입방법
> ① 자살위험 수준을 평가한다.
> ② 최근 구체적으로 자살계획을 세운 적이 있는지 질문한다.
> ③ 자살과 관련한 생각과 감정을 표현할 수 있도록 한다.
> ④ 내담자가 위기상황에서 사용 가능한 대안을 찾아보도록 돕는다.
> ⑤ 자살하려는 이유와 자살에 대한 생각을 표현하게 하고 탐색한다.
> ⑥ 내담자가 하고 싶은 것을 찾고 희망을 가지게 한다.
> ⑦ 부정적인 감정을 구체적으로 표현할 수 있도록 돕는다.
> ⑧ 내담자의 현재 기능수준에서 다룰 수 있는 문제부터 개선하여 위기수준을 낮춘다.

〈사례 02〉
과거 단기상담 형식(1회기)으로 상담하였던 여학생이 상담센터로 갑자기 찾아와 남자친구로부터 성폭력을 당하였다고 하면서 상담을 신청하였다.

질문
이러한 사례에 대해 상담자라면 어떻게 하겠는가?

| 답변 |
① 성폭력 피해자의 구급처리를 신속히 하게 하고 바로 가족에게 이 사실을 알린다.
- 위급한 사항으로 혼자 해결할 문제가 아니며 부모님에게 알려 도움을 청해야 한다고 이야기한다.
- 병원검사 : 외상의 유무 점검, 검체 채취, 검사 후 응급피임약 복용 등 필요한 조치를 하도록 한다.
- 병원검사 시 보호자에게 알려서 동행하게 한다.
- 피해 후 12시간 이내에 진단서를 발급받도록 한다.

② 심리적 안정을 위한 조치를 취한다.
- 자책감·죄의식·수치심을 완화시킨다.
  예 "본인의 과실이 아니므로 수치스럽게 생각해서는 안 된다."
     "이는 엄연히 폭행을 당한 것이지 성행위가 아니다."
- 가족을 개입시켜 그 학생(자녀)을 관찰하게 한다(위험행동 방지).
- 심리적 안정을 위해 일시적으로 성폭력 피해자 보호시설이나 상담기관(열림터, 해바라기센터, 한국성폭력상담소, 한국성폭력위기센터 등)에 위탁한다.

③ 성폭력 사건의 신고
- 아동이나 청소년에 대한 강간, 성폭행 등의 성폭력 범죄인 경우에는 상담자는 즉시 이를 소속기관장, 부모, 경찰서에 알려야 한다.
- 여성긴급전화(1366)나 경찰서(112)로 신고하게 한다.

〈사례 03〉
상담 중인 여고생이 원치 않는 임신을 하였고, 낙태할 것인가를 놓고 심하게 괴로워하고 있다.

| 질문 |

이런 경우 상담자로서 어떻게 할 것인가?

| 답변 |

① 내담자의 심리적 안정을 우선 도모한다.
- 현재의 괴로움과 후회 등 마음의 상처에 대한 깊은 공감과 이해를 한다.
- 함께 고민하며 심리적 안정을 도모하고 위험행동으로부터 안전을 확보하며, 나아가 현실적인 해결책을 상의하는 등 적극적으로 개입한다.

② 낙태와 관련한 사안을 여러 각도에서 생각할 수 있도록 한다.
- 낙태로 인한 건강상의 문제, 생명존중의 가치관 등을 다룬다.
- 동시에 청소년의 임신과 출산에 따른 결과도 생각해 보도록 한다.

③ 스스로 부모에게 이야기하게 하여 조속한 부모의 개입을 자연스럽게 유도한다.

④ 미혼 임산부 보호시설이나 미혼 양육모 보호시설과 연계하여 차후 지원방안을 알아보고 알려준다.

※ 낙태에 대한 의사결정은 내담자와 부모가 서로 합의하도록 하며 상담자의 생각이나 의견을 전달하면서 의사결정에 개입하는 것은 피해야 한다.

〈사례 04〉
상담 중인 내담자가 매사에 지나치게 적극적이고 상담자에게 호의적이며 관심을 기울인다.

질문

이런 경우 어떻게 대처할 것인가?

| 답변 |

① 먼저 내담자가 상담 중에 보이는 주의집중과 상담자의 과제수행에 적극적인 면을 칭찬하며, 그로 인한 상담의 효과가 클 것이라고 칭찬한다.
② 그러나 내담자가 뭐든지 관심을 보이고 상담자에게 과도하게 호의적 태도나 행동을 보이는 것은 상담자로서도 불편하다는 점을 솔직히 이야기하고 동시에 그러한 행동으로 상담효과가 저해될 수 있음을 인지하게 한다.
  - 상담자의 불편함 : 과도한 관심, 사생활 침해, 이중관계 오해유발
  - 상담효과 저해 : 건강한 상담관계 훼손, 상담자에 대한 의존도 증가, 자신에 대한 통찰기회 감소, 변화에 대한 과소평가 등
③ 필요 이상의 적극성은 상대방을 자신도 모르게 무시할 수 있어 갈등이 유발되기도 하고 상대방에 의해 소외될 수도 있음을 깨닫게 한다.
④ 자기위주의 사고방식, 판단을 자제하도록 하며 상대방을 배려하고 위하는 행동을 실천하도록 한다.

〈사례 05〉
남자 대학생인 내담자가 본인이 에이즈(AIDS)에 걸린 상황을 알았는데, 여자친구에게 그 사실을 알려야 할지를 두고 고민하고 있다.

질문

이 내담학생의 상담자라면 어떻게 조언하겠는가?

| 답변 |

① 남에게 질병을 전염할 우려가 있는 경우는 '비밀보장의 예외사항'에 해당한다.
② 상담자는 당연히 내담자에게 이 사실을 여자친구에게 알려야 하고, 나아가 인근 보건소에 신고하여야 할 의무가 있음을 알린다.
③ 인근 보건소나 병원에 가서 검사를 통한 정확한 진단을 받도록 종용한다.
④ 에이즈 확정 판단 후 대한에이즈예방협회(02-861-4114, www.aids.or.kr)로 연락하여 필요한 지원을 받도록 한다.
   • 대한에이즈예방협회 : 전국 9개 지회(서울특별시, 대구광역시, 광주광역시, 대전광역시, 경상남도 창원시, 경기도 안양시, 강원도 춘천시, 충청북도 청주시, 전라북도 전주시)
   • 서울특별시지회(www.aidsseoul.or.kr) : 070-4027-0731

〈사례 06〉
상담 중인 내담자가 갑자기 칼을 꺼내고 누구든지 죽여버리겠다고 흥분을 한다.

질문

이런 경우 상담자로서 어떻게 대응할 것인가?

답변

① 상담자는 침착성을 유지하고 즉각적인 반응행동을 자제한다. 상담자 자신의 안전을 위한 방안을 최우선으로 결정한다.
② 필요하면 내담자의 폭발행동에 대해 깊게 생각하는 태도를 보인다(단, 안전이 어느 정도 보장된다는 상황에서만).
③ 내담자의 격앙된 감정이 가라앉기를 기다린다.
④ 내담자의 행동이 진정되고 대화가 가능해졌을 때
 • 울분, 분노, 억울함의 사연을 경청하고 원인을 탐색한다.
 • 이해하고 공감하는 자세를 취한다.
 • 적절한 개입을 한다.
⑤ 내담자가 상담자를 위해할 가능성이 커 지체할 수 없는 위급상황이라고 판단되는 경우, 내담자의 시선을 붙잡고 침착성을 유지하면서 말을 계속 걸고, 기회를 보아 안전구역으로 신속히 피신한다.

4 내담자 이상반응/행동 대처

〈사례 01〉
오늘 상담을 받았던 내담자가 한밤중에 전화를 걸어와 갑자기 '멘붕' 상태라고 이야기하면서 상담자의 도움을 다급하게 요구하고 있다.

질문

이런 경우 상담자로서 어떻게 대응하겠는가?

_____
_____
_____
_____

| 답변 |

① 침착함을 유지하면서 내담자의 상황을 파악한다.
② 자살과 같은 위기상황이라고 판단되는 경우
   - 가능한 위험행동의 자제를 부탁하고 도와줄 것을 약속한다.
   - 부모에게 연락하여 위기에 개입시킨다.
   - 현장으로 내담자를 만나러 나간다.
③ 위급사항이 아닌, 상담자에게 답답한 마음을 토로하고 싶은 상황이라고 판단되는 경우
   - 계속 통화하면서 내담자의 정서에 공감한다.
   - 바로 만난다고 해결될 상황이 아님 이야기한다.
   - 다음 날 상담실에서 차분한 마음으로 이야기하자고 설득한다.

〈사례 02〉

내담자는 부모가 이혼한 후 어릴 때부터 외할머니의 집에 맡겨져 자라고 있고, 학업 성적도 하위권이다. 친구들 사이에서 왕따를 당하고 있어 학교에 가기를 싫어하며, 방에서 게임만 한다.

질문

이런 경우 상담자라면 어떻게 하겠는가?

| 답변 |

① 내담자가 속한 지역사회의 보호망 확보 및 지원
   - 내담자 가족이 기초생활수급대상자인지 차상위 계층인지를 확인하여 지역사회의 도움을 받게 한다.
   - 사회복지사와 연계하여 그 외의 생활보조를 받을 수 있는지 점검한다.
   - 센터에 보고하여 위기청소년 지원을 받게 한다.

② 교우관계 개선
   - 자기표현훈련, 대인관계향상 프로그램에 참여시킨다.
   - 가장 가까이 있는 친구부터 사귀기(먼저 접근, 말 걸기), 친구를 이해하고 사랑하기, 나를 아끼는 친구가 있다고 확신하기
   - 학교폭력 피해자 구제조치

③ 학업성적 향상
   - 학습목표를 함께 계획하고 이를 실천한다.
   - 지역아동센터에서 학습지도를 받도록 한다.
   - 집중력 강화훈련 프로그램을 시행한다.
   - 학습 습관을 관찰하고 수정을 시도한다.
   - 멘토(Mentor)의 물색과 연결하기를 한다.

④ 자존감의 향상
   - 작은 (학습)목표를 계획하고 이를 성취하게 함으로써 성취감을 경험하게 한다.
   - 성공하는 사람들의 습관을 전달하고, 이를 실천하도록 격려한다.
   - 강점과 자원을 부각해서 자신이 소중한 존재임을 인지하게 한다.

⑤ 게임 시간 줄이기
   - 게임 시간을 정하고 실천하기
   - 대안활동을 개발하고 정기적으로 하기(예 자전거 타기, 배드민턴, 축구하기 등)
   - 방과후 교실에 다니기
   - 인정의 욕구 충족하기
   - 지역아동센터 다니기

✅ 유사질문

학업방법을 알지 못해 성적이 부진한 학생을 어떻게 상담할 것인가?

〈사례 03〉

상담 중에 있는 학생이 계속하여 자신의 감정에 대해 과장되게 이야기하면서, 자신은 현실과 다르게 천애의 고아와 같고 항상 슬픔과 외로움 속에서 살고 있다고 이야기한다.

질문

이런 경우 상담자로서 어떻게 대응하겠는가?

| 답변 |

① 상담 초기에는 내담자가 하는 말에 경청하며 그때의 기분이나 처지에 대해 공감하면서, 자신의 처지를 과장되게 이야기하는 내담자의 심리적인 이유를 탐색한다.
  - 불 안
  - 거짓말로 이득을 본 경우
  - 상담자에 대한 의존성
  - 상대방의 조종의도
② 현실을 너무 과장되게 이야기한다는 것을 직면시킨다.
  - 진술 전후가 논리적으로 상이한 점을 지적한다.
  - 주위 관련자의 진술과 다른 점을 부각한다.
③ 내적 불안의 탐색과 해소
  - 불안을 느끼는 근본적인 원인을 탐색한다.
    - 부모의 비민주적인 양육방식, 무관심과 방임
    - 부모와 담임선생님의 관심과 애정 결여
    - 애착형성의 불안정
    - 기타 현실적인 불안 등
  - 불안을 야기하는 요소를 제거한다.
    - 부모의 바람직한 양육방식, 인정, 애정과 관심
    - 학교에서의 친구, 담임선생님의 관심과 보살핌
    - 현실적 문제의 해결방안 모색
    - 바람직한 자아상 확립
④ 그릇된 행동(거짓말)의 학습 수정
  - 행동수정(정적/부적 강화, 처벌)
  - 심리검사와 검사결과에 기초한 개입

⑤ 상담자에 대한 의존성향 감소
- 내담자의 강점 부각
- 성취경험의 기회제공과 성취경험 획득으로 자존감 향상

⑥ 심리검사와 적절한 개입으로 상대방을 조종하려는 원인을 해소하고, 건전하고 건강한 심리상태를 유지하도록 돕는다.

〈사례 04〉
상담을 받고 있는 학생이 학교에 가기를 거부하거나 등교를 하지 않는다.

질문

이런 경우 상담자라면 어떻게 대응하겠는가?

| 답변 |

① 가정 외 원인에 대해 살펴본다.
- 학교폭력, 집단 괴롭힘과 따돌림(학교폭력 피해자)
- 선생님의 야단이나 체벌
- 과도한 학업수행 부담
- 교과과목이나 수업내용에 흥미상실
- 나쁜 친구의 유혹으로 PC방 출입이나 거리배회

② 가정 내 원인에 대해 살펴본다.
- 어머니의 과잉보호로 인한 대인관계 미숙
- 부모의 지나친 학업성취도 기대로 인한 시험불안

③ 원인에 맞는 대책을 수립한다.
- 집단폭력, 따돌림 : 학교 담임선생님과 상의, 부모를 개입시켜 해결
- 부모의 양육방식 태도 : 진심 어린 애정, 관심과 애착관계 형성, 보상을 통한 행동수정
- 비행청소년 교제 : 가족행사 참여 유도, 친구를 집으로 초청하기, 모범학생과 교우관계 유도
- 기타 대책 : 학습태도와 학습방법 개선, 교과 흥미유발, 성취동기 향상을 위한 집단활동 참여

〈사례 05〉
학교폭력 가해자(괴롭힘)가 학교결정으로 상담을 받게 되었다.

질문

이런 경우 어떻게 상담하겠는가?

| 답변 |

① 우선 자신의 입장을 충분히 표현 및 변호하게 한다.
  - 피해자 학생에 대한 내담자의 정서, 생각, 태도
  - 괴롭힘 행동의 이유, 당위성, 의미 등 진술
  - 학교조치에 대한 내담자의 반응(불만, 후회 등)
  - 상담에 대한 생각
② 이해하고 수용할 부분이 있을 때 이해하고 수용 및 공감해 준다.
③ 내담자가 행한 사항에 대해 여러 각도에서 탐색하도록 돕는다.
  - 학교폭력의 불법성
  - 피해학생의 고통과 괴로움
  - 괴롭힐 때 자신의 정서 생각하기
    - 자신이 부모나 타인에게서 느꼈던 불만이나 울분
    - 으스대고 싶은 욕구의 발현
    - 과거 다른 애들로부터 자기가 당한 따돌림의 복수
  - 부모나 학교생활에서 받는 스트레스 해소행동
  - 피해학생과의 갈등상황
④ 분노의 올바른 표출방식이나 억제능력을 가지게 한다.
  - 상대방에게 불만이나 화가 날 때 먼저 언어로 표현하게 한다.
  - 갈등국면이 형성될 때 자리를 피하거나 숫자를 10번까지 세는 훈련을 한다.
  - 심리검사를 통하여 나타난 내담자의 성향을 감안하여 상담한다.
    - 피해의식, 남에게 탓을 돌리는 성격, 공격성 등의 유무 판단
    - 의사소통의 능력, 연대감, 인내력 등의 기질과 성격
  - 성장과정에서의 공격성 학습여부를 탐색하여 개입(소거)한다.

〈사례 06〉

내담자가 상담 중에 고개를 숙이고 오랫동안 침묵하고 있다.

질문

당신이 상담자라면 침묵에 어떻게 대처하겠는가?

| 답변 |

① 침묵하는 이유를 탐색한다.
- 어느 정도의 침묵은 내버려 두어 침묵하는 이유가 무엇인지 탐색한다.
- 침묵이 내담자 자신에 대한 탐색이라면, 그 침묵을 깨지 않고 느긋하게 기다려 준다.

② 침묵이 불안에서 생기는 경우
- 내담자에게 이해, 관심, 인간적인 따뜻함을 보인다.
- 내담자가 이야기할 수 있는 말을 건넴으로써 불안이나 긴장을 완화시킨다.
  예 "말 못 할 사연이라도 있나요?"
  "이야기를 하면 마음이 후련해져요."
  "마음이 편치 않으면 이야기를 하지 않아도 되지만, 자기 자신을 너무 자책하지 마세요."
- 자기노출에 대한 부담감일 경우 비언어적인 상담방법을 시도한다.
  예 모래놀이, 감정카드, 그림 그리기

③ 상담자에 대한 저항인 경우
- 저항의 감정을 수용하면서 내담자가 상담할 때 무엇이 충족이 되지 않았는지를 묻고 탐색한다.
- 필요한 경우 상담자의 반응이나 상담진행 방식 등을 개선한다.
- 상담자의 실수가 인정되면 미안하다고 솔직히 이야기한다.
- 상담자의 실수 예시
  - 내담자의 정서 미탐색, 무시, 주호소문제를 급히 다루지 않음
  - 내담자의 몰이해, 무리한 변화시도, 실행하기 어려운 과제부여
  - 내담자가 처한 상황의 간과, 잘못된 지적, 일방적인 가르침 등

☑ **유사질문**
○ 내담자가 상담자와 눈맞춤을 하지 않고 바닥만 보고 있다.
○ 내담자가 상담자의 질문에 대답을 하지 않고 간신히 "예", "아니오"만 대답한다.

〈사례 07〉

내담자가 상담 중에 슬픈 감정에 휩싸여 계속하여 흐느끼고 있다.

질문

이런 경우 어떻게 상담하겠는가?

| 답변 |

① 슬픈 감정이 가라앉을 때까지 기다린다.
- 상담자가 참지 못하고 이유를 묻거나 섣불리 위로해서는 안 된다.
- 감정을 발산하고 나면 보통 냉정해지기 때문이다.

② 이해와 수용적인 말을 해준다.
- 슬플 때는 우는 것이 최고의 약이다.
- 감정을 억누르지 않고 표현하는 것이 정신적으로 건강해진다.

③ 감정을 말로 표현하도록 유도한다.
- "말 못 할 사연이라도 있나요?"
- 이때 문제의 본질에 급하게 접근하지 말고, 스스로 이야기하도록 유도한다.

④ 평소 내담자가 자신의 감정을 잘 표현하지 못한다고 할 경우
- 상담진행 중 자기표현, 자기주장 훈련을 시도한다.
- 감정억압의 원인을 규명하여 이를 해소시킨다.

⑤ 슬픔에 대한 이유를 듣고 적절히 개입한다.

〈사례 08〉
상담을 받고 있는 내담자가 자신은 항상 옳고 남이 문제이며, 자신에게 일어난 일이 다 남의 탓이라고 이야기한다.

질문

자신이 상담자라면 이런 경우 어떻게 상담하겠는가?

| 답변 |

① 우선 내담자가 불평하는 상황에 대해 공감하고 이해한다.
- 상황에 대한 이야기를 끝까지 들어준다.
- 그때의 기분을 내담자가 충분히 표현하도록 한다.
- 내담자의 기분을 공감한다.

② 내담자의 심리적인 열등감이나 상처를 알아본다.
- 부모상담을 시행하여 가족력, 가족구조, 가족역동을 조사한다.
- 열등감을 느꼈던 사건의 규명과 내담자가 영향을 받았을 법한 상황을 가정한다.

③ 개입전략
- 과거의 아픈 경험에서 오는 미해결된 감정을 해소시킨다.
- 남과 공동으로 일을 성취하는 과제를 주고 성취감을 경험하게 한다.
- 나 전달법(I-Message)을 훈련시킨다(미국 심리학자 Thomas Gordon).
- 타인의 피드백을 받는 기회를 제공해서 자기통찰을 하게 한다(예 역할연기, 빈 의자 기법, 집단상담 참여 등).
- 지나친 적대성·경계심·의심을 완화시킨다.
- 타인의 행동을 자신과 연계하는 빈도와 정도를 완화시킨다.
- 타인을 위한 봉사활동을 권유한다.

〈사례 09〉
내담자가 상담 중에 갑자기 밥을 사달라고 한다.

질문

이런 경우 어떻게 하겠는가?

| 답변 |

① 뭔가 먹고 싶은 욕구에 반응해 준다.
- "배가 고픈 모양이구나."
- "점심을 먹지 않고 상담에 왔구나."

② 정말 배가 고픈지의 여부를 확인한다.
- 상담 전 해야 할 식사를 하였는지 걸렀는지 확인해 본다.
- 배가 고픈 경우, 상담이 끝난 후 인근의 식당으로 데리고 가서 식사를 제공한다.
- 단, 상담자에게 의존하여 상담 시마다 식사를 기대하게 해서는 안 된다.

③ 배가 고프지 않고, 단지 상담의 분위기를 바꾸고 싶어 그렇게 이야기한 경우
- 상담장소를 변경해 본다.
- 간단한 간식을 제공한다.

④ 경제적 빈곤으로 식사를 종종 거르게 되는 경우
- 내담자 거주지 관할 주민센터의 복지담당과 협의해서 식사 지원이 되도록 한다.
- 기타 복지 관련 시설과 연계하여 지원책을 알아본다.

⑤ 바람직하지 않은 식사 습관인 경우
- 외식을 선호하거나 맞벌이 부모의 경우, 자신이 차려 먹어야 하는 것을 회피하려는 경우가 이에 해당한다.
- 이 경우 식사가 자율적·독립적 행동임을 전달하여 자신이 스스로 집에서 식사를 해결하도록 한다.

☑ 유사질문
○ 가출한 내담자가 전화로 돈을 빌려 달라고 한다.
○ 차비가 없다고 돈을 빌려 달라고 한다.

〈사례 10〉
상담목표를 충분히 달성하여 종결하려고 하는데, 내담자가 상담자에게 계속하여 상담받기를 원한다.

질문

이런 경우 어떻게 대처할 것인가?

| 답변 |

① 우선 내담자가 상담자에게 호의를 느끼고 헤어지기를 싫어하는 정서를 이해하고 공감하며, 상담자도 헤어진다는 것이 아쉽다는 것을 표현한다.
② 그러나 이는 상담종결 2~3회기 앞에 상담종결에 따른 내담자의 정서를 취급하고 정리하는 단계가 미흡하여 일어날 수 있는 현상이다. 상담자는 상담목표의 성취를 내담자와 재평가하고, 내담자 혼자서 충분히 잘 해낼 수 있음을 확신시킨다.
③ 동시에 상담과정에서 상담자 자신도 모르게 의존성을 키운 결과일 수 있다. 상담을 하면서 상담자가 앞서 나가면서 내담자의 자율성을 저해하지 않았는지 상담의 전 회기를 회상하고 반성을 해본다.
④ 1~2회기 더 연장하여 내담자의 정서를 취급하고, 내담자의 자기결정권을 존중하고 자율성을 보강한다.

☑ 유사질문

상담하고 있는 내담자(여학생)가 딱 50분만 상담한다고 "저를 별로 좋아하지 않는군요"라고 이야기한다. 이런 경우 어떻게 대처할 것인가?

5 내담자의 보호자 대처

〈사례 01〉
상담을 진행 중인데 부모가 와서 상담을 더이상 원하지 않는다고 이야기한다.

질문

상담자로서 상담을 지속하겠는가?

| 답변 |

① 일단 상담중단을 원하는 이유를 파악한다.
- 내담자를 대신하여 부모가 이야기하는 것인지?
- 문제를 일으키는 상황이 완화되고, 자녀의 행동이나 태도상의 변화가 생긴 것인지?
- 상담효과에 대한 회의나 상담자에 대한 불신에서 중단을 원하는지?

② 내담자와 상담의 지속 여부를 타진한다.
- 부모의 의견에 동의할 경우 상담을 종결한다.
- 동의하지 않을 경우에는 상담을 지속한다.
  - 상담의 지속 이유를 설명하여 부모를 설득한다.
    (내담자 문제의 미해결, 심리검사의 해석 등의 객관적 근거 제시)
  - 상담 이후의 효과에 대해 설명한다.

③ 그래도 부모의 종결의사가 확고할 경우
- 내담자에게 상담종결을 예고한다.
- 2~3회 상담을 더 실시한다.
- 이 경우 상담자 자신이 무능하여 상담이 종결된다고 생각하지 말아야 한다.

☑ 유사질문

○ 내담자의 모가 상담의 효과를 의심하며 상담중단을 요구한다.
○ 내담자의 부모가 사설상담소로 옮기기를 원한다고 이야기한다.

〈사례 02〉
센터 상담실로 학생 내담자를 데리고 온 어머님이 상담으로 과연 내담자의 행동을 변화시킬 수 있는지 의심하기도 하고 걱정한다.

질문

이런 경우 상담자로서 어떻게 어머니에 대응할 것인가?

| 답변 |

① 어머니를 안심시킨다.
- 내담자의 문제는 청소년이면 누구나 겪을 수 있는 보편적인 문제임을 인식시킨다.
- 청소년은 상담을 통하여 스스로 회복할 수 있는 능력이 있음을 이야기한다.
- 청소년의 행동·정서·인지의 특징을 설명한다.

② 상담자의 전문성에 대한 신뢰감을 고취시킨다.
- 상담사 자격의 전문성에 대한 안내
- 자신의 상담경력과 능력을 설명
- 몇 가지 성공적인 상담사례 소개

③ 상담의 효과를 안내한다.
- 실시할 심리검사 종류와 해석 안내
- 상담 진행방법 안내
- 예상하는 상담효과 설명

④ 상담 중 부모상담을 병행한다.
- 부모 자신의 변화가 우선(자녀의 이해와 수용태도)
- 가족규칙의 필요성, 애착의 중요성, 자녀와의 대화법, 양육태도와 방식의 개선 등

☑ 유사질문

내담자의 부모가 상담자에 관하여 결혼하였는지, 어느 학교를 나왔는지 등을 알고자 하는 경우 어떻게 대처할 것인가?

〈사례 03〉

상담을 하고 있는 학생 내담자의 어머니가 찾아와 상담 중에 한 이야기를 거론하면서 기분이 나쁘다고 말한다.

| 질문 |

이런 경우 상담자로서 어떻게 하겠는가?

| 답변 |

① 부모의 고양된 감정을 일단 진정하게 한다.
　• 친절한 태도로 급히 찾아온 것을 이해하듯 반긴다.
　• 그러면서 감정을 진정시키기 위해서 차나 다과를 권하며 독립된 공간(상담실)로 인도한다.
② 어떤 사항이 마음에 들지 않았는지 경청하고 해명한다.
　• 상담자 발언의 전후관계를 설명한다.
　• 내담자 입장의 관점에서 본 이야기임을 해명한다.
　• 필요한 경우 사과한다.
　• 부모의 미해결 감정에서 기인하는 투사라면 부모에게 상담을 권유한다.
③ 내담자에게 상담 중에 거론되었던 내용의 비밀유지를 당부한다.

〈사례 04〉

내담자의 부모가 상담자에게 아직 아이를 양육해 본 경험이 없다는 이유로 상담효과를 신뢰할 수 없다고 이야기한다.

질문

이런 경우 상담자로서 어떻게 하겠는가?

| 답변 |

① 우선 부모의 걱정에 공감을 표시한다.
② 상담자는 훈련된 전문인임을 인식시킨다.
③ 다른 시각의 관점을 부각한다.
- 다른 내담자와 부모들이 보이는 상담자에 대한 긍정적인 반응을 이야기해 준다.
- 상담은 부모로서의 양육경험 유무가 중요한 것이 아니라 청소년에 대한 사랑, 열정과 이해, 전문적인 상담이론과 기법, 내담자의 수용, 이해와 관심이 중요함을 이야기한다.
- 젊은 사람이 청소년을 더 잘 이해할 수도 있다는 점을 강조한다(눈높이식 접근).
- 자녀양육 경험이 자칫 내담자에 대한 편향된 인식(전이와 역전이)을 갖게 하는 요인이 될 수 있음을 전달한다.

〈사례 05〉

내담자의 모(母)가 상담자가 속한 센터에 찾아와서 다른 상담자로 변경해 달라고 요구한다.

질문

당신이 상담센터의 소장이라고 한다면 어떻게 대처하겠는가?

| 답변 |

① 우선 어머니의 방문에 감사를 표시하고, (앉을) 자리를 안내하고 차를 대접하는 등 감정의 안정을 위해 필요한 시간적 여유를 갖게 한다.
② 현재의 상담자가 왜 마음에 들지 않는지 그 이유를 물어본다.
③ 상담센터의 소장으로서 다른 관점에서 해당 상담자를 보고 평가하는 면을 전달한다.
   • 상담을 받는 내담자의 입장에서 상담자를 평가하여야 함을 전달한다.
   • 상담자가 변경됨으로써 발생할 수 있는 내담자의 영향을 고려해 볼 것을 권유한다.
   • 필요한 경우 내담자의 상담에 대한 만족도 조사서를 제시해 준다.
④ 불평사항을 해당 상담자와 협의한다.
   • 상담의 개입방식이나 대화의 개선을 함께 탐구한다.
   • 내담자 모(母)의 불평으로 상담자가 마음의 상처를 입지 않도록 배려한다.

> **참고** 내담자 측이 상담자의 교체를 요구하게 되는 배경
> • 부가 부재한 가정에서 남자 상담자가 아버지의 역할을 더 잘해줄 수 있다고 모가 생각하는 경우
> • 상담자가 상담 중에 자신의 부모의 양육태도나 방식에 부정적인 입장을 보여 내담자가 불편함을 느끼고 이를 모에게 이야기한 경우
> • 상담자의 직면, 해석을 잘못 해석하여 상담자를 비난하고 모에게 일러바치는 경우
> • 내담자가 상담을 기피할 목적으로 상담자에게 비판적인 태도를 보이는 경우
> • 급한 성과를 원하는 모의 성급함이 작동하는 경우

〈사례 06〉
한부모가정의 남자 중학생 내담자의 어머니가 남자 상담사로 변경해 달라고 한다.

질문

여성 상담사로서 당신은 어떻게 대응할 것인가?

| 답변 |

① 우선 어머니의 욕구를 이해하고 정서를 공감한다.
- 남자 상담사가 내담자를 잘 교육하고 지도할 것이라는 생각을 이해한다.
- 자녀에 대한 아버지의 엄한 역할을 상담사가 대신해 주기를 바라는 욕구를 수용하고 공감한다.

② 상담자의 역할을 설명해 준다.
- 상담자는 내담자의 심리적 문제의 해결이나 행동변화를 스스로 하게끔 돕는 사람이다.
- 상담자는 전문지식과 이론적 배경을 지닌 전문가이다.
- 상담자의 역할은 남자이든 여자이든 동일하다.

③ 내담자의 반응에 대한 적절한 조치를 약속한다.
- 라포의 형성에 노력한다.
- 내담자의 성별에 대한 오해가 있다면 상담과정 중에 해소시킬 것이다.
- 상담자의 노력에도 내담자의 어머니와 내담자가 계속해서 남자 상담사를 원하는 경우, 남자 상담사에게 사례를 인계(Refer)한다.

〈사례 07〉
내담자의 부모가 자녀상담에 자주 개입하려고 한다.

질문

이런 경우 상담자로서 어떻게 하겠는가?

| 답변 |

① 우선 자녀의 상담에 관심을 기울이는 것에 감사를 표시한다.
② 부모의 상담관여와 관련한 욕구, 생각, 두려움 등을 탐색한다.
  - 상담 후 부모들이 변화된 자녀를 제대로 통제할 수 있을까 하는 회의감
  - 자신들이 원하는 자녀의 모습대로 변하게 하기 위해 상담자가 대신 지도, 훈육, 조언 등을 하여야 한다는 생각
  - 자신들이 상담받는 자녀에 대해 제일 잘 알고 있다고 생각하고 상담자에게 알려야 한다는 욕구
  - 지시하고 간섭하려는, 평소의 양육방식이나 태도를 유지하려고 하는 습관
③ 탐색한 것을 기초로 다음과 같은 사항을 부모에게 알린다.
  - 상담은 자녀의 자율성, 자기결정권을 키우고 건강하게 성장하도록 돕는 일이다.
  - 자녀와 한 이야기는 비밀보장이 되어야 한다는 사실을 깨닫게 한다.
  - 상담은 부모를 대리하여 자녀를 변화시키는 일이 아니라는 사실을 인지하게 한다.
  - 자녀의 문제가 부모의 그릇된 양육방식에서 기인할 수 있음을 알린다.
  - 부모의 그릇된 양육방식(권위적인 태도, 지나친 간섭, 강압적인 통제 등)이 부정적인 영향을 자녀에게 준다는 사실을 전달한다.
  - 민주적인 양육방식과 바람직한 소통방식을 이야기해 준다.
  - 가장 가까이 있으면서도 자녀를 이해하지 못하는 경우가 많다는 사실을 인지하게 한다.
  - 부모의 개입이 상담진행을 방해하고 상담효과를 저해할 가능성이 있음을 알린다.

✅ **유사질문**
내담자의 부모가 상담 개입방법에 대해 질문하고 이렇게 해주었으면 좋겠다고 하는 지침을 상담자에게 준다.

〈사례 08〉
자녀가 인터넷을 너무 많이 한다고 걱정되어 센터에 부모가 찾아왔다.

질문

이런 경우 상담자로서 부모에게 어떤 조언을 줄 것인가?

| 답변 |

① 우선 인터넷 과다사용 자녀로 인해 부모가 겪는 어려움에 공감한다.
   - 학습을 등한시하는 데 대한 걱정
   - 자녀의 장래에 대한 걱정
   - 자녀의 행동과 반응에 대한 짜증과 분노
② 질책과 비난, 일방적인 통제가 큰 효과가 없음을 설명한다.
   - 오히려 자녀의 심한 저항을 유발할 수 있다.
   - 자녀와의 대화채널이 차단될 수 있다.
③ 자녀에게 이해와 관심을 보이도록 한다.
   - 자녀가 좋아하는 인터넷 게임이나 콘텐츠에 관심을 보인다.
   - 열중하고 있는 대상이 재미있음을 인정해 준다.
   - 나 전달법(I-Message)으로 걱정하는 마음을 전달한다(건강문제, 인터넷 중독으로 인한 VDT증후군, 과제와 같이 필요한 일을 하지 못하는 사실 등).
④ 인터넷 사용에 부모가 모범을 보인다.
   - 적당한 사용시간 준수, 이용 콘텐츠 내용 및 사용목적 등의 바른 사용을 모델링하게 한다.
   - 인터넷 사용에 대한 가족규칙을 정하고 구성원 모두가 준수한다.
⑤ 학습목표를 세우게 하고 응원한다.
   - 성적, 학습량, 학습시간 등 학습 관련 목표를 수립하게 한다.
   - 학습목표 달성 시 강화물 제공한다.
⑥ 평소 자녀와의 애착형성에 최선을 다한다.
   - 자녀의 생각을 경청하고 이해하며, 자녀에게 공감·존중하는 모습을 보인다.
   - 어려움을 협력하여 해결하려는 자세를 보인다.

6 학습, 진로, 기타상황 대처

> 〈사례 01〉
> 상담자가 상담 중에 울먹이는 내담자를 보고 자신도 감정을 억제하지 못하여 울어버렸고, 다음 회기에서 그 내담자를 대하게 되었다.

질문 01

이런 상황이 상담에 어떤 영향을 미치는가?

| 답변 |

① 내담자가 상담자에 대해 동료의식을 가질 수 있다.
② 내담자가 평정을 잃은 상담자의 전문성에 대해 의심을 할 수 있다. 그러므로 문제해결의 기대나 의지, 상담자에 대한 신뢰도가 낮아질 가능성도 있다.
③ 상담자의 역전이는 내담자의 자유로운 정서표현에 걸림돌이 될 수 있다.
④ 상담자의 소진이 빨리 온다.
⑤ 내담자에 대한 깊은 탐색이 방해를 받는다.
⑥ 내담자의 전이와 상담자 자신의 역전이를 객관적으로 분석하지 못한다.

질문 02

재발방지를 위해 어떻게 대처할 것인가?

| 답변 |

① 상담자 자신의 경솔함을 인정한다.
  • 상담자의 감정 자체가 그 당시 그럴 수밖에 없었다는 점을 고백한다.
  • 감정을 조절하지 못한 상황은 상담자로서 지켜야 할 본분이 아니라는 점을 시인한다.
② 사람은 누구나 실수할 수 있음을 솔직히 고백한다.
③ 내담자의 정서를 충분히 공감하였음을 알린다.
④ 상담자 자신의 미해결 감정을 탐색하여 이를 해소하고, 교육분석을 정기적으로 받는다.

〈사례 02〉
상담을 받는 내담자가 학습의욕이 전혀 없고, 성적 또한 하위권이다.

질문

이런 경우 상담자라면 어떻게 하겠는가?

| 답변 |

① 학업성적에 대한 내담자의 감정탐색과 공감
   - 솔직한 감정을 물어본다.
   - 어려움과 받고 있는 스트레스에 대해 공감한다.
   - 성적의 불만족을 다른 것(게임 등)으로 대체하려는 시도는 좋지 않으며, 문제를 피하지 말고 부딪쳐야 함을 강조한다.
② 학업성적이 좋지 않은 원인 조사
   - 흥미상실, 나쁜 학습태도나 습관 여부
   - 또래친구와 노는 시간이 과도함, 인터넷 과다사용 여부
   - 부모의 지나친 간섭이나 기대에 대한 반발 여부
③ 상담목표

학업성적을 올리는 조치	• 학습태도 및 방법에 대한 개선 • 성취동기를 높이는 기법(학습계획과 실천에 따른 상과 벌) • 학업에 흥미를 느낄 수 있도록 하는 방법
학업을 방해하는 요소의 제거 및 완화	• 선택적인 교우관계 유지 • 인터넷 과다사용을 조절하는 조치(대안활동, 사용시간 계획 수립과 실천 등)
자존감의 향상을 위한 조치	• 부모의 애정과 적정한 관심, 간섭의 자제 • 성취감을 맛볼 수 있도록 적절한 목표제시와 달성 시 강화물 제공

〈사례 03〉
진로선택의 문제로 부모와 갈등하고 있는 내담자가 상담실을 방문하였다.

질문

이런 경우 자신이 상담자라면 어떻게 하겠는가?

| 답변 |

① 부모와의 갈등에서 오는 감정에 대해 이해와 공감을 표시한다.
② 부모와 내담자의 진로의견 차이에 대해 규명한다.
   - 부모의 주장 듣기
   - 내담자의 주장 듣기
   - 상치하는 부분의 규명
③ 일단 갈등국면을 해소하기 위한 조치를 취한다.
   - 부모의 의도와 심정을 이해한다.
     - 자녀가 장래에 고생하지 않고 남에게 존경을 받으면서 성공하기를 바라는 것이 부모의 마음이다. 어떤 경우는 자신들이 이루지 못한 꿈을 자녀를 통하여 이루려는 의도도 있다.
   - 자신의 진로선택이 얼마나 확고한지 검토하게 한다.
④ 구체적으로 직업내용을 조사한다.
   - 목표로 하고 있는 직업을 파악한다.
     예 급여수준, 장래성, 경쟁의 정도, 사전자격 조사 등
   - 선배들의 조언을 듣는다.
⑤ 자신의 특성을 정확히 이해한다.
   - 흥미검사, 태도검사, 적성검사 등을 종합평가하여 자신에게 적합한 직업을 알아낸다.
   - 진로상담 선생님과 상담을 받는다.
⑥ 본인이 목표하는 직업이 자신에게 적합하다는 진단이 나올 경우
   - 확신에 찬 모습으로 구체적인 계획과 목표를 전달하는 등 내담자가 직접 부모를 설득한다.
   - 부모님의 지지와 지원을 얻어낸다.

〈사례 04〉
집단상담에서 수줍고 방관적인 참가자와 예의 없는 참가자가 있어 집단상담의 성공적인 진행을 방해받고 있다.

질문

집단의 리더로서 어떻게 하겠는가?

| 답변 |

① 수줍음이 많고 방관적인 참가자의 처리
- 강제적으로 참여를 권유하지 말고, 관찰자의 역할과 심부름꾼의 역할을 준다.
- 그런 다음 자기를 노출하며, 남에게 피드백을 주는 의미를 잘 설명하여 참여를 서서히 유도한다(집단상담의 효과에 대한 이야기).
- 집단상담의 참여가 가져다주는 효과를 설명해 준다.
- 협동적인 과업을 하게 한다.
- 필요한 경우 적극적인 참가자로 하여금 그의 멘토로 지정해서 참여를 독려하게 한다.

② 예의 없는 참가자의 처리
- 부정적인 이야기라도 발표한 것에 대해 고마움을 표시한다.
- 집단에서 다른 참여자를 배려하고 양보하며 존중해야 함을 강조한다.
- 격한 어조로 이야기하는 것보다 경청하는 것이 더 도움이 된다는 사실을 강조하고, 회기 중간에 별도의 개인상담을 실시한다.
- 그럼에도 불구하고 계속하여 집단상담의 분위기를 저해할 경우, 다음 회기의 집단상담에서 제외한다. 단, 당사자에게 사전에 이를 이야기하여 수용할 수 있도록 준비를 시킨다.

☑ **유사질문**
집단상담에서 참가자들 사이에서 말싸움이 벌어졌다. 진행자로서 어떻게 수습할 것인가?

〈사례 05〉
집단상담에서 구성원들이 지적·인지적 수준에 큰 차이를 보여 집단응집력이 잘 생기지 않는다.

질문

집단의 리더로서 어떻게 하여야 하는가?

| 답변 |

① 진행과정에서 능력이 뛰어난 학생과 낮은 학생을 짝지어서, 능력이 뛰어난 학생이 능력이 낮은 학생을 지도하게 한다.
② 집단원이 협동하는 방법을 사용한다.
  • 문제의 탐색
  • 의사결정
  • 피드백 주기 등
③ 개인별로 멘토(Mentor)를 지정하여 항상 서로 협의하고 협력하는 상태를 유지시킨다.
④ 지적·인지적 수준이 낮은 참가자들이 비판, 비난받지 않도록 적절히 보호한다.
⑤ 지적·인지적 수준이 낮은 참가자의 의견이나 피드백에 대해 재진술, 해석 등으로 내용을 보강해 준다.

〈사례 06〉

연예인을 너무 좋아하여 '사생팬'이 된 딸을 어머니가 상담을 의뢰하였다.

질문

이런 경우 상담자로서 어떻게 상담할 것인가?

| 답변 |

① 우선 내담자의 상황에 공감한다.
- 자신의 열정을 이해하지 못하는 어머니에 대한 분함과 억울함을 공감한다.
- 좋아하는 연예인에 대한 내담자의 활동에 놀라움과 칭찬을 표시한다.

② 좋아하는 연예인에 대한 정보를 얻는다.
- 내담자의 연예인 덕질(심취하여 그와 관련된 것을 모으거나 찾아보는 행위) 내용을 경청하고 이를 수용·이해한다.
- 덕질과 팬덤(Fandom) 행동이 내담자에게 주는 의미를 분석한다.

③ 라포를 형성하고 행동수정을 도모한다.
- 관심을 가지는 연예인에 대한 정보를 수집하여 내담자와의 대화를 원활하게 한다.
- 사생팬이 됨으로써 '얻는 것'과 '잃는 것'에 대한 평가를 해보도록 한다.
- 내담자의 Want를 파악한다(예 친구들의 관심과 존경, 다른 친구들보다 더 많이 알고 있다는 자부심).
- 자신이 원하는 사항(직업 등)과 목표로 하는 행동을 정하고, 이를 하나하나 실천하게 한다.

참고 팬덤(Fandom)

가수, 배우, 운동선수 등의 유명인이나 특정 분야를 지나치게 좋아하는 사람들 또는 그러한 무리를 말한다. 영어로 '광신자'를 뜻하는 'Fanatic'의 '팬(Fan-)'과 '영지(領地)·나라' 등을 뜻하는 접미사 '덤(-dom)'의 합성어이다.

제3절 일반지식 관련 질문사항

질문 01

초기면접 시 내담자의 부모님에게 당부하고 싶은 말은 무엇인가?

| 답변 |

① 청소년인 자녀를 보는 관점의 변화가 필요하다.
- 다른 청소년과 유별나게 다른 것을 문제로 보는 인식을 지양한다.
- 자녀를 부모의 소유물로 보아서는 안 된다.
- 청소년의 발달단계를 감안할 때 자율성과 독립성이 중요한 시기이다.
- 질책, 비난, 통제보다 격려, 지지, 칭찬이 더 바람직하다.
- 청소년 문화에 대한 이해가 선행되어야 함을 강조한다.

② 자녀를 자신이 이루지 못한 욕구의 수행자로 취급해서는 안 된다.
③ 자녀를 독립된 인격체로 대한다. 독립적인 사고와 의사결정, 행동의 자유를 존중해 준다.
④ 자녀를 가족신화를 달성하는 대상으로 지시하고 요구하며 압박해서는 안 된다.

질문 02

상담자의 역전이를 예방하는 방법은 무엇인가?

| 답변 |

① 상담자가 내담자를 객관적으로 분석, 탐색, 관찰, 평가하는 능력을 키운다.
② 상담자가 자신의 '미해결 감정'이 무엇인지 알아보고, 교육분석을 통하여 이를 해소한다.
③ 상담자 자신의 약점을 알고 이를 극복하려고 노력하며, 항상 상담방식을 점검하는 태도를 가진다(자기분석).
④ 평소 상대방에 대하여 냉정을 유지하고 논리적으로 생각하며, 상대방의 감정변화에 대해 지나치게 동조하는지 점검한다.
⑤ 내담자와의 정서적 거리를 유지하며 내담자의 정서적 반응을 해석하려고 노력한다.

질문 03

접수면접과 개인상담의 차이는 무엇인가?

| 답변 |

① 접수면접
  - 상담을 신청한 내담자가 상담센터에 방문하였을 때 하는 면접을 의미한다.
  - 내담자의 기본적인 정보를 수집하여 차후 상담자에게 제공하는 것을 주목적으로 한다.
  - 접수면접 시 취합하는 내담자의 정보
    - 내담자와 가족의 기본적인 정보, 연락처, 가족구성원의 수와 나이, 직업 등
    - 내담자의 주호소문제
    - 상담진행의 빈도와 시간 등의 안내
    - 내담자의 행동관찰, 상담경험의 유무, 생활배경
    - 상담신청서 작성
② 개인상담
  - 접수면접에서 수집한 기본적인 정보를 취합하여 내담자에게 직접 개입한다.
  - 상담자가 적절한 심리검사를 기초로 하여 내담자의 언어적·비언어적 표현과 행동을 관찰하고, 내담자가 가지고 있는 심리적·행동적 문제를 상담적 개입방법을 통해 해결한다.

질문 04

상담 초기의 저항은 일반적으로 어떻게 다루는가?

| 답변 |

① 자신을 변화시키려는 시도에 대한 본능적 저항
- 시간적인 여유를 가지고 충분한 정서적 공감(억울함)과 반영을 한다.
- 내담자가 처한 입장을 충분히 이해하고 격려한다.
- 상담자를 신뢰하는 말과 분위기를 만든다(상담목표 합의, 작업동맹 등).

② 부모의 강요에 의한 저항
- 상담이 불필요하다는 생각을 이해한다.
- 내담자가 원하면 언제든지 상담 취소가 가능하다는 확신을 준다.
- 상담자는 부모님의 편이 아니라 내담자의 편이라는 점을 부각한다.

③ 상담을 받는다는 사실에 대한 불편감에 따른 저항
- 상담을 받는다는 사실은 내담자 본인이 말하기 전에는 친구나 학교에는 알려지지 않는다.
- 상담은 이상하거나 문제가 있는 학생을 치료하는 것만은 아니다.
- 상담의 내용은 절대 비밀로 부쳐진다.

질문 05

청소년상담과 성인상담의 차이는 무엇인가?

___

| 답변 |

구 분	청소년상담	성인상담
상담동기	비자발적 내담자가 많다.	대부분 자발적인 내담자이다.
내담자의 특징	• 약속을 잘 지키지 않는다. • 상담에 집중하지 못할 때가 많다. • 정서의 변화폭이 크다. • 상담자를 다른 부모나 교사로 본다. • 라포 형성이 어렵다. • 행동예측이 어느 정도 용이하다.	• 상담약속을 잘 지킨다. • 상담의 태도를 정확히 알기 힘들다. • 자기노출을 솔직하게 하는 편이다. • 내담자의 숨겨진 욕구파악이 힘들다(자기방어와 사회적 바람직성 표현).
상담기간	10~12회기의 단기상담이 많다.	장기상담이 보통이다.
기타사항	• 부모의 상담이 필요할 경우가 있다. • 부모의 양육방식에 대한 정보가 중요하다.	• 원가족 탐색이 필요하다. • 외현적으로 드러난 행동, 태도의 원인을 찾아내기가 상당히 복잡하고 어렵다.

☑ **유사질문**

청소년상담이 성인상담에 비해 어려운 점은 무엇인가?

질문 06

Wee Class에서 지역의 청소년상담복지센터로 상담을 의뢰하는 경우 어떤 절차로 진행하게 되는가?

| 답변 |

① 우선 상담신청을 하게 되는 이유, 내담자의 인적사항, 내담자의 행동 관찰사항 등을 기술하여 학교장의 결재를 받는다.
② 상담신청서를 작성하여 지역청소년상담복지센터에 서류를 발송한다.
③ 상담신청서에는 내담자의 인적사항, 가족관계, 관찰된 행동과 정서, 실시한 심리검사 결과와 소견, 내담자와 부모의 주호소문제 등을 기입한다.
④ 상담자가 배정되었을 때, 상담자에게 충분한 정보를 제공하고 상담 중에 협조관계를 유지한다.

질문 07

상담을 구조화하는 상담자의 대화를 예로 들어 보시오.

| 답변 |

① 협력적 관계 조성
- "내담자를 이렇게 만나게 되어 반갑고 기쁘구나."
- "긴장을 풀고, 이쪽으로 편안하게 앉으려무나."
- "여기 상담자가 준비한 간식을 함께 먹자꾸나."

② 내담자의 역할
- "상담자가 내담자를 잘 돕기 위해서 마음속에 있는 하고 싶은 이야기를 거짓 없이 말해주기를 바란다. 그리고 경험하고 느낀 것을 편안하게 이야기하면 좋겠다."
- "가능하면 상담시간 내에 이야기하고, 상담 후 새롭게 도움이 필요한 사항은 잘 기억하였다가 다음 상담기간 때 이야기하자꾸나."
- "상담시간을 철저하게 지키고, 약속변경 사유가 발생하였을 때는 미리 상담자에게 알려다오."

③ 상담자의 역할
- "상담자는 부모님이나 선생님의 역할을 하는 사람이 아니며, 내담자를 위하여 무엇인가를 하고 해결하는 사람이 아니란다."
- "상담자는 내담자가 어렵게 생각하는 것을 스스로 해결할 수 있도록, 함께 느끼고 고민하는 사람이다. 이를 통해 내담자가 스스로 자신의 문제를 해결하고, 나아갈 길을 설정하게 된단다."

④ 상담과정 및 목표설정
- "상담은 일주일에 한 번, 1시간 정도 진행된단다."
- "총 상담횟수는 보통 '12회기'지만, 단축이나 연장이 가능하단다."
- "상담목표는 상담자와 내담자가 서로 합의하여 정할 거란다."

⑤ 비밀보호
- "상담 중에 이야기한 내담자의 비밀은 상담자가 철저히 비밀을 유지할 거란다."
- "그러나 예외사항이 있음을 알아야 한다."

질문 08

내담자의 인터넷/스마트폰 게임을 줄이게 하는 방법은 무엇인가?

| 답변 |

① 내담자가 즐겨 하는 게임의 내용, 레벨, 아이템 등에 관심을 가지고 질문해 본다.
② 게임을 하는 시간이나 빈도를 파악한다.
③ 게임을 함으로써 '얻는 것'과 '잃는 것'에 대해 함께 이야기해 본다.
④ 인터넷/스마트폰 게임의 폐해에 대해 설명한다.
  - 신체증후군 : 거북목증후군, 손목터널증후군, 척추측만증, 안구건조증, 성장판 훼손, 유령진동증후군, 리셋증후군 등
  - 정신적인 피해 : 전두엽 파괴, 현실과 가상세계의 혼돈에서 오는 문제 등
  - 게임중독의 증세 : 내성, 금단, 일상생활의 장애 등
⑤ 청소년기의 과업과 시간의 불가역성을 인지시킨다.
  - 시간은 흘러가면 다시 되돌릴 수 없는 것
  - 현재 해야 할 일 리스트 작성하기
⑥ 내담자가 변화를 시도할 수 있도록 돕는다.
  - 게임 이용시간을 정하고 실천하기(강화물 제공)
  - 대안활동 하기(예 운동, 악기, 미술, 동아리 활동 등)
  - 학습계획을 세우고 실천하기
  - 장래 희망직업을 정하고, 이를 성취하기 위한 행동하기

✔ 유사질문
게임을 즐겨하는 내담자가 핸드폰으로 같이 게임을 하자고 조른다. 상담자로서 어떻게 대처할 것인가?

참고 MMPI-A Profile(점수표) 해석

(1) 제시된 사례와 표의 연관성
   ① 문제행동, 주호소문제의 설명
   ② 심리적인 문제 원인 제시
   ③ 상담개입 방법의 근거 제시(상담목표와 전략)

(2) 가능한 질문
   면접관이 표 자체의 점수(타당도 척도나 임상척도의 점수)에 대해 직접적으로 질문하는 경우는 드물다고 할 수 있다. 그러나 질문이 점점 세부적이고 구체적이며 전문화된 영역까지 다루는 추세에서 면접관이 제시된 사례의 내담자 행동이나 태도, 심리적인 특징과 연관 지어 설명을 요구하는 경우가 더러 있다. 그러므로 수험생은 MMPI-A T-Score 표(Profile)를 해석하는 능력을 갖추는 것이 바람직하다고 판단된다. 가능한 질문들은 다음의 예와 같다.
   ① 상기 사례에서 나타나는 내담자의 행동의 원인을 아래의 MMPI-A 점수에서 찾아보시오.
   ② 현저하게 드러나는 임상척도의 점수를 보고 내담자의 일반적 특징을 이야기해 보시오.
   ③ 2번 척도가 높은데, 이런 경우 어떤 행동이나 태도를 보이는가?
   ④ 사례를 보고 무엇을 더 탐색하여야 할까?
      이 경우는 제시된 사례에서는 명확히 언급되어 있지 않지만, 표에서 현저한 점수 상승을 보이는 경우에 해당한다.
   ⑤ MMPI-A 점수표를 보고 해석해 보시오.

(3) MMPI-A 타당도 척도 점수 해석
   ① VRIN(무선반응 비일관성 척도) : 같은 현상을 반대로 표현한 두 문항에 Yes 혹은 No로 같게 반응한 경우 이 점수가 상승한다. 그만큼 문항반응의 정확성이 떨어진다는 의미이다.
   ② TRIN(고정반응 비일관성 척도) : 반대되는 문항을 둘 다 Yes로 표기하거나 No라고 표기하는 경우에 이 점수가 상승한다. 이 역시 문항 반응성의 정확도가 떨어진다는 의미이다.
      ① 혹은 ②의 T 점수가 80점 이상인 경우 전체 프로파일 해석이 불가능해진다.
   ③ F(비전형 척도) : 정상적인 범주에서 벗어난 반응을 보이는 정도를 측정한다. 여기에는 F1(전반부 비전형), F2(후반부 비전형)로 구성되는데, 20점 이상의 차이가 발생할 경우 수검자가 후반부에 부주의하거나 무성의하게 반응하였다고 추론할 수 있다.
      극단적으로 상승한 F 점수 : 부정왜곡, 과대보고, 무선반응, 읽기능력 의심, 정신과적 장애가 의심된다. 보통 80점 이상이면 해석을 무효로 한다.
   ④ L(부인) : 자신을 좋게 보이려고 하는 의도(본인의 약점 부인, 높은 도덕적 기준 제시 등)를 나타내는 척도이다. 점수가 80점 이상이면 해석 무효, 65~70점이면 의도적으로 자신을 좋게 보이도록 응답하였다고 해석할 수 있다.
   ⑤ K(방어성) : 방어적이거나 자신의 문제를 과소평가하려는 경우 점수가 상승한다. 70점 이상의 점수이면 극단적인 방어적 태도를 보이며, 사고의 유연성이 부족하고 경직되어 있다고 볼 수 있다.
   ⑥ L-F-K 점수(※ 출처 : 다면적 인성검사, 김종술, 1988)
      • 삿갓형(L, K 점수보다 F 점수가 높은 경우) : 수검자가 자신의 문제(정서적, 신체적)를 인정하며 도움을 요청하나 자신의 해결능력은 없다고 보아야 한다.
      • 역삿갓형(L, K 점수가 F 점수보다 높은 경우) : 단순하며 좋게 보이려고 노력하는 형이라고 할 수 있다. 심리적인 치료를 원하지 않는 경우가 많다.
      • 상승형(L < F < K) : 정상적인 수검자에서 나타난다.

- 하강형(L > F > K) : 순박하고 덜 세련되었으며, 보통 소득수준이 낮은 가정의 내담자 경우가 많다. 심리치료의 효과가 잘 나타나지 않는 것이 보통이다.

(4) 임상척도 대표적인 상승척도쌍 해석
① 1Hs-3Hy 동반상승
- 심리적인 문제를 신체적인 증상(신체화)으로 나타내는 전형적인 내담자이다.
- 보통 두통, 복통, 어지러움, 근육통 등의 증세를 호소한다.
- 타인의 주의나 보호를 유발하기 위하여 신체적인 증세를 보인다.
② 2D-7Pt 동반상승
- 친구관계를 잘 맺지 못한다.
- 친구관계를 회피하고, 자신의 의사와 주장을 잘 표현하지 못한다.
- 자기비난적 생각, 부정적인 사고방식을 지닌다.
- 학교성적에 대해 스트레스를 많이 받는다.
- 타인에게 책임을 돌린다.
- 자신을 객관적으로 보지 못하고 따지기를 좋아한다.
- 사소한 비판에도 분노감을 표출한다.
- 욕구좌절 인내력이 약하다.
③ 4Pd-6Pa 동반상승
- 학교생활에서 교사에게 대들고 규율을 잘 어긴다.
- 친구관계에서 적대적이며, 싸우기 좋아한다(학교폭력 가해자).
- 학교생활 부적응, 문제(비행)학생의 전형적인 형태이다.
④ 4Pd-9Ma 동반상승
- 반항적이고 충동적이며, 분노폭발 등의 과격한 행동의 특징을 보인다.
- 반사회성 성격장애로 발전할 가능성이 크다.
⑤ 8Sc-9Ma 동반상승
- 기태적인 사고방식(망상, 환각 등)을 지니고 있고, 예상외의 행동을 한다.
- 정서적으로도 불안정성을 나타낸다.
- 조현병의 가능성이 높다.

(5) 임상척도 단독상승 시(70점 이상) 가능한 해석
① 1Hs : 신체증상 집착, 주변사람 조종, 책임과 심리적 문제 회피, 자기중심적
② 2D : 걱정, 근심, 자살생각/시도, 학교폭력(피해), 무기력
③ 3Hy : 실패에 대한 지나친 걱정, 잦은 신체적 통증 호소, 고통스러운 현실과 스트레스의 부인
④ 4Pd : 결석, 조퇴, 비행, 학교폭력(가해)
⑤ 6Pa : 친구관계 문제(경계, 불신, 시비, 특정친구에 집착, 대인관계 민감성)
⑥ 7Pt : 고정된 사고방식, 높은 도덕적 기준, 질서정연함에 집착, 내성적 성격, 걱정과 불안 수반
⑦ 8Sc : 환상, 공상, 자아통합 실패, 기이한 행동
⑧ 9Ma : 과잉활동(지나친 적극성), 정서적 흥분, 나서기 좋아함, 비도덕성
⑨ 0Si : 자기비하, 사회적 접촉 회피, 감정의 억압, 혼자 지내기, 친구가 없거나 소수
※ 5Mf : 남성특성-여성특성
- 남성(T > 70) : 동성애적 관심 표명, 동성애적 성향 공개, 현재는 동성애가 이상성격 차원이 아님
- 여성(T > 70) : 여성의 전통적인 특성 거부, 매우 남성적이고 경쟁적이고 지배적인 성향 보유, 그러나 동성애적 성향은 보이지 않음

합격의 공식 시대에듀 www.sdedu.co.kr

▲ 정오표

PART 03

제시된 사례질문 대비

CHAPTER 01	학교 및 가정 관련 사례
CHAPTER 02	친구 관련 사례
CHAPTER 03	인터넷 관련 사례
CHAPTER 04	부적응 및 비행 관련 사례
CHAPTER 05	진로 및 기타 사례

PART 03 제시된 사례질문 대비

핵심요약

이 파트는 면접실에 들어가기 전에 수험생들에게 배부되는 사례문제 유형이다. 실제 상담에서 다루게 되는 여러 가지 청소년의 보편적인 고민거리를 내포하는 사례형태로 만들었다. 기본적인 사례개념은 저자의 상담 현장 경험을 기초로 하여 형성된 개념틀에서 창조된 것이며 실제 사례들이 아님을 밝혀둔다.

이 파트에 언급되어 있는 사례는 면접장소에서 제시되는 내용보다 간략하게 핵심적인 내용만 기술하여 많은 사례를 접해 볼 수 있다. 이를 통해 사례별 상담개입 방법을 숙지하게 되어 면접상황에서 어떤 사례가 제시되더라도 답변을 잘 할 수 있을 것이라고 확신한다. 이 파트는 사례와 관련된 질문사항으로 구성하였다.

주어진 사례를 접할 때 우선 해당 청소년 문제가 어디에서 비롯된 것인지(핵심원인)를 빨리 추정하여야 한다. 그래서 면접관이 "사례에 대해 상담자로서 어떻게 할 것인가?"를 질문하면 우선 내담자가 겪을 수 있는 심적인 상태를 이해·공감을 하고, 문제의 원인에 대해 언급하고 자신이 생각하는 해결책(개입방법, 상담목표나 전략 등)을 이야기하는 순으로 답변하는 것이 무난하다.

제1절 학교 및 가정 관련 사례

〈사례 01〉

중학교 3학년 여학생이 이메일(e-mail)로 청소년상담복지센터에 다음과 같은 사연을 보내왔다.

지금 우리 가족이 살고 있는 집은 제가 중학교 2학년 때 어머니, 아버지가 힘들게 모은 돈과 은행의 대출금으로 어렵게 마련한 것입니다. 그런데 건설 현장에 미장일을 나가시는 아버지는 요즘 건설업 불황으로 일자리를 얻지 못하여 허탕을 치고 돌아오시는 날이 많아, 집에서는 신세한탄을 하면서 술을 마십니다. 저는 아버지가 알코올 중독자가 될까 두려워요. 어머니는 얼마 전까지 식당 주방 보조일을 하고 있었지만 최근 신경통으로 집에서 쉬는 날이 많습니다.

저에게는 고3 언니가 한 명 있는데, 이런 어려운 가정형편에도 아랑곳하지 않고 학원을 다녀야 한다고 떼를 쓰면서 경제적으로 무능하다고 아버지를 원망하고 있습니다. 저도 남들처럼 잘살지는 못하더라도 공부하는 데 어려움이 없고 용돈을 넉넉하게 써보았으면 하고 바라고 있어요.

언니와 저는 어렸을 적에 아버지에게 많이 맞고 자랐습니다. 그래서인지 저 역시 아버지가 증오스럽습니다. 아버지는 집에서 일없이 쉬고 있을 때도 어머니를 도와주지 않으세요. 저 역시 힘들어하는 어머니를 위해 집안일을 도와주지 않고 짜증만 내고 있습니다. 학교에서도 스트레스를 받는데, 집에 와도 마음이 편하지 않아요. 학교에서는 모범학생 행세를 하지만, 집에 와서는 화내고 짜증만 내는 저의 이중적인 모습이 너무 싫어요. 어머니는 식당의 고된 일로 파김치가 되어 들어오시고 신경통을 호소하고 계십니다. 신세한탄을 자주 하는 어머니가 가출하거나 일찍 돌아가실지도 모른다는 생각에 자주 잠을 설칩니다.

학교에서 최근 실시한 〈행동・심리 테스트〉 결과 우울과 자살사고가 높다고 담임선생님이 상담을 받는 것이 좋다고 말씀하셨어요. 상담이 아직 뭔지 모르기도 하고 제 문제를 남에게 이야기하는 것이 두렵기도 하여 선생님께는 알겠다고 대답하고 대신 상담게시판에 이렇게 글을 올립니다.

질문 01

전화・이메일 상담과 면대면 상담에는 어떤 차이가 있는가?

| 답변 |

구 분	전화・이메일 상담	면대면 상담
상담동기	심리적인 부담감 없이 상담에 임한다(상담접근의 용이성).	자발적으로 상담을 신청하기 어렵다(비자발적 상담).
정보수집	통화내용이나 서신의 내용에 국한된다.	정확한 신상파악으로 내담자의 정보파악이 용이하다.
호소문제	상담자의 표정이나 인상을 알 수 없어 호소문제 탐색이 표면적인 것에 그칠 가능성이 있다.	라포(Rapport) 형성과 시간적인 여유를 가지고 호소문제에 대한 심층적 접근이 가능하다.
상담기간	단편적・일회성으로 끝날 가능성이 있다.	상담의 구조화를 통해 일정기간 상담이 지속된다.
상담 비밀보장	비밀보장이 쉽다.	신변상의 정보가 노출된다.
상담자 대응	일회성의 상담과 빠른 결말을 요구하므로, 빠른 판단력, 포괄적 지식, 음성, 문자정보에 대한 민감성을 갖추어야 한다.	시간을 가지고 내담자의 정보와 호소문제를 분석하여 적절한 대응을 할 수 있다.

☑ 유사질문

○ 사이버 상담과 면대면 상담을 비교해 보시오.
○ 인터넷 채팅상담과 직접 만나서 하는 상담이 다르다면 어떤 점에서 다른가?

질문 02

상기의 상담사례에 대한 답변메일을 말로 표현해 보시오.

| 답변 |

정말 어려운 상황에서 씩씩하게 생활해 나가는 모습이 자랑스럽습니다. 그런 환경에 처하면 누구나 짜증이 나고 스트레스가 쌓이며, '왜 나만 이런 어려운 처지에 처해야만 하나?' 하고 세상을 원망하기도 합니다. 그러나 경제적인 어려움에 처해 있으면서도 현실과 맞서 싸워 성공을 성취한 사람들도 우리 주위에는 너무나 많습니다. 이러한 일로 자살을 하고 싶다거나 우울한 기분을 가지는 것은 자기 자신을 사랑하는 태도가 아닙니다. 어려운 가정형편은 현재 학생의 힘으로는 해결할 수가 없는 것입니다. 그러므로 학생이 우선 아버지를 이해하고 나아가 아버지의 노고에 감사드리며 용기를 잃지 않도록 격려한다면, 기운을 얻은 아버지께서 빠른 시일 내에 일자리를 찾으시겠죠. 정상적으로 일을 하셔야만 아버지의 음주문제가 함께 해결될 수 있으니까요.
어머니를 사랑하세요. 아버지 대신에 어머니가 네 식구의 가정을 이끌고 가면서 힘든 싸움을 하고 계시니 말입니다.
학생이 부모님의 화합을 위하여 아버지와 어머니를 사랑하는 마음을 표현해 보세요. "아버지가 자랑스러워요", "어머니 사랑해요. 정말 힘드시죠?" 하고 자신의 마음을 표현해 보세요. 아니면 글로 편지를 써보는 건 어떨까요? 가족의 사랑은 고난을 모두 해결할 수 있는 치료약입니다. 가족들이 모두 기쁜 마음으로 서로 사랑하고 노력한다면 문제가 하나둘 해결이 될 것으로 확신합니다.
지금 처한 가정형편으로 여러 가지로 힘들고 어렵겠지만 자신이 할 수 있는 일(학업)에 전념하여 보다 나은 미래를 만들 수 있도록 노력하는 것이 부모님의 은혜를 갚는 길이 아닐까요? 힘내세요. 희망은 먼 곳에 있는 것이 아니랍니다.

〈사례 02〉

중학교 3학년 최 군(15세, 남)은 지난 주말 부모님을 속이고 친구들과 어울려 PC방에서 게임을 즐겼다. 그런데 점심을 먹기 위하여 인근 편의점으로 나갔다가 핸드폰을 PC방에 놔두고 온 사실을 기억하고 서둘러 PC방으로 다시 가보았으나 핸드폰이 사라지고 난 뒤였다. PC방 주인에게 따졌으나 개인소지품 분실은 개인의 책임이라고 적힌 게시글을 가리키며 보상을 못 해주겠다고 주장하였다. 그 핸드폰은 한 달 전에 어머니와 같이 가서 구입한 최신형 폰이었다. 앞으로 게임을 하지 않고 공부를 열심히 하겠다는 것을 약속하여 얻어낸 스마트폰이다.

게다가 얼마 전에 게임 어플을 깔아 게임을 하는 바람에 요금이 20만 원이 넘게 나와 어머니는 열심히 공부하겠다는 약속을 지키지 않았다며 나무랐지만, 아버지는 관대하게 용서하여 그냥 넘어갔다. 그런데 설상가상으로 PC방에서 그 핸드폰을 게임하다 잃어버렸으니 최 군에게는 앞이 캄캄한 일이 아닐 수 없다. 그러다가 최 군은 어머니에게 그 사실을 이야기하였고, 어머니는 약속을 지키지 않고 충동적이며 주의가 산만한 아들이 걱정이 되어 최 군과 함께 상담실을 찾았다. 아버지는 상담까지 받을 필요가 있냐며 상담을 받는 것을 반대하였다.

모가 상담자에게 최 군에 대해 보고한 내용은 다음과 같다.
- 약속을 잘 지키지 않고 학교에 지각하거나 조퇴하는 일이 자주 있다.
- 산만하며 하는 일에 대해 주의를 기울이지 않아 과제수행에 어려움을 겪거나 중간에 그만두는 일이 많다.
- 아버지(남편)는 자식에게 너무 관대하게 대한다. 야단치거나 나무라지 않는다.
- 자신이 하고 싶은 일은 참지 못하며, 가지고 싶은 물건은 며칠을 걸쳐 졸라대는 바람에 사주게 된다.
- 어려운 일이나 하기 싫은 일은 이유를 대면서 회피한다.

질문 01

최 군의 행동상 문제는 무엇인가? 그리고 그 원인은 어디에 있는가?

| 답변 |

① 욕구지연이나 통제의 어려움
- 부모가 자식의 욕구에 부응하여 욕구를 충족해 준다.
- 아버지가 관용적이며 통제가 없다.

② 무책임성
- 약속 미이행이나 잘못에 대해 책임을 지거나 처벌을 받지 않았다.
- 곤란한 사항을 모면하기 위한 거짓말이나 둘러대기로 성공적인 경험을 하였다.
- 어려운 일을 미루거나 회피하여도 제재가 없어 이를 당연하게 생각한다.

③ 주의가 산만함
- 동시에 여러 가지 일을 수행하며 종결하지 않는 것이 버릇이 되었다.
- 모의 보고를 통해 주의력이 부족하고 산만함이 있을 것으로 추정한다.

질문 02

최 군의 상담자라면 당신은 어떻게 하겠는가?

_____
_____
_____
_____

| 답변 |

① 핸드폰 분실의 원인을 통찰하게 한다.
- 물건을 잃어버리는 실수를 되풀이하지 않았나?
- 부모님과 한 약속을 어기게 되는 이유는 무엇인가?
- 게임으로 인한 과도한 핸드폰 요금 잘못은 어떻게 생각하나?

② 핸드폰 분실에 대한 당혹감과 미안함에 대해 공감한다.

③ 개입할 사안
- 자신의 잘못 인정과 사과의 필요성
- 약속의 의미 인식
  - 약속은 자기 자신과 하는 것
  - 사람 사이에 신뢰가 중요한 것임을 전달
- 핸드폰의 바람직한 사용
  - 핸드폰의 과도한 사용 자제(사용시간 계획 및 실천)
  - 게임 자제, 학습용도 전환
- 성취경험 하기
  - 자신감을 가지고 하는 일을 끝까지 해보기
  - 친구의 유혹을 물리치고 계획된 일을 하기
  - 자신의 미래를 계획하고 실천하기

〈사례 03〉

중학교 3학년인 채 양(15세, 여)은 현재의 가정상황을 생각할 때면 암울해지고 화가 나서 걷잡을 수 없어 자신을 학대하고 옥상으로 올라가서 고함을 지르곤 한다. 아빠는 항상 술에 취해 있고(제조공장에서 근무하시다 허리를 다쳐 꼼짝도 못 하고 집에서 지내신다) 작은 일에도 짜증을 내며 우신다. 마트의 계산원으로 근무하는 엄마가 퇴근하고 돌아올 때 파김치가 된 모습을 보면, 자신이 부모님에게 죄를 짓는 것 같아 마음이 아프다. 빠듯한 살림살이에 용돈을 달라고 하기에도 송구스러울 정도이다. 나이가 좀 더 많았으면 아르바이트 자리라도 알아보겠지만 지금은 받아주는 데도 없을 것 같다.

그래도 학교에서는 명랑하고 모범적으로 행동하고 있는데, 집에 오면 답답해지고 우울해질 때가 많다. 왜 가난한 집에 태어났는지 자신의 운명이 원망스럽다. 게다가 학교에서는 잘난 체를 하면서 허세를 부리는 자신의 가식적인 모습이 저주스러울 정도이다. 자신의 가정환경을 다른 친구가 알게 될까 걱정이며, 그러다 보니 친구와의 거리도 점점 멀어지고 학교에 가기도 싫어지고, 공부에 대한 열의도 사라져 간다. 채 양은 이 지긋지긋한 집에서도 빨리 탈출하고 싶다.

자신의 답답하고 어려운 처지를 친한 친구에게 이야기하니 그 친구는 자신도 부모와의 갈등으로 청소년상담복지센터에서 상담을 받고 힘든 상황을 이겨낼 수 있었다면서 상담을 받아야 한다고 이야기하였다. 몇 번이나 주저하던 채 양은 1388로 전화하여 상담을 신청하였다.

상담사가 실시한 심리검사에서 유의한 결과는 다음과 같다.

- MMPI-A : 타당도 척도에서 F, K가 상승해 있고(68, 72), 임상척도에서 우울도 높았다(78점). 내용척도에서는 불안, 우울, 강박성이 다른 척도보다 상대적으로 높았고 낮은 포부와 부정적 치료지표 점수도 높았다.
- SCT : 문장완성검사에서 자신의 미래를 어둡게 보고 나아질 가능성이 전혀 없는 것으로 적었으며, 아버지에게 연민을 나타내고 있고 어머니에게는 미안함을 나타내었다. 이중적인 자신의 모습을 비난하였고 친구들에게 자신의 처지가 드러나는 것을 두려워하고 있었다.
- 기타 상담사와의 면담내용 : 자신이 장차 어떤 일을 하여야 할지 모르고 있었으며, 빨리 돈을 벌고 싶다고 이야기하였다고 한다.

질문 01

채 양의 문제는 무엇이라고 생각하나?

_____
_____
_____
_____

| 답변 |

① 어려움을 부인하고 회피하려고 한다.
   - 학교 가기를 싫어한다.
   - 가출욕구를 드러낸다.
② 자신의 취약한 점을 숨긴다.
   정서적인 불안정(암울한 기분, 분노)이 생긴다.
③ 부모에 대한 양가감정을 가진다.
   - 부모님이 힘들어하는 모습을 안타깝게 생각한다.
   - 집에서 빨리 탈출하고 싶다.
④ 가정의 어려움을 자신의 문제로 귀착시키고 있다.
⑤ 학생이면서 돈을 먼저 벌고 싶다는 강한 욕구로 고등학교 진학을 포기하고 직업전선에 뛰어들 가능성이 있다(저학력의 가능성).

질문 02

상기 사례를 인지·정서·행동적 측면에서 어떻게 접근하고 싶은지 이야기해 보시오.

| 답변 |

① 인지적 접근
- 자신의 어려운 처지를 자신의 문제로 생각하지 않는다.
- 자신이 부모님을 경제적으로 돕지 못한다는 점으로 인해 죄책감을 느끼는 것은 잘못된 생각이다.
- 현실을 부정적으로 해석하지 말고 긍정적으로 생각하며 용기를 잃지 말아야 한다.
- 학교 친구들이 자신의 어려운 환경으로 자신을 무시하거나 업신여기는 것을 걱정하여 방어하는 것은 상당한 심리적 문제를 야기한다는 사실을 알아야 한다.
- 자신의 미래는 자신이 어떻게 준비하느냐에 따라 성패가 달렸다는 사실을 깨닫게 한다.

② 정서적 접근
- 가정형편이 어렵다고 해서 슬퍼하거나 절망하는 것은 전혀 도움이 되지 않는다.
- 자신의 가식적인 태도는 정서적 어려움을 가중한다는 점을 깨닫는다.
- 자신의 열등감을 보상하기 위한 행동은 오히려 자신을 더욱 힘들게 하는 일임을 안다.
- 심리적인 안정을 얻기 위하여 친구에게 괴로움을 이야기한다(친구의 이해와 위로가 힘이 된다).

③ 행동적 접근
- 어려운 상황을 부정하거나 회피하지 말고 인정하며, 해결에 도움이 되는 행동을 한다(부모님에 대한 감사와 위로).
- 자신이 어떻게 할 수 없는 상황(가난)은 받아들이고 그 안에서 최선을 다하는 태도를 보인다.

④ 기타 개입
- '위기청소년'에 대한 지방자치단체의 지원이 가능한지 알아본다.
- 부모님에게 사랑과 격려의 메시지를 보내게 한다.
- 학생이 할 수 있는 가정 내 활동을 찾게 한다(어머니의 가사 경감 등).

〈사례 04〉

고등학교 2학년 하 양(17세, 여)은 아버지가 외국 지사에 근무하게 되어 부모와 함께 6살부터 초등학교 6학년까지 외국에서 생활하며 학교를 다녔다. 하 양은 해외생활을 한 덕에 영어를 매우 잘한다. 그러나 귀국한 이후 중학교 1학년 때부터 공부는 뒷전이고 화장을 하며 귀걸이 착용, 튀는 머리 스타일을 하여 학교에서 친구들과 선생님의 이목을 집중시켰다. 하 양의 이색적인 취향과 행동으로 반 친구들은 하 양을 기피하고 있다. 하교 후 하 양은 다른 학교 친구들과 어울려 놀다가 새벽에 들어오기도 했다. 그러면서도 하 양은 진정한 친구가 없는 것 같은 소외감을 느끼고 알지 못할 슬픔을 느낀다.

하 양의 화장이나 옷차림에 대해 아버지는 딸을 벌도 세우고 때리기도 하였다. 하 양은 부모에게 여러 차례 거짓말을 하여 돈을 타내어(등록하지도 않은 학원비, 가지도 않는 수학여행비 등) 화장품이나 친구들과 노는 비용으로 다 써버렸다. 심지어 부모가 여행 간 사이 이틀간 무단결석을 하였다.

하 양의 아버지는 대기업의 임원으로 엄격한 집안에서 자랐다. 최근에는 회사일로 야근하는 날이 많고, 주말에도 회사에 출근하는 날이 잦다. 가정주부인 하 양의 어머니는 하 양의 행동거지를 하나하나 지시하며 비판하고, 아버지를 본받아야 한다고 말하곤 한다. 하 양이 약속한 귀가시간을 초과하면 신경질적으로 메시지를 보내며, 집 앞에 나가서 서성이며 기다리기도 한다. 또 하 양이 늦을 때는 하 양의 어머니에게 전화를 받지 않는 친구가 없을 정도이다. 이런 부모에게 하 양은 거친 말과 행동으로 저항하고 있다.

하 양의 상황을 안타깝게 생각한 담임교사가 학교 Wee Class 상담사에게 하 양의 상담을 의뢰하였다.

하 양의 심리검사 MMPI-A와 MBTI의 결과는 다음과 같다.

1. MMPI-A 검사 결과
   - 임상척도

Hs	D	Hy	Pd	Mf	Pa	Pt	Sc	Ma	Si
53	69	50	77	65	55	48	55	81	35

   - 내용척도(T > 65) : A-dep 65, A-aln 70, A-ang 80, A-lse 72, A-las 75, A-fam 80, A-sch 77

2. MBTI 검사유형 : ESFP(J-P의 점수비교에서 21점 이상의 차이가 났다; P의 뚜렷한 성향)

질문 01

하 양의 문제행동을 심리검사 결과와 연계하여 설명하시오.

| 답변 |

① 과도한 화장과 차림새
- 9번 척도가 높다(남의 이목을 끄는 화장과 액세서리, 머리 모양).
- 외향성(E)이어서 행동화가 나타난다(친구 사귐, 옷차림과 저항행동 등).

② 친구관계에서의 소외감
- A-aln, A-dep의 점수가 높아 소외감을 느끼며, 우울감으로 슬픔을 느낀다.
- 감정형(F)이어서 친구 사귀기를 좋아하고 친구 사귐에서 과도하게 돈을 쓰고 있다.

③ 내담자의 행동
- 4번 척도의 점수가 높다 : 권위적인 대상(부모)에 대한 저항 행동, 늦은 귀가, 무단결석을 하고 있다.
- A-ang가 높은데 이는 분노를 많이 느끼며 부모에게 거친 말과 행동을 한다.
- A-sch, A-fam의 점수가 상승해 있어 학교문제가 있고 부모와 갈등을 겪고 있다.

④ 낮은 자존감
- A-lse, A-las 점수가 다 70 이상이어서 낮은 자존감, 낮은 포부로 자신의 미래에 대한 준비를 하지 않고 친구와 놀기만 한다.
- 인식형(P)으로 자유분방한 생활을 하며 목적에 맞는 행동이나 계획이 미진하다.

질문 02

상기의 사례에서 상담목표와 상담전략은 무엇인가?

_____
_____
_____
_____

| 답변 |

① 부모상담 실시
- 지나친 간섭과 체벌이 자녀에게 미치는 부정적 영향을 인지하게 한다.
- 자녀에 대한 애정, 신뢰, 격려의 필요성을 깨닫게 하고 실천하도록 한다.
- 하 양의 학교적응의 어려움을 이해하고 공감, 격려하게 한다.

② 나쁜 습관의 수정
- 부모에 대한 저항행동 소거
- 학교 부적응 행동 해소(짙은 화장, 무단결석)
- 바람직하지 않은 행동의 수정(밤늦게까지 친구와 어울림, 거짓말과 돈낭비 등)

③ 자존감 향상과 성취감 경험
- 영어실력을 발휘할 기회 조성(학교 영어 콘텐츠, 영어 동아리 활동 등) → 성취감 경험
- 담임선생님의 협조 권유(관심과 칭찬의 필요성 전달)
- 자존감 향상(외국문화의 경험, 뛰어난 영어실력 활용)

☑ 유사질문

부모와 심하게 갈등을 빚고 학교 부적응 행동을 하고 있는 내담자를 어떻게 상담할 것인가?

〈사례 05〉

중학교 3학년인 양 군(15세, 남)은 공무원이었던 아버지가 작년에 암으로 돌아가셨고, 그동안 아버지의 병원비 부담으로 가정형편이 무척 어려워졌다. 그래서 가정에서 살림만 하시던 어머님이 생활비를 벌기 위하여 인력회사 청소원으로 나가고 있다.

그런데 최근 양 군에게 큰 고민거리가 하나 생겼다. 어머니가 양 군이 다니는 학교에 청소원으로 배정된 것이다. 놀란 양 군은 다른 학교라도 알아보시면 안 되겠냐며 어머니에게 부탁을 하였다. 어머니 역시 다른 학교로 배정받기를 원하였지만, 회사 사정상 당분간 변경이 불가능하다고 한다. 양 군은 어머니가 청소부로 근무하고 있는 것이 창피하고 친구들이나 선생님들이 그 사실을 알게 될까 봐

두려웠다. 양 군의 고3 누나는 이런 어려운 상황에서도 학원비를 안 준다고 어머니를 원망하고 있다. 양 군은 주유소나 편의점 아르바이트라도 하여 생활비에 보탤까 하고 생각하고 있지만 어머니가 극구 반대하신다. 학생은 공부를 해야 한다고 말씀하시지만, 현재의 기분으로는 공부하는 것이 무의미하게 느껴진다. 어머니 일로 마음이 괴롭기도 하고 불안하여 친구들과 저녁 늦게까지 놀다가 집에 들어온다. 어머니는 그런 양 군에게 공부하여 출세하기를 바란다고 눈물로 호소하지만, 양 군은 이 집이 정말 자기의 숨통을 조이는 것 같아 견디기 힘들다.

양 군의 안절부절못하는 태도와 우울한 기분을 관찰한 담임교사가 그 이유를 물었으나 괜찮다고만 대답하여 학교 Wee Class의 상담교사를 통하여 관할 청소년상담복지센터로 개인상담을 의뢰하게 하였다. 상담사를 마주한 양 군은 문제가 없다고 이야기하다가 자신의 어머니 이야기를 털어놓으면서 눈물을 쏟았다.

1. 양 군의 MMPI-A 임상척도 결과

Hs	D	Hy	Pd	Mf	Pa	Pt	Sc	Ma	Si
46	62	51	35	60	57	72	40	28	68

2. SCT 주요항목 내용
   - 나의 미래는 <u>어둡고 암울하다. 내 주위에는 나를 도와줄 사람이 없다</u>.
   - 나의 어머니는 <u>희생정신이 강하다. 나를 항상 걱정하고 계신다</u>.
   - 나의 아버지는 <u>고생만 하시다 돌아가셨다</u>.
   - 내가 좀 더 어렸다면 결과는 <u>마찬가지이다. 내가 할 수 있는 일이 없기 때문이다</u>.

질문 01

양 군의 괴로움과 불안감은 어디에서 비롯되는 것인지 설명하시오.

| 답변 |

① 어머니가 자신이 다니는 학교에 청소부로 일하는 것에 대한 부끄러움
② 자신이 어머니를 경제적으로 돕지 못한다는 죄책감
③ 경제적인 어려움으로 자신의 미래가 불투명해졌다는 생각
④ 가난으로 자신이 불행하다는 생각
⑤ 공부하여 출세하기를 바라는 어머니의 간절한 소망으로 인한 부담감
⑥ 자신이 현실개선을 위해 아무것도 할 수 없다는 자괴감과 절망감
⑦ 자기 자신이 남에게 괜찮은 존재라고 인식되기를 바라는 마음
⑧ 주위에서 도움을 받을 수 없다는 절망감

질문 02

양 군을 상담하게 된다면 개입방향은 무엇인가?

| 답변 |

① 자신에게 불안감과 괴로움을 주는 요소의 탐색과 수정
  - 현실의 인정과 수용
  - 잘못된 신념의 수정
  - 주위 사람 아무도 자신을 도울 수 없다는 생각의 수정
② 자신의 미래에 대한 희망 고취와 노력 촉구
  - 가정형편이나 부모로 귀책하는 태도의 수정
  - 어려운 현실의 부정과 회피보다 극복하고 도전하는 행동 조성
  - 학업목표 설정과 학습에 매진
③ 가족과의 화합
  - 부모님을 격려하고 가사를 도움
  - 누나와의 대화와 관계개선

☑ **유사질문**
가정형편이 어려워 가출하겠다는 내담자에 대해 상담자로서 어떻게 할 것인가?

〈사례 06〉

중학교 1학년인 김 군(13세, 남)은 귀가 크고 입도 커서 친구들에게 원숭이같이 생겼다고 놀림받고 있다. 또 몸이 약하여 체육시간에 운동장에서 친구들과 같이 축구하는 것도 힘겨워한다. 그렇다고 공부를 썩 잘하는 것도 아니다. 평소 말이 없고 매사에 소극적이어서 남 앞에 잘 나서지도 않는다. 친한 친구도 거의 없다. 수업시간에 발표를 시키면 머뭇거리고 말을 조리 있게 하지 못한다. 그러다 보니 힘이 센 친구들의 놀림감이 되고 괴롭힘의 대상이 되고 있다. 힘센 친구들의 명령을 마지못해 따르지만 돈을 달라는 친구는 없어 다행이라고 생각하고 있다. 김 군은 화가 많이 나지만, 반항하지 않고 묵묵히 견디어내고 있다.

김 군의 아버지는 마을버스를 운전하시고, 어머니는 봉제공장의 미싱사로 근무하고 있으며, 누나와 남동생이 있다. 가족은 비록 경제적으로 풍족하지는 않지만, 오순도순 대화도 하면서 잘 지내고 있다.

그런데 요즘 김 군이 자기 방의 벽을 주먹으로 치는 것을 보고 놀란 아버지가 꼬치꼬치 그 이유를 물어 학교에서 왕따를 당하고 있는 것을 알았고, 담임선생님에게 이 사실을 이야기하여 괴롭히는 반 친구들을 단속하도록 조치하였다. 그리고 상담실로 김 군을 보냈는데, 상담자에게 김 군은 "친구들에게 당하는 것은 자기가 못나서 그렇다"고 이야기하였다.

김 군을 관찰한 상담자는 김 군이 말이 없고 눈맞춤이 자연스럽지 않다는 것을 발견하였다. 뭔가 화가 나는 일을 회상하면서 주먹을 꽉 쥐고 다른 애들처럼 잘생기고 축구를 잘하고 싶다는 소원을 이야기하였으며, 참는 이유로는 학교폭력으로 처벌받기 싫다는 점을 들었다.

상담사의 사례보고서는 다음과 같다.
- 주호소문제 : 친구들에게 당하는 것은 자기가 못생겨서 그렇다. 엄마 아빠가 원망스럽다.
- 문장완성검사 주요항목 내용 : 아빠와 나는 별로 친하지 않다. 무섭다. 엄마는 일만 한다. 내가 학교에서 일어난 일을 이야기해도 참으라고만 한다. 친구들은 나를 투명인간 취급하고 별명을 부르면서 놀린다. 내가 가장 화가 나는 것은 그런 애들을 때리지 못한다는 점이다. 내가 자신 있는 일은 아무것도 없다.
- MMPI-A 결과 : 주목할 만한 프로파일은 보이지 않고 단지 2번 척도, 0번 척도가 약간 높게 나왔으며, 불안과 공격성이 상승해 있었다.
- 관찰내용과 내담자 특성 : 키는 중간 정도에 피부는 약간 까무잡잡하며, 체격은 호리호리한 편이다. 말이 없고 눈맞춤이 자연스럽지 않다. 뭔가 화가 나는 일을 회상하면서 주먹을 꽉 쥔다. 다른 애들처럼 잘생기고 축구를 잘하고 싶다고 소원을 이야기하였으며, 참는 이유로는 학교폭력으로 처벌받기 싫다고 하였다.

질문 01

김 군의 문제는 무엇인가?

| 답변 |

① 김 군이 친구들의 놀림감이 되고 있는데도 이를 참고 있다.
② 친구들의 괴롭힘에 대한 대항이나 도움을 요청하는 행동을 하지 않고 있다.
③ 자신의 감정을 억압하고 있다.
④ 친구들에게 괴롭힘을 당하는 것은 자신이 무능해서라고 생각하고 있다.
⑤ 허약한 신체조건으로 열등감을 느끼고 있다.
⑥ 친구관계가 원활하지 않다(친구가 없다).
⑦ 성격이 소극적이고 표현능력이 미흡하다.
⑧ 힘센 친구들에게 무시를 받고 그들의 심부름을 하고 있다.

질문 02

상기 사례를 가지고 상담자로서 상담을 어떻게 진행할 것인가?

| 답변 |

① 상담 초기
- 김 군의 처지와 심정을 이해하고 공감한다.
- 해결하고 싶은 사항을 김 군과 함께 열거해 본다.
- 이것을 기초로 상담목표를 세운다.

② 상담 중기
- 자기의 감정을 솔직하고 분명하게 말하는 연습을 한다.
- 용기를 내어 가해학생에게 경고하게 한다(학교폭력 신고).
- 자신의 신체적 조건을 수용하고, 자신의 다른 강점을 찾아 발휘하게 한다.
- 필요한 경우 친구들의 따돌림을 담임선생님에게 증거를 제시하면서 보고한다.
- 화목한 가정의 행복감을 부각한다.
- 참는 것만이 최선이 아니며, 제도적·법적 도움을 받도록 한다(학교폭력 사안으로 다룸).
- 학교폭력 가해자들에게 자신의 괴로움을 당당히 표현하게 한다.
- 잘못된 신념여부를 점검하고, 있을 시 수정한다.

③ 상담 후기
- 김 군의 변화를 점검하고 상담목표의 달성 정도를 평가한다.
- 추수상담을 안내한다.

제2절 친구 관련 사례

〈사례 01〉

중학교 2학년인 고 양(14세, 여)이 청소년상담복지센터의 상담게시판에 자신의 억울함과 두려움을 호소한 내용을 간추린 것이다.

중학교 1학년 때부터 가깝게 지내던 동성친구(여자) 1명이 있었다. 2학년이 되어서도 같은 반이 되어 친하게 지냈는데, 최근 갑자기 그 친구가 자기를 멀리하고 자신을 소외하는 느낌이 강하게 들었다. 친한 친구에게 배신을 당했다는 기분에 화가 잔뜩 나 있었는데, 다른 친구들에게서 우연히 그 친구가 자신을 피하는 이유를 전해 들었다. 그 친구가 오랫동안 사귀고 있었던 남자친구와 최근 이런저런 이유로 말다툼이 있어 사이가 멀어졌는데, 자신이 그와 친하게 이야기하고 몸장난을 치며 가까운 모습을 보여 그 친구의 자존심을 상하게 하였다는 것이다.

이 사실을 전해 듣고 남자친구와는 별다른 관계도 아닌 것을 괜히 시기하고 오해하고 있다고 반 카톡에 그 친구의 실명을 거론하고 욕을 하면서 비난하였다. '그런 우정이면 개(Dog)에게나 주어라'고 심한 말을 남겼다. 그러면서 학교에서도 그 친구의 흉을 보고 그런 애들과 사귀지 말라고 이야기하였다.

그애의 부모가 학교에 자신을 학교폭력 가해자라고 신고하여 그 벌로 전학을 갈지도 모른다는 불안감이 생겨 상담 게시판에 글을 올렸다고 하면서도 자신은 별다른 책임이 없다고 주장하고 있었다.

질문

상기 사례에서 나타난 고 양의 MMPI-A 결과는 어떨 것 같은가?

답변

① 4번 척도(Pd)가 높을 것으로 추정된다.
  분노감을 여과 없이 드러내고 상대방을 공격하는 행동을 서슴지 않는다.
② 6번 척도(Pa) 역시 어느 정도 높을 것으로 추정된다.
  • 상대방의 반응에 예민하게 반응하고 그 잘못을 상대방에게 두며, 적대적이고 논쟁을 좋아한다.
  • 4-6/6-4이 동반상승하는 경우 친구관계에서 문제가 발생하고 비행학생의 특성을 가진다.
③ 9번 척도(Ma)가 어느 정도 높아 흥분성, 기분의 고양이 일어난다고 볼 수 있다.
④ 내용척도에서는 불안(A-anx), 분노(A-ang), 품행문제(A-con)의 점수가 상대적으로 상승해 있을 것으로 추정된다.
⑤ 성격병리 5개 요인 중에서는 공격성(AGGR) 점수가 높을 것으로 예상된다.

〈사례 02〉

최근 강남으로 전학을 오게 된 고등학교 2학년 김 양(17세, 여)은 새로운 학교 환경에 적응하기 위하여 혼자 무척 노력을 하였다고 생각한다. 그러나 대부분의 아이들은 자신에게 직접 말은 하지 않았지만 자신의 특이한 옷차림과 액세서리를 보고 '관종(관심종자)'이라고 놀리고 있는 것 같다. 이런 생각을 하게 되면 수업시간에 집중이 되지 않고 화가 나기도 하여 괜히 선생님한테 대들기도 한다. 이를 걱정한 어머니에 이끌려 상담실을 찾은 이 학생은 다음과 같은 이야기를 하였다.

1. 가족관계
   - 부 : 대졸. 공부를 잘하며 자수성가한 가장이다. 권위적이어서 내담자인 딸과의 관계는 좋지 않으며, 성적이 나쁘면 집에서 내쫓겠다고 으름장을 놓고 있다.
   - 모 : 대졸. 간호사이며 외향적인 성격으로 흥분하면 말이 많아진다. 딸의 옷차림에 대해 항상 잔소리를 한다.

2. 내담자의 행동과 태도
   - 침울한 편이며, 타인의 평가를 상당히 의식한다.
   - 말을 자신 있게 하지 못하고, 소심한 편이다.
   - 행동을 함에 있어 주저함을 보인다.
   - 미술에는 상당한 소질을 보인다.

3. 내담자의 진로 희망
   자신은 앞으로 패션 디자이너가 되겠다고 이야기하고 있다. 그러면서 쉬는 시간에는 의상의 그림을 그리고 있다.

4. 진로탐색검사
   홀랜드(Holland) 검사 결과 A가 50으로 차순위 C보다 13점이 높았다.

> **질문**

상기의 사례를 본인이 상담한다고 했을 때, 어떤 부문에 중점을 두고 상담을 하겠는가?

_____
_____
_____
_____

| 답변 |

① 먼저 부모상담을 통해 양육태도나 방식을 개선하도록 한다.
  - 부친 : 권위적 태도 개선
  - 모친 : 지나친 간섭 개선
  - 부모의 내담자에 대한 사랑과 애정, 관심의 표명
② 원만한 친구관계를 형성하도록 한다.
  - 본인이 생각하는 바와 같이 친구들이 놀리고 있다는 신념에 대한 증거를 수집하게 하고, 상담자는 이를 반박한다(인지적 왜곡, 잘못된 신념의 수정).
  - 친구에게 먼저 다가가기를 시도한다.
    - 친구를 칭찬한다.
    - 친구를 돕는다.
    - 친구들에게 관심을 기울인다.
  - 자신의 행동과 옷차림이 다른 사람에게 어떤 인상을 주는지 친구의 피드백을 받는다.
③ 자존감을 향상시킨다.
  - 예술가(화가)로서의 자질이 풍부함을 강조한다.
  - 홀랜드(Holland) 진로탐색검사에서 진로코드가 'AA'이다.
  - 친구들과 다른 옷차림은 패션 감각이 남보다 뛰어나다는 점을 전달한다.
  - 미술시간에 친구에게 그림에 대해 도움을 주도록 한다.

〈사례 03〉

학교폭력대책심의위원회에 몇 번 회부되어 다른 학교로 강제전학 온 중학교 2학년 김 군의 이야기이다.

김 군은 과거 자신이 주먹이 세고 덩치가 커 다른 친구들을 얕잡아 보고 함부로 대하고 놀리며 때리기까지 했던 사실이 이 학교에 알려지기를 두려워하여, 되도록이면 상냥하게 행동하고 양보를 많이 하였다. 그래서 몇몇의 친구들과는 상당히 가깝게 지내게 되었다.

> 그런데 시간이 조금 지나면서 주위의 친구들이 가끔 김 군을 무시하고 우습게 여기며, 선생님의 질문에 대답을 하지 못한다며 뒷담화를 하는 것 같았다. 김 군에게는 한 주먹도 안 되는 녀석들이어서 욱하는 행동을 하다가도, 이내 이 학교에서도 선생님을 실망시키고 부모님을 슬프게 할 수는 없는 일이라고 참는다. 그러나 친구들이 자신을 우습게 여기는 것 같아 정말 견디기 어렵다. 김 군은 어떻게 하면 그들에게 무시당하지 않고 친하게 지낼 수 있을지 고민을 하고 있다.
>
> 그러다가 자신의 행동을 통제하지 못하여 또 문제를 일으킬 수 있다고 생각한 김 군은 학교 Wee Class 상담교사를 만나 상담하게 되었다. 상담교사는 MMPI-A 검사결과에서 김 군이 피해의식을 많이 느끼고 반사회성이 높으며, 남들에게 자신의 강함과 리더의 자질을 뽐내고 싶어 하는 것을 알 수 있었다. 김 군은 MMPI-A 검사에서 Pa = 63, Pd = 65, Ma = 68로 다른 척도에 비해 상대적으로 높은 편이다. 그리고 기질 및 성격검사(TCI)에서 자극추구와 위험회피 점수(백분율)가 높고 사회적 민감성과 인내력, 연대감이 낮았다.

질문 01

위 사례의 주요 요지는 무엇이며, 상담의 목표와 전략은 무엇인가?

| 답변 |

① 주요 요지
- 부드러움을 가장하여 학교에 잘 적응하려는 학생이 자신이 무시를 당한다고 생각하여 분노를 느끼고 있다.
- 한편으로는 친구들을 다시 괴롭히고 구타하게 될 것만 같아 두려움을 느끼는 양가감정을 가지고 있다.
- 친구와 잘 지내는 방법을 몰라 어려워하고 고민하고 있다.

② 상담목표와 전략
- 학교적응적 행동을 조성한다.
  - 자신의 분노를 인식하고 이를 통제하는 것을 칭찬하며 인내력을 강화한다.
  - 친구와의 갈등 시 자신의 감정과 의사를 말로 표현한다.
  - 친구에게 양보하고 과도하게 나서는 행동을 하지 않도록 한다.
  - 학교의 규율과 규칙을 철저히 지킨다.
  - 친구와의 갈등해소는 힘의 행사가 아니라 양보하고 상대를 존중하는 것임을 인식한다.
  - 친구의 입장을 이해하고 배려하는 태도를 갖춘다.
- 학교폭력 예방활동을 전개한다.
  - 학교폭력 피해 가능학생을 발견하고 보호한다.
  - 힘으로 자신의 우월함을 보이려는 친구들을 설득하고 그들과 우정을 나눔으로써 선도역할을 수행한다(이로써 내담자의 성취경험과 자존감이 향상된다).

질문 02

어떻게 하면 김 군이 친구들과 친하게 지낼 수 있는가?

| 답변 |

① 자신에게 동정적이고 친근감을 보이는 친구를 발견한다.
② 그로부터 자신의 태도에 대해 조언을 받고 나쁜 습관이나 태도는 수정한다.
③ 친구들로부터 주목받고 환영받는 것은 친구를 돕고, 친구를 칭찬하며, 학교의 규율을 잘 지킬 때 생긴다는 점을 인지한다.
④ 그들의 장점을 보고 진심으로 그들을 이해하고 친해지고 싶다는 감정을 솔직히 고백한다.
⑤ 친구에 대한 배려와 진실성이 우정의 근간임을 인식하고 실천한다.
⑥ 가식적인 행동과 태도는 친구관계를 악화한다는 사실을 명심한다.

〈사례 04〉

올해 대학교 2학년에 재학 중인 정 군(20세, 남)은 학교 내 생활연구소에 상담을 신청하였다. 정 군은 아주 소심한 성격의 소유자로서 어려운 일이 있어도 친구에게 이야기하지 않고 속으로만 끙끙대며 고민을 드러내지 않는다. 공부에 대한 열의는 강해서 수업준비를 철저히 하고 있어 대학성적은 상위권에 있다.

대학 친구들이 몇몇 있는데, 그들은 모였다 하면 여자친구들에 대한 이야기를 하며 낄낄대었다. 그들의 거칠고 속된 말이 낯설고 불편하게 여겨지고 차라리 절교를 하고 싶은 심정이다. 대학생활을 하면서 같은 과 여학생들과 어울려 카페나 술집에 갈 기회가 여러 번 있었지만 다른 계획이 있다고 번번이 참여하지 않았다.

정 군은 강의 내용은 잘 알아듣고 이해하지만, 농담은 곧장 이해하지 못해 낭패할 때가 많다. 친구들의 농담을 잘 이해하지 못하여 숙맥이고 멍청하다고 무시당하기도 한다. 그러다 보니 그룹 미팅을 할 때 정 군은 아예 초대되지도 않았다. 정 군은 자신을 놀리고 무시하는 친구에게 언젠가는 반드시 복수하리라 마음먹고 있다. 그래서 학업활동 이외에는 아무것도 하지 않고 집과 대학교 사이를 왔다 갔다 하였을 뿐이다. 그러다 보니 대학생활도 재미가 없어지고 도서관에서 대부분의 시간을 보내고 있다. 그러다 꼬리에 꼬리를 물고 "내가 정상인이 아닌가?" 하는 의구심이 든다.

1. MMPI-2 결과
    - 타당도 척도

VRIN	TRIN	F1	F2	F	L	K
60	57F	53	50	55	48	52

    - 임상척도

Hs	D	Hy	Pd	Mf	Pa	Pt	Sc	Ma	Si
50	58	44	32	59	70	68	41	32	70

2. TCI 검사 결과 요약
    - 기질차원 : 자극추구(NS) 점수가 낮았고, 위험회피(HA) 점수는 높았다.
    - 성격차원 : 연대감(C) 점수가 낮게 나왔다.

질문 01

상담자라면 어떤 사항에 개입할 것인가?

| 답변 |

① 강점에 대한 인정, 칭찬
  - 공부에 대한 열의
  - 철저한 수업준비
② 소심하고 도움을 청하지 못하는 사항
  - 어려운 일이 생길 때 친구에게 도움 청하는 것 시도하기
  - 자신의 불편함을 표현하는 연습
③ 편협된 사고의 수정
  - 농담에 대한 과도한 반응 자제
  - 유머감각의 증진
  - 다양한 친구와의 교제기회 제고
  - 사람은 서로 다르고 취향이 다르다는 점의 인식
  - 배척이나 앙갚음보다는 화해와 자신의 실수를 인정하는 태도 조성
④ 친구관계 개선하기
  - 대학생활에서 이성과의 미팅이나 각종 행사에 적극적으로 참여하기
  - 마음에 드는 이성에게 관심 표명하기
  - 친구를 이해하고 수용하는 태도 조성하기
  - 대인관계의 민감성(친구의 농담에 민감하게 반응하고 Pa 점수가 높다) 완화하기

질문 02

TCI 검사 결과에 의거한 정 군의 기질과 성격의 특성은?

| 답변 |

① 자극추구(NS)가 낮으면 흥분과 보상을 추구하는 탐색활동이 낮으며, 경직되고 융통성이 결여되어 있는 특성을 보인다.
② 위험회피(HA)가 높으면 두려움이 많고, 미리 염려하고 걱정하며, 수줍어하는 특성을 보인다.
③ 연대감(C)이 낮은 사람은 상대방의 정서와 입장에 민감하지 않고, 상대방에게 적대적이며, 너그럽지 못한 성향을 보인다.

〈사례 05〉

고등학교 2학년 김 양(17세, 여)이 학교에서 친구 사귀기에 어려움을 겪고 있다고 상담을 신청한 사례이다.

김 양은 대인관계에서 과도하게 긴장하고 불안해하며 위축되는 경향을 보이고 있다. 김 양은 다른 사람에게 실수할까 봐, 그래서 남들이 자기를 싫어할까 봐 두려워하며 타인의 평가에 대해 매우 민감하다. 이 때문에 친구와의 관계에서도 친구들이 자기를 거부할까 봐 두려운 마음에 점점 친구와 대화하는 기회를 줄여 이제는 친구가 없는 상황이다. 김 양은 위염 증세가 있어 고생하고 있는데, 이것은 김 양의 대인관계 스트레스와 불규칙한 식사습관으로 인한 것으로 추정된다. 김 양은 초등학교 6학년 때 친구들로부터 따돌림을 당한 적이 있다.

김 양의 아버지는 술을 자주 마셨고 술에 취하면 김 양을 자주 때렸다. 아버지 대신 어머니가 가정의 생계를 책임지고 건물미화원으로 일하고 있는데, 근무시간이 길어 항상 힘들어하고 가사일을 할 시간이 없어 김 양이 식사를 준비하는 등 집안일을 도맡아 하고 있다. 김 양은 자신의 모습을 거울에 비춰보면서 자신의 미래는 암울하고 살아가야 할 의미가 없다고 종종 생각한다.

김 양의 MMPI-A 검사결과 높은 점수를 보이는 척도는 다음과 같다.

Hy = 72, D = 69, Si = 70

질문 01

상담에서 다루어야 할 문제의 핵심은 무엇인가?

| 답변 |

① 부친의 잦은 폭행으로 인한 부정적 자아상 형성
② 대인관계 형성의 어려움(사회적 관계맺음의 기피)
③ 자신의 처지에 대한 비관적인 생각
④ 스트레스와 신체적 증상 연계
⑤ 어려운 가정경제에서 받는 스트레스

질문 02

상기 사례에서의 상담목표 및 전략은 무엇인가?

| 답변 |

① 부모상담 시행
  • 부친상담(폭력근절, 알코올 중독 치료)
  • 모친상담(김 양에 대한 관심과 애정표시)
② 대인관계 형성 불안감 해소
  • 타인의 평가에 대한 과도한 민감성 완화
  • 이완훈련, 자기표현, 자기주장 훈련
  • 스트레스 대처법
  • 사회성 훈련, 대화법 훈련
③ 우울감의 해소
  • 인지적 왜곡 수정
  • 자신의 처지와 입장 수용
  • 미래에 대한 긍정적 시각
  • 신체화 증세의 소거

⟨사례 06⟩

초등학교 6학년 강 군(12세, 남)은 공부를 곧잘 하며 반에서 2~3등을 하는 모범학생이다. 선생님 심부름도 잘하고 발표나 질문에 답하는 것도 남보다 먼저 손을 들고 고함에 가까울 정도로 자신을 시켜달라고 난리를 피운다. 친구들이 수업시간에 떠들거나 쉬는 시간에 담임선생님이 금지한 행동을 한 학생을 보면 금세 선생님에게 달려가서 일러바친다. 선생님이 그애를 나무라거나 벌을 줄 때 자신이 대단한 일을 하였다는 생각이 든다. 토론수업을 할 때는 자기주장을 강하게 하고, 다른 의견을 내는 학생에게 자신의 논리로 상대방을 공격하며 틀렸다고 지적한다.

그러다 보니 같은 반 친구들은 강 군을 피하기 시작하였고, 강 군은 점점 외톨이가 되었다. 강 군은 축구를 좋아하는데, 축구팀을 이끄는 한 친구가 강 군을 제외하는 바람에 쉬는 시간에 운동장에도 나갈 수 없다. 이제는 아무도 강 군을 좋아하지 않는다. 강 군을 좋아했던 같은 반 여자친구도 다른 아이들의 눈치를 보느라 강 군을 멀리한다. 강 군은 요즘 우울해지고 성적이 점점 하락하며 식욕도 잃었다.

강 군의 문장완성검사(SCT)의 주요항목은 다음과 같다.
- 다른 사람들은 나를 너무 잘난 체한다고 이야기한다.
- 가장 우울할 때는 친구들이 잘못을 저지르는 것을 볼 때이다.
- 내가 싫어하는 사람은 힘세다고 뽐내는 □□와 ○○이다.
- 우리 선생님은 정말 훌륭하신 분이다. 나를 칭찬해 주신다.

질문 01

강 군이 나타내고 있는 문제점을 이야기해 보아라.

| 답변 |

① 자신을 남보다 돋보이게 하는 행동을 항상 하고 있다.
② 상대방의 실수나 잘못을 용인하지 않고 이를 권위적 존재를 이용하여 징벌하려고 한다.
③ 남과 의견이 상충될 때 자신은 항상 옳고 상대방은 틀렸다고 생각하며 자신의 생각을 강요한다.
④ 자신보다 못하다고 생각하는 대상을 무시하고 통제하려고 한다.
⑤ 친구들에게 소외됨으로써 우울을 경험하고 무기력해진다.

질문 02

강 군을 상담한다면 어떤 점에 착안하겠는가?

| 답변 |

① 자신의 의견만 내세우고 남을 배려하지 않는 것이 따돌림을 당하는 원인이라는 점을 알게 한다.
② 사람은 각기 다른 점이 있고, 이를 존중하여야 함을 깨우치게 한다.
③ 남을 배려하고 존중하게 되면, 자신도 남에게 존중받는다는 사실을 배우게 한다.
④ 자신의 우월성을 과시하거나 드러내려고 하는 행동은 상대방의 권리를 침해하거나 마음의 상처를 줄 수 있다는 점을 알게 한다.
⑤ 상대방을 무시하면 자신도 무시당한다는 사실을 알게 한다.
⑥ 권위를 빌려 상대방에게 영향력을 행사하는 방법은 친구의 비난을 받는다는 점을 깨닫게 한다.

제3절 인터넷 관련 사례

⟨사례 01⟩

다음은 중학교 3학년에 재학 중인 공 양(15세, 여)이 상담센터를 방문하여 첫 상담에서 자신에 대해 진술한 내용이다.

저는 인터넷 중독인 것 같아요. 컴퓨터를 켜서 인터넷으로 연예인 기사를 보고, 최신 유행하는 옷, 액세서리, 구두도 살펴보고, 이곳저곳을 기웃거리면서 검색을 하다 보면 12시가 훌쩍 넘곤 해요. 공부도 하지 않고 이렇게 인터넷에만 빠진 지 일 년이 넘은 것 같아요. 제가 어릴 때 아버지는 돌아가셨고 엄마가 저를 키우면서 큰 유명 한식당에서 일을 하고 계세요. 새벽이 돼서야 집에 돌아오시는데, 그때까지 자지 않고 인터넷을 한 적도 있어요. 엄마는 이런 저를 꾸중하지 않아 오히려 엄마가 원망스러울 때가 있어요.

"나는 나를 믿는다. 하느님이 보고 있다"라는 등의 경고문을 만들어 모니터에 써 붙이며 제 자신을 통제해 보려고 무척 노력하였지만 소용이 없었어요. 어떤 때는 밤늦게까지 인터넷을 하다가 책상에 엎드려 잠들곤 해요.

"이러면 안 돼, 이러면 안 돼!" 하면서도 결국 컴퓨터를 켜고 인터넷 서핑에 빠져있는 저를 발견하게 돼요. 진짜 미치겠어요. 누구에게 하소연할 데도 없어 집에서 혼자 막 운 적도 있어요. 시험이 끝나고 다시 인터넷을 하고 싶은 충동이 더 커진 것 같아요. 어떻게 해야 할까요?

다음은 담임교사가 공 양에 대해 센터의 상담사에게 전달한 내용이다.

- 공 양은 현재 모와 단둘이 살고 있는데, 자신과의 대화를 의도적으로 기피한다고 모가 보고한 적이 있다. 부는 공 양이 만 5세 때 간암으로 별세하였다. 모는 모든 것에 허용적이며 공 양을 안타깝게 생각하고 있다. 가정형편은 어려운 상황이다. 그렇다고 해서 학원에 다니지 못할 정도로 가난한 것은 아니라고 판단된다.
- 성격은 내성적이며 평소 말이 없고, 친한 친구가 거의 없다. 수업 중에 멍한 모습을 보이고 성적은 중위권에 머물고 있다.
- 학교에는 결석하지 않고 잘 나오고 있으나 지각을 종종 하는 편이다. 자기 의사를 명확히 표현하지 않고 발표하는 것을 싫어한다. 쉬는 시간이나 점심시간에는 어김없이 여성 잡지에 나오는 모델과 의상을 그리고 있다. 자신이 원하는 일에는 인내력과 집중력을 보인다.
- 중학교 1, 2학년 때 왕따를 심하게 당한 경험이 있다.

질문

상담의 목표와 구체적인 상담전략을 이야기해 보시오.

| 답변 |

① 자신의 가치와 매력 발견하기
- 진로탐색검사를 통해 미래의 직업 정하기
- 미래직업을 성취하기 위한 진학계획 세우기
- 자신이 뜻하면 이루어진다는 자신감 가지기

② 인터넷을 하는 시간을 줄이고 대안활동하기
- 인터넷 사용 계획표를 작성하고 실천하기
- 대안활동하기
  - 학교 패션 동아리 가입하고 활동하기
  - 패션디자이너 행사에 참석해 보기
  - 패션디자인 학원에 등록하여 공부하기

③ 어머니와 유대관계 맺기
- 어머니의 노고를 이해하고 감사 표현하기
- 어머니와 주말이나 휴일에 대화하고 활동하는 시간 갖기
- 자신의 문제를 어머니에게 털어놓고 도움 청하기

④ 친구관계 개선하기
- 친구에게 관심을 보이고 대화에 끼어들기
- 자신의 문제를 거론하고 친구에게 도움 청하기

〈사례 02〉

중학교 1학년인 제갈 군(13세, 남)은 컴퓨터 게임을 할 때면 정말 신이 난다. 롤플레잉 게임을 주로 하고, 온라인을 통해서 아이템을 판매하여 용돈도 스스로 벌 정도여서 같은 반 친구들은 제갈 군의 게임실력을 다들 부러워하고 있다. 제갈 군은 이제 공부 잘하는 친구가 부럽지 않다. 친구들이 자신의 게임실력을 인정하고 부러워하기 때문이다.

제갈 군의 아버지는 통신회사의 간부로 제갈 군이 공부를 열심히 하여 외교관이 되기를 바란다. 제갈 군의 아버지는 외교관 행정고시에 몇 번 도전하였지만 실패하였다. 어머니는 주부이며 인간관계가 좋아 친목계와 주부모임, 강좌, 여행 등에 열심히 참여하고 있어 제갈 군에게 신경을 쓸 겨를이 없다. 제갈 군이 초등학교 때 회장도 하고 성적도 반에서 1등을 하였는데 한 번 시험을 망친 일이 있어 제갈 군의 어머니는 몹시 실망하였고 제갈 군을 호되게 나무란 적이 있었다.

제갈 군의 성적은 거의 하위권에 머물고 있고, 집에 와도 아무도 없어 자연히 친구들과 어울려 PC방을 자주 출입한다. 뿐만 아니라 게임을 하다가 중도에 빠져나가는 것은 팀을 이루고 있는 다른 친구들로부터 욕을 먹는 일이기 때문에 끝까지 게임하는 것이 전문가로서 지켜야 하는 예의라고 생각한다. 제갈 군의 아버지는 제갈 군을 수차례 벌을 세우고 게임을 못 하게 하였지만, 제갈 군이 들을 리 만무하다.

질문 01

제갈 군이 과도하게 게임을 하게 하는 촉발요인과 유지요인은 무엇인가?

| 답변 |

① 촉발요인
- 아버지의 처벌 위주의 양육방식
- 어머니의 무관심과 방임, 비난
- 게임하는 친구의 유혹과 유대감

② 유지요인
- 게임세계의 유인요소
- 온라인 게임의 예의라는 중화적 요소
- 부모의 애정욕구에 대한 대리적 충족
- 강압적인 아버지에 대한 저항행동으로 게임몰입

질문 02

당신이 상담자라면 제갈 군의 상담을 어떤 단계로 수행할 것인가?

_____
_____
_____
_____

| 답변 |

① 상담 초기
- 컴퓨터게임 실력에 대하여 관심을 보이고 놀라움을 표시한다.
- 게임사용 자가측정(K-척도)을 통하여 자신의 컴퓨터게임 사용실태를 파악하게 한다.
- 자신이 원하고 부족하거나 하지 못하는 일들을 살펴본다.

② 상담 중기
- 게임중독의 폐해 이해
  - 신체적 이상
  - 정신적 이상
- 게임으로 잃는 것과 얻는 것의 열거와 비교
  - 게임을 함으로써 얻는 것과 하지 못하고 있거나 희생당하고 있는 것의 열거
  - 잃는 것과 얻는 것의 가치와 중요성 비교
- 사용습관 개선
  - 인터넷의 순기능 활용
  - 인터넷 게임사용 시간표를 만들고 부모와 합의하기
- 대안활동 만들기
  - 취미생활(악기연주, 봉사활동, 스포츠 등)
  - 장래희망 결정과 이를 달성하기 위한 결심사항 만들기
  - 학습목표 설정
- 가족이 함께하는 기회를 많이 가지게 한다.
  - 장래 희망직업을 정한다.
  - 아들에 대한 관심과 이해를 높인다.
  - 자연스러운 대화를 통해 정서적 유대감을 형성한다.

③ 상담 후기
- 결심사항 실천 확인
- 상담목표 달성 평가
- 추수상담 안내

〈사례 03〉

중학교 1학년에 재학 중인 채 군(13세, 남)은 어머니가 식당에 나가서 일을 하는 동안 친구도 없이 혼자서 찬 방에서 컴퓨터 게임을 하고 있다. 보통 학생들은 카트라이더, 브롤스타즈 정도의 게임을 하는데, 채 군은 배틀그라운드, 오버워치와 같은 전쟁게임이나 포리저와 같은 시뮬레이션 게임을 하고 있다. 즐길 정도로 게임을 잘한다. 친구 없이 집에서 게임만 하고 있으니 실력이 남보다 뛰어난 것은 당연한 결과인지도 모른다. 성적이 낮은 것에 대해서는 이제 신경을 쓰지 않는다. 게임에서는 반 친구들이 자신을 부러워하고 있다는 사실에 의기양양해 있다.

채 군의 어머니는 오후 5시에 채 군의 저녁을 챙겨주고 식당에서 일하다 새벽 2시경에 퇴근한다. 어머니가 피로한 몸을 이끌고 집으로 돌아왔을 때 채 군의 방에 불이 켜진 것을 볼 때가 많다. '아직도 게임을 하는구나' 하고 생각하였지만, 아버지 없이 자라는 채 군이 불쌍하여 간섭을 하지 않으려고 애썼다. 건강하기만 하면 된다고 생각하기 때문이다.

채 군의 아버지는 식당 주방장으로 일하였는데, 채 군이 초등학교 5학년 때 암으로 세상을 떠났다. 평소 채 군은 어머니 말씀을 잘 듣고 슈퍼에 갔을 때도 무거운 짐을 자신이 들 정도로 효자이다.

그러나 수업시간에 매번 조는 채 군을 담임선생님이 추궁한 결과, 게임을 너무 많이 한다는 것을 알고 인근의 청소년상담복지센터에 상담을 의뢰하였다.

1. 채 군의 SCT 중요내용은 다음과 같다.
    - 내가 가장 좋아하는 사람은 <u>같이 게임하는 친구들이다</u>.
    - 내가 가장 우울할 때는 <u>엄마가 힘들게 일하는 걸 생각할 때이다</u>.
    - 내가 좀 더 어렸다면 <u>공부를 더 열심히 할 것이다</u>.

2. 채 군의 MMPI-A 중요 척도 결과
    - 타당도척도 : L = 68, F = 49, K = 61
    - 임상척도(T > 65) : D = 65, Hy = 69, Si = 71
    - 성격병리 5요인(T > 65) : AGGR = 66

질문 01

채 군의 게임몰입 원인을 사례설명과 심리검사에서 추정해 보아라.

| 답변 |

① 자신의 우울감을 회피하기 위하여 게임에 몰입한다.
   - 엄마의 힘듦에 우울을 느낀다(SCT).
   - 자신의 처지에 대해 우울을 어느 정도 느끼고 있다(MMPI-A의 D가 상승).
   - 현실적 어려움이나 갈등을 회피하는 모습을 보이고 있다(Hy = 69).
② 친구들에게 인정받고 성취감을 느끼려고 게임에 열중한다.
③ 전쟁게임을 선호하는 것은 내담자의 공격성(AGGR = 66)과 관련이 있다.
④ 내향성이 강해(Si = 71) 친구사귐보다는 게임을 더 선호하고 있다.

질문 02

게임을 많이 하는 학생의 행동수정을 하기 위해 어떻게 하겠는가?

| 답변 |

① 채 군의 경우 게임을 하느라 친구와 사귈 기회를 상실하였기 때문에 친구들과 만나 활동하는 기회를 갖도록 독려한다.
② 채 군에게 친구와 함께 할 수 있는 스포츠(예 탁구와 배드민턴, 축구 등)를 할 것을 추천한다.
③ 학교를 마치고 나면 남아서 운동장에서 노는 친구들과 어울려 놀게 한다.
④ 인정욕구를 다른 대상(예 성적, 취미활동, 봉사활동 등)에서 찾도록 돕는다.
⑤ 어머니의 방임적인 태도가 좋지 않음을 알리고, 채 군과 행동계약서를 맺어 바람직한 습관을 기르도록 한다(예 자는 시간 지키기, 게임하는 시간 정하기 등). 이와 더불어 상과 벌로써 문제행동의 소거, 대체행동의 촉진을 도모한다.
⑥ 지역아동센터에서 학습과 놀이, 저녁을 해결할 수 있도록 한다.

〈사례 04〉

올해 고등학교 1학년인 문 군(16세, 남)은 수업시간에 학급 뒷자리에 앉아 수업은 듣지 않고 스마트폰으로 마인크래프트나 스페셜포스를 한다. 방과 후에는 친구들과 PC방에 가서 배틀그라운드나 오버워치를 주로 한다. 문 군은 슈팅게임을 하면서 통쾌함을 느낀다. 레벨도 '골드'까지 올라가서 친구들의 부러움을 사기도 한다. 이렇게 수업에 충실하지 않고 공부를 게을리하며 게임에만 몰두하다 보니 성적이 최하위에 머물러 있는 것은 당연한 결과이다.

문 군의 아버지는 대학교수이며, 어머니는 유명학원의 영어강사이다. 문 군의 형은 서울 명문대 의대에 진학하여 가문의 영광이 되었다. 아버지는 문 군에게 "형의 반만큼만 공부하면 소원이 없겠다"고 말씀하시고, 어머니 또한 "쟤는 주워온 자식"이라고 푸념을 한다. 아버지는 입버릇처럼 "남자는 세상에 나왔으면 큰 뜻을 품고 의사나 판검사, 정치가가 되어 풍운의 꿈을 펼쳐야 한다"고 항상 말씀하신다. 문 군은 이런 아버지에게 염증을 느낀다.

중학교에 다닐 때는 중상위권의 성적을 유지하였고, 특히 그림을 잘 그려서 시 미술대회에서 대상을 받기도 하였다. 담임선생님이 장차 유명한 화가가 될 재목이라고 칭찬하였다. 성격도 꽤 쾌활하여 교우관계도 좋았고 부모님의 말씀을 잘 듣는 학생이었으나, 요즘은 부모의 나무람에 막말까지 하면서 극렬히 반응하고 있다. 보다 못한 어머니가 센터에 전화로 상담을 신청하게 되었고, 문 군은 어머니가 눈물로 호소하는 바람에 상담실을 찾았다.

문 군의 기질 및 성격검사(JTCI)에서 백분위 점수 중 아주 높거나 낮은 것은 다음과 같다.

자극추구(NS) = 88, 위험회피 = 8, 인내력 = 3, 자율성 = 80, 연대감 = 72

질문 01

문 군이 게임에 몰입하게 된 원인은 무엇인가?

| 답변 |

① 부모가 형을 우대하고 자신을 홀대하는 데 대한 저항
② 부모와의 진로 갈등(화가와 의사, 판검사, 정치가)의 회피
③ 공부를 강요하는 부모의 태도에 대한 불만
④ 게임에서 얻는 재미와 성취감, 친구들의 반응에서 얻는 인정감
⑤ 기질적으로 자극추구가 높아 신기하거나 호기심을 끄는 자극에 민감하게 반응한다.
⑥ 위험회피를 거의 하지 않아 욕구나 행동 억제력이 약하다. 인내력 역시 약해서 상황에 맞는 적합한 행동(학습, 취미활동 등)을 꾸준하게 하지 못한다.
⑦ 연대감이 높아 친구와 잘 어울리고 활동에 참여하려는 성향이 강하여 게임을 같이 즐기게 된다.

질문 02

문 군을 상담할 때 상담목표와 전략을 이야기해 보시오.

_____
_____
_____
_____

| 답변 |

① 부모의 양육방식 개선
- 부모상담을 통해 바람직한 양육태도 조성
- 문 군을 이해하고 수용하며, 문 군의 욕구 파악하기
- 문 군을 진정으로 사랑한다는 것을 문 군에게 표현하기
- 문 군의 소질을 파악하고 평가하여 문 군과 진로 합의

② 게임의 자율적 조정
- 게임의 부정적인 영향 설명(신체적·정서적·정신적 문제)
- 친구관계 문제 발생, 성적 저하, 부모와의 갈등 발생
- 성취동기 제고(인생그래프 그리기, 꿈작업 하기, 성공경험 하기)

③ 대안활동 하기
- 체육, 음악이나 기타 취미활동 하기
- 다양한 미술관련 활동 참여

④ 진로의 결정
- 검사를 통한 직업탐색 및 결정(예 화가)
- 장래 직업을 성취하기 위한 대학진학 목표 세우기

〈사례 05〉

상담 중에 있는 중학교 1학년 학생인 최 군(13세, 남)으로부터 다급한 전화를 받았다. 그 내용은 자기가 오늘 컴퓨터 온라인 게임을 하다가 한 게임 참가자에게 비싼 아이템을 싸게 넘겨준다고 하고서는 돈만 받고 아이템을 넘겨주지 않았다는 것이다. 피해를 본 고등학생이 게임 아이디를 추적하여 최 군의 번호를 알게 되었고, 문자로 돈을 당장 돌려주지 않으면 경찰에 신고하겠다고 위협하고 있다는 것이다. 최 군은 어머니의 노력에도 불구하고 게임을 포기하지 못하고 계속 친구들과 PC방에 가고 틈만 생기면 게임을 하고 있다. 며칠 전에는 어머니에게 각서를 쓰고 다시는 게임을 하지 않겠다고 맹세를 하였으며, 그 상으로 최신 스마트폰까지 받았다.

이제 다시는 게임을 하지 않을 것이라고 맹세를 한 상태에서 이 사실이 어머니에게 알려질까 두려웠고, 받은 돈은 50,000원인데 당장 갚을 돈은 없고, 그렇다고 어머니에게 이야기할 수도 없는 처지임을 알려왔다. 최 군은 다시 어머니가 실망하시는 모습을 보고 싶지 않다고 울먹였다.

최 군을 상담한 상담사의 최 군에 대한 기록은 다음과 같다.
- 충동성이 강하고, 하고 싶은 일을 참지 못하고 한다.
- 약속을 잘하나 지키지 않는다. 상담시간을 잘 지키지 않고 내준 과제를 거의 하지 않는다.
- 최 군 부모의 양육태도는 일관적이지 않으며, 체벌을 통한 행동수정을 하려고 하지만 번번이 실패한다.

질문 01

이런 전화를 당신이 받았다면 어떻게 하겠는가?

| 답변 |

① 우선 최 군을 진정시킨다.
② 자신의 잘못된 행동에 대해 객관적으로 보게 한다.
- 인터넷에서 남을 속여 금전을 편취하는 것은 엄연한 범죄(사기죄) 행동이다.
- 부모와 한 굳은 약속을 가볍게 어기는 것은 부모의 믿음과 신뢰를 저버리는 행동이다.
- 공부하여야 하는 학생의 신분으로 게임에만 몰두하는 것은 잃는 것이 너무 많다.
③ 피해자의 고발에 따르는 결과는 청소년이 감당하기 힘든 일이므로 부모의 도움을 받아야 한다.
④ 해결책
- 어머니에게 머리 숙여 사죄하고 어머니가 대신 돈을 갚도록 한다.
- 이 기회를 빌려 새롭게 다짐하는 계기로 삼아 자신이 변해야 함을 알려준다.
  ※ 상담자가 사태를 수습한다고 대신 돈을 갚아주는 것은 바람직한 일이 아니며, 어머니와의 재약속으로 해결할 문제이다.
- 이런 일은 자신이 해결할 수 있는 문제가 아님을 알게 하고, 문제가 생기면 부모의 도움을 받아야 함을 일깨워 준다.
- 부모님과 약속한 일은 자신과의 약속임을 깨닫고, 끝까지 지키려는 노력이 필요하다는 것을 알려준다.
- 자신의 욕구 충족을 위하여 남을 속이는 것은 엄연한 범죄행위임을 명확히 인지시킨다.

질문 02

최 군의 행동을 수정하기 위하여 행동주의 기법을 사용해 보아라.

| 답변 |

① 바람직하지 않은 행동 소거
- 충동이 일 때 눈을 감고 명상하기
- 가지고 싶은 욕구 참기
- 잠재된 내담자의 강점과 장점 부각하기

② 게임충동 해소
- 게임시간 정하고 이를 실천하기
- 게임시간 준수 시 정적강화 제공(예 부모와 합의에 의한 용돈인상, 원하는 물건 사주기)
- 게임시간 어길 시에는 프리맥 시행(예 부모와 합의에 의한 용돈 줄이기, 주말 외출금지 등)

③ 학습시간 늘이기
- 부모가 학습하는 모델링 실시
- 토큰경제 실시(게임대신 공부하는 시간에 따라 차별적 보상 제공)

〈사례 06〉

고등학교 2학년에 다니고 있는 정 군(17세, 남)은 애니메이션에 나오는 캐릭터를 그리는 것이 취미이고 곧잘 따라 그린다. 만화책도 많이 보고, TV 애니메이션, 스마트폰의 웹툰 등을 다양하게 즐겨보고 있으며, 미래의 직업으로 애니메이션 작가를 꿈꾸고 있다. 스스로 서울 소재 미대의 애니메이션과에 충분히 갈 수 있을 것이라고 자신하고 있다.

그러나 교사이신 어머니는 초등학교 수준의 그림솜씨라고 혹평을 하고 계신다. 회사 임원이신 아버지 역시 그림을 못 그리는 주제에 애니메이션 작가를 꿈꾼다는 것은 잘못된 일이라고 생각하고 있으며, 만화를 보면서 공부를 전혀 하지 않는 정 군을 한심한 아들로 평가한다. 서울 소재의 대학교에 다니는 3살 많은 형은 집안의 자랑거리이다. 정 군은 형을 칭찬하는 소리도 듣기 싫고, 자신의 그림을 하찮게 여기는 부모에 대한 분노를 느낀다.

정 군은 자신의 화법을 개발한다고 하면서 미술학원에 다니지도 않고 만화책을 대여하여 쌓아놓고 보거나 마음에 드는 그림이 있으면 따라 그리기도 한다. 그런가 하면 학교 야간 자율학습에도 참여하지 않고, TV 앞에서 어린이 만화영화를 보기도 한다.

한편 정 군의 아버지는 아들이 애니메이션을 전공한다고 하기에 지원을 해주기 위해 학원에 보냈지만 한 달도 못 되어 그만두어 버려 학원비를 날리는 일도 여러 번 있었다. 입시를 위한 그림 그리기는 정 군 자신이 추구하는 바가 아니라는 이유에서다. 이런 정 군을 사람 좀 만들어 달라고 하면서 아버지가 정 군을 상담실로 데려왔다.

상담사가 실시한 정 군의 그림검사(HTP)의 내용은 다음과 같다.
- 그림 공통사항 : 종이에 가득 찰 정도로 크게 그렸다. 필압이 강하였고 선은 진하게 그렸다.
- 집 그림 : 문을 그리지 않았고 창문은 크게 하나만 그렸다. 벽은 벽돌재질로 표시하였다.
- 나무 그림 : 기둥이 웅대하였고, 크라운도 크게 그렸다. 나뭇가지를 그리지 않았고 뿌리는 크고 많이 그렸다.
- 사람 그림 : 별다르게 특이한 점은 없었다.

> **참고** HTP 해석(객관적인 정설은 아님)
> 1. 종이에 가득 찰 정도로 그림을 크게 그리는 것은 자아팽창감을 나타내며, 강한 필압은 자기확신의 표현이라고 해석할 수 있다.
> 2. 집 그림에서 문을 외부세계와의 통로로 해석하며 문과 창문이 없음은 의사소통의 문제를 암시하고, 벽돌벽에서는 강한 자아강도를 추론할 수 있다. 나무 그림에서 기둥은 자아강도, 크라운은 꿈이나 욕망의 크기, 나뭇가지는 대인관계를 맺는 자원이며, 뿌리의 유무는 안정감의 유무로 판단할 수 있다.

질문 01

부모의 손에 이끌려 상담실을 찾는 정 군에게 우선적으로 할 수 있는 개입은?

| 답변 |

① 상담실에 오게 된 억울한 심정을 이해하고 공감해 준다. 그렇게 함으로써 상담자가 부모의 편이 아니라 자신의 편에 서 있음을 느끼게 한다.
② 내담자의 그림에 관심을 기울인다.
③ 자신의 미래목표를 성취하기 위한 행동이나 노력을 열거하여 본다.
④ 필요한 경우 어느 정도 직면을 시킨다.
- 자신의 취미활동이 과연 바라는 직업으로 연결될 수 있는가?
- 자신의 그림솜씨에 대한 전문가의 평가는 어떠한가?
- 애니메이션 작가가 되기 위한 구체적인 방법을 알고 있는가?

질문 02

상기의 사례의 경우 상담을 어떻게 진행할 것인가?

___

| 답변 |

① 진로상담
- 원하는 대학의 입시정보를 조사하게 한다(미술 실기시험 내용, 수능점수 반영률, 과거 미술수상 여부 등).
- 목표대학 진학을 위한 자신의 준비사항을 점검케 한다.
    - 자신의 진학준비 적정성, 자신의 미술 실력에 대한 객관적 평가
    - 미술학원과의 상담과 교습내용 파악
- 학교나 입시전문가의 조언을 듣고, 필기와 실기시험을 준비한다.
- 학원등록 등 필요한 조치를 한다.

② 잘못된 신념에 대한 수정
- 자신에 대한 과도한 자신감과 비현실적 대응에 대한 원인을 탐색한다.
- 타인과의 의사소통 훈련, 자기주장적 태도 수정, 자아팽창과 과도한 자신감을 수정한다.

③ 부모상담 병행
- 형과의 비교를 하지 않도록 한다.
- 격려와 칭찬을 하고 내담자에게 관심을 보이도록 한다.
- 내담자의 작품을 일방적으로 폄하하지 않고 전문가의 평가를 받도록 종용한다.

제4절 부적응 및 비행 관련 사례

〈사례 01〉

중학교 2학년인 김 양(14세, 여)은 아주 친한 친구가 전화로 연락하여 자기 집에서 놀자고 하여 저녁에 부모님에게 이야기도 하지 않고 그 친구 집에서 저녁을 꼬박 새면서 놀았다. 그 친구의 부모님은 가정형편상 시골에서 일주일간 지내시게 된 상황이었다.

김 양이 친구 집에서 자던 날 김 양의 부모님이 여러 번 전화를 하였는데, 김 양은 귀찮다는 생각으로 핸드폰을 아예 꺼놓았고, 다음 날 친구네 집에서 바로 등교를 하였지만 지각을 하고 말았다. 학교에서

수업을 마치고 집에 들어갈 생각을 하니 아버지의 무서운 얼굴이 떠올랐고, 어머니의 잔소리 폭탄세례도 지긋지긋하다는 생각이 들었다. 김 양은 평소 수업시간에 산만한 편이며, 친구들과 심한 장난을 하다가 여러 번 지적을 받아 선도위원회에 회부될 뻔하였다. 김 양의 학교 성적은 하위권이고, 부모님이나 담임선생님으로부터 자주 꾸중을 듣는다. 요즘 김 양은 학교를 포기하고 마음에 맞는 친구와 함께 가출을 하고 싶다는 생각이 부쩍 커졌다.

김 양은 수줍음이 많은 편이고, 자신의 생각이나 감정을 남에게 잘 표현하지 못하며, 초등학교 5학년부터 지금까지 친구들에게 무시를 당하면서 지내왔다. 단체 카톡방에서 친구들로부터 '못생기고, 남자애들만 좋아한다'는 식의 빈정거림과 욕설의 대상이 되고 있지만, 자신을 변호하는 이야기를 한마디도 못 하였다. 김 양은 이런 친구들이 싫어 학교에 다니지 않겠다고 부모님에게 여러 차례 이야기하였지만 소용이 없었다.

김 양의 SCT 검사 중 눈에 띄는 내용은 다음과 같다.
- 내가 가장 힘들어하는 것은 <u>공부이며 성적이다</u>.
- 나의 친구들은 <u>나를 좋아하는 몇몇을 제외하고는 나를 무시한다</u>.
- 나의 부모님은 <u>나를 정말 이해할까?</u>
- 선생님들은 <u>공부 잘하는 애들만 편든다</u>.
- 나는 <u>못생기고 잘하는 것이 없다</u>.
- 나는 커서 <u>훌륭한 무용가가 될 것이다</u>.

질문 01

김 양이 가지고 있는 문제는 무엇인가?

| 답변 |

① 학교생활의 부적응(지각, 결석, 친구관계, 교사의 질책, 학교 가기 싫어함, 공부는 하지 않고 놀기를 좋아함)
② 친구들의 따돌림
③ 외박으로 인한 처벌에 대한 불안감
④ 자기의사표현 능력 부족
⑤ 스트레스원의 해결보다는 회피선택(학업중단, 가출)
⑥ 부모에 대한 저항
⑦ 외모와 능력에 대한 열등감

질문 02

김 양과 상담을 한다면 상담목표와 전략은 무엇인가?

___

___

___

___

| 답변 |

① 부모의 양육태도 및 방식 개선
- 김 양에 대한 이해와 관심, 애정의 필요성 부각
- 김 양의 학교 부적응 행동의 원인 전달
- 김 양이 부모에게 느끼는 정서의 이해
- 민주적인 양육방식으로의 전환

② 학교 부적응 문제 해결
- 친구와의 관계 탐색 및 따돌림 보호 조치
- 수업시간 중 주의 집중력 키우기
- 자기의사 및 자기주장 훈련
- 교사의 내담자에 대한 격려와 칭찬 의뢰

③ 자존감의 향상
- 자기효능감 고취(무용가에 대한 꿈과 재능 강조)
- 장래의 꿈과 직업 설정
- 격려와 기대감 표명, 성공한 사람들의 행동 전달
- 자신의 현재 하고 있는 행동과 미래의 꿈 사이의 괴리 인지
- 꿈을 실현하기 위한 행동계획 세우기

〈사례 02〉

중학교 2학년에 재학 중인 김 양(14세, 여)은 수업시간에 수업은 듣지 않고 옆의 친구와 잡담을 하거나 스마트폰으로 아이돌의 연예계 소식을 검색하곤 한다. 수업시간에 선생님의 지적을 여러 번 받았으나 개선되지 않아 가벼운 체벌을 가하자 선생님께 욕을 하고 대들었다. 당황한 선생님은 김 양의 아버지에게 전화를 하여 학교에서 면담을 하였다. 친구와의 관계도 좋지 않고 친구를 야유하고 비난하여 친한 친구도 별로 없다. 남의 수근거림도 아랑곳하지 않고 화장을 짙게 하고 학교에 온다.

김 양의 어머니는 몇 년 전에 남편의 구타에 염증을 느껴 김 양과 남동생(11세, 초5)을 내버려 두고 돌연 집을 나간 상태이며, 얼마 후 김 양에게는 새어머니가 생겼다. 김 양은 그 여자와 매일같이 싸운다. 가출한 어머니에 대한 원망이 없지는 않지만, 아무것도 아닌 여자가 난데없이 나타나 엄마 노릇을 하는 것을 인정할 수가 없었다.

그런 다음에는 모든 것이 무의미하고 자기 자신을 망가뜨리고 싶은 생각으로 가득 차게 되었다. 학교마저 그만둔다면 무서운 아버지가 가만두지 않을 것 같아 억지로 다니고 있다. 새어머니와 항상 갈등을 빚고 있는 김 양을 데리고 아버지가 청소년상담지원센터를 찾았다. 센터에서 김 양은 아버지 앞에서 심하게 욕을 하고 반항하였다.

김 양의 MMPI-A 임상척도 결과는 다음과 같다.

Hs 53, D 68, Hy 60, Pd 74, Mf 63, Pa 70, Pt 55, Sc 44, Ma 69, Si 36

질문 01

상기의 사례에서 상담자라면 어떤 내용으로 상담을 진행하겠는가?

| 답변 |

① 억울함과 슬픔에 잠긴 내담자에 대한 공감과 이해
- 김 양의 분한 감정과 분노에 대해 어느 정도 침묵하여 감정의 발산을 돕는다.
- 내담자가 보이는 저항에 이해와 공감을 한다.

② 바람직하지 않은 행동의 원인탐색
- 부친의 권위적인 양육태도와 폭력에 대한 저항
- 어머니를 가출하게 한 아버지에 대한 원망
- 새어머니와의 갈등
- 공격적인 행동(친구와 부친에 대한)과 타인의 관심을 받으려는 지나친 행동

③ 상담목표와 전략
- 분노에 대한 내성을 기른다.
  - 스트레스 대처 프로그램
  - 분노조절 프로그램
- 부모-내담자의 애착관계 형성(부모상담 병행)
  - 부친의 폭력근절, 애정과 관심 증진
  - 청소년의 특징(신체적·인지적·정서적·행동적)의 이해
  - 청소년 자녀의 이해와 수용

- 친구관계의 개선
  - 친구를 이해하고 비난하지 않기
  - 친구의 조언을 인정하고 조언에 따르기
- 학습목표를 세우고 실천하기
  - 장래의 희망진로 정하기
  - 담임선생님의 관심과 관찰, 칭찬을 받기 위한 행동하기
  - 장래 직업 성취를 위해 필요한 진로계획 세우기(예 학습목표, 진학 목표대학이나 전공 정하기)

질문 02

김 양의 행동과 MMPI-A 결과치를 연계하여 설명하라.

| 답변 |

① 반사회성(Pd)이 74로 높다.
  - 김 양의 분노감의 표출이 높다.
  - 학교의 규율을 어긴다(수업 중에 스마트폰 사용).
  - 나무라는 교사에 반항적 행동을 한다.
② 편집증(Pa) 또한 70으로 높다.
  - 대인관계의 민감성과 피해의식으로 새어머니와 싸우고 있다.
  - 새어머니에 대해 적대적이다.
  - 친구관계가 좋지 않다.
③ Pd(4)-Pa(6)의 동반상승이 나타난다.
  - 학교에서 규칙을 어기고 부적응 행동을 한다.
  - 친구관계에서 적대적이다.
  - 권위적인 대상에 반항적이고 투쟁적인 태도를 보인다.
④ Ma(9)가 상당히 높다(69).
  - 정서적으로 흥분을 잘한다.
  - 남의 눈에 띄는 행동(짙은 화장)을 한다.

⟨사례 03⟩

고등학교 1학년 장 군(16세, 남)은 고모의 신청으로 상담을 시작하게 되었다. 장 군은 겉으로 보기에도 무기력하게 보였으며, 친구에게 관심을 보이지 않고 의욕이 없으며, 미래에 대한 꿈이나 희망도 없는 상태이다.

첫 상담에서 상담자의 질문에 겨우 "예, 아니오"로만 반응했다. 장 군이 초등학교 입학 전에 부모가 이혼하여 아버지는 지방으로 내려가 재혼하였으며, 가끔 장 군의 안부를 고모에게 묻고 장 군의 학비와 생활비를 고모에게 보내주고 있다. 어머니는 이혼 이후로 연락이 끊긴 상태이다.

현재 결혼한 고모 집에서 살고 있는데, 고모와 고모부는 장 군에게 "너네 아버지처럼 돼서는 안 된다"고 입버릇처럼 말하며 장 군의 일상생활을 간섭하고 나무라고 있어, 장 군은 고모 집을 나갈까 하는 생각을 혼자 하고 있다.

중학교 때에는 지각, 조퇴를 자주 하고 학교 친구와는 거리를 두고 있었으나 방과 후엔 동네 친구들과 어울려 다녔다. 가끔 본드흡입도 하였지만 학교에서 경고를 받거나 처벌된 적이 없어 자신은 괜찮다고 생각하고 있다. 고등학교에 진학하면서 학업을 중도에 포기한 친구와 절도를 하기 시작하였다. 혼자 있을 때는 무력감과 우울감을 느끼고 있다. 그리고 자신이 이상한 짓을 할지 모른다는 두려움을 느끼기도 한다. 고모부는 장 군이 아직 철이 없어 그런 행동을 한다고 생각하며, 대학생이 되면 나아질 것이라고 믿고 있지만 장 군과는 거의 대화를 하지 않고 있다.

학교 Wee Class 상담교사가 장 군의 기질 및 성격검사(JTCI)를 한 결과는 다음과 같다(점수는 백분위 점수).
- 기질 : 자극추구 29, 위험회피 40, 사회적 민감성 36
- 성격 : 자율성 40, 연대감 62, 자기초월 10, 자율성 + 연대감 35

질문 01

상기 사례에 대해 어떻게 상담할 것인가?

| 답변 |

① 장 군의 처지를 이해하고 관련된 심정에 공감한다.
  - 부모가 곁에 안 계시는 외로움에 대한 이해와 공감
  - 애정과 관심의 욕구에 대한 공감
  - 고모의 간섭에 스트레스를 느끼는 심정의 이해와 반영
② 좋은 상담관계를 형성하고, 장 군의 자기노출과 감정의 표출을 돕는다.

③ 상담목표 및 전략
- 우울에 대한 대처
  - 우울한 정도를 테스트하여 심각한 경우 병원과 연계하여 약물치료를 받게 한다.
  - 스트레스 대처훈련, 감정조정 훈련 프로그램, 긍정적 행동 강화훈련을 한다.
  - 빈 의자 기법으로 미해결 감정을 해소한다.
- 고모, 고모부와의 관계개선
  - 현재의 유일한 가족으로서의 역할을 이해시킨다.
  - 봉사활동 전개(지적장애아, 장애인 등)로 자신도 남을 도울 수 있는 존재임을 자각하게 한다(자기가치 인정).
  - 고모와 고모부를 면담하여 바람직한 양육태도와 양육방식을 전달한다.
- 본인의 미래에 대한 계획과 실천
  - 아무도 도와주지 않는 환경에서 자신의 인생에 대한 책임을 각성하도록 돕는다.
  - 어려운 역경을 이기고 성공한 사람들의 사례에 대한 이야기를 들려준다.
  - 미래의 계획을 세우고 이를 실천하도록 한다.

질문 02

장 군의 문제행동의 특징을 기질 및 성격검사에서 연결해 보시오.

| 답변 |

① 자극추구가 낮다.
  - 친구에게 관심을 보이지 않고 의욕이 없다.
  - 자기 미래에 대한 관심이나 구체적인 계획도 없다.
② 낮은 위험회피로 인하여 부적응 행동을 하고, 절도까지 저지르고 있다.
③ 사회적 민감성 또한 떨어져 주위에 둔감하고 친구와 거리를 두고 있다.
④ 연대감은 약간 높은 편이어서 나쁜 친구지만 잘 어울리고 같은 행동을 한다.
⑤ 자율성 + 연대감의 합계 점수가 낮아 성격적인 성숙도가 낮아 차후 성격적 장애를 보일 가능성도 보인다 (이상한 짓을 할 수 있다는 두려움).
⑥ 기질 항목의 점수가 모두 낮아 자기중심적이고 미성숙하며, 우울감이나 무력감을 보인다.

⟨사례 04⟩

중학교 1학년인 제 군(13세, 남)은 상담하는 내내 아무 말도 하지 않는다. 물어도 대답도 잘하지 않고, 꿈도 없고 하고 싶은 것이 아무것도 없다고 반응한다. 제 군의 가정은 재혼가정으로, 제 군이 6살 때 생모와 이혼하고 제 군이 초등학생일 때 아버지가 현재의 어머니와 재혼하였다. 제 군의 현재 어머니는 사회복지사로 여러 노인과 빈곤한 가정을 돌보고 있다. 현재의 어머니는 제 군에게 관심을 기울이고 대화도 하려고 무척 노력하고 있지만 제 군은 대화조차 하지 않으려고 한다. 아버지는 지방이나 해외 출장이 잦아 집을 비우는 일이 많다.

제 군의 현재 어머니와 제 군이 함께 외출을 하였는데, 마주 오던 한 친구가 인사를 하면서 말을 걸었지만 제 군이 아무 반응을 보이지 않아, "누구냐?"고 물었지만 돌아온 대답은 "아무도 아니에요"였다. 제 군은 학교에 가서도 아무하고도 어울리지 않는다. 다른 친구들은 운동장에서 축구를 하면서 어울리는데 혼자만 우두커니 앉아있다. 담임선생님이 "왜 같이 축구를 하지 않느냐?"라고 물으면 제 군은 "전 축구를 못해요. 그리고 배가 아파요."라고 대답한다. 담임선생님은 제 군에 대해서 "마음속에 무엇이 들어있는지 정말 궁금하다"고 하였다. 공부도 전혀 하지 않아 성적은 중하위권에 머물고, 또래 친구들이 다 하는 게임조차도 하지 않는다. 그러면서 자신이 잘하는 것이 없다고 이야기한다.

한번은 제 군의 새어머니가 옷을 사준 적이 있는데, 제 군은 그 옷을 입기 싫다고 입지 않고 있다. 제 군의 새어머니는 제 군이 걱정되어 여러 번 남편에게 이야기하였지만, 제 군의 아버지는 "크면 나아지겠지" 하고 대수롭지 않게 여기고 있다.

제 군에게 실시한 MMPI-A 검사 결과는 다음과 같다.

- 타당도 척도

VRIN	TRIN	F1	F2	F	L	K
60	61F	44	47	55	60	67

- 임상척도

Hs	D	Hy	Pd	Mf	Pa	Pt	Sc	Ma	Si
62	67	70	47	60	49	68	54	52	67

- 내용척도(T > 65) : A-anx 65, A-dep 70, A-aln 77, A-las 68, A-sod 80
- 성격병리 5요인 척도(T > 65) : INTR 62

질문 01

제 군이 드러내고 있는 문제는 어떤 것들인가?

| 답변 |

① 어릴 적 생모와의 이별에서 오는 심리적인 충격(어머니로부터 버림을 받았다는 유기불안)
② 새어머니에 대한 불편감
③ 자신의 마음을 이해해 주는 대상이 없다는 외로움
④ 낮은 성취감(성적)과 무기력함
⑤ 미래의 꿈이나 목표의 부재
⑥ 사회적 기술의 부족(친구사귐의 기술)
⑦ 정신적 스트레스의 신체적 증세로의 전환

질문 02

제 군을 상담한다면 치유대상을 무엇으로 보고, 어떻게 접근하겠는가?

| 답변 |

① 치유대상
  • 무의욕, 무기력하고 우울한 상태(Hy 70, A-dep 70)
  • 대인관계 미숙, 소외감(A-sod 80)
  • 낮은 자존감(A-aln 77, A-las 68)
② 개입전략
  • 새어머니와 정서적으로 가까워지기
    - 부모의 이혼에 대한 상흔 해소하기
    - 생모에 대한 미해결감정 해소하기
    - 새어머니와 친해지기(예 돕기, 대화하기, 반응하기 등)
  • 자존감 향상하기
    - 잘하는 것 발견하고 열심히 하기
    - 성적목표를 세우고 학습하기
  • 친구와 사귀기
    - 친구에게 관심 갖기
    - 친구를 칭찬하고 돕고 배려하기, 친구의 대화에 참여하기 등
  • 기타 불안과 우울의 요소 탐색하고 이를 해결하기

〈사례 05〉

중학교 3학년인 차 양(15세, 여)은 얼굴이 예쁘다. 같은 학교 남학생들은 차 양의 관심을 끌려고 무척 노력한다. 차 양은 그런 남학생들의 관심이 싫지는 않아, 좀 더 눈에 띄어 보이기 위해 화장을 하고 교복치마도 짧게 잘라서 입고 다니다가 학생부장 선생님에게 불려가 벌을 서기도 하였다. 수업시간에는 공부는 하지 않고, 화장품이나 패션 관련 잡지를 자주 본다. 그리고 학교를 마치면 자기에게 데이트 신청을 하는 남자친구를 만나서 노래방을 가거나 카페에 앉아서 이야기를 하며 시간을 보낸다. 차 양은 남자친구를 바꾸어 가면서 만나는데, 어느 날 남자친구 2명이 차 양과 전적으로 만나는 것을 확보하기 위하여 차 양과 차 양의 여자친구들 그리고 다른 남학생 몇몇이 보는 가운데 학교 인근 뒷산에서 몸싸움을 하게 되었다.

몸싸움은 끝이 났지만 상처를 입은 피해학생의 부모가 가해학생을 경찰에 고소하고, 차 양을 포함하여 같은 장소에서 싸움을 구경한 학생들도 공모자의 혐의로 학교에 징계요청을 하였다. 학교의 중재 노력으로 차 양은 간신히 징계를 면하였지만, 차 양의 부모는 차 양에게 뭔가 문제가 있다고 판단하여 상담실로 보냈다.

차 양을 상담한 상담사의 접수면접 보고서 내용은 다음과 같다.
- 눈맞춤은 좋은 편이며 상담에 대한 거부감은 전혀 없었다.
- 우월감을 느끼고 있으며 남학생들이 자신을 무척 좋아한다고 이야기하였다.
- 자신은 매력이 있고 앞으로 모델이 될 것이라고 포부를 밝혔다.
- 자기중심성이 강하고, 상담자의 상담이 별로 필요 없다고 이야기하면서 어머니의 강요에 의하여 어쩔 수 없이 앉아있다고 실토하였다.
- 부모에 대한 강한 적개심을 드러냈다. 주말에는 두 분이 각자 취미활동(골프 등)을 하여 집에 있는 날이 거의 없다고 보고하였다.
- 부친은 군장성으로 복무하고 있다.

질문 01

차 양에게 발견되는 문제행동과 그 원인을 추정해 보아라.

| 답변 |

① 자신의 외모를 뽐내며 남학생들의 선망의 대상이 되고 싶어 한다.
- 일종의 자기애적 성향이다.
- 부모의 관심과 애정 욕구를 남학생들의 관심과 경쟁으로 보상받으려고 한다.

② 미래에 대한 준비를 하지 않고 있다.
- 모델이라는 직업은 공부를 하지 않아도 된다.
- 자신은 예쁘기 때문에 모델이 되는 데는 많은 도움이 된다.

③ 학교 부적응 행동
- 가정에서 부모의 무관심, 사회성 훈련이 미흡하다.
- 자신의 외모를 드러내기 위한 과시욕구와 자기중심적 사고가 나타난다.

질문 02

차 양의 상담을 당신이 맡는다면 어떻게 상담을 진행할 것인가?

| 답변 |

① 상담 초기
- 사건의 경위 파악과 차 양의 당시 생각과 태도, 행동 탐색
- 심리검사 실시(SCT, MMPI-A, TAT, 로샤검사)
- 상담목표 합의

② 상담 중기
- 현재의 자신에 대한 통찰
  - 30년 후 모델로 성공한 자신이 현재의 자신에게 보내는 편지 작성
  - 결심과 변화된 행동과 성공수준을 나타내는 자신의 Life 그래프 그리기
- 미래 세우기 작업(예 미래 명함 만들기, 모델이 되기 위한 실천계획 세우기 등)
- 부모와의 관계 탐색(방임적 태도, 가치관 왜곡학습 등)과 부모상담
- 심리검사 결과에 따른 적절한 개입(인정에 대한 과도한 욕구, 상대방을 조종하려는 욕구)

③ 상담 후기
- 변화점검, 목표달성 평가
- 추수상담 안내

> **참고** 차 양 상담 시의 상담목표 및 전략

- 빗나간 자존감 수정
  - 외모보다는 내적가치 존중(인격이나 학력)
  - 외모로 남을 조종하는 시도 중단
- 학교생활 부적응행동 수정
  - 지나친 화장이나 옷차림 개선
  - 학습활동
  - 친구나 남자친구와의 활동 자제
- 미래설계
  - 장래 목표 대학과 전공과목(모델) 정하기
  - 이를 성취하기 위한 학습목표 세우고 실천하기

〈사례 06〉

박 군(14세, 남)은 중학교 2학년으로 절도혐의로 재판을 받아 2호 처분을 받고 상담기관에 12시간 수강명령이 내려졌다. 어머니는 박 군이 초등학교 1학년 때에 생활고로 가출하였고, 아버지는 건설현장의 일용노동자로 일하고 있지만 요즘은 일거리가 많지 않아 새벽 노동시장에 열심히 나가보아도 헛걸음을 칠 때가 많다. 그러다 보니 집에서 노는 날이 많아지고 그만큼 생활이 어려워졌다.

박 군은 학업에는 흥미가 없고 장래직업에도 무관심하다. 친구의 관심을 거절하고 외톨이로 지낸다. 집이 싫어 바깥으로 돌던 박 군은 인근 불량한 형들과 사귀게 되고, 그들이 강요하는 바람에 어쩔 수 없이 절도를 하다가 경찰에 검거되었다. 생전 처음 대하는 재판관 앞에서 박 군은 얼마나 두려움을 느꼈는지 모른다. 자기가 한 짓을 재판정에서 진술하였을 때는 정말 숨이 막히고 정신이 아득해짐을 느꼈다. 나쁜 일을 시킨 형들의 이름이 생각났지만, 보복이 두려워 차마 이름을 대지 못했다.

상담을 받는 동안에도 그 형들이 다시 절도를 시킬 것 같은 두려움으로 대인기피 증세를 보이며, 학교도 나가지 않고 하루 종일 집에만 있으며 죽고 싶은 심정이다. 아버지는 집안형편도 어렵고 박 군을 돌보기 어렵다고 판단하여 고아원으로 보내야겠다고 넋두리처럼 이야기한다.

학교에서 실시한 성격평가질문지(PAI-A)의 결과는 다음과 같다.
- 타당도척도에서 저빈도(INF)의 점수가 높았다.
- 대인관계척도는 지배성과 온정성의 점수가 같이 낮게 나왔다.
- 치료척도에서는 자살 관련, 스트레스, 비지지가 상승해 있었다.
- 임상척도에서 신체적 호소와 불안의 정도가 다른 척도보다 상대적으로 높았다.

질문 01

상기 사례에 대해 어떻게 상담할 것인가?

| 답변 |

① 환경개선
- 사회복지사와 협의하여 기초생활수급대상자, 한부모가정의 자녀로 혜택을 받을 수 있도록 조치
- 한국적십자사, 무한돌봄센터 등 사회복지단체와 연계하여 기타 지원을 받을 수 있도록 하며, 아버지의 구직 주선
- 지역아동센터에서 식사와 학습하기

② 내담자의 상담목표 및 전략
- 대인기피 증세 소거
  - 범죄사주 형들과의 교류 끊기
  - 두려움 유발상황을 다시 이야기하고 대안적 사고를 하기(Story Telling)
  - 반에서 친구들과 사귀고 같이 활동하기
- 자존감 향상
  - 미래목표 정하기
  - 지역아동센터에서 학습하기
  - 목표 성적 정하고 공부하기
- 내담자 환경개선
  - 주소지의 주민센터 사회복지사와 협의해서 지원 가능한 방안 마련하기
  - 기초생활수급자나 한부모가정 자녀혜택 부여하기
  - 아버지의 상담과 직업 알선 관련 기관 연계하기

③ 부친상담 실시
- 실직고통 극복
- 가족의 의미와 중요성
- 삶의 기대와 노력
- 자식에 대한 책임과 사랑

질문 02

성격설문지의 결과와 언급된 박 군의 특징을 연관시켜 보시오.

| 답변 |

① 타당도 척도에서 저빈도 점수의 상승은 무기력과 무관심의 표시이다.
  - 학업에 흥미를 느끼지 않고 자신의 장래에 대해서 무관심하다.
  - 개인통찰이 부족하고 심리검사에 대해 관심이 적어 무선적으로 반응하였을 가능성이 높다.
② 대인관계에서 온정성이 낮고 지배성도 낮은 것은 상대방을 통제하는 능력도 없고 공감하는 정도가 낮다.
  - 불량한(비행) 형들의 지시에 저항 없이 순종적이었다.
  - 친구에 대해 무관심하고 공감하는 능력이 부족하다.
③ 치료척도에서 비지지가 상승한 것은 부모의 지지가 부족한 것이며, 우울이 높아 자살생각을 하고 있다. 재판을 받은 경험과 불량한(비행) 형들의 위협 가능성으로 스트레스를 받고 있어 학교에도 나가지 않고 집에만 있다.
④ 임상척도에서 나타난 대로 형들의 위협으로 불안을 느끼고 과도한 심장박동과 어지러움을 느낀다(신체화 증세).

제5절 진로 및 기타 사례

〈사례 01〉

정 군은 전문계 고등학교 3학년생으로 컴퓨터 실무를 공부하고 있다. 그런데 정 군은 컴퓨터에 영 취미가 없고 대학에 가서 경영학을 전공하여 조그만 회사를 경영하고 싶었다. 그래서 이미 전자회사에 취직하여 사회에 진출한 선배들의 만류에도 불구하고 대학 진학을 마음먹었다.

여러 대학 수시모집에 원서를 제출하였는데 목표로 하였던 명문대는 불합격하고, 성적에 맞추어 지원한 차상위 레벨의 대학에 합격하였다. 그것도 2차 지망인 컴퓨터과에 합격한 것이다. 합격된 대학에 진학하려고 하니 고등학교에서 그렇게 싫어하던 컴퓨터를 다시 공부하여야 한다는 생각이 정 군을 짓누른다.

목표하였던 대학의 경영학과에 진학하기 위하여 재수를 할까 고민도 해보았지만, 1년 동안 지겨운 공부를 해야 하고, 합격한 대학에 입학을 하자니 컴퓨터를 다시 공부하여야 한다. 게다가 다음 해의 수시모집에는 여러 가지 변경이 있다고 하여 고민이 더욱 깊어졌다.

정 군은 담임교사의 지시대로 Wee Class에 가서 Holland's SDS(고등) 진로탐색검사를 하였고 그 결과는 다음과 같다.

희망직업유형(검사 전)	E	C	S
전체유형(검사 후)	R	R	S
전체점수(백분율)	90	90	54
상대적 점수(T점수 / 수준)	68 / 높음	68 / 높음	51 / 보통

> 질문

당신이 상기 사례의 상담자라면 어떻게 진로상담을 하겠는가?

| 답변 |

① 먼저 원하였던 대학에 가지 못해 속이 상한 것을 공감한다.
  • 목표하였던 대학에 진학하지 못한 것에 대한 감정에 공감한다.
  • 그래도 2차 대학에 합격한 것에 대해 칭찬한다.
② 홀랜드 검사의 결과에 의하면 내담자의 흥미가 컴퓨터 관련과 상당히 연관이 있다는 점을 알려준다. 그리고 자신의 관심이나 흥미를 느끼는 부문과 지향하는 부문이 상이한 것을 지적한다.
  • 좀 더 정확한 의사결정을 위해 적성검사를 받아보도록 한다.
  • 다음 사항을 규명해 본다.
    - 과연 컴퓨터 전공이 전혀 맞지 않는 것인지?
    - 경영학을 경험하지 않고, 그냥 막연히 경영학을 전공하기를 바라는 것인지?
  • 자신이 하고 싶어 하는 것을 목표로 하는 것이 바람직하지만 다음 해의 입시상황을 고려하고 경영학을 해야겠다는 결심한 경위를 한 번 더 생각하게 한다. 자신의 진로결정이 유동적이라면 컴퓨터 전공이 나쁘지 않은 점을 전달하고 동시에 부모님과 상의하여 결정하도록 한다.
③ 최종선택이 컴퓨터 전공일 때
  • 3년간 배운 지식으로 남들보다 더 잘할 수 있다.
  • 컴퓨터에 대한 부정적 시각의 원인을 규명하고 이를 해소한다.
  • 전공과 출신 대학의 레벨이 서로 무관함을 강조한다.
④ 최종선택이 경영학일 때
  • 과감하게 재수를 선택한다.
  • 인생의 성공여부는 자신이 원하는 것에 정열을 바쳐서 매진하는 데 달려 있다는 것을 부각한다.

〈사례 02〉

음악을 무척 좋아하는 고등학교 1학년 엄 양이 청소년상담복지센터의 채팅방에 들어와서 담당 상담자와 채팅을 한 내용을 요약한 것이다.

엄 양은 초등학교 때부터 록(Rock) 음악을 좋아해서 록 밴드를 형성하여 연주도 하고 작곡도 하고 싶어 하지만, 엄 양의 아버지는 미친 짓이라고 길길이 날뛰신다. "음악을 하여 잘사는 놈 못 보았다"라고 험한 말을 하면서 말리시고, 어머니는 아버지의 기세에 눌려 아무 말도 하지 않고 측은한 표정으로 엄 양을 쳐다보기만 해 엄 양으로서는 반대하는 아버지보다 침묵하는 엄마가 더 밉다. 엄 양은 유명해지면 돈도 잘 벌 수 있다고 아버지를 설득해 보지만 소용이 없다.

엄 양이 학교에 가서도 자기가 좋아하는 록 밴드 이름이나 그 구성원에 대해 이야기해도 다른 친구들은 전혀 관심을 보이지 않아 실망스럽다. 친구에게 자기의 꿈을 이야기할 때 '소 귀에 경읽기'란 생각도 든다. 그러다 보니 친한 친구에게 실망하고, 친구도 자신을 멀리하는 것 같아 소외감을 느끼기 시작하였다. 집에 들어가면 아버지의 성화(사범대학에 가서 교사가 되라)가 기다리고 있어 엄 양은 이래저래 괴롭다. 학교도 다니기 싫고 집에도 들어가기가 싫다.

엄 양의 STRONG 진로탐색검사 II에서 다음과 같은 결과가 나타났다.
- 진로성숙종합지수(T점수) : 68
- 흥미유형 코드 : AS

질문 01

이 사례로 채팅상담과 내방상담을 하는 경우, 그 상담에는 차이가 발생할 수 있다. 어떤 점들이 다를까?

| 답변 |

구 분	채팅상담	내방(면대면)상담
상담동기	심리적인 부담감 없이 상담에 임한다(익명성).	자발적으로 상담을 신청하기 어렵다(비자발적 상담).
자료의 수집	채팅방에서 내담자가 제공하는 정보에만 의존하게 된다.	정확한 신상파악으로 내담자의 정보파악이 용이하다.
호소문제	상담자의 표정이나 인상을 알 수 없어 호소문제 탐색이 표면적으로 그칠 가능성이 있다.	라포의 형성과 시간적인 여유를 가지고 호소문제에 대한 심층적 접근이 가능하다.
상담시간	단편적, 일회성으로 끝날 가능성이 있다.	상담의 구조화를 통해 일정기간 상담이 지속된다.
상담 비밀보장	비밀보장이 쉽다.	신변상의 정보가 노출된다.
상담자 대응	일회성의 상담과 빠른 결말을 요구하므로 빠른 판단력, 신속하고 명확한 결론을 내릴 줄 알아야 한다.	시간을 가지고 내담자의 정보와 호소문제, 관찰과 심리검사 해석 등을 기초로 하여 적절한 개입을 할 수 있다.

질문 02

엄 양에게 회신한다면 어떤 사항이 포함되었으면 좋겠는가?

| 답변 |

① 록(Rock) 밴드의 일원으로서 활동하고 있는 점에 대한 감탄과 호기심을 표현한다.
- 록 음악을 연주한다는 것은 보통 사람이 하기 어려운 것임을 강조한다.
- 내담자가 미래의 목표를 분명하게 가지고 있음을 칭찬한다.
- 진로탐색검사에서 나타난 결과가 엄 양이 지향하는 희망직업과 부합한다는 점을 전달한다.

② 아버지와의 진로갈등을 해소한다.
- 자신의 장래 꿈과 구체적인 계획을 알린다.
- 인생의 성공은 자신이 얼마나 열심히 하는가에 달려있음을 확신시킨다.
- 록 음악 연주자의 성공사례를 들려준다.
- 자신의 열정을 쏟을 수 있어 남보다 우위에 설 수 있는 일임을 강조한다.
- 어머니에게 도움을 청한다.

③ 친구관계를 개선한다.
- 친구들은 각자의 가치관과 흥미 분야가 있음을 인정한다.
- 친구에게 자신의 생각을 강요하지 않는다.
- 가능하다면 몇몇 친구들과 록 밴드 공연에 가는 기회를 만들어 본다.

④ 내담자의 용기와 동기를 북돋운다.
- 자신이 좋아하고 열정을 가지고 몰두하는 것이 진정한 행복임을 알려준다.
- 자신을 둘러싸고 있는 대상이 자신과 다름을 이해하고, 열심히 자신을 나타내는 데 최선을 다해야 한다.

〈사례 03〉

다음은 스스로 상담을 신청한 남학생이 털어놓은 이야기이다.

고등학교 2학년생인 박 군(17세, 남)은 중학교 1학년 때부터 친구들과 음란물을 돌려보고 자위에 대한 정보를 얻었다. 처음에는 망설였지만 그래도 한두 번 해보니 이상하게 매력을 느끼게 되었다. 그러다 보니 자위를 하는 빈도가 점점 늘어나고, 이제는 그것도 성에 차지 않아 도구까지 몰래 구입하여 사용하고 있다.

그러면 그럴수록 공부에 대한 집중력도 떨어지고, 여선생님도 상상 속의 행위 대상자로 보이기도 하여 화들짝 놀라기도 한다. 이제 대학교 진학을 앞두고 열심히 공부하여야 하는데 집중이 안 되니 걱정이다. 특히 자신이 중독이 아닌가 하는 불안감이 급습해 왔다. 박 군은 자신을 위해 열심히 일하시는 아버지와 항상 자신의 건강을 챙겨주시는 어머니에게 죄스러운 마음이 들 때가 많다.

자신의 문제점을 알고 있으면서 음란물이 유혹을 떨칠 수 없어 박 군의 고민은 더욱 깊어진다. 평소 친구관계가 넓고 좋지만 가까운 친구들에게 자신의 고민을 이야기하고 싶었다. 하지만 학교에 소문이 날 것 같아 두려웠고, 학교 Wee Class 상담선생님은 자신을 비난할 것 같아 상담은 아예 포기하고 있다. 미래에 자신에게 닥칠 여러 가지 일들이 꼬일 것 같은 생각이 들어 더욱 불안하다. 장차 자신이 꿈꾸는 애니메이션 작가가 되지 못할 것 같은 예감이 든다.

학교에서 얼마 전에 실시한 MBTI 검사결과에서 다음과 같은 결과가 나타났다.
- 유형 : INFP
- 주기능 : N, 열등기능 : T

질문 01

상기 사례의 어머니가 상담자에게 도움을 청한다면 어떤 조언을 할 것인가?

| 답변 |

① 어머니와의 상담제의
- 청소년 자위행위의 보편성을 인식시킴
- 내담자에 대한 민주적 양육태도, 대화시간 증대, 애정과 관심의 표시
- 내담자의 미충족 욕구 탐색의 필요성 전달
- 내담자와 성에 대한 솔직한 대화 기회 마련

② 상담자와 협력하여 자녀의 지나친 자위행위의 자제 방안 강구
- 문 열고 공부하게 하기
- 인터넷 사용시간 계약맺기
- 성인사이트 차단프로그램 설치 의뢰

③ 내담자에 대한 신뢰감 표현과 개선 가능성 기대 표시
- 항상 내담자를 믿고 자랑스럽게 생각하고 있음을 표현하도록 하기
- 바람직하지 않은 행동을 충분히 바로잡을 수 있는 점을 믿는다는 점을 부각하게 하기
- 학업목표를 세우게 하고 격려와 위로, 관심을 기울이게 하기

질문 02

박 군의 경우 상담 시 가능한 개입방법은 무엇인가?

| 답변 |

① 자위행위에 대한 감정에 공감 및 수용
- 자위행위에 대해 이해하고 수용한다.
- 고2 학생의 위치에서 학업에 열중하지 못함으로써 생기는 스트레스에 공감한다.
- 자기 스스로 끊지 못하는 것에 대해 보편적 현상임을 인지시킨다.
- 자신의 행동에 대한 자책감과 수치심을 이해하고 인정한다.

② 자위행위 자체에 대한 이해
- 자위행위는 신체에 해를 끼치는 것이 아니며, 사춘기 남학생이라면 대부분이 하게 되는 것이므로, 죄책감을 심각하게 느낄 필요는 없다.
- 빈도와 자위방법, 뒤처리 시 생기는 정서적 문제와 위생적인 문제 가능성을 인지하도록 한다.

③ 자위의 부정적 결과에 대한 경계
- 기구의 사용은 심각한 정도로 탐닉하는 상태임을 깨닫게 한다.
- 자위행위 뒤에 수반되는 죄책감으로 부모님, 선생님, 친구들과의 관계를 악화할 수 있음을 알린다.
- 성기의 외상에 대한 가능성을 전달한다.
- 자기비하, 나아가서는 우울증에 빠질 수 있음을 알린다.

④ 스스로 문제해결 노력 촉구
- 부모님과 대화(솔직히 털어놓은 것도 바람직함)를 통해 공동 해결책을 마련한다.
- 당분간 방문을 열어놓고 생활한다.

⑤ 대처방안
- 넘치는 성적에너지를 건전한 활동으로 대체한다(운동, 동아리 등).
- 밤늦게까지 도서관, 독서실에서 공부한다.
- 성인사이트 차단프로그램을 설치한다(검색어 차단기능).
- PC 사용계획을 부모와 합의한다(정적강화 제공).

⑥ 검사결과에 따른 조언
- 주기능 N을 활용하여 자신의 밝은 미래와 발전 가능성을 통찰하게 한다.
- 열등기능 T를 높여 자신을 객관적으로 판단하고 행동의 원인과 결과를 평가하게 한다.

질문 03

내담자는 자위행동과 어머니가 알게 될 때의 문제 중 어느 쪽을 더 걱정하는가?

| 답변 |

① 예문으로 보아서는 지나친 자위행동에 대한 우려를 어머니가 알게 될 때 오는 결과보다도 더 심각하게 고민하고 우려하는 것으로 나타나 있다.
② 근 거
- 중독이 아닌가 하는 불안감
- 성인도구를 사용
- 상당한 기간(5년) 동안 자위행위를 함

〈사례 04〉

올해 중학교 3학년에 재학 중인 김 양(15세, 여)은 학교에서 최근 실시한 정서행동특성검사 결과 우울과 자살 가능성이 큰 학생으로 분류되어 인근 청소년상담복지센터로 상담이 의뢰되었다. 상담실에 들어선 김 양은 상담사와 눈맞춤을 어려워하였으며 상담사의 질문에 겨우 '예, 아니오'로 대답하였고, 목소리도 낮아 겨우 알아들을 정도였다.

또한 상담을 하면서 허공을 바라보다가 눈물을 흘리면서 말을 잇지 못하는 경우가 허다하였다. 상담사가 눈물을 흘리는 연유를 묻자 그냥 슬퍼서 그렇다고 대답하였고, 같은 반 친구가 수업 중에 손목을 그어 119 앰뷸런스로 병원에 실려 가는 일도 발생하였다고 이야기하였다. 김 양의 손목 윗부분에 커터 칼로 약하게 그은 자국이 있음을 상담사가 발견하고 자살시도를 걱정하자 그냥 한번 흉내를 내보았고 피도 나지 않았다고 이야기하였다. 또한 부모님도 모르는 사실이라고 말하지 말라고 하였다. 담임교사는 김 양의 친구관계에 문제가 없으며, 성적도 중상위권이라고 하였다. 또한 유별난 행동은 보이지 않았지만, 수업 중에 자주 눈물을 흘리고 그 이유를 물어도 대답해 주지 않는다고 하였다.

김 양의 어머니는 결혼 전부터 다니던 회사에 지금도 다니고 있지만, 회사생활에서 오는 스트레스로 술을 즐겨 마시며 눈물을 흘리면서 딸에게 살기 힘들다고 하소연한다. 이를 보는 김 양의 아버지는 화를 내지만, 김 양은 어머니의 고달픈 생활을 생각하면서 같이 눈물을 흘린다. 김 양의 아버지는 에어컨과 공기청정기 등 가전제품의 수리공으로 근무하고 있는데, 지방출장과 야근이 잦아 가족과는 휴일에도 이야기할 겨를이 없다.

김 양에게 심리검사를 실시한 상담사의 보고는 다음과 같다.
- MMPI-A 결과 : 우울척도가 높지 않고 5번 척도의 점수가 낮아 여성적이고 의존적이고 수동적인 자세를 취할 가능성이 높아 보인다. 0번 척도가 높게 상승되어 있어 과민성과 대인관계의 불편감을 겪고 있다고 판단된다. 보충척도에서 불안과 억압수준이 상당히 높으며, 병리요인에서 내향성/낮은 긍정적 정서성의 점수 역시 높아 자신이 경험하는 사항을 부정적 시각으로 보고, 자신과 연계시켜 슬픔을 느낄 가능성이 높다.
- SCT 검사 : 자해하는 이유로 애들이 나를 힘들게 한다, 나는 못생겼다, 짜증이 나거나 일이 안 풀릴 때는 운다, 내가 죽어야 나에게 관심을 둘 것이라고 표현하고 있어 주위 사람의 관심을 끌려고 하는 욕구가 강하다.

질문 01

내담자가 우울을 느끼거나 눈물을 흘리는 원인은 무엇이라고 생각하는가?

| 답변 |

인지적으로 자신이 우울하다고 생각하는 데서 기인한다고 판단된다.

① 자신이 불행하다거나 우울을 유발하는 요소가 전혀 발견되지 않고 있다.
- 부모가 다 살아 계시고 친구관계에서 어려움을 겪고 있지도 않다.
- 학교생활에서 성적도 괜찮으며 왕따 경험도 없다.
- 성적도 중상위층에 있어 과도한 성적 스트레스를 받지 않고 있다.
- MMPI-A에서 2번 척도(D)가 높지 않다.

② 눈물을 흘림으로써 주위 사람들의 동정과 관심을 유도한다.
- 내가 죽어야 남들이 관심을 줄 것이라고 생각하고 있다.
- 자살의도가 없는 가벼운 자해행동으로 타인의 관심을 유도한다.

③ 자신이 경험하는 사건을 부정적으로 동일하게 인식하여 슬픔을 느낀다.
- 같은 반 학생이 자해한 것을 이야기하며 자신의 경우와 동일시하고 있다.
- 어머니가 울면 같이 따라 운다.

④ 스트레스를 극복하는 수단이다.
짜증이 나거나 일이 안 풀릴 때 운다.

질문 02

상기 사례의 내담자에 대한 개입방법을 열거해 보시오.

| 답변 |

① 눈물을 보이거나 침묵하는 경우 충분히 기다려 주고 이해 및 공감해 준다.
② 내담자가 진술한 상황(친구의 자해, 겨울 동냥하는 사람, 어머니의 눈물 등)에 대한 내담자의 정서적 반응을 해석해 준다.
③ 눈물을 흘리게 만드는 상황을 평가한다.
  • 자신을 슬프게 만드는 확실한 근거가 있는 사항인가?
  • 그렇지 않다면 그런 사항이 자신에게도 과연 발생하는가?
  • 단순한 동정심이라면 눈물 대신 여러 가지 다른 반응이 있을 수 있다는 생각을 해보는가?
④ 우울한 기분이 침투하지 못하도록 한다.
  • 운동을 정기적으로 하면서 땀을 흘리게 한다.
  • 자신의 장래에 대한 계획을 세우고 이를 성취하기 위하여 노력한다(학습 및 학원등록 등).
  • 자신의 주위환경을 정리하여 심리적으로 정돈되도록 한다.
  • 자신이 느끼는 감정을 바로 즉시 말로 표현하도록 한다.
  • 주위에서 일어나는 불행하다고 생각되는 상황을 가족이나 친구들과 나눈다.
⑤ 친구관계를 활성화한다.
  친구들과 자주 만나고 같이 활동하게 한다.
⑥ 예기치 못한 자살시도에 대비한다.
  부모, 담임교사와 긴밀한 연락체계를 구축한다.

〈사례 05〉

초등학교 4학년 정 군(10세, 남)은 병원에서 ADHD로 진단을 받았다. 선생님은 정 군이 수업시간에 가만히 앉아 있지 못하고 다른 학생들에게 집적거리면서 수업을 방해하고 있다고 호소하고 있다. 감정의 기복이 심하고 협동작업을 거의 수행하지 못하고 있는 것은 물론이다. 정 군의 어머니는 1년 전에 재산 문제로 남편과 이혼하고 혼자서 정 군을 키우고 있다. 낮 시간에는 소규모 회사의 경리직으로 일하고 있으며, 집에서 정 군을 보살펴 줄 사람은 없다. 그리고 정 군의 여동생은 인근 어린이집에 보내져 어머니가 퇴근할 때 집으로 데리고 온다.

정 군이 혼자 집에 있을 때는 어머니가 준비해 놓고 간 음식을 꺼내 먹고 그냥 그대로 거실에다 어질러 두며, 장난감은 있는 대로 다 꺼내서 가지고 논 다음에 펼쳐놓은 상태로 내버려 둔다. 아파트 단지의 같은 또래 아이들과 싸워 다치기도 다반사이다. 정 군의 교육을 위하여 학원에 보내고 있지만, 학원에도 나가지 않을뿐더러 학원에서는 정 군이 수업을 방해한다고 기피하는 것처럼 보인다. 그래도 정 군의 어머니는 뭔가 희망을 놓치지 않고 상담센터에 상담을 의뢰하였다.

상담자가 정 군에 대해 심리검사를 한 결과는 다음과 같다.

1. HTP 검사
   - 집 그림 : 창문의 수가 과도하게 많았고, 굴뚝에 연기가 나고 있다.
   - 나무 그림 : 나무기둥이 가늘고 뿌리를 그리지 않았으며, 나뭇가지는 뾰족하게 그렸다.
   - 사람 그림 : 얼굴을 크게 그렸고, 특히 입과 이를 강조하여 그렸다.

2. 문장완성검사(SCT)
   - 아빠와 나는 <u>모른다. 얼굴도 기억이 나지 않는다</u>.
   - 내가 가장 하기 싫은 것은 <u>청소이다</u>.
   - 내가 행복할 때는 <u>내 마음대로 하는 일이다. 장난감을 던지는 놀이가 재밌다</u>.
   - 다른 사람들은 나를 <u>너무 떠들고 친구를 괴롭힌다고 한다</u>.

질문 01

상담자가 정 군을 위해 할 수 있는 일은 무엇인가?

| 답변 |

① 한부모가정 지원 여부를 확인한다.
② 어머니의 관심을 높이고 함께 하는 시간을 늘리게 한다.
③ 상담센터를 통한 의료비(ADHD 치료)와 학습지를 지원한다.
④ 통원치료 시 담당의사와 면담(상담을 위한 기초자료 확보)한다.
⑤ 지역아동센터와 연계하여 방과 후의 생활과 안정, 학습, 식사제공의 서비스를 받게 한다.
⑥ 행동의 저지보다는 잘하는 행동을 장려하고 다른 또래들을 돕게 하며, 학급을 위한 행동을 연습하거나 실습한다(담임교사, 학원강사의 협조).
⑦ 행동화의 지연, 분노의 인지와 억제훈련, 듣기연습. 감정을 말로 표현하기 등의 행동기법 훈련을 한다.

> **참고** HTP 사람 그림에서 얼굴 그림 분석
> - 입을 크게 그린 경우 : 타인과의 관계에서 과도하게 자기주장적이고 공격적인 태도를 보임으로써 불안감을 보상하려고 한다.
> - 이를 강조한 그림 : 애정욕구 충족에서 심한 좌절감을 경험하고 있다.

질문 02

정 군의 상담은 어떻게 진행해야 하는가?

___

| 답변 |

① 병원에서 ADHD 치유를 위한 약물치료를 받게 한다.
② 병원의 약물복용과 병행하여 상담을 통해 정 군의 행동수정을 위해 개입한다.
  - 노는 시간과 공부하는 시간 정하기
  - 간단한 행동과제 수행 후 상 주기
  - 책 읽고 같이 놀기
  - 하고 싶은 것 10분간 참기 훈련
③ 애착관계 형성을 위한 조치를 한다.
  - 엄마와 함께 대화하기
  - 주말에 엄마와 함께 놀기
  - 엄마가 피드백과 칭찬으로 관심 보이기
④ 사회성 증진을 위한 훈련을 한다.
  - 자신의 일 스스로 하기
  - 놀고 난 뒤 장난감 정리하기
  - 또래에게 양보하기
  - 해야 할 일과 하지 말아야 할 일 교육하기

〈사례 06〉

중학교 1학년인 채 양(13세, 여)은 부모님이 긴 부부싸움 끝에 이혼하고 각자 재혼을 하는 바람에 외할머니 집에 옮겨와 외할머니와 함께 살고 있다. 외할머니는 몸이 불편하셔서 손녀를 맡아서 보살피는 것이 영 어렵고 성가신 일이다. 그래서 채 양의 어머니(딸)에게 전화를 걸어 불평을 하시곤 한다. 그렇다 보니 채 양에 대해서는 사사건건 책망하고 홀대하기도 한다. 그러나 외할아버지는 채 양을 귀여워하고 사랑하신다. 채 양은 '부모가 얼마나 못났으면 두 사람이 자식을 버렸을까'라고 생각하며 부모에 대한 증오심을 느끼며 자신의 미래가 암울하게 느껴진다. 한편으로는 자신이 부모로부터 버림을 받았다는 생각으로 스스로를 학대하기도 한다. 채 양의 얼굴은 항상 어둡고 말이 없으며 입술을 자주 깨물기도 한다. 가끔 몸을 부르르 떨며 허공을 쳐다보기도 한다.

채 양은 같은 또래의 아이들보다 생각하는 것이 어른스럽고 한편으로는 매우 거칠다. 조그만 일에도 쉽게 흥분하고 자기 물건에 집착하며, 남이 자신의 물건(책, 학용품, 인형 등)에 손을 대면 대판 싸움을 벌인다. 자신의 노출을 꺼리며 사귀는 친구 이외에는 말도 걸지 않는다. 그래도 채 양은 어머니와 아버지가 매달 외할머니에게 보내주는 양육비로 피아노 학원에 다녀 피아노를 잘 친다. 외할머니는 채 양이 집에 돌아오면 자기 방문을 걸어 잠그고 생활하며 이야기도 하지 않고, 외할머니와 의견이 맞지 않을 때에는 극도로 화를 내면서 집안 물건을 집어 던진다고 한다. 위협을 느낀 외할머니는 채 양의 상담을 신청하였다.

채 양의 MMPI-A 프로파일은 다음과 같다.

타당도 척도	VRIN = 37, TRIN = 52, F1 = 53, F2 = 47, F = 50, L = 62, K = 43
임상척도(T > 65)	D = 70, Pa = 69, Pt = 67
내용척도(T > 65)	A-dep = 71, A-ang = 70, A-lse = 66, A-sod = 73, A-sch = 65
성격병리 5요인(T > 65)	AGGR = 86

질문 01

채 양의 분노는 어디에서 오는가?

| 답변 |

① 부모에게서 버림을 받았다는 생각에서 오는 증오심
② 외할머니의 홀대
③ MMPI-A에서 추론한 요인
- Pa 상승 : 타인책임 전가, 지나친 예민성
- D & Pt : 우울과 강박적 사고
- AGGR : 높은 공격성

④ 자기 미래가 좋지 않을 것이라는 예견
⑤ 부모의 부부싸움 학습(공격성)
⑥ 자신의 물건 집착(중간 애착물로서의 애착현상)

질문 02

채 양을 상담한다면 어떻게 상담을 진행하겠는가?

| 답변 |

① 상담 초기
- 채 양의 감정분출과 이에 대한 이해와 공감
- 채 양의 강점 부각
    - 어른스러움
    - 피아노를 잘 침
- 상담목표 설정
    - 분노의 인식과 자기 통제(명상훈련, 이완법, 심호흡 훈련 등)
    - 건강한 애착관계 형성(외조부와 외조모)
    - 친구사귀기 훈련(친구에게 관대해지기, 친구 돕기, 친구 이해하기, 대화법 훈련)

② 상담 중기
- 부모에 대한 원망과 분노조절
    - 부모가 자신을 버렸다는 사고의 수정
    - 부모를 이해하고 이혼사실 수용하기
    - 중간 애착물과의 단계적 분리
    - 이혼한 부모를 만나기(2명의 부모에서 4명의 부모를 얻었다는 긍정적 인식 전환 필요)
- 대인관계 개선
    - 분노의 인식과 조절능력 가지기
    - 자신의 감정과 의견을 말로 표현하기
    - 친구와 사귀기, 돕고 칭찬하기
    - 봉사활동 참여하기
- 외할머니와의 관계 개선
    - 외할머니의 태도 변화 주문(이해, 관심, 수용, 무조건적 존중, 칭찬, 사랑언어 사용 등)
    - 외할머니의 어려운 처지를 이해하고 고마움을 느끼기, 할머니를 사랑하고 돕기

③ 상담 후기
- 상담목표 달성평가
- 상담종료의 감정정리

합격의 공식 시대에듀 www.sdedu.co.kr

▲ 정오표

PART 04

2급 기출사례 익히기

CHAPTER 01	2급 기출사례 2024년 23회
CHAPTER 02	2급 기출사례 2023년 22회
CHAPTER 03	2급 기출사례 2022년 21회
CHAPTER 04	2급 기출사례 2021년 20회
CHAPTER 05	2급 기출사례 2020년 19회
CHAPTER 06	2급 기출사례 2019년 18회
CHAPTER 07	2급 기출사례 2018년 17회
CHAPTER 08	2급 기출사례 2017년 16회
CHAPTER 09	2급 기출사례 2016년 15회
CHAPTER 10	2급 기출사례 2016년 14회

PART 04 | 2급 기출사례 익히기

> **핵심요약**
>
> 이 파트는 2016~2024년 2급 면접시험에 응시하였던 수험생들의 진술에 따라 사례를 재구성한 것이다. 실제 출제되었던 사례와는 내용상 약간의 차이가 있지만, 전체적인 흐름이나 질문사항은 동일하다고 할 수 있다. 기출문제를 풀어봄으로써 기출문제의 유형이나 방식을 익히게 되고, 면접 장면에서 면접관의 질문에 보다 좋은 답변을 할 수 있을 것이라고 믿는다.
>
> 각 사례에 대해 제시된 답변은 일반적인 관점에서 보아 무리가 없고, 전형적인 개입방법이라고 저자가 생각하는 것이나, 수험생 여러분이 더 좋다고 생각되는 답변이 있다면 충분히 그것으로 대체될 수 있음을 밝힌다.

제1절 기출사례 - 2024년 23회

1 외로움

올해 중학교 2학년에 재학 중인 주 양(14세)은 이 세상이 자기에게는 아무런 의미가 없고 학교 다니고 공부하고 친구와 대화를 나누는 것까지 무의미하게 여겨진다. 수업시간에도 멍하니 운동장을 바라보고 수업에 집중하지 않아 해당 과목 교사로부터 여러 차례 지적을 받고 있는 상황이다. 평소 주 양을 유심히 관찰해 오던 담임교사가 자신은 아무런 문제가 없다고 항변하는 주 양을 인근 상담센터로 보내 상담을 받게 하였다.

1. 주 양의 가족관계
   - 부(48세) : 주 양이 5살이었을 때 교통사고로 사망하였다. 주 양은 아버지가 자신을 무척 귀여워하였다고 기억하고 있다.
   - 모(43세) : 중소기업의 경리 직원으로 일하고 있다. 성실성과 좋은 업무실적으로 상당한 신임을 받고 있다. 아침 일찍 출근하여 저녁 늦게 퇴근하고 있으며 주말에도 근무하는 경우가 많다. 그러다 보니 주 양이 집안일을 거의 도맡아 하지만 남동생을 제대로 돌보지 않고 집안일도 엉망으로 한다고 야단치고 있다.
   - 남동생(11세, 초5) : 명랑한 성격이다. 친구와 잘 어울려 다니고 누나에게는 별로 신경을 쓰지 않고 있다. 어머니가 늦게 오는 날이면 누나가 만든 저녁 음식이 맛없다고 불평하고 성의가 부족하다고 지적한다.

2. 상담사의 내담자 이해
   - 보통 키에 약간 짙은 피부 톤을 하고 있고 머리는 헝클어져 있으며 개인위생을 게을리하는 것같이 보인다. 연약한 체형을 지니고 있고 상담자의 질문에 거의 대답하지 않고 바닥만 응시하고 있다.
   - 수업시간에 집중하지 못하고 멍한 상태를 유지하며 쉬는 시간에도 친구들과 어울려 놀거나 대화하지 않고 집에 있을 때도 자기 방에 들어가 문을 잠그고 혼자 지낸다. 일기장에는 "내가 왜 살지?", "모든 것이 귀찮다.", "아버지가 그립다."라는 글을 여러 차례 적었다고 보고하고 있다. 상담을 할 때도 눈맞춤이 어색하고 질문하면 화들짝 놀라는 모습을 보이기도 한다.

3. 주 양의 심리검사
   - MMPI-A 타당도 척도와 임상척도

VRIN	TRIN	F1	F2	F	L	K
43	57F	47	48	52	62	68

Hs	D	Hy	Pd	Mf	Pa	Pt	Sc	Ma	Si
44	68	61	33	35	58	60	44	27	60

   - 문장완성(SCT) 검사지의 문항에 거의 빈칸으로 남겼는데 친구관계에서 "상처받기 싫다."고 적었다.

질문 01

내담자가 상담과 관련 없는 질문만 계속한다면 어떻게 하겠는가?

| 답변 |

① 우선 내담자의 다양한 관심과 지식에 대해 놀라움을 표현한다. 처음인 경우는 내담자에 대한 관심의 일환이므로 몇 가지 사항에 대해 대응해 준다.
② 상담과 관련 없는 사안이라고 하더라도 내담자와 관련 있는 사안을 발췌하여 이에 대해 질문하거나 상담에서 다루어 본다.
③ 그러나 내담자가 상담 시간 대부분 혹은 매 회기 때마다 그런 질문을 반복한다면 적절한 개입이 필요하다.
④ 원인별 대처
- 상담에 지루함을 느끼는 경우 : 상담의 형태나 분위기를 바꾸어 본다(야외활동, 보드게임, 클레이 공작, 감정카드 활용, 모래놀이 등).
- 상담에 대한 저항이나 상담효과에 대한 의구심 : 지금까지 진행해 온 상담과정을 통찰하고 개선한다. 또한 상담의 욕구나 주호소문제의 재분석이나 평가를 통해 내담자의 주호소문제를 해결하는 방식으로 변경한다.
- 자신의 문제에 대해 관심이 없고 상담자를 단지 대화대상으로 인지하는 경우 : 상담의 목적, 상담의 효과, 내담자의 문제 등을 명확하게 제시하고 상담관계 특성에 대해 설명해 준다.
- 개인적 성향에서 비롯되는 경우 : 행동수정을 위해 새로이 상담목표에 포함하여 다룬다.

질문 02

인근 청소년 관련 기관에서 청소년상담 프로그램 실시의뢰가 오는 경우 프로그램을 운영하고 싶거나 개발하고 싶은 것이 있는가?

| 답변 |

이는 상당히 개인적인 요소가 많아 정답을 제시하기는 어렵지만 다음과 같은 프로그램이 제시된다면 좋을 것 같다.

① 자해(자살의도가 없는) 예방 및 치유 프로그램
- 자해의 문제가 점점 청소년 사이에서 번져가는 추세에서 필요하다.
- 복잡하고 다양한 인간관계에 적응적으로 대처하는 기술이 청소년에게는 아직 부족하다.

② 인터넷 도박 예방 프로그램
- 청소년 사이에 돈내기 게임, '바카라'와 같은 도박 사이트 접속으로 심적, 경제적 손실을 보는 경우가 급증하고 있다.
- 청소년도박을 예방하기 위한 상담이나 중독된 학생을 치유하는 기관과의 연계가 필요하다.

③ 성폭력 예방 프로그램
- 청소년의 성적 위험행동을 감행하게 하는 사회적 환경과 인터넷 유해환경 등으로 성폭력이 증가하고 있다.
- 건전한 청소년성문화 조성, 성적 동영상 차단, 위험한 성적 행동 시 대처방법 등의 내용을 포함한다.

④ 학교폭력 예방 프로그램
- 학교폭력의 증가, 학교폭력 형태의 다양화, Cyber Bullying의 급증에 따른 대응이 필요하다.
- 건전한 친구관계 맺기, 인터넷을 통한 폭력의 이해, 관련 법규의 처벌내용 알기 등의 내용을 포함한다.

질문 03

상기 내담자의 핵심감정은 무엇인가?

| 답변 |

① 자신의 존재 의미가 없다고 느낌
- 주의·집중력이 떨어지고 수업시간에 집중하지 못함
- 무기력하고 문장검사에서 항목의 내용을 기입하지 않았으며 삶에 회의적임

② 관심과 사랑을 받고 싶어 함
- 타계한 부에 대한 그리움
- 어머니의 질책과 남동생의 불평

③ 대인관계 무관심과 두려움
- 집에서 문을 잠그고 대화하지 않음
- 친구와의 대화 기피
- 인간관계 형성에 대한 두려움(상처받는 것에 대한 두려움)

질문 04

본 사례를 사례개념화해 보아라.

| 답변 |

① 내담자의 문제
- 심리적·정서적 문제 : 실존적 위기에 처해 있으며 무기력감과 우울감을 느낀다(D의 상승).
- 행동적 문제 : 자신의 심리적 문제를 부인하고(L-F-K V형, Hy의 상승, 상담의 거부), 주의·집중력이 떨어지고(TRIN 57F, 수업에 집중 못 함), 내성적인 성향으로 자신의 의사와 감정을 잘 표현하지 않는다(Si 상승, SCT 반응). 개인위생을 게을리하고 가족이나 친구와의 대화를 기피한다. 아버지 죽음에 대한 미해결 감정을 가지고 있다.
- 주호소문제 : 학교 가기 싫다. 사는 게 무의미하여 죽고 싶다.

② 가족관계 및 환경
- 가정의 구조적 결함(부의 사망)과 기능적 결함(모와 남동생과의 관계)이 있다.
- 대화대상의 부재 : 낮 동안 내담자를 보호하거나 대화할 상대가 없어 외로움을 느낀다.

③ 내담자의 강점과 자원
- 자원 : 담임교사의 관심
- 강점 : 상담의 수락과 상담의 시작

④ 상담의 목표
- 모와 남동생과의 관계개선
- 삶의 의미를 찾고 성취감 경험

⑤ 상담의 개입방향
- 성공의 경험을 통해서 삶의 의미를 찾기
- 주의·집중력 향상 훈련
- 가족 구성원과 친구들과의 의사소통 시도(자기주장, 자기표현, 말 걸기, 활동 참여하기 등)
- 우울을 야기하는 인지적 요인의 해소와 인지 재구성
- 어머니 상담을 통한 내담자의 이해와 지지, 관심

② 실존적 위기감

올해 중학교 2학년에 재학 중인 김 양(14세)은 초등학교 다닐 때는 친구와도 잘 사귀었고 부모의 기대에 부응하여 공부도 열심히 하였다. 그러다가 중학생 때 친한 친구의 급작스러운 죽음을 경험하고 난 이후로 "세상이 이제 망했다.", "모든 사람은 어차피 죽는다.", "나 역시 병이나 사고로 죽을 것이다.", "이런 세상에서 내가 학교를 다니고 성공해 보아야 무슨 소용인가?"라고 이야기하며 학교 가기를 거부하고 하루 종일 침대에 누워 핸드폰만 만지게 되었다. 아버지는 이런 딸의 행동에 대해 불같이 분노하여 매질도 하고 달래보기도 하였지만 아무런 소용이 없다. 김 양의 어머니는 딸에 뭔가 이상한 일이 생겼다고 생각하고 딸을 설득하여 억지로 청소년상담복지센터의 상담실을 찾았다.

1. 김 양의 가족관계
    - 부(44세, 학원강사) : 매사에 정확하고 명료한 것을 좋아하며 하나밖에 없는 딸에게 기대가 크며 공부를 잘해야 일류대학에 진학하고 성공한다고 강조하고 있다. 성격이 급하고 화를 잘 내며 딸이 자신의 뜻과 어긋날 때는 서슴지 않고 체벌을 하고 있다.
    - 모(45세, 주부) : 말이 없고 남편의 명령에 복종하고 감정을 억압하면서 살아오고 있다. 최근 남편과 이런저런 사소한 일로 말다툼을 하는 일이 많아졌고 딸에게 분풀이하는 경우도 생겼다. 이상한 행동과 말을 하는 딸에 대해서 연민과 미움의 양가감정을 느끼고 있다. 어머니 역시 평소 딸에게 공부할 것을 강요해 왔다.

2. 상담사의 내담자 이해
    - 체격은 약간 왜소한 편이며 신경질적인 반응을 보이기도 함
    - 주위에서 일어나는 일을 부정적으로 생각하고 무의미한 것으로 이야기하고 있음
    - 가끔 어지럼증과 구토를 느낀다고 호소함
    - 처음 마주 대하는 상담사에게 대뜸 "왜 사느냐?"고 질문함

3. 김 양의 심리검사
    (1) MMPI-A(T score > 65)
        - 타당도 척도 : F2 = 65
        - 임상척도 : Hs = 68, D = 70, Hy = 66, Pt = 65, Sc = 70, Si = 65
        - 성격병리 5요인 : PSYC(정신증) = 71
    (2) SCT
        - 나에게는 <u>아무런 존재가치를 찾다</u>.
        - 내의 장점은 <u>아무것도 내세울 것이 없다</u>.
        - 내가 성장하면 <u>친구도 없고 혼자이며 나의 미래는 암흑이 될 것이다</u>.
    (3) MBTI : ISFP

질문 01

청소년상담사의 가장 중요한 자질은 무엇이라고 생각하나?

| 답변 |

주관적인 대답이 나올 수밖에 없는 질문이지만 다음과 같이 순위를 매겨 본다.
① 인간적인 자질 중에서 가장 중요한 것은 청소년을 사랑하는 마음
- 심리적 문제를 경험하고 있는 청소년들은 대게 부모님과 주변인의 사랑에 목말라 있다고 생각한다.
- 경청과 이해와 수용, 무조건적인 존중은 이런 욕구를 충족해 주며 좋은 상담관계를 맺을 수 있다.

② 인간적인 자질로서 참을성과 인내심, 인간의 발전 가능성에 대한 믿음
- 청소년은 변화무쌍하며 상담 약속을 잘 지키지 않으며 변화에 대한 저항이 크다.
- 변화에 대한 기대를 걸고 내담자의 저항을 참고 인내해야 한다고 생각한다.

③ 긍정적인 인간관과 청소년 상담에 대한 열의
- 청소년을 선도 불가능한 악한 존재로 보지 않고 선한 존재라고 생각하여야 한다.
- 상담 중간에 아무런 이유 없이 그만두거나 예의 없는 내담자에 대해 실망하지 않고 상담에 대한 정열과 열정을 포기하지 않는다.

④ 그 밖에 수험생이 인용할 수 있는 상담자의 인간적인 자질
- 철저한 자기관리
- 청소년과 이야기하고 활동하는 것을 선호
- 자발성과 수용성, 타인에 대한 열린 마음
- 삶에 대한 진지함과 좋은 대인관계
- 개인적인 심리문제의 선해결

> **참고** 상담자의 전문가적 자질
> - 관련 학문의 수강과 관심(사회학, 심리학, 범죄학, 생리학, 교육학 등)
> - 상담이론의 정확한 이해와 적용
> - 상담기술 훈련, 자격증 보유
> - 상담자의 자기계발
>   - 학회, 연구회 참석
>   - 공개사례 참석
>   - 공개 수퍼비전, 연구분석, 집단상담 참석
> - 객관적·논리적인 사고방식과 평가능력
> - 상담경력
> - 수퍼비전 수련 정도
> - 자신의 상담능력 한계 인식

질문 02

청소년의 전인적 발달을 위해 중요하다고 생각하는 점이 무엇인가?

_____
_____
_____
_____

| 답변 |

① 전인적(全人的) 발달
- 신체적·인지적·정서적·사회적·도덕적 발달을 모두 포함하는 개념
- 청소년이 단순한 지식 습득을 넘어 건강한 신체와 마음을 가지고 사회에서 올바르게 행동할 수 있도록 발달하는 것

② 신체적 발달
- 적당한 운동과 균형 잡힌 영양공급
- 충분한 수면과 건강관리

③ 인지적 발달
- 지식 습득, 자기이해
- 다양한 경험, 자기계발, 사회적 기술(사귐, 화해, 중재, 조정) 습득

④ 정서적 발달
- 자기 감정의 인식과 조절, 스트레스 관리, 부정적 감정의 건설적 해소
- 부모의 애착, 진솔한 대화, 사랑과 존중
- 도전과 성공경험

⑤ 사회적 발달
- 사회적 기술(사귐, 화해, 중재, 조정) 습득
- 타인에 대한 배려, 존중, 양보, 협동

⑥ 도덕적 발달
- 양심, 건전한 도덕적 가치관, 공동체 의식
- 책임, 예의, 사회규칙, 준법

☑ **유사질문**

청소년의 건강한 발달을 위해 중요하다고 생각하는 점은?

질문 03

상기 사례에서 심리검사의 결과와 내담자의 특징을 연결해 보아라.

| 답변 |

① MMPI-A 검사
- 타당도 척도의 비전형척도(F2) 점수가 어느 정도 상승해 있다는 점은 대부분의 정상적인 사람이 반응하는 것처럼 하지 않는다는 것이다. 이는 인지적·정서적·행동적으로 문제영역이 존재함을 의미한다.
  예 세상이 이제 망했다. 나 역시 병이나 사고로 일찍 죽을 것이다. 상담자에게 왜 사느냐고 질문한다.
- 임상척도 1번과 3번이 나란히 상승해 있는데 이는 신체적 기능 및 건강에 과도한 걱정을 하고 신체화가 일어난다는 점이다.
  예 질병과 사고로 일찍 사망한다는 생각, 어지럼증과 구토를 호소한다.
- 임상척도 2번이 상승해 있는데 이는 매사를 부정적으로 보고 우울을 경험한다고 보아야 한다.
  예 부정적인 사고를 하며 무기력하다(등교 거부, 하루 종일 핸드폰 보기).
- 임상척도 7번과 8번이 동반 상승하여 대인관계의 형성이 어렵고 현실 도피적이며 왜곡된 행동을 한다.
  예 하루 종일 핸드폰을 본다. 친구가 없다. 세상이 망한다. 나의 미래는 암흑이다.

② 문장완성검사
  자존감이 낮고 우울하며 소외감을 느낀다.
  예 존재가치가 없고 장점도 없으며 혼자이고 미래는 어둡다.

질문 04

사례의 내담자가 가지고 있는 불합리한 신념이나 인지적 오류는 무엇이며 어떻게 개입하겠는가?

| 답변 |

① 불합리한 신념과 인지적 오류
- 세상이 이제 망했다.
- 나는 병이나 사고로 일찍 죽을 것이다.
- 이런 세상에서 학교를 다니고 성공해 보아야 무슨 소용인가?
- 나는 존재가치가 없다
- 나의 장점은 아무것도 없다.
- 친구도 없고 혼자이며 나의 미래는 암흑이 될 것이다.
- 학교 다니고 성공하는 것이 아무런 의미가 없다.

② 개입방법
- 합리적정서행동(REBT) 상담 : ABCDE 상담기법을 사용하여 비합리적 신념을 수정한다.
- 인지치료(CBT) 상담 : 인지상의 왜곡을 현실적인 해석으로 해석하며 긍정적인 사고틀로 변경하도록 한다.

③ 폭력성

공 군(21세, 대2)은 음주 후 길 가던 사람과 시비가 붙어 서로 싸우는 바람에 경찰에 연행되어 조사를 받았으나 경미한 사안으로 훈방조치되었다. 공 군은 이전에도 여러 차례 음주 후 폭행혐의로 경찰서에 연행되었다가 학생 신분이고 깊이 반성하고 있고 상대방이 처벌을 원하지 않아 훈방조치로 풀려난 적이 여러 번 있다. 공 군이 재학 중인 대학의 교수가 이를 알고 인근 상담실로 공 군을 보내 상담을 받게 하였다.

공 군은 생후 6개월 때 부모의 학대와 방임으로 아동복지기관의 의뢰로 보육원에서 자랐다. 그 후 부모와의 연락이 끊겨 현재까지 닿지 않고 있다. 보육원에서 여러 차례 벌을 받았음에도 불구하고 공 군은 약한 애들을 때리고 강한 애들과 어울려 놀았다. 약한 애들이 자신을 두려워하는 것을 볼 때 기분이 좋았다. 고등학생 때는 학교생활에 그런대로 잘 적응하였다. 보육원에서 생활하면서 공 군이 경험하고 믿음으로 굳은 사항은 '남자는 힘이 있어야 하며 이 세상에는 강한 자만이 살아남는다'는 것이었다.

공 군이 고등학교 3학년이 된 봄에, 자기를 아끼던 보육원의 교사가 다른 보육원으로 이직하여 공 군은 혼자가 되었다고 느끼게 되었다. 그 이후 비행 청소년과 어울려 다니기 시작하였고 음주, 흡연을 하고 학교 친구를 때려 학교 선도위원회에 여러 차례 회부되었다. 자신이 어려울 때는 자신에게 관심 기울이고 사랑하였던 그 보육원 교사를 생각하지만 결국 그에게서 자신이 버림을 받았다고 믿고 있으며 남에게 정을 주는 것은 정말 쓸모없는 일이라고 생각하고 있다.

보육원에서 나와 전문대학에 진학하였다. 학교 근처에서 자취하면서 편의점 파트타임으로 생활비와 용돈을 힘들게 벌고 있다. 취객의 행패와 자신을 업신여기는 점주에 대한 반감이 무척 강하며 쉽게 화를 내고 평소 자기과시가 강해 '장차 나는 돈을 많이 벌어 남들 위에 군림하며 떵떵거리고 살아갈 것'이라고 친구들에게 자랑스럽게 말하고 있다.

1. 공 군의 심리검사
   (1) MMPI-2

   • 타당도 척도

VRIN	TRIN	F	F(B)	F(P)	FBS	L	K	S
43	51	50	57	60	68	52	56	68

   • 임상척도

Hs	D	Hy	Pd	Mf	Pa	Pt	Sc	Ma	Si
40	65	51	49	33	65	35	34	67	32

   (2) 문장완성검사(SCT)
   • 나의 부모는 <u>알기 싫다. 아마 엄청 이기적일 것이다</u>.
   • 나는 장차 <u>큰 부자가 되어 남을 마음대로 부릴 것이다</u>.
   • 친구들은 <u>아쉬울 때 좋게 말하지만 나중에 반드시 배반할 것이다</u>.
   • 학교 선생님들은 <u>돈을 벌기 위해서 가르친다. 그 이상 그 이하도 아니다</u>.
   • 사람들은 나에게 <u>모두 가식적인 행동을 한다</u>.

질문 01

내담자의 내사가 이루어졌다고 볼 수 있는 점은 무엇인가?

| 답변 |

① 내사(內射)의 정의
   타인의 사고, 감정, 태도 등을 무비판적으로 받아들여 자신의 것으로 내면화하는 심리적 과정
② 내사된 사항
   - 자신이 보육원에 맡겨진 경험
     - 모든 사람이 가식적이고 이기적이다.
     - 사람들은 언젠가는 배반한다.
     - 나를 아끼던 사람도 결국 자신을 버린다.
     - 남에게 정을 주어서는 안 된다.
   - 부모의 학대행동
     - 약한 애들을 때린다.
     - 힘을 사용하여 상대방을 제압하여야 한다.
     - 남자는 힘이 있어야 하며 강한 자만이 살아남는다.
   - 파트타임으로 일하는 경험
     - 사회에 대한 반감과 분노를 느낀다.
     - 사람의 삶의 목적은 돈을 벌기 위함이다.
     - 부자가 되어 사람을 (자기 마음대로) 부린다.
   - 비행 청소년과 교제
     - 흡연과 음주를 한다.
     - 남에게 시비를 자주 걸고 싸운다.

질문 02

상기 사례에서 공 군의 폭력성을 가지게 된 원인은 무엇이라고 생각하나?

| 답변 |

① 부모의 학대행동에서 공격성을 학습하였다.
② 비행 친구들과 어울리면서 남에게 시비 걸고 싸우는 공격적인 행동을 한다.
③ 경찰의 연이은 훈방조치로 공격적 행동이 더욱 강화되었다.
④ 보육원의 체벌 위주의 원생관리, 폭력적인 행동을 통한 문제해결의 경험이 폭력성향을 키웠다.

질문 03

상기 사례의 내담자에 추가로 하고 싶은 심리검사는 무엇인가?

| 답변 |

① HTP : 개인의 성격, 정서상태, 발달수준, 대인관계의 분석
② TCI : 기질과 성격의 이해
③ MBTI : 성격유형검사
④ TAT(주제통각검사) : 내면의 욕구, 갈등, 대인관계, 무의식적 동기를 탐구
⑤ ABAS(청소년행동 평가척도) : 지위비행을 측정하기 위한 검사
⑥ PCL-R(사이코패스 판정검사)

질문 04

상기 사례의 내담자를 상담하는 경우 상담목표로 삼고 싶은 것은?

| 답변 |

① 비합리적 신념과 인지적 왜곡의 수정
   ABCDE 기법과 CBT
② 유기불안의 해소
   - 빈의자 기법
   - 정신역동치료
   - 애착기반치료
   - 자기돌봄 활동
③ 폭력행동의 소거
   - 폭력적 행동의 강화요인 제거
   - 대체행동 강화
   - 감정조절 훈련

4 인정욕구

고등학교 2학년인 조 군(17세)은 반에서 1등을 거의 놓쳐본 적이 없는 공부 잘하는 학생이다. 조 군은 무엇을 하든 경쟁에서 1등을 하려고 무척 노력한다. 자칫 실수라도 하여 1등을 못 하면 며칠간 무척 괴로워한다. 조 군은 어릴 적부터 공부를 잘하여 이웃들의 칭찬과 부러움을 한 몸에 받았다. 학교 선생님들도 조 군의 성실함을 다른 학생들이 배워야 한다고 강조하고 있다.

조 군은 반 친구들이나 다른 사람들이 자신의 우수성을 몰라주거나 인정하지 않는 경우 그들을 비난하며 분을 참지 못한다. 자신은 모든 면에서 남들보다 이해와 기억력이 뛰어나며 운동능력 역시 월등히 낫다고 믿고 있다. 사회는 이런 우수한 인물을 따르고 존경하여야 한다고 생각한다. 이런 과도한 자신의 과시와 믿음에 금이 가기 시작한 것은 2번 연속 1등을 놓치고 더욱이 성적이 점점 내려가면서다. 자신의 학습방법에 어떤 문제가 있는지 담임교사에게 문의하였는데 담임교사는 학습보다 심리치유가 더 필요하다고 생각하여 조 군을 설득하여 청소년상담복지센터로 보냈다.

1. 조 군의 가족관계
   - 아버지(49세, 세무공무원) : 꼼꼼하고 소심하며 정확한 것을 좋아한다. 조 군이 자신을 너무 닮아 한편으로는 걱정이 된다고 한다. 남과 대화할 때도 주로 "예, 아니오"로 표현한다. 아들을 항상 칭찬하며 계속하여 1등을 유지하여 서울의 명문대 의사가 되어야 한다고 이야기하고 있다.
   - 어머니(45세, 가정주부) : 활달하고 매사에 적극적이다. 아들의 학습이나 다닐 학원을 선택하는 등 아들의 성적에 무척 신경 쓰고 있다. 최근 학교 시험에서 3등, 5등이 되었을 때 실망하여 아들을 무척 나무랐으며 무엇을 잘못하여 그런 결과가 나왔는지 꼼꼼히 점검하기도 하였다.
   - 누나(19세, 대1) : 대학은 그냥 줄 서서 들어가는 곳에 갔다는 부모님의 비아냥에도 아랑곳하지 않고 자신의 인생을 즐기고 좋아하는 것을 하는 것이 중요하다고 생각하고 있다. 부모에게 휘둘리고 있는 동생이 안타깝고 불쌍하다고 생각한다.

2. 조 군의 심리검사
   (1) MMPI-A

VRIN	TRIN	F1	F2	F	L	K
43	40	50	41	48	63	58

Hs	D	Hy	Pd	Mf	Pa	Pt	Sc	Ma	Si
42	60	46	38	56	45	70	34	65	55

   (2) 문장완성검사(SCT)
   - 나의 존재는 특별하다고 생각한다. 남들보다 우수하다.
   - 내가 슬플 때는 1등을 놓칠 때다. 남이 나를 인정하지 않을 때다.
   - 내가 좀 더 어렸다면 공부를 더 하여 남이 나를 이길 수 없게 만들 것이다.
   - 나의 부모님은 나를 사랑하신다. 좋은 성적으로 보답하고 싶다.

질문 01

상담에서 라포 형성에 방해가 되는 요소는?

_____
_____
_____
_____

| 답변 |

① 상담자의 태도와 행동
- 내담자를 평가하거나 비판할 때
- 상담자가 자신의 가치관이나 주장, 견해를 일방적으로 전달하거나 강요할 때
- 비공감적 반응이나 권위적인 태도를 보일 때
- 상담을 일방적으로 이끌고 갈 때나 내담자 내담자의 욕구를 잘 알아차리지 못할 때

② 내담자 요인
- 상담자에게 신뢰를 느끼지 못할 때
- 자신이 상담을 부모의 강요에 의해 억지로 받는다고 생각할 때
- 상담자와 자신의 가치관이 서로 상이함에도 이를 상담자가 무시한다고 생각할 때
- 자신의 변화에 대해 두려움과 방어적인 태도를 보일 때
- 자기개방의 수준이 낮을 때나 자신의 진솔한 정서나 행동을 숨기고 있을 때
- 상담효과에 대해 의구심을 가질 때

③ 상담환경의 부적합
- 상담실의 조건, 상담시간의 제약
- 라포 형성에 충분한 시간과 노력이 있지 않을 때
- 부모의 상담과정에 관여하고 결과에 집착할 때

질문 02

상담 중에 내담자가 자꾸만 빵, 과자 등을 요구하고 있다. 어떻게 대응할 것인가?

| 답변 |

① 상담 초기에 내담자와 상담 시작 전에 빵과 간식, 음료수를 같이 먹는 행동은 내담자와의 라포 형성에 도움이 된다.
② 그러나 내담자가 일방적으로 그리고 자주 상담자에게 그러한 것을 요구한다면 상담 진행에 문제가 발생한다.
③ 그런 요구를 상담자가 순순히 들어준다면 상담사의 윤리사항에도 어긋난다.
④ 이런 내담자의 요구에 대해 상담자는 상담시간에는 상담에 집중할 것을 요청한다.
⑤ 내담자가 상담자의 관심과 보호행동을 원하는 결과라면 내담자의 욕구를 더 탐색하여 필요하면 추가 상담목표로 다룬다.
⑥ 내담자가 상담의 효과를 기대하지 않고 단순히 상담자와 만나 이야기하는 것에 의미를 두고 있다면 사례개념화를 정확하게 하여 상담의 효과를 높인다.
⑦ 내담자가 빈곤하여 식사를 제대로 하고 있지 못하면 지역 주민센터의 복지 공무원의 도움을 받거나 지역의 지원체계 연계나 위기청소년의 지원제도를 활용한다.

질문 03

조 군의 심리적인 문제를 유발하는 요인은 무엇인가?

_____

_____

_____

_____

| 답변 |

① Carl Rogers의 '조건의 가치화'
 '조건의 가치화'란 타인의 인정과 사랑을 받기 위해 외부에서 부과된 조건을 내면화하고 이를 자신의 가치로 받아들이는 것
② 조건의 가치화 사항
 - 좋은 성적에 대한 부모의 칭찬과 자랑
 - 명문대 진학과 의사 되기를 바라는 부의 희망
 - 이웃들의 칭찬과 부러움
 - 조 군의 성실함을 모델링하라는 학교 교사들의 언급

질문 04

조 군을 상담한다면 상담목표는 무엇이며 그 근거는 무엇인가?

| 답변 |

① 학업성적에 대한 스트레스 완화
- 반에서 1등을 놓쳐 본 적이 없다.
- 1등을 못 하면 며칠간 무척 괴로워하였다.
- 부모님에게 좋은 성적으로 보답하고 싶다.

② 인정욕구의 해소
- 자신의 우수성을 인정해 주지 않을 때 비난하고 분을 참지 못한다.
- 부모님의 칭찬, 이웃의 칭찬과 부러움, 교사들의 언급이 중요하다.

③ 잘못된 신념의 수정
- 나의 존재는 특별하다. 남들보다 우수하다.
- 부모에게 좋은 성적으로 효도하고 싶다.
- 자신을 인정하지 않는 사람은 비난받아야 한다.
- 사회는 우수한 인물을 따르고 존경하여야 한다.

④ 강박적 사고완화
- 자신이 1등을 하려고 무척 노력한다.
- 가능하면 지금보다 더 공부를 열심히 해야 한다.
- 실수하여 1등을 놓쳤을 때 괴로워한다.

⑤ 부모의 양육 태도 수정
- 항상 공부 잘하기를 바라고 학습이나 학원을 관리한다.
- 실수한 원인을 점검하고 나무란다.
- 공부를 잘해서 의사가 되어야 한다.

5 강박

올해 대학교 3학년에 다니다가 휴학하게 된 김 양(21세)은 졸업 후 무엇을 할지, 전공인 사회학을 어떻게 활용하여 취업할지 고민에 쌓여 있다. 김 양의 대학 동기들은 그들 나름대로 취업 준비에 열중하고 학원에 다니면서 면접 준비와 업계의 지식을 쌓는다고 분주하다. 김 양은 아무런 목표나 준비도 없이 하루하루를 무의미하게 지내고 있는 자신이 미칠 정도로 밉다.

자신이 하찮은 존재로 보이며 거울에 비친 모습에 환멸을 느낀다. 그러다가 문득 화를 주체하지 못해 길거리에 나가 모르는 사람을 칼로 찌르거나 자기를 비난만 하는 부모를 해치는 상상을 하기도 한다. 외출하였을 때 갑자기 가스 밸브를 잠그는 것을 깜빡한 것 같은 기분을 강하게 느끼며 안절부절못할 때가 많다. 집에서 나설 때도 문고리를 몇 번이나 끌어당겨서 문이 잠겼는지 확인하기도 하고 심지어는 5분 정도 걸어가다 집으로 되돌아와서 다시 문고리를 당겨보는 습관도 생겼다. 이러면서도 "내가 미친 것이 아닌가?" 하는 의구심을 강하게 가진다.

김 양의 불안과 남을 해치는 상상을 한다는 사실에 놀란 이모가 급히 김 양을 데리고 인근 민간 상담소를 찾았다.

1. 김 양의 가족관계
   - 부(50세, 건물 경비직) : 주야 2교대 근무를 하고 있어 가족이나 집안일에 관심을 가질 시간 여유가 없기도 하지만 집안일은 아내의 몫으로 여기고 있다. 자녀들에게도 무관심하며 자신이 성장한 것처럼 저절로 자기 앞가림을 잘할 것으로 믿고 있다.
   - 모(47세, 어린이집 요리사) : 김 양이 대학까지 간 상태에서 일을 제대로 하지 못하고 있으며 집안일에 등한시하고 남동생도 잘 챙기지 않는다고 비난하고 있다. 또한 넉넉하지 못한 가정형편이 불만스럽고 어린이집 원장과도 갈등을 빚고 있다.
   - 남동생(17세, 고2) : 인터넷 게임과 동영상을 주로 보고 있고 공부는 뒷전이다. 누나가 자기 방에서 멍하니 있는 모습에 짜증을 부리며 누나가 마지못해 해주는 음식 맛이 형편없다고 불평하고 있다.

2. 김 양의 심리검사
   (1) MMPI-2

VRIN	TRIN	F	F(B)	F(P)	FBS	L	K	S
43	57	50	58	62	50	52	56	40

Hs	D	Hy	Pd	Mf	Pa	Pt	Sc	Ma	Si
40	68	38	50	32	55	74	62	40	59

   (2) 홀랜드 진로탐색검사 : RS

질문 01

상담사의 윤리강령에서 자신이 가장 중요시하는 사항은?

| 답변 |

이 질문은 다분히 개인적인 가치관에 대한 것이기 때문에 정형적으로 대답하기는 곤란하다. 그러나 다음과 같은 내용이라면 무난하다고 할 수 있다.

① 내담자의 권리와 보호를 위한 조치를 하는 것
  - 상담 녹음이나 녹화, 상담내용의 학문적 활용, 상담내용의 일부 공개 등 내담자의 사전동의가 필요한 사항은 철저히 지킬 것이다.
  - 인간의 다양성을 존중하고 다양한 문화를 존중할 것이다.
  - 상담을 포기할 권리도 인정하며 다중관계를 형성하지 않는다.
  - 내담자의 부모와 좋은 협력관계를 유지하며 바람직하지 않은 양육방식과 태도를 개선한다.
  - 바르고 바람직한 상담을 통하여 청소년이 보호받고 바르게 성장하도록 한다.
  - 내담자의 생각, 가치관, 정체성, 성적지향 등의 이유로 차별하거나 편견을 갖지 않는다.
  - 익숙하지 않은 상담기법이나 심리검사를 함부로 사용하지 않는다.

② 청소년의 복지를 우선시하는 것
  - 청소년의 복지를 위해 지역사회의 사회적 지원이나 자원을 연계한다.
  - 청소년이 보유한 자원을 충분히 활용하게 한다.

③ 상담내용의 비밀보장 책임을 철저히 지키는 것
  비밀보장 예외사항을 제외하고는 상담의 내용이나 내담자 관련 정보 등의 비밀유지 의무를 철저히 지킨다.

④ 상담사의 자기계발에 힘쓰는 것
  - 상담에서의 자신의 한계를 명확히 인식하고 이를 확장하기 위하여 최대한 노력한다.
  - 수퍼비전, 공개사례 참석, 학회활동, 학술논문 등 상담이론과 경험의 깊이를 더한다.
  - 교육분석을 통해 자신의 상담을 분석하여 개선한다.
  - 미해결된 정서나 문제를 스스로 해결한다.
  - 청소년의 문화, 언어, 가치관 등을 공부하여 청소년과 소통하고 교류할 수 있도록 한다.

⑤ 기타사항
  - 지역사회를 돕는 전문가의 역할을 수행한다.
  - 상담 관련 자격의 급수를 높이거나 새롭게 취득한다.

질문 02

집단상담에서 공공연히 편 가르기를 하는 참가자가 있다면 어떻게 대처하겠는가?

| 답변 |

① 집단상담에서 편 가르기를 하는 참가자는 집단 분위기를 해치고 집단 내 소그룹을 형성하는 등 부정적인 영향을 미치게 된다.

② 이에 대해 집단상담의 진행자는 다음과 같이 조치가 필요하다.
- 해당 참가자의 행동을 주시하고 질문하여 자신의 행동과 집단에 미치는 영향을 인지하게 한다.
  - "이런 행동이 다른 사람들에게 어떤 영향을 미친다고 생각하나요?"
  - "그런 행동을 왜 하였는지 궁금한데 설명해 줄 수 있나요?"
  - "당신이 만약 집단 진행자라면 이런 경우 어떻게 하는 것이 좋나요?"
- 집단의 치료적 원리와 규범을 재확인한다.
  - 집단응집력과 긍정적 상호작용의 중요성
  - 상호존중과 갈등의 해소
  - 해당 참가자의 비난보다는 이해를 기초로 그런 행동의 원인 탐색
  - 집단 진행상의 문제가 있다면 수정
- 집단진행 방식과 집단상담자의 역할을 탐색하여 이를 수정한다.
  - 참가자의 저항과 부정적 행동을 유발하는 요소의 발견과 개선
  - 집단상담자의 진행방법과 참가자에 대한 상담기법의 점검과 개선
- 집단의 타 참가자를 개입시킨다.
  - 다른 참가자들이 해당 참가자의 행동에 대해 의견과 정서를 표현할 수 있도록 함
  - 그룹의 역동을 이용하여 해당 참가자의 부정적 행동을 제지하도록 하며 긍정적이고 협력적인 방향으로 나아가도록 유도
- 이런 노력에도 불구하고 효과가 없을 때는 해당 참가자를 그룹에서 제외하며, 필요한 경우 개인상담을 진행한다.

질문 03

사례지에서 언급되지 않았지만 상담을 위해 필요하여 더 탐색해 볼 사항은?

| 답변 |

① 친구를 사귀고 유지하는 패턴
② 부모에 대한 정서
③ 남동생에게 느끼는 정서와 남동생에 대한 행동
④ 남을 다치게 하는 상상을 하기 시작한 시기와 빈도, 강도
⑤ 자기이해, 정체감, 자아상
⑥ 강박적 행동의 시작 시기와 빈도, 내용
⑦ 진로의식, 진로발달, 적성검사

질문 04

상기 사례와 같이 강박적 사고를 하는 내담자를 상담할 때 당신이 선호하는 이론을 적용하여 치유한다면?

| 답변 |

상담이론	상담기법	적용내용
인지행동치료 (CBT)	노출 및 반응방지 (ERP)	• 강박사고를 유발하는 자극이나 상황에 점진적으로 직면하도록 돕는다. • 불안한 상황을 피하지 않고 직접 마주하도록 한다. • 강박행동을 하지 않도록 억제하거나 훈련한다. • 예상되는 상황이 발생하지 않는다는 점을 인지하게 한다.
	인지재구조화	• 자동적 사고의 탐색과 사고의 비합리성 확인한다. • 왜곡된 사고유형을 파악한다. • 대안적 사고를 도출한다.
수용전념치료 (ACT)	마음챙김 (Mindfulness)	• 현재에 집중하며 비판 없이 관찰한다. • 모든 경험을 수용한다. • 호흡, 명상, 신체감각 느끼기, 명상을 한다.
정신분석	자유연상, 꿈 분석	• 모든 생각, 감정, 기억을 검열 없이 표현하도록 한다. • 무의식적 갈등과 억압된 내용을 탐색한다.
	해 석	무의식적 동기와 갈등을 자각하고 통찰하게 한다.
인간중심	무조건적인 존중, 공감적 이해	• 내담자의 사고와 행동에 대한 수치심, 두려움을 완화한다. • 자기이해와 자기수용을 촉진한다.
정신역동	정신분석과 유사	• 내담자의 과거경험, 관계문제, 억압된 갈등을 이해한다. • 관계적 패턴이나 불안의 근원에 초점을 둔다. • 저항분석과 자아기능을 강화한다.

제2절 2급 기출사례 – 2023년 22회

1 인터넷 몰입

고등학교 1학년인 문 양(16세, 여)은 학기 초부터 등교를 거부하고 있어 부모의 애를 태우고 있다. 아버지가 때려도 보고 달래도 보았지만 문 양의 태도는 강경하다. 문 양은 등교거부 이유는 말하지 않고 그냥 학교 가기가 싫다고 고집부리고 있다. 과거 문 양이 중학교 3학년 때 같은 반 몇몇 친구로부터 심한 무시와 욕설, 괴롭힘에 시달렸고 이를 부모님에게 알렸으나 '학교에서 문제를 일으키지 말고 졸업이나 하라'는 아버지의 강요에 못 이겨 겨우 참으면서 중학교를 졸업하였다. 그 당시 중학교 담임선생님과 학교 측의 무관심으로 학교폭력 문제로 다루어지지 않았다. 그 사건으로 문 양은 주위의 모든 사람을 불신하고 자신의 속내를 상담자에게 털어놓지 않으며 부모를 원망하고 있다. 혼자 있을 땐 가끔 눈물을 흘리며 죽고 싶다고 혼잣말하고 있다.

부모님의 성화에 못 이겨 학교에 가게 되는 날은 수업 시간에 그냥 멍하니 있다가 집에 온다. 집에서는 거의 하루 종일 핸드폰을 손에서 놓지 않고 웹툰을 보거나 연예인의 기사, 패션과 악세서리를 검색하고 있다. 반 친구들과 대화를 거의 하지 않고 기피하다 보니 친한 친구가 없는 처지이다. 집에 있을 때는 자기 방의 문을 잠그고 부모와의 대화를 애써 피하고 있다.

하나밖에 없는 딸의 이러한 무기력한 생활 자세에 대해 두려움을 느낀 문 양의 어머니는 문 양을 끌고 오다시피 하여 같이 상담실을 찾았다.

1. 내담자의 가족
   - 부(47세) : 직업군인. 성격이 급하며 화가 날 때는 참지 못한다. 집안일은 아내에게 맡기고 관심을 기울이지 않으며 자녀에 관련된 문제개입을 귀찮아한다. 고집이 세어 자신의 결정을 아내나 딸이 따르도록 강요한다.
   - 모(43세) : 성격이 유순하고 우유부단한 면이 강하다. 항상 문 양에 대해 미안한 감정을 가지고 있다. 잦은 이사로 문 양을 학원에 지속적으로 보내지 못한 점과 중학교 때의 학교폭력 피해에 적극적으로 나서지 못한 것을 후회하고 딸에게 연민을 표현하고 있다.

2. 내담자의 MMPI-A
   - 타당도 척도

F1	F2	F	L	K
62	70	68	46	45

   - 임상척도

Hs	D	Hy	Pd	Mf	Pa	Pt	Sc	Ma	Si
41	55	43	40	38	65	56	42	40	57

3. 내담자의 특징
- 보통 키에 피부는 하얀 편이며 연약한 체형을 지니고 있다. 말수가 적고 낯선 사람과 만나는 것을 꺼리고 침묵으로 일관하고 있다. 눈맞춤을 피한다.
- 문장완성 검사에서 많은 항목을 빈칸으로 남겨 두었으며 MMPI-A 검사 작성 속도가 상당히 느렸다.

질문 01

지금까지 청소년상담사로서 역량을 쌓기 위하여 어떤 노력을 하였나?

| 답변 |

이 질문은 상당히 개인적인 사항이 관련되어서 수험생에 따라 여러 가지 답변이 있겠지만 대표적인 답변은 다음과 같다.

① 상담할 때 맞닥뜨리는 내담자의 비협조적인 태도와 반응에 적절하게 대응하는 방법을 모색하였다.
- 특히 비자발적 내담자는 질문에 답하지도 않는 경우가 많다. 상담사를 부모의 대리인 정도로 생각하고 적대감을 드러내는 경우도 있다.
- 상담사가 내담자의 편에 서서 생각하고 행동하며 내담자를 이해하고 위하는 사람이라는 것을 드러내 주었다. 이를 위해 친절한 말씨와 내담자의 외모에 대한 관심, 상담실에 올 때의 기분 이해와 공감, 간식거리 제공, 간단한 놀이나 자신의 감정을 드러낼 수 있는 도구(감정카드 사용, 그림 그리기, 색깔 고르기 등)를 사용하였다.

② 사례개념화를 바르게 하기 위하여 여러 가지 상담이론과 사례를 공부하였다. 이를 통해 주호소문제의 파악, 상담목표의 합의, 상담의 방향과 개입방법 설정을 개선할 수 있었다.

③ 철저한 상담의 구조화를 하고 상담소요 기간, 개입방법의 구체적인 전개, 중간 및 종결 시 상담평가 등을 미리 구상하고 상담을 체계적으로 진행하고자 다양한 시도를 하였다.

④ 내담자의 태도, 정서, 행동의 원인을 객관적으로 파악하여 기술하는 연습을 하였다.

⑤ 내담자의 숨겨진 의도나 욕구를 파악하기 위하여 재진술, 명확화, 공감, 이해 등의 기법을 충실히 사용하였다.

⑥ 상담이론과 경험의 외연을 확장하였다.
여러 상담사례 읽기, 공개사례 발표회 참석, 정기적으로 수퍼비전 받기, 동료 수퍼비전 참석하여 상담을 잘하기 위하여 노력하였다.

질문 02

우울을 호소하는 내담자에게 상담사가 주의하여야 할 사항은 무엇인가?

| 답변 |

① 우선 내담자에게 지지와 격려, 경청과 공감을 보이며, 관심을 가진다.
② 우울한 기분이나 자신의 생각을 상담사나 주위의 사람에게 자연스럽게 이야기할 수 있도록 유도한다.
③ 우울에 관련된 심리검사를 통해 그 심각성을 판단한다.
   - BDI-II(Beck Depression Inventory-II) 검사(20~28점 중증도 우울, 29~63점 심각한 우울)를 통해 우울 정도에 유의
   - MMPI-A 검사 결과(특히 2번 척도, A-dep 점수) 확인
   - PAI 검사에서 SUI(Suicide Ideation)척도 점수(35~60점 높은 자살위험성) 확인
④ 혼자 머무는 시간을 극소화하고 친구, 교사, 가족들이 항상 말을 걸고 주의를 기울이며 곁에 있도록 부탁
⑤ 우울을 유발하는 원인이나 상황을 구체화하고 이를 해결하는 상담목표를 잡는다.
   - 인지적 왜곡, 침투적 사고, 자동적 사고의 발견
   - 인지행동치료, 현실치료, 게슈탈트, 인간중심 상담기법
   - 가족상담의 병행(우울의 가정적 요소 감안)
⑥ 자살예후(자살생각이나 자살계획 등)을 보이는 경우 생명존중 서약서를 작성하게 하고 자살예방을 상담목표에 추가한다. 또한 가족들에게 더 많은 주의와 관심을 기울일 것을 제의한다.

질문 03

상담 중인 내담자가 자살예후를 보인다면 위기상담을 어떻게 진행할 것인가?

| 답변 |

① 내담자의 현재 상태를 파악한다.
  - 내담자의 자살감행 단계(자살생각, 자살계획, 자살시도)를 파악한다.
  - 자살생각의 빈도나 강도, 자살계획의 구체성 여부, 과거 자살을 시도한 경험 유무를 조사한다.
② 내담자의 안전성을 확보한다.
  - 부모와 교사, 가까운 친구에게 위험행동을 할 수 있다는 가능성을 일깨우고 예의주시할 것을 당부한다.
  - 내담자의 언어적·행동적·정서적 특징을 세심하게 관찰하고 자살예방에 만전을 기한다.
  - 비상연락 체계를 구축한다.
  - 생명존중서를 작성하여 차후 자살계획이나 자살시도를 하지 않도록 다짐을 받는다.
③ 내담자의 심리적인 안정감을 확보한다.
  - 자살의 원인을 탐색하고 충분히 이해·공감한다.
  - 내담자 주위에는 도와줄 사람이 있으며 혼자가 아님을 인지시킨다.
  - 원인에는 반드시 해결책이 있으며 상담사와 상담을 통해 해결할 수 있음을 확신시킨다.
  - 어려움을 자살로 회피하는 것이 제일 나쁜 방법임을 전달한다.
④ 문제해결 위주의 상담을 진행한다.
  - 자살생각을 유발하는 개인적·가정적 교우 및 학교 관련 원인 요소들을 분석하여 구체화시킨다.
  - 원인이나 문제를 해소시키는 조치를 관계자와 협력하여 해결한다.
  - 내담자가 할 수 있는 일을 선정하여 계획을 세워 실천하게 한다.

☑ 유사질문

자살시도 내담자의 상담적 개입방법에 대해 설명하시오.

질문 04

상기 사례의 내담자 사례개념화를 해보아라.

| 답변 |

① 내담자의 문제
- 심리적·정서적 문제 : 과거 학교폭력 사건의 외상적 경험과 누구에게도 도움을 받지 못하였다는 사실로 상처를 받고 우울하며 무기력하고 피해의식이 있다(D, Pa의 상대적 상승).
- 행동적 문제 : 말이 없고 학교 가기를 거부하며 인터넷을 과도하게 사용하고 있다. 대인 접촉을 기피하고 수업에 집중하지 못하며 부모를 원망한다. 언어적 표현력이 떨어져 있고 주의집중력이 저하되어 있다. 타인을 불신한다.
- 호소문제 : 등교거부(학교 가기 싫다), 자살사고(죽고 싶다)

② 가족관계 및 환경
- 부모와의 대화가 단절되어 있는데 이는 부의 성격과 내담자의 부모에 대한 실망감이 원인으로 추정된다.

③ 내담자의 특징
- 내성적이며 스트레스 대응에 취약한 점이 있다.
- 문제에 당면하였을 때 해결보다는 회피를 한다(대인관계 회피, 인터넷 몰입, 부모와의 대화단절).

④ 문제의 촉발요인과 유지요인
- 촉발요인 : 과거 학교폭력의 경험, 아무에게도 도움을 받을 수 없었다는 절망감, 아버지의 일방적인 지시와 무관심이 문제적 행동을 유발하였다.
- 유지요인 : 부모의 바람직한 양육의 부재, 현실도피적 행동과 무기력함, 교우관계의 차단이 문제행동을 유지·강화시키고 있다.

⑤ 상담의 개입방법
- 학교폭력의 외상을 치유한다.
- 자신의 가치를 발견하고 노력하면 무엇이든 할 수 있다는 자신감을 가지게 한다.
- 인터넷 중독의 상태에서 벗어나 자신의 진로를 설정하고 달성하기 위하여 노력하게 한다.
- 친구에게 먼저 다가서고 친해지도록 격려하고 친구와의 활동을 증가시킨다.
- 부모상담을 통해 부모의 사과, 관심과 애착형성, 의사소통의 활성화를 도모한다.

② 무의욕과 방황

올해 대학교 1학년인 공 양(19세, 여)은 비싼 등록금을 내고 대학에 다녀야 하는 의미를 찾지 못하여 다음 학기에 휴학계를 제출할까 고민하고 있지만 선뜻 결정하지 못하고 있다. 중학교나 고등학교에 다닐 때도 항상 외톨이였고 대학에 들어와서도 마음에 맞는 친구가 없으며, 자신의 진로도 아직 미정이다. 자신이 왜 태어나서 공부를 하고 삶을 영위하고 있는지에 의문이 생기고 모든 게 부질없다고 생각하기도 한다. 전공은 국문학이지만 그렇다고 하여 문학적인 소질이 있다고 생각하지도 않고 전공과목에 대한 취미도 없다. 대학입학은 아버지의 강요에 의한 것이었고 전공은 그냥 성적에 맞추어 지원한 것이다. 공 양은 최근 들어 자신의 처지를 생각할 때 잠을 잘 잘 수 없고 두통과 복통 증상을 느끼고 있다.

공 양의 어머니는 2년 전에 아버지의 생활 무능력과 구타를 견디지 못하여 집을 나가버렸다. 어머니는 가출 이후 연락을 끊고 있어 어디에서 무엇을 하고 있는지 모르는 상태이다. 공 양은 어머니가 없는 세상이 외롭기 그지없다고 느낀다. 아버지는 친척의 주선으로 인근 공장에 취직하여 잡역부로 일하고 있다. 공 양은 초등학교 때부터 술 심부름을 잘하지 않고 엄마 편만 들고 동생들을 잘 챙기지 않는다는 이유로 아버지에게 많이 맞고 자랐다. 현재 집안일은 공 양의 차지이고 두 남동생(고1, 중2)의 뒷바라지까지 하고 있다. 동생들은 공부는 뒷전이고 친구와 저녁 늦게까지 놀거나 컴퓨터 게임에만 열중이다. 집안 형편이 넉넉지 않아 공 양은 24시 편의점 알바로 자신의 용돈을 벌고 있다. 아버지와는 대화가 거의 없는 상태이며, 자신을 버리고 간 어머니를 원망하고 있고, 두 동생이 귀찮은 존재라고 여겨진다.

공 양의 무표정하고 무기력한 모습을 본 교수가 상담을 강력하게 권하여 대학 내 학생생활연구소의 상담사와 상담을 시작하게 하였다.

다음은 상담사가 작성한 사례보고서를 요약한 것이다.

1. 심리검사
   (1) MMPI-2
      - 타당도 척도에서 F(B) = 65로 상승해 있다.
      - 임상척도에서 Hs = 67, D = 59, Hy = 69, Si = 65로 다른 척도보다 상대적으로 높다.
      - 재구성 임상척도에서 RC1(신체증상 호소), RC7(역기능적 부정정서)의 점수가 69, 66으로 다른 척도보다 높게 나타났다.
   (2) SCT
      - 내가 가장 우울할 때는 <u>왜 사는지 모를 때이다</u>.
      - 내가 믿고 있는 나의 능력은 <u>아무것도 없다</u>.
      - 내가 바라는 여인상은 <u>모르겠다</u>.
   (3) TCI 유형 : L-H-H(자극추구-위험회피-사회적 민감성)

2. 외현적 특성
   - <u>조용하고 말이 없으며 상담사의 질문에 '예/아니오'만 간단하게 대답한다.</u>
   - 화장기 없는 얼굴, 액세서리 미착용, 편한 옷차림, 무기력한 모습이다.
   - 자신이나 가족에 대한 질문을 받을 때 대답 대신 눈물만 흘린다.

질문 01

요즘 한국 청소년들이 경험하는 어려움은 무엇이라고 생각하나?

| 답변 |

주관적인 대답이 나올 수밖에 없는 질문이지만 다음의 내용을 포함하면 그런대로 좋은 답변이 될 것이다.

① 과도한 학업의 스트레스와 성공압력
- 좋은 대학 입학을 위한 끊임없는 공부와 학습 관련 활동에서 소진되고 있다.
- 부모님들의 과도한 과외수업 압박과 높은 성적의 기대에 부담감을 느끼고 있다.

② 경쟁 위주의 사회구조
- 성공하기 위하여 타인 위에 올라서야 한다는 압박감에 시달리고 있다.
- 높은 학교 성적, 내세울 만한 경력과 자격 취득, 다방면의 경험과 지식을 취득하는 데 여념이 없다.
- 경쟁의 비인간적인 규칙과 기준에 시달리고 있다.

③ 인터넷 중독

핸드폰의 높은 보급률, 청소년 수련거리의 부족, 학업스트레스, 경쟁에서의 탈락 등으로 인터넷 중독률이 가파르게 증가하고 있다.

④ 성적인 유혹과 범죄 희생물
- 성에 대한 잘못된 정보의 범람, 청소년의 부적절한 성관계 등으로 10대 미혼모가 사회문제화되고 있다.
- 성의 상품화, 성향락 문화의 팽배 속에서 청소년들이 성상품의 희생물(N번방 사건 등) 표적이 되고 있다.

⑤ 가족의 해체
- 높은 이혼율로 인한 가족의 해체, 핵가족의 붕괴, 한부모가정의 증가 등으로 가정에서 이탈되고 방출되는 청소년이 늘고 있다.
- 이런 가족의 해체는 청소년의 가출, 범죄행동의 가담을 부추기고 있다.

⑥ 다문화 가정의 증가

빠르게 증가하는 외국인의 거주, 외국인과의 결혼 등으로 다문화 가정의 자녀로 느끼는 이질감, 소외감, 혼란감이 존재한다.

질문 02

상기 내담자의 부친과 면담이나 상담을 하고자 할 때 어떤 점을 주의하여야 하나?

| 답변 |

① 한부모 가정의 어려움을 표현하거나 동정하여선 안 된다. 그 대신 가족의 생계를 책임지고 열심히 일하고 있는 점을 이해하고 격려한다.
② 아내의 가출을 자신의 책임이라는 인상을 주어서는 안 된다.
③ 내담자 체벌, 음주, 경제적 무능력 등의 문제점을 시사하거나 개선이 필요하다는 식의 언급을 해서는 안 된다. 부친이 이런 문제점을 스스로 인정하고 개선하도록 동기를 부여한다.
④ 자녀인 내담자가 여러 가지 심리적인 문제를 가지고 있고 아버지의 도움을 원하고 있다는 점을 부각한다.
⑤ 부모의 화합과 애정이 자라나는 자녀들에게 중요한 자산이고 자원임을 강조한다.
⑥ 상담을 하는 것이 자신의 문제를 고치려고 하는 것이 아니라, 위로받고 힘을 얻어 행복하게 살아가기 위함임을 전달한다.

질문 03

내담자의 내면적 어려움을 제시된 심리검사를 들어 설명해 보아라.

| 답변 |

① MMPI-2 검사
- 척도 2가 높아 우울을 어느 정도 경험하고 있다.
- 척도 1과 3의 점수가 상승해 있어 심리적인 문제의 신체증상화(두통, 복통)를 추정할 수 있다.
- 척도 10의 점수로 보아 수동적이고(대학진학), 부정적인 인지구조를 가지고 있으며(RC7), 대화의 단절로 인한 외로움과 삶의 의미를 찾지 못하고 있다.

② 문장완성검사
- 자존감이 낮고, 생활이 무의미하며, 자신의 존재감을 상실하였다.
- 자신의 정체성을 상실한 상태이다(내가 바라는 여인상은 <u>모르겠다</u>).

③ 기질 및 성격검사
- 자극추구가 낮아 경직되고 융통성이 없다.
- 위험회피가 높아 조심성이 많고 결심한 사항을 잘 실천하지 못하며 비관적이다.
- 사회적 민감성이 높아 감정이 쉽게 변하며 의존적이며 감수성이 예민하다고 볼 수 있다.

질문 04

상기 상담사례에서 당신이 상담사라면 어떤 상담목표를 세울 것인가?

| 답변 |

① 유기불안의 해소
- 어머니를 위하고 따르던 내담자에게 어머니에게 버림을 받았다는 상흔이 있을 수 있다면 이를 치유한다.
- 대인관계를 회피하려는 것은 '상대방이 자신을 언젠가 버릴 것'이라는 잘못된 믿음 때문일 수 있으므로 이를 수정한다.

② 삶의 의미 정립
- 자신의 존재 의미와 사는 의미를 재구성한다.
- 삶의 목표를 세우고 이를 실천하도록 한다.
- 과거 경험한 대상과의 관계를 투사하고 있다는 사실을 통찰하여 문제적 행동을 개선한다.

③ 의견 및 주장 표현력 증강
- 자신의 생각을 상대방에게 표현하고 요구하는 사항을 이야기하게 하는 훈련을 한다.
- 아버지의 입장을 이해하고 수용하도록 하며 대화를 재개한다.

③ 잦은 반항과 짜증

올해 초등학교 5학년인 박 군(11세, 남)은 불쑥 화가 치밀고 짜증이 나고 학교공부나 학원과제에 어려움을 느끼고 있으며, 자신이 해야 할 일을 대신 미리미리 챙기고 확인하는 어머니가 정말 싫다. 학원을 남보다 많이 다녀야 성적이 좋아지고 앞으로 훌륭한 사람이 될 수 있다는 어머니의 결정에 방과 후 학원 다섯 군데를 다니고 있는데, 박 군에게는 너무 힘들고 짜증 나고 귀찮은 일이다. 그래서 아프다는 핑계를 자주 대면서 학교나 학원을 빼먹기도 한다. 때로는 반려견을 아무런 이유 없이 발로 차는 행동으로 분풀이하고 있다.

박 군의 가족은 다음과 같다.
- 부(42세) : 하급공무원. 엄격한 완벽주의자로 아들에 거는 기대가 상당히 크지만 아들의 일에는 별로 신경을 쓰지 않는다. 아내의 고자질만 듣고 아들에게 버럭 화를 내고 체벌을 하고 있다. 아내에게 막말을 많이 한다. 자신의 낮은 직책에 항상 불만을 토로하고, 자주 직장 상급자를 비난한다.
- 모(41세) : 마트 계산원. 남편에게 순종적이며, 아들 성적이나 학원 또는 학습 활동에 지대한 관심을 가지고 준비하게 한다. 아들의 게임 과다사용을 자주 나무란다.

박 군은 아버지에게는 감히 대들지 못하지만 어머니가 때리기라도 하면 어머니에게 막말을 하고 발길질을 할 때도 있다. 요즘은 어머니를 아예 무시하며 가라는 학원도 빼먹고 핸드폰으로 게임을 하고 있다. 박 군은 게임만 잘하면 공부 따위는 할 필요 없다고 생각하고 있다.

박 군의 어머니는 아들이 요즘 급격히 태도가 불손하고 자신에게 대드는 것이 화가 나기도 하고 게임중독이 걱정되어 급히 센터 상담실로 데리고 왔다. 상담실에서 상담사를 만난 박 군은 왜 자기가 상담을 받아야 하느냐고 되묻고 화를 내었다.

1. 내담자의 MMPI-A 결과
   - 임상척도

Hs	D	Hy	Pd	Mf	Pa	Pt	Sc	Ma	Si
44	66	51	49	42	60	50	43	60	50

   - 내용척도(T > 65) : A-dep(우울) 71, A-cyn(냉소적 태도) 66, A-con 68(품행문제), A-lse(낮은 자존감) 65, A-las(낮은 포부) 67, A-fam(가정문제) 76
   - 병리척도(T > 65) : AGGR(공격성) 69

2. 내담자의 SCT
   - 나의 아버지는 <u>싫다. 화만 내고 내 말은 들어주지도 않는다</u>.
   - 나의 어머니는 <u>나를 이해하지 못하고 공부와 학원만 챙긴다</u>.
   - 친구들은 나를 <u>게임을 잘하지만 화를 잘 내고 욕을 많이 한다고 한다</u>.
   - 담임선생님과 나는 <u>사이가 좋지 않다. 기분이 안 좋을 때는 대든다</u>.

질문 01

과거 상담사례 중 가장 어려웠던 경험은?

| 답변 |

이 질문은 수험생의 개인적인 상담경험을 이야기해야 하는 것이지만 아래와 같은 사항이 포함된다면 좋은 답변이 될 수 있을 것이다.

① 첫 상담에 내담자가 고개를 푹 숙이고 아무 이야기도 하지 않았다. 간단한 질문에도 대답하지 않았으며 눈맞춤 역시 어려워하였다. 어떻게 대처해야 할지 막막하였다. 내담자의 침묵이 나를 불안하게 하였고 뭔가 이야기를 시키려고 노력하였지만 실패로 끝났다. 대충 상담을 끝내고 내담자가 나갔을 때 상담하는 것이 어렵고 내담자가 무서워졌다.

② 어머니의 손에 이끌려 상담받으러 온 내담자가 대뜸 자신은 상담받을 필요가 없다고 이야기하였다. 어머니가 상담을 받아야 한다고 하면서 억지로 상담센터에 자기를 데리고 왔다고 이야기하며 나에게 저항적인 반응을 보였다. 이런 내담자는 상담을 할 필요가 없다는 생각이 순간 들었고 혼을 내고 싶은 마음도 있었다.

③ 상담시간보다 20~30분 늦게 나타나거나 상담 약속시간에 아예 핸드폰을 꺼버려 받지 않았다. 그러한 태도로 내담자가 상담을 거부하고 있다고 생각하니 상담자로서의 자존감이 무참히 무너졌다. 그리고 그 내담자에 대해 큰 배신감을 느꼈다.

④ 내담자의 부모가 센터로 찾아와서 "상담을 통해 내담자의 변화를 바랐는데 내담자의 문제행동의 책임이 부모에게 있고 바람직하지 않은 양육방식의 결과라고 하던데 도대체 어떻게 된 것인가?"라며 불평하셨는데, 상담내용이 내담자를 통해 뭔가 잘못 전달된 것 같아 우선 사죄부터 하였고 내담자가 비밀유지의 약속을 깬 것에 대해 분노하였다.

⑤ 내담자의 문제를 듣고 이해하고 공감하는 과정을 되풀이하다 보니 소진이 심해서 상담하기 싫었고 내담자를 만나는 것도 힘들고 상담의 효과를 의심하기도 하였다. 내 생활 자체도 힘을 잃었고 상담사의 정체성도 잃었다.

⑥ 비행내담자를 상담할 때 언어와 행동이 불량하고 상담자를 무시하거나 위협적인 말투로 이야기할 때 두려움이 앞섰다. '행동수정이 불가능한 내담자도 있겠구나.'라는 생각이 들었다.

⑦ 내담자가 지금껏 상담을 받았는데도 변화되는 것이 없다고 불평을 늘어놓았을 때, 상담을 통해 목표로 정한 실천사항을 지키지도 않았으면서 그 탓을 자신에게 돌려 억울한 마음이 들었다.

질문 02

상기 사례에서 박 군의 상담 시 개입방법을 이야기해 보아라.

| 답변 |

① 부모상담을 병행한다(A-fam 76).
  - 부모의 바람직하지 않은 양육방식

아버지	어머니
• 내담자에게 화를 내고 체벌하여 내담자의 우울감과 공격성이 증가하고 있다. • 내담자에 대한 높은 기대감으로 인해 내담자가 부담을 느끼게 한다. • 내담자의 말을 들어주지 않는다. • 직장의 스트레스를 가정에서 표현하고 있다. • 내담자가 아버지를 원망하고 있으며, 가정불화와 가정 내 소외감을 경험하고 있다.	• 내담자를 이해하지 않는다. • 공부에 대한 압력을 너무 심하게 행사하고 있다. • 내담자를 비난하여 내담자의 자존감을 낮추고 낮은 포부를 갖게 한다. • 내담자가 어머니를 원망하고 있으며, 가정불화와 가정 내 소외감을 경험하고 있다.

  - 바람직한 양육방식의 전달
    - 내담자의 입장을 이해하고 경청하며 공감한다.
    - 내담자를 존중하고 독립된 인격체로 대우하며 내담자와 협의와 합의하는 과정을 거친다.
    - 내담자에게 관심을 가지고 칭찬하며 동기를 부여한다.

② 내담자 상담
  - 게임시간의 단축과 대안활동의 개발 및 실천
  - 공격적 행동(AGGR 69)의 소거
  - 스트레스 내성 키우기와 계획적이고 단계적인 학습활동 증가
  - 해결되지 못한 욕구의 파악(D 66)과 이의 건설적인 해소
  - 자존감의 회복(A-lse 65, A-las 67)을 위한 성공경험 쌓기

질문 03

내담자가 스트레스를 좋지 못한 방법으로 해소하고 있을 때 어떤 도움을 줄 수 있나?

| 답변 |

① 우선 스트레스를 받아 힘든 상황을 이해하고 공감해 준다.
② 스트레스를 주는 요인이 무엇인지 탐색하고 그 원인을 규명한다.
③ 스트레스를 주는 요인을 제거한다.
  • 부모에게서 오는 경우는 부모상담을 병행한다.
  • 과도한 학업부담에서 오는 경우에는 학업부담을 부모와 상의하여 경감한다.
  • 스트레스 내성을 증가시킨다.
    − 스트레스원을 도전으로 생각하고 이를 극복한다.
    − 스트레스를 초래하는 일이나 상황을 부정적으로 생각하지 말고 긍정적으로 생각한다(극복해야 할 대상, 자신의 능력을 시험하는 기회, 주위 사람의 도움받기, 누구에게나 있을 수 있는 문제라는 사실 인식하기 등).
④ 스트레스 해소의 부적절한 방법과 그에 따른 부정적인 결과를 알아본다.
  • 상대방에게 분풀이하는 경우 : 상대방과의 갈등과 싸움, 학교폭력 연루, 부모의 체벌로 가출 가능성 발생
  • 물건을 부수거나 벽을 주먹으로 내리치는 경우 : 신체부상, 물적 손실, 주위 사람의 나쁜 평판으로 인한 고립 자초
  • 자신을 소외하고 현실을 회피하는 경우 : 게임몰입, 등교거부, 친구관계 단절, 가출, 자해, 자살 등
⑤ 스트레스를 극복하는 방법을 익힌다.
  • 스트레스를 느낄 때 스트레스를 풀 수 있는 방법을 선택하여 실천
    − 산책하기, 음악 듣기, 운동하기
    − 즐거운 일 생각하기, 여행하기, 친구 만나서 놀기 등
  • 치료기법 활용
    − 스트레스 사건이나 상황의 제3자화(化)(스토리텔링 기법)
    − 인지행동적 기법 사용(자기 정서나 의견 표현하기, 인지적 왜곡 수정하기)
  • 현실치료적 기법 사용 : 내담자 강점이나 자원 이용하기
  • 게슈탈트적 기법 : 신체감각 일깨우기(Grounding 기법)

질문 04

내담자의 문제행동을 사례설명 또는 심리검사 결과와 연관 지어 설명해 보아라.

| 답변 |

① 공격성
- MMPI-A 임상척도에서 9번척도(Ma)가 약간 상승해 있고 내용척도에서 A-dep(우울)의 정도가 높아 수동적 공격성(핑계로 학교나 학원에 빠짐)이 보이고 병리척도에서 공격성의 점수가 높게 나온다.
- SCT에서 화를 잘 낸다. 욕을 많이 한다. 담임교사와 관계가 좋지 않다(대든다).
- 어머니에게 막말을 하고 대든다(발길질한다). 어머니에 대해 공격적 태도를 보인다.
- 아버지로부터 공격성을 학습한 것으로 추정할 수 있다.
- 반려견을 발로 찬다.

② 낮은 자존감
- MMPI-A 내용척도에서 낮은 자존감, 낮은 포부의 점수가 높다. 가정에 문제가 있음을 느끼고 있다.
- 공부는 할 필요 없고 게임만 잘하면 된다.

③ 부모의 그릇된 양육방식
- 아버지 : 내담자에게 화를 내고 체벌하고 있다. 내담자에게 관심을 주지 않는다.
- 어머니 : 학업에 과도한 부담을 안겨주고 있다. 비난하고 나무란다.

④ 게임 과의존 상태
- 게임만 잘하면 공부 따위는 필요 없다.
- 어머니가 내담자와 상담실을 찾은 이유 중 게임중독 우려가 있으며, 내담자는 학원을 빼먹고 게임을 한다.

4 대학응시 불합격과 자해

올해 대학시험에 떨어진 정 양(18세, 여)은 눈앞이 캄캄하다. 지난 고등학교 3년간 학원도 다니고 휴일에는 친구와도 만나지 않고 열심히 공부하였는데 지원한 대학 모두 불합격했다. 결과 발표 이후 일주일 넘게 자기 방에 틀어박혀 식사만 겨우 하였다. 친구의 전화나 담임교사의 전화를 일절 받지 않고 있다. 이를 보는 어머니는 그런 딸이 안타까웠지만 아무 말도 하지 않고 있다. 아버지는 딸에게 대학진학을 포기하고 그냥 공무원 시험이나 보라고 한다.

정 양은 자기 방 침대에 누워 멍하니 생각하다가 학교에서 자기보다 성적이 낮은 애가 당당히 같은 지망대학에 합격하였는데 자신이 불합격되었다는 것을 도저히 이해할 수가 없고 용납이 안 되었다. 심지어는 수능시험의 문제가 잘못 출제된 것이라는 생각도 들었다. 평소 무시하던 학교 친구들이 손가락질하면서 웃는 모습이 떠오르기도 한다.

정 양은 자신이 이렇게 괴로워하고 있는데 가족은 자신에게 전혀 관심을 기울이지 않는 것 같아 서운하고 화가 난다. 두 남동생은 서로 웃고 까불고 게임 이야기만 하고 있다. 이에 정 양은 죽고 싶다는 생각을 하기 시작하였고 자기가 죽어도 아무도 동정하지 않을 것이라고 믿고 있다. 최근 아버지의 자동차 부품공급 사업체가 부도가 나기 직전이라 아버지는 이리저리 바깥에서 도움을 구하느라 분주하시고, 소심한 어머니는 남편과 딸의 상황에서 어쩔 줄 몰라 하신다.

하루는 정 양이 책을 모두 찢고 탁상시계, 심지어 핸드폰을 벽에 던지고 분에 못 이겨 커터 칼로 자신의 손목을 그은 사건이 발생하여 병원에서 응급수술을 받고 퇴원하였는데 정 양의 상태를 걱정한 부모님이 서둘러 정 양을 데리고 상담센터를 찾았다. 멍하니 상담실 천장을 바라보던 정 양은 상담자가 자신의 어려운 처지를 이해하고 자신의 감정을 대신 표현해 주는 데에 울컥 눈물을 쏟았다.

1. 내담자의 MMPI-2(T > 70)
   - 타당도척도 : F 70
   - 임상척도 : 2번 척도 75, 4번 척도 72
   - 성격병리적 5요인척도 : AGGR 74, NEGE 70, INTR 68

2. 내담자의 SCT
   - 내가 앞으로 하고 싶은 일은 없다. 그냥 이 세상에서 사라지는 일이다.
   - 나를 가장 화나게 하는 것은 나의 무능함을 이제야 깨달은 것이다.
   - 내가 좀 더 어렸다면 공부를 좀 더 열심히 하였을 것이다. 가능하겠지?
   - 기적이 일어난다면 나를 대학 합격자로 만들고 싶다.

3. 내담자의 HTP
   - 집그림 : 왼쪽 아래에 아주 작게 그렸다. 선을 이어 그렸다. 문을 조그맣게 그렸지만 창문은 그리지 않았다.
   - 나무그림과 사람그림 : 필압이 약하고 작게 그렸으며 나무는 크라운과 기둥만 그리고 사람은 졸라맨으로 그렸다(얼굴은 원으로, 팔다리는 선으로 그림).

질문 01

내담자가 상담자에게 선물을 줄 때 받아도 좋을 경우와 받지 말아야 하는 경우를 이야기해 보세요.

| 답변 |

내담자나 내담자의 부모님이 상담자에게 선물을 건네는 경우가 흔하게 발생한다. 선물기준은 〈김영란법〉의 뇌물기준을 적용하기는 어렵고 상담사 윤리강령에서도 선물의 종류나 금액에 대한 정확한 기준이 없다. 저자 임의로 기준을 제시한다면 다음과 같다.

① 선물을 하는 시기에 따른 기준
- 상담을 시작하였거나 상담기간 중간에 별다른 이유 없이 건네는 선물은 금액이 작든 크든 간에 무조건 거절하는 것이 좋다.
- 상담이 종결될 때 내담자가 상담자에게 건네주는 선물은 내담자가 직접 만든 선물이거나 음료수, 빵, 과자류는 받거나 같이 먹는다. 그러나 학생의 신분으로는 부담되는 가격대의 선물은 받아서는 안 된다.
- 또한 내담자의 부모가 돈을 지불하고 구입하여 건네는 선물은 내담자에게 돌려보내면서 상담자가 감사하는 마음만 받겠다는 메모를 같이 보낸다.

② 선물의 가치, 형태에 따른 기준
- 일률적으로 가격을 설정할 수는 없지만 일반적으로 내담자의 경제적 여건으로 미루어 보아 과도하다고 판단되는(상담자의 어느 정도 주관적 판단개입) 선물은 사양한다.
- 현금봉투, 상담자용 의류(속내의 및 겉옷), 보석류나 액세서리 등의 선물은 받지 않는다.

③ 선물의 목적에 따른 구분
- 내담자나 내담자의 부모가 어떤 이유로 선물하는지 잘 모르거나 내담자를 잘 대해달라는 의도나 상담을 잘해달라는 부탁의 선물은 사양하여야 한다.
- 기타 상담관계를 왜곡시킬 수 있는 성질의 선물은 받지 않아야 한다.

질문 02

청소년상담사가 왜 개인분석을 받아야 하는지 그 이유를 이야기해 보아라.

| 답변 |

① 상담을 진행하는 과정에서 상담사 자신의 생각, 감정, 행동이 상담이 여러 면에 영향을 미치고 있다.
② 상담사 자신의 내면을 탐색하고 자신의 생각, 감정, 행동에 대한 통찰력을 높이는 자기분석은 절대적으로 필요하다.
③ 자기분석을 통하여 자신의 문제를 발견함과 동시에 자신의 한계를 정확하게 인식하게 되고, 이를 개선하여 자신의 상담 전문성을 높일 수 있다.
④ 상담자가 자신의 문제를 깊이 성찰하게 되면 내담자의 문제를 자신의 문제와 연계하지 않게 되어 상담을 바르고 객관적으로 할 수 있게 된다.
⑤ 자기분석 방법은 자기성찰(자신에게 던지는 질문), 자신에 대한 심리검사, 다른 상담사와의 대화, 수퍼비전 받기 등이 있다.

질문 03

상담사로 근무하고 있는데 선임자에게 그 어려움을 말했으나 해결되지 않는다. 이 경우 어떻게 할 것인가?

| 답변 |

이 질문은 상당히 개인적이며 객관적인 정답이 없는 것으로 판단되지만 다음과 같이 대답한다는 무난할 것으로 판단된다.

① 일단 선임자에게 다시 한번 어려움을 호소하거나 개인면담을 신청하여 자신이 그 어려움으로 인해 여러 가지 불편한 점이 발생하고 있음을 확실하고 명확하게 전달한다. 조직문화에서 선임자를 건너뛰고 차상위자나 센터장에게 바로 불편사항을 개진하면 차후 상급자와의 관계가 악화될 수 있기 때문이다.

② 어려움이나 불편사항을 재호소해도 별다른 조치를 해주지 않는다면 자신의 어려움을 공식화한다. 그러나 공식화할 경우 선임자의 방관이나 무조치는 지적하지 않는 것이 바람직하다.

③ 공식화하는 방법은 전체 직원이나 상담사들의 회의시간에 어려움을 호소하고 해결책에 대해 논의한다. 최고 상급자에게 바로 어려움을 이야기하고 해결을 요구하는 것은 조직적인 의사소통 체계를 흔드는 것으로 인식되어 좋지 않다.

④ 결정사항이 만족스럽지 못하더라도 바로 불만을 드러내는 것은 바람직하지 않다. 조직 내에서 해결을 위한 제도의 개선이나 새로운 방법의 도입, 예산의 신규 집행, 관련자나 관련기관의 협조 등의 사항이 관여되기 때문이다.

질문 04

상기 사례의 내담자와 상담한다면 심리검사 결과와 연계하여 상담목표를 세워보아라.

| 답변 |

상담목표	상담목표 설정근거
자살예방 활동	• MMPI-2에서 2번 척도가 높다. • MMPI-2에서 Pd 72, AGGR 74는 욕구좌절 시 부적응적 행동(자살이나 자해)을 감행할 수 있다. • SCT에서 죽음을 직접 언급하였다.
자존감의 회복	• SCT에서 자신을 합격자로 만들고 싶다고 하여 불합격에 대한 외상(外傷)을 표현한다. • SCT에서 학습부족 후회, 무능함의 깨달음을 표현한다. • HTP에서 작은 그림, 집그림에서 창문을 그리지 않았다.
실패의 재해석과 새로운 도전결심 세우기	• MMPI-2에서 F척도가 높다. • MMPI-2에서 NEGE(부정적 정서성/신경증), INTR(내향성/낮은 긍정적 정서성) 점수가 높다. • SCT에서 재도전 가능성을 시사하였다.

5 SNS상의 공격적 행동

고등학교 2학년에 재학 중인 채 군(17세, 남)은 학기 초 학교에서 공부를 잘하고 똑똑한 학생으로 교사들뿐만 아니라 다른 학생들의 부러움을 한 몸에 받고 있다. 외모도 준수하고 관심을 주는 여학생도 제법 있다. 그러나 채 군은 이런 인기 속에서 자신의 자존심을 너무 내세우고 거만한 행동을 할 때가 많아 점점 친구들이 채 군을 소외하기 시작하였다. 친구들과 다시 친해지려고 노력하였지만 모든 면에서 비판적이고 쉽게 남을 비난하며 상대방의 실수를 용납하지 않는 채 군의 행동이 달라지지 않아 채 군을 멀리하였다.

학교에서는 외톨이지만 SNS상에서 '정의의 목소리'라는 ID를 가지고 활발히 활동하고 있다. 정치, 경제, 사회, 문화의 여러 기사에 댓글을 달고 자신의 생각을 강하게 주장하기도 하며 특히 유명 연예인이나 정치인의 말이나 행동에 대해 악성댓글이나 비방하는 글을 자주 올린다. SNS상에서 제법 유명인으로 통하고 있다. 채 군은 언젠가는 자신을 싫어하는 사람에 의해 상해를 입을 것이라는 글을 당당히 SNS에 올리기도 한다.

그러는 중에 한 연예인의 명예훼손 혐의로 ID를 추적당하여 법원의 보호처분(2호) 결정으로 거주지역의 청소년상담복지센터에서 12시간 상담을 받게 되었다.

채 군의 상담을 맡은 상담사의 사례보고서의 요약은 다음과 같다.

1. 주호소 문제
   - 자신은 아무 문제가 없다. 나를 이상하게 보는 사람들이 문제다.
   - 정의롭지 못한 사회에 산다는 것이 힘들다.

2. 첫인상 및 행동특성
   - 약간 크고 마른 체형, 당당한 태도와 거침없는 표현
   - 상담과 상담사에 대한 관심이 많고 질문도 많이 함
   - 눈맞춤이 자연스러움

3. MMPI-A

Hs	D	Hy	Pd	Mf	Pa	Pt	Sc	Ma	Si
44	49	41	57	36	70	65	68	74	40

4. MBTI 검사유형 : ENTJ

5. SCT 내용에 대한 상담자의 진단
- 부모에 대한 태도 : 자신의 존재를 있게 한 대상이지만 지금으로서는 별다른 의미를 가지지 않는 대상으로 표현하였는데 부모의 무관심과 무관여를 엿볼 수 있다.
- 대인관계 지각 : 주변인들이 자신의 가치를 인정하면서도 일부러 평가절하하려고 한다고 생각하고 있어 대인관계의 문제를 가지고 있다.
- 여성에 대한 태도 : 사회적 약자로서 무한히 돌보아야 하는 대상으로 여기고 있다.
- 부정적인 것에 대한 태도 : 결코 용인해서는 안 되며 어떤 희생이 따르더라도 정의롭게 만들어야 한다는 신념이 강하게 부각되어 부정적인 편견과 자신을 과도하게 드러내는 태도를 엿볼 수 있다.
- 자아상 : 선량하고 열정적이며 타인의 눈치를 보지 않는 정의감으로 나타내고 있다.

질문 01

내담자와의 라포형성을 방해하는 요인은 무엇인가?

| 답변 |

상담자의 다음과 같은 태도나 행동은 내담자의 신뢰를 잃기 쉬워 라포형성에 걸림돌이 된다.
① 내담자의 처지나 상황에 대해 이해나 공감을 표현하지 않을 때
② 내담자의 주호소 문제를 청소년의 일반적인 현상이라고 치부할 때
③ 내담자가 피하고 싶은 주제에 대해 꼬치꼬치 질문하려고 할 때
④ 내담자의 말을 듣기보다는 말하고, 지적하고, 가르치려는 행동을 할 때
⑤ 내담자가 어려움을 겪고 있는 사항이나 상황에 대한 적절한 피드백이 없을 때
⑥ 내담자가 이야기할 때 주의집중을 하지 않고 쓸데없는 행동(전화를 받거나 상담 중 자리를 옮기는 등)을 할 때
⑦ 내담자에게 호기심을 보이지 않고 내담자의 외양(옷, 신발, 모자, 장신구, 머리염색 등)의 변화에 민감하게 반응해 주지 않을 때
⑧ 전문가라는 오만한 태도를 보이며 상담자의 자기노출이 없을 때
⑨ 부모의 대변인처럼 말하고 행동할 때
⑩ 내담자의 어려움 호소나 알고 싶은 사항에 대해 즉시성을 보이지 않을 때
⑪ 대화의 이면에 깔린 내담자의 욕구나 양가감정을 잘 파악하여 반영해 주지 못할 때

질문 02

사례의 내담자 강점(보호요인)과 약점(위험요인)은 무엇인가?

| 답변 |

① 강점(자원, 보호요인)
- 학교에서 공부를 잘하고 똑똑하다.
- 외모도 준수하고 과거 다른 학생의 관심을 받았다.
- 친구와 가까워지려고 노력한다.
- SNS상에서 활발히 활동한다.
- 상담에 대한 관심이 많고 질문을 한다.
- 자기 나름대로 정의감을 가지고 있다.

② 약점(위험요인)
- 자존심을 너무 내세우고 거만하다.
- 남을 비난하고 실수를 용납하지 않는다.
- 악성댓글을 달고 비방하는 글을 자주 올린다.
- 타인으로부터 신체적 상해나 불이익을 당할 수 있다고 생각한다.
- 사회의 정의롭지 못한 면만 보고 있다.
- 부모가 아무런 의미가 없는 존재로 생각하고 있다.
- 남이 자신을 평가절하하고 이상하게 보고 있다고 생각한다.
- (상담자의 진단에 따르면) 부정적인 편견을 가지고 있고 과도하게 자기를 드러내고 있다.

질문 03

집단 따돌림을 당하는 내담자에 대해 상담 초기는 어떻게 개입할 것인가?

| 답변 |

① 충분한 이해와 공감표현
　내담자의 괴로움과 힘듦 그리고 울분과 자책감을 충분히 이해하고 공감한다.
② 따돌림 상황의 정확한 파악
　• 내담자의 따돌림 경험 시작과 그 내용을 파악한다.
　• 내담자의 대응방식과 정서, 가해자의 특성을 파악한다.
　• 전반적인 대인관계 패턴(친구의 수, 교제의 방식, 친구와의 교류방식 등)을 조사한다.
③ 내담자 성격 또는 태도 진단
　• 가정의 양육환경과 부모의 양육방식의 정보를 수집한다.
　• 필요한 심리검사(BDI, MMPI-A, TCI, MBTI, HTP 등)를 실시한다.
④ 상담목표 합의와 상담의 방향 및 개입방식 설명

질문 04

상기 사례 내담자의 문제행동과 이에 대한 접근방법을 제시해 보아라.

| 답변 |

구 분	문제행동	접근방법
친구에 대한 행동	• 비난, 무시 • 거만함 • 타인에 대한 관용의 태도 결여	• 친구에 대한 배려, 존중, 경청의 태도를 가지도록 한다. • 누구나 장점과 강점이 있으며 이를 존중할 필요가 있다는 사실을 받아들이게 한다. • 따돌림은 친구를 무시하고 비난할 때 발생한다는 점을 수 긍하게 한다.
SNS 행동	• 악성댓글, 비방글 • 명예훼손 행동	• 공공적 인터넷 매체에서 갖추어야 하는 예절, 마음가짐을 배운다. • 상대방의 근거 없는 공격은 명예훼손의 범죄를 범하게 됨을 인지하게 한다.
잘못된 신념	• 남이 자신에게 해를 가한다는 믿음 • 모든 문제의 근원을 타인에게 전가 • 타인이 자신을 항상 비난하고 평가절하한다는 믿음 • 사회는 정의롭지 못하다는 편견	• 대인관계의 민감성, 피해의식을 저하시킨다. • 대인관계에서 오는 문제를 자신의 문제에서 먼저 찾도록 한다. • 상대방의 장점을 먼저 찾고 이를 칭찬하고 인정한다. • 상대방의 부정적 평가를 겸허하게 수용한다.
경조증적 행동(Ma)	• 편향된 정의감 • 타인의 눈치를 보거나 배려하지 않음	• 자신의 과잉행동적 성향을 통제하도록 한다. • 정의감의 의미(협조, 존중, 상생 등)를 수정한다.

제3절 2급 기출사례 - 2022년 21회

1 영웅심리

고등학교 2학년에 재학 중인 문 군(17세, 남)은 학교에서 짱으로 통한다. 학교 지각이나 결석은 전혀 없고 친구들 사이에서도 인기가 많다. 뛰어난 운동능력에 의리까지 있어 친구의 싸움을 말리거나 중재하기도 하고 상습적으로 친구들을 괴롭히는 학생들을 따로 불러 경고하는 등 학교폭력 지킴이 역할도 하여 교사들도 칭찬하고 있다. 게다가 문 군은 아주 어릴 적부터 하고 있는 태권도(4단) 덕분에 친구들 사이에서 싸움 실력을 널리 인정받고 있다. 교사들에게 공손한 태도를 보이고 있고 공부시간에 간혹 엎드려 자기는 하지만 수업방해는 하지 않고 있다. 방과 후에는 친구들의 문제를 나서 해결한다고 학원을 종종 빼먹고 해결사로 나서고 있다. 자신 학교의 선후배가 인근 지역 다른 학교 학생들에게 돈을 빼앗기거나 맞았을 경우 가해학생들을 찾아내어 합당한 대응을 해주기도 한다. 문 군은 친구들과의 의리를 지키기 위해 자신이 폭력행동을 할 수밖에 없다고 자신을 합리화하고 있다.

문 군은 자신의 남동생(중3)을 패주고 싶을 정도로 싫어한다. 자신을 무시하고 깡패라고 비웃고 심지어는 아버지에게 문 군이 하고 다니는 일을 고자질하겠다고 위협하고 있다. 동생을 과거 몇 번 때려 아버지(태권도 학원을 운영하고 있다)로부터 심하게 맞았고, 일주일간 외출금지 조치를 받아 등하교 이외에는 외출이 금지되어 친구들의 도움 요청에도 응하지 못하였다. 문 군의 아버지는 성격이 거칠고 아들들을 훈육한다고 주먹이나 발로 때리고 있다.

최근 자신을 "관종"이라고 업신여기고 선배 행세를 한다고 시비를 건 같은 학교 3학년 남학생을 때려 학교폭력대책심의위원회에서 일주일간 출석정지를 당하고 청소년상담복지센터에서 10시간 상담을 받으라는 결정을 받았다. 이런 심의위원회의 결정에 대해 문 군은 억울하다고 여기고 있다.

문 군의 심리검사 결과는 다음과 같다.
1. 내담자의 MMPI-2(T-score > 65)
   - 타당도 척도 : L-F-K는 47-70-55로서 삿갓형, F(B) = 73
   - 임상척도 : S = 77, Pd = 65, Pa = 68, Ma = 83

2. 내담자의 SCT
   - 나의 친구들은 <u>나를 항상 찾고 필요로 한다</u>.
   - 내가 정말 행복하려면 <u>남을 위해서 뭔가를 열심히 해야 한다</u>.
   - 나의 아버지는 <u>좋으신 분이다. 조금 단순하고 성을 내면 무섭다</u>.
   - 내가 화가 나는 것은 <u>남이 나를 무시하고 나의 가치를 인정하지 않을 때이다</u>.
   - 내가 두려워하는 것은 <u>친구들과 멀어지는 것이다</u>.

질문 01

본인이 화가 날 때는 어떻게 대처하나?

| 답변 |

이 대답은 상당히 개인적인 질문이지만 분노의 조절과 통제의 관점에서 다음과 같이 대답할 수 있다.

① 분노를 인식한다.
- 분노의 감정이 올라올 때 분노를 인지한다.
- 분노로 인하여 자신이 남을 때리거나 욕을 하거나 싸우거나 하게 된다는 것을 인식한다.
- 분노로 인한 행동의 결과가 자신에게 전혀 도움이 되지 않는다는 점을 깨닫는다.
- 스스로 분노에게 "음, 네가 화가 나는 모양이구나." 하고 말을 건넨다(제3자화).

② 분노를 지연하거나 통제한다.
- 순간 다른 생각이나 행동을 한다. 분노감정에서 벗어나기 위하여 주의를 다른 곳으로 돌린다.
- 화를 내기 전에 '상대방이 왜 그렇게 이야기하고 행동하였으며 그런 태도를 보였는가?'를 먼저 생각한다.
- 자신이 화가 났음을 상대방에게 말로 표현한다.
- 혼자 있다면 괴성을 지르거나 풍선 인형 등을 발로 차보거나 주먹으로 때려 화를 푼다.
- 가벼운 산책이나 운동을 한다.
- 스트레칭이나 음악을 들으면서 좋은 풍경을 머리에 그려본다.

③ 자신을 되돌아본다.
- 화를 유발한 사건이나 상황을 회상하면서 건설적인 대처방법을 정한다.
- 상대방을 이해하고 자신의 실수나 잘못의 여부를 체크해 본다.
- 분노를 유발하는 상대와의 관계를 재정립하거나 분노유발 환경을 개선한다.

④ 분노를 자주 느끼는 경우
- 자신의 분노조절에 문제가 있는지 상담을 받아본다.
- 스트레스 원인을 줄이고 밝고 명랑한 생활습관을 들인다.

질문 02

상기 사례의 문 군의 가해행동의 원인을 심리검사에서 찾아보고 추론해 보아라.

| 답변 |

① MMPI-2 결과
- 타당도 척도에서 S(과장된 자기제시)의 점수가 높아 자신을 '훌륭한 행동을 하는 사람'이라고 생각하며 자신의 공격적 행동을 합리화한다.
- F(B)(비전형 후반부 척도)의 점수가 높아 자신이 남과 다르다고 생각하며, 해결사(태권도 실력의 행사)로 나서고 있다.
- Pd(반사회성) 척도가 높게 나오는 것은 분노를 자주 느끼며 표출을 자주 하게 됨을 의미한다. 이에 Pa가 높아 피해의식과 상대방의 태도나 행동에 대해 예민하게 반응하게 되어 자신을 비난하는 3학년 학생을 구타하였다.
- 특히 Ma(경조증) 척도가 상당히 상승해 있어 자신이 중요한 사람이라고 인식하며 타인으로부터 부당하게 취급받는다고 생각되면 상대방을 공격하게 된다.

② SCT(문장완성검사)
- 자신을 친구들이 필요로 하고 도움을 청하는 대상으로 인지하고 그에 합당한 행동을 취하게 되어 완력을 사용하게 된다.
- 친구를 잃지 않으려고 하는 두려움이 공격적인 해결방식을 정당화하고 있다.
- 남이 자신을 무시하거나 인정하지 않을 때 분노를 느끼며 공격적인 행동으로 이어진다.

③ 기타 사례설명에서 유추할 수 있는 원인
- 학교에서 힘으로 문제를 해결하는 해결사로서 인정받고 있다.
- 폭력행동이 유일한 해결책이라고 믿고 있다.
- 아버지에게서 폭력적인 행동을 학습하였을 가능성이 높아 보인다.

질문 03

학교폭력 가해자 내담자가 자신의 처벌수위를 낮추기 위하여 심리검사 결과를 유리하게 해석해 달라고 한다. 이런 경우 상담자로서 어떻게 하겠는가?

| 답변 |

이 질문은 상담자의 윤리사항에 대한 문제이다.
① 상담자는 실시한 심리검사의 결과를 객관적으로 해석하여야 하며 의도적으로 내담자의 입장을 변호하거나 그 행동이 어쩔 수 없는, 필연적 결과라고 해석할 수는 없음을 분명히 전달한다.
　심리검사의 결과 공격성이 높거나 감정의 통제능력이 부족한 것은 자신의 성격적인 특성일 뿐이며, 그런 결과가 학교폭력 가해의 당위성이나 정당성을 의미하는 것은 아니라는 점을 강조한다.
② 심리검사의 목적에 대해 언급한다.
　• 내담자의 행동개선이나 심리적 문제를 해소하기 위한 상담목표와 전략을 세우기 위하여 심리검사를 한다.
　• 내담자는 상담자와 협력하여 자신의 성격을 잘 이해하고 자신의 약점을 개선하거나 보완하는 동기를 가져야 함을 강조한다.
③ 자신의 행동에 대해 후회하고 반성하여야 함을 강조한다.
　• 자신이 행한 행동은 원인이 존재하기는 하지만 자신의 의사결정에 의하여 행해진 것이며 이에 대한 책임을 져야 한다.
　• 누구나 다 문제점은 가지고 있으며 중요한 것은 이를 반복하지 않는 점이다.
④ 적극적으로 상담을 받아야 함을 전달한다.
　• 상담을 자신의 변화를 위한 기회로 이용하여야 한다.
　• 상담을 통해 상대방을 이해하며, 존중하고 수용하는 태도를 가지게 된다.

질문 04

상기 사례에서 더 탐색하고 싶은 사항을 이야기해 보아라.

| 답변 |

객관적으로 탐색할 사항을 한정하기는 어렵다. 그렇지만 다음의 사항들을 이야기하면 좋을 것 같다.
① 성장환경을 탐색함으로써 강한 인정욕구의 원인을 찾아본다.
② 친구관계(어울리는 친구의 수와 놀이, 노는 시간대와 장소, 화해하거나 조정하는 방법 등)를 좀 더 자세하게 파악해 본다.
③ 보유한 사회적 기술에는 어떤 것이 있고 어떻게 구사하고 있는지 살펴본다.
④ 부모의 양육방식이나 태도, 가족구조와 의사소통 방식을 탐색해 본다.
⑤ 추가적으로 MBTI, HTP, TCI, 로샤 검사 등을 실시해 본다.
⑥ 스트레스원과 스트레스 해소방법을 알아본다.
⑦ 학교부적응 상황(폭력행사, 해결사 역할)과 착한 학생의 태도(좋은 근태, 공손한 태도, 학교폭력 예방)를 보이는 불일치를 규명해 본다.

2 어머니와의 갈등

> 다음은 남궁 군(16세, 고1)을 상담하고 있는 상담자의 사례보고서이다.

1. 상담 신청계기

내담자가 어머니와 심하게 다투고 신체적인 위협까지 하고 있어 이혼하여 별거 중인 아버지가 남궁 군의 상담을 신청하여 아들과 함께 상담실을 방문하였다.

2. 내담자의 인적사항

고등학교 1학년에 재학 중인 남학생(16세)으로 부모는 2년 전부터 별거하고 있으며 현재 내담자는 어머니와 같이 살고 있다. 말이 없고 불안한 모습을 보였으며 상담자를 경계하고 눈맞춤이 이루어지지 않았다. 키는 중간이며, 자신의 감정을 잘 드러내지 않았다. 그러다가도 자신의 나쁜 기억이 날 때는 소리를 지르고 위협적인 행동을 보이기도 하였다.

3. 주호소문제
- 부가 이야기하는 내담자 문제 : 어머니에게 욕하며 위해를 가할 것 같은 행동을 취한다. 분노조절이 안 된다.
- 내담자의 호소문제 : 엄마가 사소한 일까지 간섭하고 공부하지 않는다고 나무라서 화가 난다. 내가 화날 때 엄마를 때릴 것 같아 불안하다.

4. 부가 전하는 내담자의 특성
- 스마트폰 게임에 열중하여 주말에는 거의 10시간 이상 하며 밤새는 날이 많다. 성적은 최하위이며 아내가 이를 지적하면 불같이 화를 내고 어머니를 무시한다. 중학교 입학하기 전까지는 착하고 말을 잘 들었다고 한다.
- 친구가 거의 없고 주말에는 잠을 자거나 게임을 한다. 학교에서는 친구와 어울리지 않고 지내다가도 친구와 시비가 벌어질 때는 무서운 기세로 친구를 공격한다.
- 고등학교만 졸업하면 바로 돈을 벌 것이라고 이야기하고 있다.

5. 부모의 이혼

부는 조그만 사업을 하다 실패하여 오랫동안 집에서 아무 일도 하지 않고 놀아 가정형편이 극도로 나빠졌다. 모가 4년 전부터 대형마트 계산원(Cashier)으로 근무하기 시작하면서 부부싸움이 잦았으며 갈등이 표면화되었다. 부는 아내의 이혼요구에 합의하였고 현재 친구 집에 기거하면서 내담자와 아내와 자주 연락하면서 지내고 있다.

6. MMPI-A
- 임상척도(T-score)

Hs	D	Hy	Pd	Mf	Pa	Pt	Sc	Ma	Si
61	68	51	55	47	63	65	42	60	40

- 내용척도(T-score > 65) : A-anx(불안) 68, A-ang(분노) 72, A-lse(낮은 자존감) 67, A-con(품행문제) 65, A-fam(가정문제) 77, A-sch(학교문제) 66
- 성격병리 5요인 : AGGR(공격성) 65, DISC(통제결여) 65

7. 상담목표와 전략
- 상담목표 : 좋은 인성 기르기
- 상담전략 : 어머니와 싸우지 않기, 핸드폰 적게 사용하기

질문 01

상기 사례를 이용하여 가능한 사례개념화를 해보시오.

| 답변 |

① 내담자의 문제
- 심리적 문제 : 부모의 잦은 갈등과 이혼을 목격하여 위축되고 자존감이 낮다.
- 행동적 문제 : 분노의 억제나 통제가 없어 화가 날 때는 그대로 표출하고 있어 모나 다른 친구에게 공격성을 드러내고 있다. IT 기기(핸드폰이나 PC)를 이용하여 과도하게 게임을 하고 있어 친구관계가 단절되고 성적이 하위권에 머물고 있어 자존감이 낮고, 대학진학을 포기한 상태이다.
- 정서적 문제 : 오랜 감정의 억압에서 정서적으로 불안정한 상태를 유지하여 정서통제가 되지 않는다(갑자기 소리 지르기). 분노를 느끼면 공격적인 행동으로 이어진다.

② 문제의 촉발요인과 유지요인
- 촉발요인 : 공격적인 행동, 감정의 억압, 분노조절의 어려움은 부모의 갈등과 이혼에서 영향을 많이 받았다고 추정된다.
- 유지요인 : 어머니의 간섭과 비난, 부모의 바람직한 양육의 부재, 과도한 게임과 무질서하고 무계획적인 생활, 낮은 자존감, 낮은 성적과 교우관계에서의 소외로 인하여 문제행동이 유지·강화되고 있다.

③ 상담의 개입방법
- 실추된 자존감을 향상한다.
- 게임중독의 상태에서 벗어나 자신의 미래 꿈을 설정하고 이를 달성하기 위하여 노력하게 한다.
- 부모의 별거는 어른들이 일이며 자신으로서는 어쩔 수 없는 일임을 받아들이고, 자신을 위한 노력이 부모의 관계를 개선한다는 점을 깨닫게 한다.
- 친구와의 교류를 활성화하고 사회적 기술을 배운다.
- 부모상담을 통해 부모의 화합과 재결합을 권유한다.

질문 02

초기 상담에서 예의가 없고 아무렇게나 욕설을 내뱉는 내담자에 대해 어떻게 대처할 것인가?

| 답변 |

① 내담자의 입장을 우선 이해하고 수용한다.
- 내담자가 거친 언행을 하고 있다는 점을 이야기한다.
- 혹시 좋지 않은 일이 발생하여 기분이 좋지 않은 것인지 물어본다.
- 아니면 평소의 말과 태도가 그러한지 탐색해 본다.
- 현재의 내담자 정서를 정확히 탐색한다.

② 내담자의 태도와 언행에 대해 상담자의 느낌을 솔직히 이야기해 준다.
- 상대방이 느끼는 공통적인 부정적 정서를 이야기한다.
- 대인관계에서의 문제점 발생 가능성을 전달한다.

③ 그러한 언행에는 이유가 있음을 확인시킨다.
- 내담자의 성장환경, 부모의 양육방식을 탐색한다.
- 친구관계와 사용언어, 놀이방식을 탐색한다.
- 과거 심리적 상흔이나 부모로부터의 학습여부를 확인한다.
- 불편한 정서의 처리방식의 고착여부를 확인한다.

④ 잘못된 신념의 여부를 확인한다.
- 거친 언행이 남자스러움이나 강함의 표시라는 믿음여부를 확인한다.
- 단순히 정형화된 습관인지의 여부를 확인한다.

⑤ 좋은 상담관계를 만들기 위하여 협력관계가 필요함을 강조한다.
- 작업연맹을 맺기 위해서는 서로 믿고 솔직히 소통하기 위해서는 서로를 존중하는 태도가 필요함을 이야기한다.
- 상대방을 이해하고 수용하고 존중하는 태도를 가질 수 있음을 확신시킨다.

질문 03

당신이 상담자라면 상기 상담자의 상담목표와 전략을 어떻게 수정할 것인가?

| 답변 |

① 사례의 상담자 상담목표와 전략에 대한 의견
- 상담목표가 너무 추상적이고 광범위하다.
- 좀 더 구체적이며 측정이 가능한 목표를 세우는 것이 바람직하다.
- 목표와 전략 간의 연계성이 없다.

② 상담목표와 전략
- 분노의 인식과 조절능력 기르기
  - 분노를 3인칭화하여 대화하기
  - 분노를 느낄 시 3분간 다른 생각을 하거나 자리 피하기
  - 타인과 다투지 않고 양보하기
- 게임 과다사용 습관 개선하기
  - 평일과 주말 게임시간 정하고 실천하기
  - 모와 게임시간 준수에 따른 보상 정하기
- 자존감 향상하기
  - 성적개선 단계적 목표 세우고 학습하기
  - 앞으로 달성하고 싶은 목표 세우기(대학진학이나 전공과목, 희망 직업)
  - 자신이 가치 있고 하면 된다는 존재임을 인정하기

질문 04

이 사례를 개입할 때 상담자가 주의하여야 할 점은 무엇인가?

| 답변 |

① 섣불리 모에게 대하는 태도가 바람직하지 않다는 사실을 지적하지 말아야 한다.
- 부모에 대한 원망감, 부모에 대한 간접적인 복수로 자신을 망가뜨리고 있을지 모른다.
- 분노의 표출과 공격적인 행동은 억압된 정서의 표출일 수 있기 때문이다.
- 윗사람에 대한 일반적인 예의나 부모에 대한 도리를 가르치지 않는다.

② 게임과다에 대해 문제가 있는 것으로 먼저 반응하지 말아야 한다.
- 게임 과다몰입은 스트레스의 회피, 괴로움의 망각을 위한 몸부림일 수 있다.
- 차라리 과도한 게임으로 인한 건강손실에 대해 걱정해 주어야 한다.

③ 친구가 없는 사항에 대해 안타까움을 표현하지 않는다.
- 내담자가 친구보다는 게임을 선택하였음을 인정한다.
- 친구의 중요성을 간접적으로 전달한다.

④ 고졸로서 돈을 번다는 것이 어렵다는 현실을 강조하지 않는다.
  대신 돈을 빨리 벌고 싶은 이유에 대해 물어본다.

③ 학교폭력 피해자의 자살생각

중학교 2학년인 팽 양(14세, 여)은 학급에서 '찐따'로 통하고 있다. 과체중과 느린 행동, 늦은 반응, 수업 시간 중 엎드려 자는 행동을 보이고 있다. 반 학생들이 대놓고 놀리기도 하고 팽 양의 물건을 숨겨 골탕을 먹이기도 하였다. 팽 양은 평소에 말이 없고 쉬는 시간에는 자신이 좋아하는 그림 그리기에 열중하며 점심시간에도 혼자 밥을 먹는다. 방과 후에는 집으로 곧장 가서 인터넷으로 연예인을 따르는 동호회에 가입하여 열심히 연예인의 상세한 정보를 자신의 블로그에 올리기도 하고 YouTube에서 방송도 하고 있다. 주말에는 자기 방에서 나오지 않고 있고, 라면이나 배달음식으로 동생과 끼니를 때우고 있다. 그러나 평소 우울한 기분 때문에 자기 손목을 몇 번 그었으며, 자살 사이트에 들어가서 쉽게 죽는 방법을 검색하기도 하였다.

팽 양의 가족사항은 다음과 같다.
- 부(사망) : 3년 전(당시 43세)에 건설현장에서 철근공으로 일하다 추락사고로 사망하였다. 생전에 건설현장을 따라 전국을 옮겨 다니며 건설현장의 임시숙소에 기거하였기 때문에 겨울철을 제외하고는 거의 집에 들어오지 않았다. 조용하고 말이 없었고 가정일과 자녀 문제에는 거의 무관심하며 방임하였다.
- 모(42세) : 남편이 재직하였던 건설회사 주선으로 집에서 멀지 않은 아파트 건설현장에서 함바식당(건설현장 근로자 식당) 주방에서 일하다 오후 늦게 집으로 돌아온다. 팽 양이 집안일을 거의 하지 않아 화를 내고 질책하고 있으며, 팽 양의 외모와 게으름을 탓하고 있다. 학교에서 팽 양이 어떻게 지내는지 전혀 모르고 있다가 담임교사가 전화로 팽 양이 왕따를 당하고 있음을 알리고 상담 권유를 하여 모가 서둘러 상담실로 팽 양을 보냈다.
- 남동생(초5, 11세) : 학원 다니기가 싫다고 하여 현재 다니지 않고 있으며, 거의 매일 게임을 하고 있다. 자신을 감싸며 두둔하는 엄마를 믿고 누나를 무시하고 반항적이며, 누나가 끼니를 챙겨주지 않는다고 고자질하고 있다.

상담실에 혼자 온 팽 양은 바닥만 주시하고 눈맞춤을 어려워하였으며 뭔가 불안해 보였고 상담사의 질문에 화들짝 놀라는 행동을 보였다.

1. 내담자의 MMPI-A 결과
    - 임상척도

Hs	D	Hy	Pd	Mf	Pa	Pt	Sc	Ma	Si
58	65	50	50	36	65	57	40	41	72

   - 내용척도(T > 65) : A-anx(불안) 68, A-dep(우울) 70, A-dep4(자살생각) 71, A-aln(소외) 75, A-lse(낮은 자존감) 68, A-las(낮은 포부) 70, A-sch(학교문제) 65

2. PAI(성격평가질문지)
    - 타당도 척도 : INF(저빈도), NIM(부정적 인상)의 점수가 높았다.
    - 임상척도 : ANX(불안), DEP(우울)의 점수가 상승해 있다.
    - 치료척도 : SUI(자살관련), STR(스트레스) 점수가 상당히 높은 편이다.
    - 대인관계 척도 : DOM(지배성)의 점수가 낮다.

질문 01

상담의 효과에 도움을 줄 수 있는 팽 양의 긍정적 자원은 어떤 것이 있나?

| 답변 |

긍정적 자원은 내담자가 지니고 있는 소망, 즐겨하는 행동, 사고방식, 어려움을 극복하려는 의욕이나 동기 등으로 상담에서 인지적, 정서적, 행동적으로 건강한 상태로 유인할 수 있는 요소를 의미한다.

① 그림 그리기를 좋아한다.
- 학교 쉬는 시간에 그림 그리기를 하고 있다.
- 이런 활동은 차후 자신의 자존감 향상과 미래의 장래희망 직업을 정하는 데 도움이 된다.
- 자신의 목표를 세우고 실천하는 밑거름이 된다.

② SNS상에서 활동을 열심히 하고 있다.
- 연예인의 정보에 밝고 같은 관심을 가지고 있는 사람들에게 어느 정도 정보를 제공하고 영향을 주고 있다.
- 이런 활동을 통하여 자신의 존재감이나 가치감을 느낄 수 있다.

③ 상담을 받으려고 상담실을 찾았다.
- 자신의 문제점을 어느 정도 인지하고 개선하려는 의지를 보이고 있다.
- 아직 자기개방 수준이 낮지만 라포가 형성된 후에는 상담효과가 상당히 있을 것으로 예측된다.

질문 02

상기 사례에서 팽 양이 보이는 사고, 정서, 행동을 심리검사의 항목과 연결해 보아라.

| 답변 |

팽 양의 사례	MMPI-A 높은 점수	PAI 높은 점수
말이 없으며 우울하다고 느낀다.	D척도	DEP
친구들로부터 소외당하고 있다.	A-aln	-
뭔가 불안해 보였고 상담사 질문에 화들짝 놀랐다.	A-anx	ANX
자살생각을 한다.	A-dep4	SUI
학교에서 따돌림을 당하고 있다.	A-sch	-

질문 03

상기 사례의 상담목표와 상담전략을 세워보아라.

| 답변 |

상담목표	상담전략
따돌림에서 벗어나기	• 가해자들에게 학교폭력 신고의 경고신호 보내기 • 자기주장과 의사표현 훈련하기 • 친한 친구 만들기
우울에서 벗어나기	• 자신의 장점이나 강점 깨닫기 • 장래의 꿈을 설정하고 이를 실현하기 위해 노력하기
생활습관 개선하기	• 수업태도 개선하기 • 어머니를 돕고 동생 돌보기 • 정기적으로 운동하고 군것질하지 않기
모와의 상담 병행하기	• 팽 양을 지지하고 격려하며 신뢰성 보이기 • 차별적인 태도 개선하기

4 애정욕구

정 군은 중학교 2학년 남학생(14세)으로 말이 없으며 점심시간에 학교식당에서도 잘 먹지 않는다. 수업시간에는 멍한 모습을 보이고 있고 선생님의 질문에 놀란 표정을 지으면서 무엇을 질문하였는지 다시 묻기도 한다. 반 친구들이 다가가 말을 걸어도 귀찮은 표정을 지으며 대화를 기피하는 모습을 보이고 있다. 쉬는 시간이나 점심시간에 친구와 놀지 않고 뭔가 골똘히 생각하고는 한다. 정 군은 스트레스를 느낄 때나 일이 잘 풀리지 않을 때는 자주 머리가 아프고 설사를 하여 학교에서 조퇴를 자주 하고 있다. 이런 정 군을 학교 Wee Class 상담교사가 관할 청소년상담복지센터로 상담을 의뢰하였다.

정 군은 과거 초등학교에서는 부모나 이웃 어른들의 귀여움을 독차지할 만큼 활동적이었으며 공부도 잘하였다. 그러다가 중학생이 되고 나서 학교성적이 눈에 띄게 떨어졌고 말수도 확연히 적어졌으며, 학원에 다니고는 있지만 국어, 영어, 수학 성적이 오히려 하락하는 현상을 보이고 있어 부모님의 애를 태우고 있다. 그런 정 군과는 달리 남동생(중1)은 반에서 회장을 맡고 있고 성적도 반 1등을 좀처럼 놓치지 않고 있어 정 군에게 실망한 부모님의 관심과 칭찬을 독차지하고 있다. 정 군은 태어날 때부터 동생이 자기보다 더 똑똑하여 그럴 수밖에 없다고 믿고 자신은 노력해도 안 된다고 생각하고 있다. 정 군의 아버지는 정 군에게 호통을 치며 나무라고 형이 동생보다 더 훌륭하여야만 집안을 이끈다고 이야기하고 있다. 정 군의 어머니는 정 군이 어린애처럼 잘 울고 여자애들이 좋아할 만한 곰인형을 항상 가방에 넣고 다니는 것을 나무라고 그 곰인형을 쓰레기통에 던져버렸다.

정 군의 아버지(44세)는 대기업 회사원으로 근무하고 있는데 진급이 늦어 직장생활에 불만이 많아 정 군에게 그 불만을 쏟기도 한다. 정 군의 어머니(40세)는 결혼 전부터 보험설계사로 근무하다 남편을 만나 결혼하였고 현재에도 그 일을 하고 있다. 정 군의 남동생은 욕심이 많고 형을 무시하며 부모의 사랑을 독차지하기 위해 뭐든지 잘하려고 노력하고 있다.

1. 내담자의 MMPI-A 결과
   - 타당도 척도

F1	F2	F	L	K
64	66	65	49	45

   - 임상척도

Hs	D	Hy	Pd	Mf	Pa	Pt	Sc	Ma	Si
76	63	71	32	68	58	60	39	41	70

2. 내담자의 JTCI 결과
   - 기질 : NS(자극추구) 70, HA(위험회피) 75, RD(사회적 민감성) 80, PS(인내력) 60
   - 성격 : SD(자율성) 41, CO(연대감) 39, ST(자기초월) 50, SD + CO(자율성 + 연대감) 43

질문 01

정 군의 문제와 그 가능한 원인을 이야기해 보아라.

| 답변 |

① 성적이 떨어지고 공부에 집중하지 못하고 있다.
- 초등학교 때 누렸던 부모와 이웃의 칭찬과 관심이 사라져 상실감과 자괴감이 생겼다.
- 중간 애착물인 인형이 쓰레기통에 버려진 후 애착을 느끼는 대상이 사라져 마음을 의지하고 위로받는 계기가 없어졌다.
- 형은 동생보다 더 나은 사람이 되어야 한다는 아버지의 강압적인 요구에 무력감을 느낀다.
- 동생보다 자신이 못하다는 열등의식이 생겨났다.

② 친구관계가 소원해졌다.
- 자기의 심리적인 문제에 집중하다 보니 친구와 사귀거나 교류할 마음의 여유가 사라져 버렸다.
- 내성적인 성격으로 자신의 감정이나 의사를 잘 표현하지 않는다.

③ 두통과 설사 증세를 자주 보인다.
  심리적인 문제가 신체의 증세로 나타나고 있다.

④ 잘못된 신념을 가지고 있다.
- 동생은 태어날 때부터 자신보다 똑똑하여 공부를 더 잘하고 있다고 믿고 있다.
- 그러므로 자신은 노력해 보아도 동생보다 더 잘할 수 없다고 생각한다.

※ 초등학교에서와 중학교에서 보이는 정 군의 확연한 정서 및 행동의 차이가 어디에서 기인하였는지 사례의 언급에서는 분명하지 않다. 그러나 부의 강압적인 양육방식과 어머니의 자녀에게 무관심하고 이해가 부족한 행동, 동생과의 차별대우가 가능한 원인이라고 추정할 수 있다.

질문 02

자녀를 비교하여 칭찬 또는 비난하는 부모에게 어떤 말을 해주고 싶은가?

| 답변 |

① 자녀들 간의 비교는 자신이 열등하다고 생각하는 자녀에게 큰 마음의 상처를 남긴다.
② 열등하다고 생각하는 자녀는 부모에게 배신감을 느끼고 자신을 더 망가뜨리는 방향으로 행동하게 된다.
③ 비교하여 나무라는 것이 열등한 자녀가 더 분발할 것이라고 생각하는 것은 큰 오해이다.
④ 비교하는 부모는 자녀를 사랑의 대상이라기보다는 자신의 욕구를 채워줄 수단으로 생각하는 경우가 많다.
⑤ 자녀는 각자 나름대로의 강점을 지니고 있으므로 강점을 부각하여 칭찬하여야 한다.
⑥ 뒤처지는 자녀는 부모를 원망하고 자기보다 나은 형제를 미워하고 배척하게 된다.
⑦ 가정의 화합은 실력이나 능력이 아니라 서로를 아끼고 보호하고 칭찬하며 격려하는 것에서 비롯된다는 점을 알아야 한다.
⑧ 뒤처지는 자녀를 더 격려하고 잘할 것이라는 신뢰감을 표현한다.

질문 03

심리검사의 결과를 이용하여 정 군의 사례를 설명하라.

| 답변 |

① MMPI-A
- L-F-K가 삿갓형으로 자신의 문제를 인정하지만 방어에 힘쓰며 해결능력이 없다.
- 건강염려(Hs)가 약간 상승해 있어 평소 자신의 건강에 상당한 우려를 나타내며, 이는 보통 상대방을 조종하려는 의도가 크다.
- 1-2-3 척도의 점수가 역삼각형으로 심리적인 문제의 신체화 특징을 보이고 있다.
- Mf의 점수가 높아 전통적인 남성역할과 거리가 멀어 수동적이고 내면 지향적이다.
- 어느 정도의 강박적인 사고(Pt)로 인하여 부정적 사건을 확대해석하고 있다.
- 10번 척도(Si)가 높아 열등감, 대인관계의 불편함, 과민성, 신체적 관심을 나타내고 있다.

② JTCI
NS(자극추구), HA(위험회피), RD(사회적 민감성)의 백분위 점수가 다 같이 높아 감수성이 풍부하고 타인의 반응에 과민하게 반응하지만 감정표현이 신중하여 심리적인 문제를 잘 유발한다(H-H-H형).

질문 04

본인이 관심을 가지고 있는 상담이론을 상기 사례에 적용해 보아라.

| 답변 |

수험생 각자가 선호하는 상담이론이 있겠지만 다음과 같은 사항이 포함되면 좋은 대답이 될 것이다.
① 인지치료의 인지적 왜곡 수정
  과도한 해석, 부정적인 확대해석의 인지도식을 수정한다.
② Adler의 개인상담이론
  가상의 목표를 세우고 우월을 향한 기본적인 동기를 자극한다.
③ 행동주의 상담의 정적강화 활용
  성적목표를 세우고 강화물을 제공한다.
④ 인간중심 상담의 충분히 기능하는 사람
  가치의 조건화에서 벗어나 스스로 문제해결을 하는 주체적인 사람으로 만든다.
⑤ 게슈탈트 상담이론
  - 빈 의자 기법으로 부모와의 대화를 시도하여 부모에 대한 미해결감정을 해소한다.
  - 자기부분들 간의 대화를 통해 대립되는 자신의 모습을 통합하게 한다.
⑥ REBT의 ABCD기법 활용
  선행사건과 비합리적 신념체계를 거치고 논박하여 합리적인 의사결정과 행동을 하게 한다.
⑦ 현실치료의 WDEP
  자신의 바람을 생각하게 하고, 현재 자신이 하고 있는 행동을 알고 이를 평가하여 자신의 바람과 행동이 서로 일치하지 않음을 깨닫게 하며 새로운 행동을 계획하게 한다.

5 시험실패

대학입시를 준비하는 공 양(18세, 고3)은 올해 수능시험에서 과목별 시간관리를 잘못하고 모르는 문제에 당황하여 한 어이없는 실수로 인하여 수능점수가 낮게 나오는 바람에 자신이 원하던 대학으로의 진학을 포기할 수밖에 없는 지경이다. 그렇다고 해서 이름도 생소한 지방대학에 가기에는 자존심이 허락하지 않는다. 공 양을 비롯해 2명의 남동생들도 공부를 잘한다고 이웃 사람들이 부러워하였는데 공 양이 수능시험을 망쳤으니 부모님의 실망이 엄청났다. 아버지는 공 양에게 공무원 시험을 준비하라고 호통치고 있다. 공 양은 대학을 절대 포기할 수 없다고 생각하지만 감히 아버지에게 그런 말을 못 하고 있다.

과거 공 양은 상위권 성적을 거두고 있어 다른 애들처럼 저녁 늦게 학원에서 공부하여야 하는데, 몸이 불편한 어머니가 집안일을 자신에게만 시키고 있어 공부시간이 줄어들고 있다고 생각하면 견딜 수 없다. 어머니를 생각하여 어쩔 수 없이 집안일을 하긴 하지만 공 양은 자신의 이런 처지를 불평하고 어머니를 원망하기도 한다. 거기에다 공부만 하고 다른 일은 자신에게 떠넘기는 남동생들(고1, 중2)은 그저 밉고 귀찮은 존재이며 자신들밖에 모르는 이기적인 애들이라고 여기고 있다. 공 양은 간혹 자신은 왜 이런 가정환경에서 태어난 것인지 생각하면 우울해지고 자신의 처지가 불행하다고 느낀다. 지금 심정으로는 당장 가출을 하여 대학에 진학하고, 하고 싶은 패션을 공부하면서 유명해지고 싶다.

공 양의 아버지(47세)는 시골에서 6형제 중 맏이로 성장하여 어려운 가정형편에서 고등학교만 졸업하고 공무원 시험에 합격하여 현재 세무공무원으로 근무하고 있다. 가족에 대한 책임감이 강하며, 맏이는 가족을 위해 자기희생을 불사하여야 한다고 믿고 있다. 공 양의 어머니(43세)는 남편과 같은 동네 출신으로 딸 부잣집 첫째로 성장하여 고등학교만 졸업하고 결혼 후에도 작은 기업의 경리로 계속 일하였는데, 3년 전에 교통사고로 허리를 크게 다치는 바람에 보행하기가 힘든 상황이다. 다행히 최근 남편 소유의 시골 전답이 아파트 단지로 개발되면서 가정경제는 풍족한 편이다.

공 양은 가족들이 자신을 이해하고 도와주지 않는다고 생각하고, 밤낮없이 공부만 하여 친구도 없는 자신을 생각하면 슬픔을 느낀다. 공 양은 또 부모의 강압적 태도에서 벗어나기 위해 '가출을 할까, 자살을 그냥 해버릴까?' 하고 고민하고 있다. 한 반 친구가 공 양의 고민을 우연히 알게 되어 공 양에게 청소년전화 1388을 알려주었고, 공 양은 전화 후에 상담실을 찾아갔다.

공 양의 심리검사 결과는 다음과 같다.

1. MMPI-A 결과

Hs	D	Hy	Pd	Mf	Pa	Pt	Sc	Ma	Si
45	68	53	41	58	72	67	40	42	69

2. MBTI 검사유형 : ISTJ

3. SCT 주요 내용
   - 나의 아버지는 <u>공무원이 되라는 말이 너무 싫다. 나를 너무 모르신다</u>.
   - 나의 어머니는 <u>나의 마음을 모르고 관심을 주지 않는다</u>.
   - 내가 싫어하는 것은 <u>어머니를 대신하여 청소, 빨래하는 일이다</u>.
   - 언젠가 나는 <u>대학에서 패션을 전공하고 패션계에서 유명해지고 싶다</u>.

질문 01

가출하겠다고 이야기하는 청소년을 상담할 때 어떻게 개입할 것인가?

| 답변 |

① 가출하려는 마음에 공감적 반응을 한다.
- 얼마나 어려운 일을 경험하였으면 가출을 결심하였을까?
- 어디, 그 사연을 이야기해 줄 수 있겠니?
- 음, 내담자가 가출하겠다는 마음이 생긴 것이 충분히 이해가 가는구나.

② 가출 이후의 구체적인 계획을 물어본다.
- 가출을 하게 되면 어디에서 생활할 생각인가?
- 다니던 학교는 어떻게 계속 다니려고 생각하는가?
- 부모에게서 받았던 경제적인 지원(용돈, 학원비, 의식주 비용 등)은 어떻게 해결하려고 하나?

③ 가출 후의 가능한 부정적 결과를 생각해 볼 기회를 준다.
- 개인위생, 비행청소년들과의 사귐, 위험한 성행동 가능성 등 가출에 따르는 위험성에 대해 이야기한다.
- 자신의 장래 꿈과 꿈 실현을 위한 기회가 사라진다는 점도 인지하게 한다.

④ 가출을 결심하게 된 원인을 질문하고 적절한 개입을 한다.
- 갈등을 해결하는 수단은 여러 가지이다.
  - 부모와의 갈등 : 부모상담을 병행하여 부모-자녀 간에 일치와 화합을 달성한다.
  - 경제적 빈곤 : 청소년으로서는 할 수 없는 일이므로 자신의 문제로 귀착하는 것을 경감시키며, 부모를 지지하고 부모에게 협력하면서 자신의 일을 더욱 열심히 하는 것이 더 바람직하다.
  - 성적 학대 : 상담자는 수사기관에 신고하여야 할 의무가 있다.

⑤ 어려움을 극복하고 자신의 꿈을 이루는 동기를 향상시킨다.
- 어려움은 노력하는 만큼 해결될 수 있다.
- 더욱 중요한 것은 가족 간의 화합과 이해, 사랑임을 전달한다.

질문 02

상기 사례에서 우선 어떤 점을 주안점으로 보고 접근할 것인가?

| 답변 |

① 공 양의 심리적 안정
- 수능시험의 실패에서 오는 절망감 경감하기
- 가출이나 자살의 위험행동 방지하기
- 재도전의 가능성 전달하기
- 아버지의 공 양 수능성적에 대한 불만태도 개선하기

② 가족갈등 다루기
- 아버지의 일방적인 진로결정과 강요 행동 개선하기
- 남동생들과 가사일 적절히 분담하기
- 부모의 공 양에 대한 관심과 이해, 사랑을 실천하기
- 공 양이 자신의 입장과 처지를 수용하기

③ 자신의 꿈 달성을 위해 노력하기
- 전공을 먼저 생각하고 다른 대학에 진학하기
- 자신의 포부와 장래계획을 부모님과 상의하고 협조 구하기
- 패션계에서 성공하기 위해 준비하기(패션학원이나 패션 관련 아르바이트 하기)

질문 03

내담자의 인지, 행동 및 태도와 심리검사 결과를 연계해 보아라.

| 답변 |

내담자의 인지, 행동 및 태도	심리검사 결과
• 우울하고 자기가 불행하다고 느낀다. • 가출하고 싶다. 자살생각을 한다.	MMPI-A D척도가 상승해 있다.
• 부모님이 나를 너무 모르고 있다. 부모를 원망하고 있다. • 공부만 한다고 친구가 없다. • 동생들이 밉다. 가족이 나를 도와주지 않는다. • 나에게만 집안일을 시키고 있다.	• MMPI-A Pa 점수가 높다. • MBTI의 ST 유형은 대인관계에서 미숙함을 보인다. • SCT상에서 부모에 대한 표현이 드러나 있다.
• 생각이 불안정하고 자신에 대한 의심과 우울을 느낀다. • 상상적 위험(가출이나 자살)을 하고 있다.	MMPI-A Pt 점수가 상승해 있다(이런 경우 2-7이 동반 상승하는 경우가 많다).
• 내성적이며 자신의 의사나 주장을 잘 표현하지 못한다. • 친구가 거의 없다.	MMPI-A Si 점수가 높다.

제4절 2급 기출사례 - 2021년 20회

1 우 울

대학교 1학년인 곽 양(19세)은 캠퍼스에만 들어서면 가슴이 답답하다. 자신의 문제가 해결되지 않은 처지에서 공부한다는 것이 아무런 의미가 없고, 목표를 두고 공부한다는 것이 무의미하게 느껴졌다. 그래서 강의실로 가던 걸음을 멈추고 학교 근처의 카페에 가서 멍하니 몇 시간을 보내다 집으로 돌아간다. 그러다 보니 대학성적은 바닥권이고 학기 초에 몇 개월간 사귀었던 남자친구도 곽 양의 어두운 표정과 무기력한 모습에 실망하고 멀어졌는데, 곽 양은 자신이 여성으로서 아무런 매력이 없는 탓이라고 생각하고 있다.

곽 양은 자신이 뭐든지 할 수 있다는 자신감과 현재 아무것도 하지 않는 자신에 대한 실망감이라는 양가감정에 시달리고 있다. 그리고 부모가 조만간 이혼할지도 모른다는 두려움에 휩싸이기도 한다. 대학친구들이 자신이 재미가 없어 자신을 멀리하고 있다고 생각하면서 절망감을 느낀다. 그러면서도 다른 친구들이 자신의 가정생활을 알까 봐 항상 긴장하고 있다. 이런저런 생각으로 다음 학기에는 휴학계를 내야겠다고 마음먹고 있다.

곽 양의 가족사항은 다음과 같다.

- 곽 양의 아버지(53세)는 중소기업 부장인데 최근 이사 진급에서 탈락하여 회사에 대한 분함을 감추지 못하고 집에 와서는 아내와 자녀들에게 분풀이를 하고 있다. 성격이 거칠고 공격적이며 가족들에게 매사 불만을 표시하고 욕설을 해댄다.
- 곽 양의 어머니(52세)는 가정주부로서 두 자녀를 줄곧 키웠다. 남편의 무시와 비난에도 불구하고 남편에 대해 한마디 불평이나 원망을 하지 않고 묵묵하게 가정을 지켜왔지만, 최근 우울증세가 심해서 병원에서 우울약을 처방받아 복용하고 있다. 매사에 무기력하고 눈물을 자주 흘리고 있다.
- 곽 양의 남동생(16세)은 고등학교 1학년인데 친구와 어울려 저녁 늦게까지 놀다가 집에 들어와 아버지와 항상 말다툼과 몸싸움을 벌이고 있다. 동생은 빨리 돈을 벌어 이 집을 벗어나고 싶어 하고 어머니와 누나가 불쌍하다고 이야기하고 있다.

곽 양의 심리검사 결과는 다음과 같다.

1. MMPI-A 임상척도

Hs	D	Hy	Pd	Mf	Pa	Pt	Sc	Ma	Si
62	78	61	44	39	54	62	43	45	71

2. SCT
   - 나의 가정은 <u>다른 가정보다 엄청 불행하다</u>.
   - 내가 정말 행복하려면 <u>나에게 관심을 기울이고 항상 위로해 주는 사람이 옆에 있어야</u> 한다.
   - 완전한 남성상은 <u>여자를 보호하고 사랑하는 남성</u>이다.
   - 나를 괴롭히는 것은 <u>내가 무엇을 해야 할지 모르는 일</u>이다.

질문 01

학교에서 집단 따돌림을 받고 있는 학생을 상담한다면 어떤 순서로 상담할 것인가?

| 답변 |

① 상담 초기
- 내담자의 괴로움과 힘듦 그리고 울분과 자책감을 충분히 이해하고 공감한다.
- 내담자의 따돌림 경험 시작과 그 내용을 파악한다.
- 주호소문제를 청취하고 상담의 구조화를 실시한다.
- 가정의 양육환경과 부모의 양육방식을 탐색한다.
- 필요한 심리검사를 실시한다.
- 상담의 목표를 합의하고 상담전략을 수립한다.

② 상담 중기
- 관찰과 심리검사 결과에 의거한 내담자의 성격적 특성, 대인관계 패턴 등을 탐색한다.
- 상담 개입방법을 정한다.
- 상담 개입을 한다(자신의 의사 및 주장훈련, 친구관계 개선, 가해자에 경고하는 용기, 교사나 부모로부터의 도움 청하기 등).
- 상담효과를 평가한다.

③ 상담 후기
- 상담 전체회기 내용을 전달한다.
- 내담자의 변화를 구체화하고 이를 평가한다.
- 미해결과제를 열거하고 미해결과제 해결을 위한 내담자의 결심을 받는다.
- 상담종결 예고에 따른 내담자의 정서를 다룬다.
- 추수상담을 안내한다.

질문 02

상기 사례의 내담자 상태를 인지치료 이론, 정신역동적 이론, 행동주의적 이론으로 설명한다면?

| 답변 |

① 인지치료 이론
- 아버지의 폭력에 장시간 노출되어 자신이 무기력하고 아무 일도 할 수가 없다고 생각한다(자동적 사고).
- 자신이 뭔가 해야 하는데 하지 못한다고 생각하고 죄책감을 느끼고 있다(개인화).
- 남자친구와의 소원함이나 친구와 멀어진 것이 자신의 외모 탓이나 평범함에서 기인한다고 생각한다(선택적 추상화).

② 정신역동적 이론
- 자신 가정의 문제를 노출하지 않으려고 하는 욕구로 불안을 느낀다. 이런 불안을 억압하기 위해서 사실을 회피하려고 휴학계를 내려고 하고 그 결과를 자신의 잘못으로 귀인하고 있다. 동시에 자신에게 처해진 역경을 해결해야 한다는 욕구가 또한 존재해서 양가감정을 경험하고 있다(내적 역동).
- 가정의 불화와 남자친구와 헤어진 것을 자신의 문제로 인식하고 무력함을 느낀다(내재화).
- 현실을 기피하고 실패를 자신에게 귀인하는 태도로 대인관계에서의 어려움이 나타나고 있다(대인 역동).

③ 행동주의적 이론
- 스트레스를 받으면 신체적 증세가 생기고(가슴의 답답함), 공부가 무의미하다고 생각해서 공부에 열중하지 않는 부정적인 학습된 행동을 보인다.
- 가정의 문제가 자신의 문제라고 괴로워하는 행동 습관을 가지고 있다.
- 미래를 부정적으로 생각하고 두려워하는 행동을 하고 있다.
- 어머니의 우울한 모습을 학습해서 유사한 행동과 태도를 보인다.

질문 03

현재 상담 중인 내담자가 자퇴결심을 하고 있는데 그 어머니가 상담자에게 그것만은 막아달라고 한다. 상담자로서 어떻게 할 것인가?

| 답변 |

① 우선 내담자와 모를 같이 상담한다.
- 각자의 생각과 의견을 논의하도록 한다.
- 각자의 입장과 주장하는 바를 경청한다.
- 이때 상담자는 내담자와 모의 대화에서 자신들의 욕구나 상대방에 대한 욕구를 잘 탐색한다.
- 쌍방의 주장이 결국 내담자를 위한 방안임을 언급한다.

② 내담자와 심층 상담을 진행하면서 적절한 개입을 시도한다.
- 자퇴의 이유가 모가 원하는 수준을 달성할 수 없다고 느껴 회피하는 경우
  - 더 노력하면 가능하다는 점을 전달한다.
  - 모의 요구수준을 자신에 맞게 조정 가능함을 인지시킨다.
  - 목표를 설정해서 노력한다면 거의 모든 일이 가능함을 일깨운다.
- 자퇴의 이유가 학교에서의 친구관계, 교사와의 관계와 연관이 있는 경우
  - 모로 하여금 학교 내에 내담자가 불편이나 괴로움을 느끼는 사항을 제거해 줄 것을 요청한다.
  - 내담자로 하여금 자신의 문제를 회피하지 않고 스스로 해결하는 능력을 높여준다.
- 자신의 꿈을 이루는 데 교육이 필요 없다고 생각하는 경우
  - 내담자가 무슨 일을 하던 학교 교육은 일을 하거나 자신의 인생을 영위하는 데에 직간접적으로 필요한 요소임을 전달한다.
  - 자신의 행동은 자신이 책임을 져야 한다는 사실을 깨닫게 한다.

질문 04

상기 사례의 MMPI-A와 SCT를 보고 언급되어 있는 내담자의 생각과 태도, 행동과 연관해 설명해 보아라.

| 답변 |

① MMPI-A
- 1번과 3번 척도가 어느 정도 상승해 있어 신체화의 증세가 나타나고, 그 때문에 내담자가 캠퍼스에 들어서면 가슴이 답답함을 느끼는 증세를 볼 수 있다.
- 2번 척도가 높아 자신의 현재와 미래, 환경을 부정적으로 보고 매사에 무기력해서 수업에 빠지고 휴학계를 내려고 하고 있다. 또 자신은 아무런 매력이 없다고 부정적으로 생각하고 있다.
- 7번 척도도 약간 높은데, 확산적인 사고를 유발하여 부친의 바람직하지 않은 행동으로 인해서 생기는 스트레스가 남자친구와의 이별, 친구관계의 소원함으로 연결되며, 이런 일련의 부정적인 신호가 2번 척도(우울)를 더 증폭한다고 볼 수 있다.
- 0번 척도가 높아 사회적 관계 시 수줍음이 많고 자신의 의사나 주장을 잘 못하며, 사람과의 관계맺음을 회피하고 있어 친구가 없고 소외감을 느끼고 있다.

② SCT

문장완성검사에서 부정적으로 인지하는 스키마를 가지고 있고, 항상 자신이 보호받기를 원하는 욕구를 지니고 있다. 또한 성장 시 부모의 잦은 갈등으로 자율성이 발달하지 않은 것으로 추정되어 진로발달 수준이 저하되어 있는 것 같다.

② 공격적인 태도

고등학교 2학년인 정 군(17세)은 학교 반장을 맡고 있는데, 반 친구들이 사사건건 자기결정에 불만을 나타내고 항의해서 고민이 깊다. 수업시간에 떠들고 화장실에서 몰래 담배를 피우는 학생들의 명단을 담임선생님에게 전달하고 나쁜 버릇을 고쳐주려고 했지만, 미온적인 선생님의 태도로 인해서 이름이 적힌 학생들의 비난을 한 몸에 받게 되었다. 정 군은 담임선생님이 아무런 조치를 하지 않자 담임선생님을 제치고 교장선생님과 직접 면담해서 그 친구들에게 학교에서 벌칙을 내려줄 것을 요청했다.

정 군은 의사결정을 단독으로 처리하고 친구들에게 통보하는 행동을 자주 한다. 집 가까이에 있는 제법 큰 교회의 고등부 대표직을 맡아 다가오는 교회 크리스마스 행사 준비를 하면서도 고등부 반의 몇몇에게 사전 동의 없이 일을 배당하고 그대로 하도록 지시했다. 그 학생들의 협조나 참여를 얻지 못하자 그들을 싸잡아 비난하고 목사님에게 이야기해서 그런 비협조적인 학생들은 신도의 자격이 없으니 교회에도 아예 못 나오게 해야 한다고 주장했다.

정 군의 아버지는 제조공장의 감독자이며 외국 근로자들을 함부로 대하다가 근로감독관으로부터 경고를 받았지만 그런 행동이 쉽게 사라지지 않고 있으며, 정 군에게 기회가 있을 때마다 "리더는 구성원을 잘 통제하고 지휘통솔 해야 한다"고 가르치고 있다. 정 군의 어머니는 아버지의 강압적이고 가부장적인 태도로 항상 자신에게 지시하고, 체크하고, 평가하는 것에 싫증을 느껴 정 군이 초등학교 2학년 때 가출을 해서 지금은 연락이 닿지 않고 있다. 그 이후 정 군은 고모와 친할머니의 손에 길러졌다.

정 군의 심리검사 결과는 다음과 같다.

1. MMPI-A
   - 임상척도(T score)

Hs	D	Hy	Pd	Mf	Pa	Pt	Sc	Ma	Si
44	49	51	60	38	71	65	50	68	44

   - 내용척도(T score > 65) : A-obs(강박성) 70, A-aln(소외) 69, A-ang(분노) 68, A-sch(학교문제) 65

2. MBTI 검사유형 : ESTJ

질문 01

청소년의 건강한 발달을 위해서 필요한 것은?

| 답변 |

① 청소년의 건강한 신체발달
- 고른 영양섭취와 바른 식생활습관
  - 인스턴트 식품(라면)이나 기타 정크푸드(햄버거, 피자 등)의 섭취 자제
  - 정해진 시간에 식사하기와 건강한 식단
- 적당한 운동과 휴식
- IT 기기(휴대폰, Tablet PC, PC 등)의 과도한 사용 피하기
- 질병의 조기발견과 치료

② 정서행동발달
- 부모의 민주적인 양육방식과 양육태도
- 좋은 부부관계 및 가족구성원의 친밀감
- 좋은 교사와 우정을 나누는 친구관계 맺기
- 성적 위주의 학교환경의 개선, 인지·정서·행동의 복합적 교육모듈 시행
- 청소년에게 유익한 사회환경 조성(예 유해업소, 유해매체, 유해환경으로부터 보호)

③ 인지적 발달
- 개인화되고 개별화된 교육과정의 시행
- 일방적인 전달식 교육이 아닌 쌍방향의 협의, 토론, 참여 교육의 실시

질문 02

내담자의 부정적인 사고나 행동은 무엇이며 그 원인을 기술된 사항과 심리검사 결과에서 유추해 보아라.

| 답변 |

① 부정적 사고와 행동
- 일방적인 의사결정과 자기결정의 준수 강요
- 처벌 위주의 처리방식
- 비난과 배척, 강압적인 태도
- 고양된 감정과 분노의 표출

② 원 인
- 6번 척도(Pa)의 점수가 높은데 이는 지나치게 논쟁을 좋아하고 남을 탓하기를 좋아한다. 그리고 자신의 견해나 태도가 매우 도덕적이고 경직되어 있다.
- 7번 척도(Pt) 또한 상당히 상승해 있어 매우 도덕적이고 자기 자신과 타인에게 높은 수준의 도덕적 행동을 요구한다. 완벽하고 양심적인 특성을 나타낸다.
- 9번 척도(Ma)가 높아 인지영역에서는 비약과 과장성을 보이고 행동영역에서는 과잉행동을 보이며, 정서 면에서는 불안정하고 흥분성과 기분의 고양성을 보인다.
- 내용척도에서 보면 A-ang가 높아(68) 분노를 쉽게 표출하며, A-sch가 65점이어서 학교에서 따돌림이나 저항의 대상이 되기도 한다.

질문 03

분노를 자주 느끼며 자신의 행동을 잘 제어하지 못하는 내담자에게는 어떤 개입을 하고 싶나?

| 답변 |

① 분노를 인지하고 분노를 자신에게서 분리해서 대화하기
② 명상음악 듣기, 명상하기, 주의를 딴 데로 돌리기
③ 풍선을 주먹으로 때리기, 큰 소리 지르기
④ 심호흡하고 숫자를 10까지 세기
⑤ 신체활동 하기(예 달리기, 자전거 타기 등)
⑥ 평소 감정의 자연스러운 표출 유도하기(예 말로 표현하기), 감정억압 하지 않기

> 참고
> - 위의 개입은 분노를 해소하는 개입이지만 분노조절장애를 가진 내담자는 아무래도 약물치료가 중요하다고 판단된다.
> - 분노를 스스로 제어하기 위해서는 내담자 스스로가 분노가 일어날 때 수반되는 신체적인 증세를 잘 인지하고 이에 따라 분노를 조절·통제하는 능력을 기르는 것이 필요하다.

질문 04

상기 사례의 상담목표와 전략을 이야기해 보아라.

| 답변 |

① 대인관계 개선
- 자신과 남의 생각과 의견이 다르다는 것 인정하기
- 의사결정하기 전에 서로 토의하고 합의하기
- 자신의 어려움을 시인하고 협조 구하기

② 타인을 위하는 행동 조성
- 타인 권리에 대한 인권감수성 기르기(의사존중, 경청하기, 자신의 우월성에 대한 인식수정)
- 타인을 위해 봉사활동 하기
- 타인을 배려하고 양보하며 칭찬하는 습관 들이기

③ 내재된 공격성 해소
- 행동하기 전에 생각하고 말하기 연습
- 아버지에게서 학습된 공격적 행동 소거

3 학교폭력 피해자

현재 고등학교 1학년인 남궁 양(16세)은 중학교 3학년 때 지속적으로 몇몇 친구들로부터 따돌림과 언어적인 폭력에 시달리면서도 부모나 교사에게 이야기하지 않고 참고 견디었다. 이번에 중학교를 졸업하면서 자신을 괴롭히던 학생 2명도 같은 고등학교로 진학하게 되었다.

그 2명의 친구들은 중학교 때처럼 남궁 양을 눈에 띄게 괴롭히지는 않았지만 남궁 양을 좀 모자라는 애로 소문을 내고 있다. 그들은 심지어 남궁 양의 바로 옆 반이어서 남궁 양은 쉬는 시간이나 점심시간에 그 학생들을 복도에서 마주치면 소스라치게 놀라고 두려워 피하고 있다. 자연스럽게 남궁 양은 학교에 가기 싫어하고, 아침에 어머니가 깨워 겨우 학교에 보내도 수업에 집중하지 못하고 멍하니 창밖을 보거나 몸이 아프다는 핑계를 대서 자주 조퇴를 하곤 했다.

고등학교까지 괴로운 생활을 하고 있는 남궁 양은 그때나 지금이나 아무런 도움을 주지 않는 교사들을 원망하고 있고 가족들이 자신에게 무관심하고 주의를 기울이지 않는 점이 서운하다고 느끼고 있다. 그리고 그 친구들에게 언젠가는 복수하겠다고 다짐하고 있다. 자신에게 이유도 물어보지도 않고 학교에만 보내려고 하는 어머니가 야속하고 밉다.

1. 남궁 양의 가족사항은 다음과 같다.
   - 부(47세) : 지방소재 중소기업의 사장. 사업이 잘되어 밤낮없이 일에 매달려서 주말에만 겨우 집에 들어오는데 집에서는 주로 잠을 자고 있다. 아버지는 소심하고 조그만 일에도 눈물을 보이는 딸을 한심한 인간이라고 생각하고, 자신이 자식 복이 없어 자녀들이 똑똑하지 못하다고 푸념하고 있다. 딸이 백댄서가 되겠다고 이야기했을 때 화를 내면서 학교를 그만 집어치우라고 호통을 쳤다.
   - 모(45세) : 남편의 부모님과 시동생 1명이 시골에서 올라와 함께 거주하게 되어 시댁 식구들을 챙긴다고 자신의 자녀에게는 관심을 제대로 기울이지 못하고 있다. 학교에 가지 않으려는 딸을 보고 단순히 공부하기 싫어서 그러는 모양이라고 이해하지만 약해빠진 애라는 생각을 지울 수 없다.
   - 남동생(13세) : 중학교 1학년인데 자기 일만 하고 누나에게는 무관심하다. 학교와 학원을 바쁘게 다니고 있으며, 집에 와서는 자기 방에서 공부하고 주말에는 친구들과 게임을 하고 있다. 성적은 상위권에 머물러 있다. 누나가 이유 없이 눈물을 보일 때 청승맞다고 핀잔을 주고 있다.

2. 내담자의 MMPI-A 임상척도

Hs	D	Hy	Pd	Mf	Pa	Pt	Sc	Ma	Si
58	72	50	50	52	66	57	43	41	70

3. JTCI(백분위 점수)
   - 자극추구 38, 위험회피 70, 사회적 민감성 52, 인내력 65
   - 자율성 25, 연대감 27, 자기초월 51, 자율성 + 연대감 44

질문 01

청소년상담자로서 자신의 역량을 어떻게 강화할 생각인가?

| 답변 |

상담별로 여러 가지 요소가 관련되어 일률적으로 답변하기는 어렵다. 그러나 다음 내용이 포함되면 좋겠다.

① 초급 상담자의 경우
- 내담자의 사례개념화를 잘하기 위해서 내담자의 호소문제, 내담자의 언어 및 비언어적 메시지를 잘 이해하고 내담자의 문제와 연관된 여러 가지 요소들의 영향을 분석해서 정확한 개입이 될 수 있도록 노력한다.
- 내담자를 어떻게 개입해야 할지 모르는 불안감을 줄이기 위해서 상담이론이나 상담기법을 열심히 공부해서 몸에 익힌다.
- 다양한 내담자를 간접적으로라도 경험하기 위해서 사례발표회나 동료의 수퍼비전 모임에 참석해서 상담 경험의 영역을 넓힌다.
- 상담 자체에 대한 불안감을 해소하기 위해서 최근 상담한 사례를 녹음해서 다시 들어보면서 놓치고 지나간 부분을 확인하고 다음 상담 때 다시 거론한다.
- 자신에게 맞는 상담기법을 심층적으로 습득해서 실시해 본다.
- 상담자의 역전이를 방지하기 위해 자신의 개인적 문제를 탐색하고 이를 해결한다.

② 중급 상담자의 경우
- 내담자에게 더욱 집중하고 주의를 기울이기 위해서 상담자 자신과 내담자에 대한 알아차림의 수준을 높인다.
- 상담을 진행하면서 중도에 종결(Drop)하는 내담자로 하여금 자신의 상담능력을 의심하지 말고 청소년의 특징이라고 생각한다. 그 내담자와의 상담 진행방식을 반성하고 수정해 본다.
- 효과적인 상담개입을 위해서 자신의 방식을 개발하고 이를 적용한다. 또한 자신이 잘하는 상담 개입방법을 더욱 발전시킨다.

③ 고급 상담자의 경우
- 타성에 젖어 자신의 알아차림이 부족하진 않은지 다시 한번 점검하고 정기적으로 수퍼비전을 받는다.
- 내담자를 직관적으로 판단하고 상담의 프레임을 예상하고 진행하는 것을 방지하기 위해서 항상 대안적 개입방법을 강구하고 적용한다.

질문 02

상기 사례에서 유의해서 상담을 진행해야 하는 부분은 무엇인가?

| 답변 |

① 과거 괴롭히던 친구와의 관계를 탐색할 때 학교폭력 피해자 트라우마와 관련된 신체적 증후가 생기는지 유의한다.
② 학교폭력 피해자인 내담자의 정서를 탐색할 때 두려움, 분노, 복수심, 자책감과 같은 정서들이 복합적으로 섞여 있기 때문에 학교폭력 피해자의 일반적 정서, 즉 두려움만을 이해하고 공감하는 태도를 보이는 것은 바람직하지 않다.
③ 학생이 학교를 기피하는 것이 좋은 해결책이 아님을 섣불리 인지시키려고 노력해서는 안 된다.
④ 위험회피의 점수가 높기 때문에 가해학생들을 향해 경고하고 맞서는 행동의 필요성을 언급하는 것 역시 내담자의 정서가 안정되고 상담자와 라포 형성이 되기 전에는 피해야 한다.
⑤ 어머니의 입장을 이해하고 수용해야 한다는 말을 해서 내담자의 저항을 유발해서는 안 된다.
⑥ 학교폭력에 대한 제도적인 접근(117이나 112 신고, 학교 책임자에 신고하기 등)을 하기 전에 내담자 본인과 가족과 충분히 협의하고 진행해야 한다.
⑦ 내담자가 신체적 증상(몸이 아프다, 수업에 집중하지 못한다)과 함께 불안과 우울을 수반하고 있는지 그리고 자살생각을 하고 있는지 주의 깊게 관찰해야 한다.

질문 03

내담자가 돌연 "선생님은 행복하세요?" 하고 묻는다면 무엇이라고 대답할 것인가?

| 답변 |

상담자 자신이 행복하다 행복하지 않다고 대답하기보다는 그 질문을 하는 내담자의 숨겨진 의도를 파악하는 것이 더 중요하다고 본다.
① "왜? 내가 행복하게 보이나 보지? 어떤 점에서 그런 생각을 했을까 궁금해지네."
② "남에게 행복하냐고 묻는 것은 자신이 행복하지 않다는 말처럼 들리네."
③ "행복한 것이 너(내담자)에게는 무엇보다도 더 절실하고 중요한 것 같네."
④ "행복한지 행복하지 않은지를 판단하는 것은 어려운 사항인데 네(내담자)가 행복해지려면 무엇이 달라져야만 하는 걸까?"
⑤ "혹시 네(내담자)가 행복한지 행복하지 않은지 먼저 이야기해 줄 수는 없니? 행복하면 무엇 때문에, 행복하지 않으면 무엇 때문에 행복하지 않은지 무척 알고 싶어진다."

질문 04

상기 사례의 MMPI-A에서 2-6-0척도가 나란히 다른 척도보다 상승해 있는데 이런 내담자의 특징은 무엇인가?

| 답변 |

① 2-6/6-2 상승척도쌍을 보이는 사람들은 우울하면서도 분노를 느끼고 있다고 보아야 한다. 자신 혹은 타인에 대한 분노이며, 타인에 대한 분노는 우울한 사람과는 달리 타인에게 표출하기도 한다(교사가 원망스럽고 어머니가 미우며, 괴롭히는 친구에게 복수하겠다고 생각하고 있다). 2번 척도의 영향으로 의존적이고 눈물을 잘 흘리고 자살생각을 하면서 6번 척도의 영향으로 대인관계는 원만하지 않은 특징을 보인다.
② 이에 0번 척도가 더해져 친구들에 의해 상처받은 경험으로 타인과의 교류를 더욱 회피하게 되어 학교 가기를 싫어하고 혼자 머물기를 원한다. 또한 감정의 억압이 이루어질 가능성이 높다.

4 무기력과 대인관계 기피

일반 고등학교 2학년에 재학 중인 박 양(17세)은 지난 중간고사 성적이 자신이 노력했음에도 불구하고 형편없이 나와 크게 실망하고 있다. 박 양은 자신의 능력이 그 정도밖에는 안 된다고 생각하고 무엇을 해도 안 될 것이라는 생각을 하게 되었다. 그래서 다니던 영수학원도 스스로 포기했고 학교 마치고 나서 바로 집에 와서 자신의 방문을 걸어 잠그고 가족과 전혀 대화를 하지 않고 있다. 박 양은 모든 것을 하기 싫어한다. 얼마 전 자신의 낮은 성적을 놓고 부모가 다투면서 서로 상대방의 탓으로 돌리는 대화를 들은 이후에는 공부도 하지도 않고 학교도 다니고 싶지 않다고 부모에게 눈물을 흘리면서 이야기했다. 박 양은 과거 중학교 때 평소 다른 친구를 무시하고 잘난 체하는 태도로 인해서 학교에서 영향력을 행사하는 애들로부터 모멸적인 대우를 받아 충격이 컸었다.

박 양의 아버지는 식품회사의 영업부장으로 음식점의 사장을 대상으로 영업을 하고 있으나, 2년째 계속되는 코로나로 인한 사회적 거리두기로 영업실적이 끝없이 추락해서 고민을 하고 있어 딸의 이야기만 나오면 화부터 먼저 내고 있다. 박 양의 어머니는 유치원 교사인데 박 양이 공부를 잘해서 좋은 대학에 가면 저절로 장래가 열리고 좋은 배우자를 만나 행복하게 살 것이고 믿고 있다. 그러다 보니 박 양에게 공부할 것을 계속해서 강요하고 있다.

학교에 가지 않는 주말에는 혼자 자신의 침대에 누워 거의 하루 종일 카톡을 하거나 유튜브를 보고, 인터넷으로 연예계의 소식을 들여다보고 있다. 어머니가 이런 딸이 걱정되어 고등학교 2학년인데 장래를 위해서 뭔가 해야 되지 않겠느냐고 짜증 섞인 질타를 하면 박 양은 눈물을 흘리면서 아무 말도 하지 않는다. 같은 반 친구가 자기는 졸업해서 네일아트나 메이크업을 하겠다고 하니 자신도 그런 것들을 해보고 싶다고 이야기했는데 "그것을 하기 위해서 지금까지 비싼 학원에 다녔느냐?"라고 아버지가 호통을 쳐서 고등학교를 마치고 바로 직업을 가진다는 이야기를 다시는 입 밖에 내지 못하고 있다.

박 양의 심리검사 결과는 다음과 같다.

1. MMPI-A
   - 타당도 척도

F1	F2	F	L	K
63	66	64	51	47

   - 임상척도

Hs	D	Hy	Pd	Mf	Pa	Pt	Sc	Ma	Si
63	78	62	44	45	61	66	54	39	69

2. SCT 중요 항목
   - 나의 친구들은 <u>내가 없을 때 내가 좀 열등한 애라고 흉을 볼 것이다</u>.
   - 나의 부모님은 <u>나에게 뭔가 확실한 것을 이야기해 주지 않는다. 공부만 열심히 하라고 한다</u>.
   - 내가 정말 행복하려면 <u>공부를 잘해서 부모로부터 칭찬받아야 한다</u>.
   - 나의 좋은 점은 <u>하나도 없다</u>.
   - 다른 가정과 비교하면 우리 가정은 불행하다. <u>서로 보살피지 않고 자기 주장만 한다</u>.
   - 어떻게든 잊고 싶은 것은 <u>시험에서의 나의 실수이다</u>.

질문 01

상기의 사례에서 박 양이 안고 있는 문제는 무엇이며, 그 문제는 어디에서 기인한다고 보는가?

_____
_____
_____
_____

| 답변 |

① 시험에서의 실패로 인해서 자신이 무엇을 해도 안 된다고 생각하고 있다.
　　이는 벡(Aron Beck)의 인지적 오류 중 선택적 추상화이다. 전체 상황이 아니라 부분적인 사건만 보고 그것을 토대로 해서 정확하지 않은 전체적인 해석을 내린다.
② 실패의 경험이 자신의 무능력과 가치 없음으로 일반화되었다.
　　이 또한 인지적 오류의 과잉일반화이다. 사소한 일을 과대평가해서 일반적인 경향으로 믿고 있다.
③ 가족과 자신을 분리하고 대화를 차단하고 있다.
　　스트레스의 대처나 극복 능력이 낮고 어려움을 회피하려는 이유이다.
④ 자신의 진로에 대해 아무런 결정을 하지 못하고 진로에 대해 부모와 갈등을 빚고 있다.
　　• 부모의 관심이 오직 성적에 있고 좋은 학교에 들어가기만 하면 된다는 생각으로 말미암아 내담자의 진로 발달이 되지 않고 현재 자기정체성의 혼란을 경험하고 있다.
　　• 친구들이 졸업 후 하고 싶다는 직업을 따라하려는 시도를 했다가 아버지의 비난을 받았다.
⑤ 인터넷을 과다사용하고 있으며 무기력에 빠져있다.
　　실패의 원인을 내부로, 안정적으로 그리고 통제 불가능한 것으로 돌리면서 더 이상 희망이 없다고 생각하고 이런 심리적 고통을 잊기 위해서 스마트폰을 과도하게 사용하고 있다.

질문 02

내담자의 사례개념화를 위해서 자세히 탐색할 문제를 3가지 이상 이야기해 보아라.

| 답변 |

① 박 양의 인지적 오류(왜곡)의 원인을 알기 위해서 스트레스를 유발하는 요소, 생활하면서 경험하는 부정적인 사건, 그리고 역기능적 인지도식을 탐색한다.
② 박 양의 미흡한 사회성과 사회적 기술이 부모의 양육태도와 양육환경에서 기인하는지를 탐색한다.
③ 박 양의 낮은 수준의 진로의식과 진로발달, 정체성의 미확립의 원인을 탐색한다.
그 이외에 다음을 탐색한다.
④ 박 양의 스트레스 대응방식, 대응능력, 극복능력 정도를 탐색한다.
⑤ 박 양의 우울과 감정억압, 그 이외의 심리적 문제를 탐색한다.

질문 03

학교폭력 가해자로 재판을 앞두고 있는 남자 내담자의 부모가 상담자에게 재판에서 서면으로 유리한 진술을 해달라고 부탁하고 있다. 상담자로서 어떻게 할 것인가?

| 답변 |

① 내담자의 재판을 앞두고 있는 부모로서는 상담자로부터 자녀에게 유리한 진술을 받으려고 하는 것은 당연한 심정이다.
② 상담자는 그 자녀의 심리적인 문제를 파악하고 이를 스스로 해결하도록 돕는 역할을 하지만, 내담자의 심리적인 문제가 범죄 관련 행동으로 발현되었다는 결론을 도출하는 것이 어려울 뿐만 아니라 법정에는 객관적인 근거(증거)를 필요로 하기 때문에 그 객관성을 확보하기는 더욱 쉽지 않은 일이다.
③ 또한 그런 진술서를 작성한다는 것이 상담관계 이외의 다중관계를 맺는 한 형태가 될 수 있으며, 차후 상담자의 진술서를 빌미로 피해자 측에서 제기하는 소송에 휘말릴 수 있는 가능성도 매우 크다.
④ 그러므로 내담자의 부모에게 상담을 받은 기간, 주호소문제와 상담의 효과 등 최소한의 범위 내에서 소속 상담기관의 장의 확인을 거쳐 상담확인서를 발급해 줄 수 있다고 이야기한다.

질문 04

상기 사례의 박 양을 상담할 경우 상담목표와 전략에 대해 이야기해 보아라.

| 답변 |

① 인지적 왜곡 수정
   과도한 해석이나 일반화의 인지도식을 수정한다.
② 친구관계 개선
   - 친구를 배려하며 돕고 칭찬한다.
   - 용기를 내서 착하고 자신에게 우호적인 친구부터 말을 건네고 사귄다.
   - 자신과 친구의 의견이 다를 때 다르다는 사실을 인정하고 수용한다.
③ 감정억압의 해소
   - 자신의 의사, 감정, 주장을 말로 표현한다.
   - 정기적인 운동으로 에너지를 발산한다.
④ 진로상담
   - 직업에 대한 지식과 이해를 높인다.
   - 자신의 적성이나 흥미와 부합하는 직업군에서 자신이 선호하는 직업을 선택해서 이를 성취하기 위한 진학계획을 세운다.
⑤ 부모상담 병행
   - 내담자에 대한 성취압력적 태도를 수정한다.
   - 민주적인 양육방식을 실천한다.
   - 지지하고 격려하는 태도를 형성한다.

5 절도

특성화 고등학교 자동차학과 1학년에 재학 중인 박 군(16세)은 키가 크고 미남이다. 그래서 학교에서 여학생들의 관심을 많이 받고 있다. 평소 옷도 명품 브랜드로 입고 다니고 있으며, 귀와 입술에 피어싱을 하고 있고 반지, 목걸이도 하고 다닌다. 여자친구와 방과 후에 데이트를 하며 레스토랑, 카페 등에서 같이 시간을 보내고 있으며, 여자친구가 아는 다른 학교의 여러 또래 애들과도 어울려 다니고 있다. 데이트와 친구들과 어울리는 데 드는 비용이 만만치 않자 이를 조달하기 위해서 주말에는 웨딩하우스의 식당에서 서빙 아르바이트를 하고 있다. 돈이 있어야 남들에게 잘 보일 수가 있고 남이 인정한다고 믿고 있으며, 앞으로 수단과 방법을 가리지 않고 돈을 많이 벌기를 희망하고 있다.

올해 여름방학 직전 옆 반의 학생들이 영어듣기 평가로 영어청취실로 이동해서 아무도 없을 때, 수업시간에 화장실 간다고 반 교실에서 나와 평소에 눈여겨보았던 옆 반 남학생의 명품지갑을 가지고 나온 혐의로 재판을 받아 2호 보호처분을 받았다(12시간 상담). 박 군은 자신이 훔치지 않았다고 강력하게 주장했지만, 박 군이 그 교실에서 나오는 것을 다른 한 교사가 목격했다. 또 며칠 후에 중고명품 사이트에서 분실되었던 지갑이 내담자를 판매자로 해서 올라와, 결국 피해자 학생 부모가 이를 결정적인 증거로 삼아 경찰서에 신고하고 소년부의 재판을 받게 되었다.

박 군의 아버지는 경제적 무능력과 아내를 구타한 탓으로 3년 전에 박 군의 어머니와 이혼한 후 연락이 닿지 않고 있고, 박 군은 현재 모와 같이 살고 있다. 어머니는 동대문의 봉제사로 근무하고 있는데 수입이 넉넉하지 않아 박 군에게 용돈도 못 주고 학원도 보내지 못하고 있다. 박 군은 고등학교 졸업 후에 바로 주식투자를 해서 떼돈을 벌겠다는 막연한 희망을 품고 있지만, 주말에는 아르바이트를 하고 평일에는 여자친구와 밤늦게까지 데이트를 하고 있어 자신의 미래를 위한 구체적인 준비나 학업에는 전혀 신경을 쓰지 않고 있다.

박 군의 심리검사 결과는 다음과 같다.

1. MMPI-A
- 타당도 척도

F1	F2	F	L	K
40	60	57	76	63

- 임상척도

Hs	D	Hy	Pd	Mf	Pa	Pt	Sc	Ma	Si
45	47	53	70	44	50	41	40	68	41

- 내용척도(T > 65) : A-ang(분노) 65, A-con(품행문제) 68, A-las(낮은 포부) 70, A-sch(학교문제) 66, A-trt(부정적 치료지표) 65
- 성격병리 5요인(T > 65) : DISC(통제결여) 68

2. MBTI 검사유형 : ENFP

질문 01

청소년상담 시 내담자와의 첫 대면이 중요한데 그 이유는 무엇인가?

| 답변 |

① 첫인상은 그 사람의 상태를 추정하는 데 기초가 되는 요소
② 내담자가 초기단계에서 상담자와 상담에 대해 우호적인 태도를 조성하는 요소
- 온화한 태도, 친절한 태도(미소와 행동)
- 자신을 우선적으로 대하고 대접하는 태도
- 센터에 온 것에 대해 칭찬하고 자랑스럽게 여기는 행동

③ 상담에 대한 저항을 완화하는 요소
- 많은 학생들이 유사한 문제를 경험하고 어려움을 느끼고 있다는 사실의 언급
- 상담이 문제가 있는 학생의 행동을 수정하거나 비난하는 것이 아니라는 사실의 인지
- 상담자가 부모의 편이 아니라 내담자의 편에서 생각하고 행동하는 사람이라는 사실의 전달

④ 상담자를 신뢰하는 태도를 만드는 요소
- 자신의 문제를 즉시에 파악해서 표현해 주는 행동
- 말 못 할 사정이나 욕구, 감정을 추정해서 상담자가 이를 표현하는 능력
- 내담자의 옷차림, 표정, 행동에 대해 민감한 반응을 보이며 언급하는 행동
- 자신의 문제가 심각하거나 중대한 사항이 아니라 감기와 같이 일시적으로 앓는 경과적 증세라는 말
- 상담의 전개방식과 상담의 효과의 개략적인 설명

질문 02

상담 종결 시 내담자의 부모가 상담자에게 내담자 편으로 선물을 보내왔을 때 상담자는 어떻게 해야 하나?

| 답변 |

① 상담자는 상담과 관련해서 어떠한 금품을 받아서는 안 된다.
② 그러나 상담현장에서 내담자를 통해 전달하는 선물이나 직접 방문해서 전달하는 선물에 대해 그 자리에서 단호히 거절하는 것은 내담자와 부모의 자존감을 상하게 하는 요소이기도 하다.
③ 금전인 경우는 금액 자체를 불문하고 수령해서는 안 된다.
④ 소액의 간식류(케이크, 음료수 등)는 감사하다는 의사를 전달하고 센터의 직원과 나누어 먹을 것을 이야기하고, 앞으로 그런 선물은 바람직하지 않다는 사실을 분명하게 전달한다.
⑤ 고액의 옷이나 기타 선물은 받기를 사양하고 마음만 받겠다고 이야기한다. 억지로 놓고 가는 경우는 할 수 없이 내담자를 통해 반송하거나 센터의 장에게 이를 보고하고 처리를 의뢰한다.

질문 03

상기 내담자의 욕구와 행동을 연계해서 설명하고, 내담자의 인지상의 문제는 무엇인지 말해보시오.

| 답변 |

① 남에게 잘 보이려는 욕구(타당도 척도에서 L이 다른 척도보다 상승되어 있다)에서 남과 차별적으로 액세서리(반지, 목걸이, 피어싱)를 하고 다닌다.
② 경제적인 풍부함이 친구관계를 잘 맺는 요소라고 믿고 있다. 돈에 대한 욕구가 상당히 높아 주말에 알바를 하면서 돈을 벌고 있는데, 고등학생으로서 자신의 미래를 설계하고 이를 성취하기 위해서 노력하는 것은 미흡하다.
③ 수단이 불법적이고 비도덕적이라고 하더라도 목적만 달성하면 된다고 하는 욕구로 남의 물건을 훔치고 이를 현금화하려는 행동을 했다.
④ 가난으로부터 탈출하고 싶은 욕구로 돈을 많이 벌어야겠다는 생각을 하고 그 방법으로 주식 대박이라는 비현실적인 꿈을 꾸고 있으나, 그것을 실현시킬 준비도 하지 않고 있다.
⑤ 인지상의 문제
　• 돈이 있어야 남들에게 잘 보일 수가 있고 어머니와 같이 고생을 하지 않는다.
　• 나의 목적을 달성하기 위해서 어떤 수단을 사용해도 괜찮다.
　• 남에게 호감을 얻기 위해서는 남들보다 멋지게, 좋게 보여야 한다.
　• 자신의 장래목표를 달성하기 위한 구체적인 대안이 없고, 환상에 가까운 비현실적인 생각을 하고 있다.

질문 04

상기 심리검사와 사례내용을 근거로 해서 상담 시 상담자가 개입해야 하는 내담자의 문제는 무엇이고 어떻게 개입할 것인가?

| 답변 |

① 내담자의 문제(인지상의 왜곡)
- 남들의 인정과 부러움을 받기 위해서 돈을 많이 벌어야 한다.
- 남에게 피해를 준다고 하더라도 나의 목적을 달성하면 된다.
- 남에게 호감을 얻기 위해서는 남들보다 멋지게, 달리 보여야 한다.
- 장래직업에 대해서 비현실적이고 막연한 기대감을 가지고 있다.

② 개입방법
- 도덕심을 향상시킨다(타인에 대한 배려와 존중, 반사회적 요소의 소거).
- 인지상의 왜곡을 수정한다.
- 흥미와 적성에 근거한 직업의 선정과 현실적 성취목표를 설정한다.
- 욕구의 지연과 통제능력을 향상시킨다.

제5절 2급 기출사례 - 2020년 19회

1 자 해

중학교 3학년 차 양(15세, 여)은 요즘 아무런 희망이 없다는 공허함을 느끼며 자신이 이 세상에서 혼자라는 것을 절감하고 있다. 차 양은 친한 친구들에게 자살하고 싶다고 자주 이야기하거나 문자로 보낸 적이 있다. 학교에서 수업시간에 연필 깎는 칼로 자신의 손목을 그어 피를 흘리는 바람에 수업 중이던 교사가 놀라 차 양을 급히 양호실로 데려갔다. 다행히 손목에 난 상처는 심한 편이 아니어서 양호교사가 응급처치를 하여 집으로 보냈다. 이때 양호교사는 차 양의 몸에서 여러 군데 칼로 벤 듯한 상처를 발견하였다. 학교 Wee Class 상담사가 차 양을 상담한 결과 아래와 같이 상담보고서를 작성하였다.

1. 자해 촉발원인
   - 스트레스를 받으면 그 스트레스를 해소하기 위해 한다.
   - 혼자라는 기분이 들 때 불현듯 자해하게 된다.
   - 자신이 앞으로 대학에 갈 수 있을까 하는 생각이 들 때 자해한다.

2. 학교생활
   - 초등학교 5~6학년 때는 성적이 상위권에 들었다.
   - 중학교에 진학하면서 성적이 중하위권에 머물렀다.
   - 평소 글쓰기를 좋아하였고 조용한 성격에 친한 친구는 1~2명 정도이다.

3. 가족관계
   - 부 : 변호사. 형사사건을 담당하고 항상 바빠 가족과 지내는 시간이 거의 없다. 가족의 일에 관여하기를 싫어하고 가족에 무관심하다.
   - 모 : 회계사 사무실 운영. 모 역시 항상 바쁘며 차 양 출생 직후 바로 친정어머니에게 맡기고 회사운영에 매달리고 있다. 그러다가 차 양이 학교에서 자주 자해한다는 것을 알게 된 이후에는 딸에게 좀 더 신경을 쓰려고 노력하고 있으나, 반복되는 자해가 실제 자살로 연결되지 않는다고 믿고 있어 별로 심각하게 생각하지 않는다. 딸의 그러한 행동에 약간 성가신 태도를 보이며 종종 딸과 의견충돌로 말다툼을 한다.

4. 양육환경
   - 출생 후~초등학교 3학년까지 : 이모가 양육하였다.
   - 초등학교 4학년 이후~현재 : 외할머니가 돌보고 있다.

5. 차 양의 특징
   - 담임교사에 의하면 머리가 비상하고 눈치가 빠르며 상상력이 뛰어나다.
   - 정서적으로 약간 불안정한 모습을 보인다.

6. 차 양의 MMPI-A
- 타당도 척도(T score > 65) : F 78
- 임상척도

Hs	D	Hy	Pd	Mf	Pa	Pt	Sc	Ma	Si
54	72	71	58	54	55	69	43	44	68

질문 01

청소년상담의 예방적 접근과 치료적 개입은 무엇인가?

| 답변 |

① 예방적 접근 – 청소년의 문제행동 발생의 가능성을 줄이는 접근
- 내담자의 자기이해 증진(신체적, 정서적, 행동적 이해)
- 사회 적응력 향상(대인관계 촉진 – 화해, 갈등해소 방법 익히기)
- 자존감의 향상
- 자기 정체성 확립
- 자신의 사회적·조직적·가정적 책임과 권한 숙지

② 치료적 개입 – 주호소문제와 관련한 직접적인 개입
- 각종 심리검사 실시 및 그 결과에 기초한 개입방법 결정
- 적절한 상담기법 활용과 심리적 문제해결
- 심적 문제를 촉발·지속·심화하는 요소(인지, 상황)의 소거 혹은 개선
- 기타 내담자의 지원과 여건 개선 도모

질문 02

상기 사례의 내담자의 저항행동은 무엇이며, 이에 대해 상담자로서 어떻게 개입할 것인가?

| 답변 |

① 저항행동
- 자해행위
- 우울감(공허함, 외로움)
- 자살언급

② 상담자의 개입
- 자해행위를 친구나 부모의 관심이나 인정을 얻거나 그들을 조종하기 위한 시도라고 본다면, 건설적이고 생산적인 다른 방법을 강구하고 실천하도록 한다.
    - 자신의 장점이나 강점(글쓰기)을 발휘하는 활동
    - 자신을 이해해 주는 친구 찾아 사귀기
    - 자신의 어려움을 친구에게 이야기하고 위로받기
    - 부모를 이해하고 수용하는 태도 가지기
- 우울감 치료(MMPI-A 2번 척도)
    - 부모와의 애착관계 형성(부모의 관심과 대화, 이해와 공감, 칭찬 등)
    - 자신의 가치 깨닫고 자존감 가지기
    - 자신의 진로를 설정하기(미래 직업, 고등학교와 대학교 진학목표 세우기)
    - 폭넓은 친구관계 맺기
    - 파국적 인지(강박사고 점수 상승)의 발견과 수정
    - 생명존중과 자살예방 활동
- 가족관계 개선
    - 원활한 의사소통, 가족 행사와 활동 증가 등
    - 가족상담 시행

질문 03

가정폭력으로 이혼을 청구한 성인 여자를 상담하고 있는데, 법원에서 상담기록을 요구한다면 어떻게 할 것인가?

| 답변 |

① 한국상담학회(KCA)의 상담사의 윤리강령 제7조(비밀보장의 한계)에 의하면 내담자가 학대를 당하고 있는 경우는 비밀보호의 의무가 없다.
② 더욱이 가정폭력은 상담자가 경찰서나 관계기관에 신고해야 하는 사항이다.
③ 이를 감안한다면 내담자의 동의를 받고 최소한의 범위에서 상담내용을 공개한다.

질문 04

상기 MMPI-A와 제공된 정보를 기초로 하여 차 양의 사례개념화를 해보아라.

| 답변 |

① 차 양은 우울감(D = 72)을 현저하게 느끼고 있다.
  • 원 인
    - 미래에 대한 희망이 없다고 생각하고 있고 혼자라고 여긴다(잘못된 신념 혹은 선택적 추상화 가능성).
    - 부모와 대화가 거의 없고 관심과 인정을 받지 못하고 있다.
    - 스트레스에 대해 취약하다.
    - 성장환경으로 볼 때 애착형성이 불안정하다고 볼 수 있다.
    - 친구관계가 제한적이어서 더욱 소외감을 느끼고 있다.
  • 우울감을 해소하는 방법 : 타인의 관심을 얻기 위하여 자해를 하고 있다.
② 3번 척도(Hy = 71)가 상승해 있다.
  • 대인관계에서 소외감을 느끼고 미성숙한 태도를 보인다.
  • 사고가 자기중심적이고 타인으로부터 주의와 애정을 요구한다.
③ 강박적 사고(Pt = 69)가 상당히 높아 심리적 불안정감과 열등감에 사고가 집중되어 불안감을 느끼고 우울감을 증폭시킨다.
④ 내향성(Si = 68)도 어느 정도 상승해 있어 혼자 있기를 좋아하며 자기비하를 자주한다.

② 이혼가정 자녀

대도시 인근 지방도시에 친할머니(74세)와 살고 있는 중학교 2학년 채 양(14세, 여)은 학교에서 친구들과 잘 어울리지 못하며, 쉬는 시간에는 주로 혼자 책을 읽거나 창밖을 우두커니 보면서 눈물을 흘리기도 한다. 점심식사 시간에는 같이 먹는 친구 없이 식당에 가서 혼자 밥을 먹고 교실로 올라와 책상 위에 엎드려 있다. 다른 친구들은 이런 채 양을 별로 신경 쓰지 않는다. 채 양은 좋아하는 과목의 수업시간을 제외하고는 수업 중에 그냥 엎드려 잔다. 이런 모습을 눈여겨본 담임교사가 청소년상담복지센터에 상담을 의뢰하였다. 상담사를 마주한 채 양은 눈맞춤을 하지 않고 상담사의 질문에 대꾸도 없이 고개를 끄덕이거나 가로젓기만 한다.

채 양의 부모님이 3년 전에 서로 이혼하여 채 양과 남동생(현재 초5)은 친할머니에게 맡겨졌는데, 할머니는 인근 공장에 가서 시간제로 일을 하고 집 옆에 있는 밭에서 여러 가지 작물을 재배하면서 살고 있다. 할머니는 연세가 많아 허리가 아프고 신경통을 앓고 있어 약을 오랫동안 복용하고 있다. 할머니는 자녀들만 맡기고 연락이 뜸하고 생활비도 보내주지 않는 아들을 원망하며 채 양이 공부에 소홀하거나 핸드폰으로 게임이나 채팅을 하고 있는 것을 보면 호통을 친다. 그러면서 자신이 전생에 죄가 많아 이 고생을 하고 있는 거냐고 푸념한다. 채 양의 남동생은 채 양과는 달리 쾌활하고 할머니를 잘 도와 할머니의 관심과 칭찬을 독차지하고 있어 채 양은 차별대우를 받는다고 서운하게 생각하고 있다.

채 양은 어머니의 소재나 연락처를 모르고 있으며, 아버지는 지방으로 다니면서 일을 하고 있어 채 양에게 연락을 잘하지 않고 명절 때에만 할머니 집으로 와서 며칠 머물다가 지방으로 다시 내려간다. 채 양은 아버지를 만나면 거의 말을 걸지 않고 서먹한 기분을 느껴 아버지를 피하고 있다.

채 양의 심리검사 결과는 다음과 같다.

1. 내담자의 MMPI-A
   - 임상척도

Hs	D	Hy	Pd	Mf	Pa	Pt	Sc	Ma	Si
50	76	51	45	43	62	61	51	44	67

   - 내용척도(T score > 65) : A-anx(불안) 65, A-dep(우울) 78, A-sod(사회적 불편감) 70, A-sch(학교문제) 66
   - 성격병리 5요인(T score > 65) : NEGE(부정적 정서성/신경증) 68, INTR(내향성/낮은 긍정적 정서성) 70

2. SCT 주요 내용
   - 진정한 친구는 <u>나를 이해하고 관심을 가져주는 친구이다</u>.
   - 나의 아버지는 <u>있으나 마나 한 사람이다</u>.
   - 내가 늘 생각하는 것은 <u>내가 왜 사는가 하고 고민하는 일이다</u>.
   - 나의 어머니는 <u>얼굴도 이제 기억나지 않는다. 밉다. 보고 싶기도 하다</u>.
   - 우리 가족은 <u>없다</u>.

질문 01

요즘 청소년의 강점은 무엇이라고 생각하는가?

| 답변 |

정답이 정해져 있는 것이 아니고 수험생의 청소년에 대한 긍정적인 사고를 측정하려는 의도라고 생각된다. 하기와 같은 답변이 바람직하다고 판단된다.

① 관찰력이 뛰어나고 호기심이 많고 상상력과 창의력이 뛰어나다.
② 사물이나 현상을 고정적인 통념으로 보지 않고 항상 다르게, 독창적으로 보게 되어 새로운 것으로 변모시킨다.
③ 기존문화와 다른 자신들만의 문화를 창조한다(패션, 언어, 음악, 춤, 가치 등).
④ 기성세대의 압력에 굴하지 않고 저항하고 도전하여 자신의 가치관을 실현한다.
⑤ 항상 변모 가능하고 성장 가능한 무한성을 지닌다.
⑥ 새로운 것을 찾고 실험하고 시도한다.

질문 02

내담자의 주된 사고나 감정은 무엇이며 그 원인은 무엇인가?

| 답변 |

① 핵심감정
- 나는 이해받고 관심을 받고 싶다.
- 부모가 원망스럽다.
- 자신만을 나무라는 할머니가 서운하다.
- 친구들이 나를 무시하고 관심을 보여주지 않아 슬프다.

② 주된 사고
- 내가 흥미를 가지는 것 이외에는 아무것도 하고 싶지 않다.
- 사는 의미를 모르겠다.
- 상담자의 관심이 귀찮고 상담이 별로 도움이 안 될 것이다.
- 모든 사물과 현실을 부정적으로 생각한다.

③ 가능한 원인
- 부모의 이혼으로 할머니 집에 맡겨진 상황을 자신이 부모로부터 버림을 받았다고 생각하고 있다.
- 채 양의 낮은 연대감으로 인하여 친구들이 채 양을 대하는 것이 어려워 어울리지 못하고 있는 데 반해, 채 양은 친구들이 자신을 먼저 이해하고 관심을 가져주어야 한다고 판단하고 있어 소외감이나 외로움을 더 많이 느끼게 된다.
- 내향적이고 부정적인 정서성으로 사회적인 불편함을 느껴 친구를 멀리하고 우울과 불안감을 더 강화하고 있다.
- 생활에서 오는 여러 가지 스트레스를 해소하거나 회피하기 위해 스마트폰을 과도하게 사용하고 있다.

질문 03

상담실에 나타난 채 양과 라포 형성을 위하여 할 수 있는 일은 무엇인가?

| 답변 |

① 고개동작만 하는 것이 마음속으로는 많은 생각을 하고 있지만 이야기하고 싶지 않은 심정임을 이해해 준다. 그리고 자유롭게 이야기하기까지에는 시간이 필요하다는 점을 인정해 주고 표현해 준다.
② 눈맞춤이 안 되어 내담자를 바로 볼 수 없어 상담자의 마음도 무겁고 답답함을 솔직히 털어놓는다.
③ 상담자의 자기노출(과거 유사한 경험의 언급)을 하여 경계심을 누그러뜨린다.
④ 언어상담보다는 감정카드, 그림치료, 모래놀이, 놀이치료 등을 먼저 시도해 본다.
⑤ 간식제공이나 보드게임을 해본다.

질문 04

채 양을 상담할 때 상담 개입방향을 정해보아라.

| 답변 |

① 우선 내담자와의 라포 형성이 시급하다(구체적인 방법은 앞 질문의 답변을 참고).
② 부정적인 정서와 사고의 수정
  - 친구가 자신을 멀리하는 것이 자신에게서 비롯된다는 사항을 받아들이기
  - 부모의 이혼은 자신의 잘못이 아니며, 어른들 사이에는 이혼이 가능하다는 사실을 수용하기
  - 자신의 문제를 상담자에게서 도움받기
③ 친구관계의 개선
  - 친구를 사귀기 위해 자신이 먼저 다가가서 대화 시도하기
  - 자신에게 관심을 보이는 친구를 찾고 자신의 이야기를 먼저 꺼내기
④ 학교 부적응 개선
  - 자신의 미래 설계하기(적성검사, 진로탐색검사, 흥미검사를 통해 희망직업을 정하고 이를 성취하기 위한 진로계획 세우기)
  - 학업에 충실하기
⑤ 성취경험을 통한 자존감 향상
  학습목표나 성적 향상목표를 단계적으로 정하고 공부하기

③ 과도한 자기제시

중학교 1학년인 공 군(13세, 남)은 학교에서 공부를 잘하는 우등생이며 체육시간에 피구나 축구도 잘하고 이를 스스로도 자랑스러워하고 있다. 반 친구들은 공 군을 칭찬하고 부러워한다. 그런데 가끔 친한 친구들에게 갑작스럽게 '자신이 죽는 것이 해답'이라는 이야기를 던진다. 친구들은 처음에 공 군이 그저 객기를 부리는 것이거나 관종이라고 생각하였다. 하지만 점점 자살 이야기를 하는 빈도가 늘고 계획을 구체적으로 이야기하자 이에 두려움을 느낀 친구들이 이를 담임선생님에게 이야기하게 되었다. 학교 Wee Class의 상담교사도 해당 사실을 알게 되어 곧바로 관할 청소년상담복지센터로 공 군의 상담을 의뢰하였다. 그러나 공 군은 지금까지 자살을 시도한 적은 없다.

공 군의 아버지는 조그만 사업체를 운영하고 있는데 공 군이 공부는 하지 않고 친구들과 어울려 놀다가 저녁 늦게 들어오면 주먹으로 공 군을 구타하곤 한다. 공 군은 그때마다 늦게 귀가하게 되는 합당한 이유를 아버지에게 내세우지만 아버지는 공 군의 그러한 변명에 전혀 귀를 기울이지 않고 체벌 위주의 훈육을 하고 있다. 그래도 공 군은 꾹 참고 대항하지 않는다. 공 군의 어머니는 공 군에게 무관심하며 공부를 잘하는 애니 별 문제가 없다고 생각하고 있지만 남편에게 맞는 공 군이 안쓰러워 현재 자신이 다니고 있는 교회에 데리고 가려고 한다. 하지만 공 군은 갈 생각이 없다.

공 군은 상담 장면에서 매사에 적극적이었고 자신의 생각이나 감정을 조금 과장되게 표현한다. 자신은 상담이 좋으며 부모님을 자랑스럽게 생각한다고 상담자에게 보고하고 있지만 그 이유에 대해서는 명확하게 밝히지 않고 있다. 공 군은 자신의 주장이나 의견이 옳다고 하거나 자신의 과오에 대해 이런저런 변명이나 자기변호가 강하다. 친구의 대화에도 적극적으로 끼어드는 등 여러 가지에 호기심을 가진다. 그리고 정확한 증거 없이 자기주장이나 결론을 상대방에게 강하게 이야기한다. 상담자가 판단하기에는 너무 직관적으로 결론을 내고 즉흥적으로 행동하고 있다. 친구를 배려하고 동정심을 가진 것은 공 군의 장점이지만 인색한 점도 가지고 있다.

1. 내담자의 MMPI-A 요약
    - 타당도 척도(T score > 65) : L 66, K 65
    - 임상척도(T score > 65) : Mf 74, Ma 68
    - 보충척도(T score > 65) : R(억압) 65, IMM(미성숙) 70
2. 내담자의 JTCI(백분위점수)
    - 기질 : 자극추구 72, 위험회피 35, 사회적 민감성 80, 인내력 43
    - 성격 : 자율성 41, 연대감 58, 자기초월 10, 자율성 + 연대감 41

질문 01

상담경험 중에서 조기 종결한 경우가 있으면 그 이유와 함께 이야기해 보아라.

| 답변 |

상담별로 여러 가지 요소가 관련되어 일률적으로 답변하기는 어렵다. 그러나 내담자가 상담 중간에 종결(Drop)하는 경우는 일반적으로 다음과 같다.

① 비자발적인 내담자가 부모의 눈치를 보아 상담을 시작하였지만, 상담의 효과는 전혀 관심이 없고 3~4회기만 다니면서 상담을 하였다는 형식적인 요건을 채우려는 경우
② 상담자가 자신의 진정한 문제를 정확하게 다루어 주지 않을 경우
③ 상담자가 자신의 은유적인 표현이나 상징적인 행동을 잘 이해하지 못하거나 내면의 욕구를 정확하게 다루어 주지 않을 때
④ 내담자가 자신의 문제를 자신이 제일 잘 알고 있으며 상담자가 해결할 수 없는 사항이라고 생각할 때
⑤ 상담자의 상담 전문성에 대해 회의나 의구심을 가지는 경우
⑥ 내담자가 그 정도면 자신이 변화하였거나 개선되었다고 성급하게 생각할 때
⑦ 상담에서 상담자가 주도하여 자신을 이끌거나 과제 부여, 약속의 준수를 요구하여 부담스러울 때

질문 02

상기 내담자가 SNS를 통해 힘들다고 계속하여 글을 올리거나 개인적으로 연락을 한다면 어떻게 대처할 것인가?

| 답변 |

① 상담자는 일단 내담자가 힘들다는 점을 이해하고 공감한다.
② 내담자에게 상담시간 중에 자신이 힘들다고 생각하는 점을 구체적이고 집중적으로 이야기할 것을 부탁한다.
③ 내담자가 무시당하였다는 느낌을 갖지 않도록 하면서 상담 이외의 시간에 상담자를 호출하거나 메시지를 보내는 것은 상담자를 힘들게 한다는 점을 전한다.
④ 상담자의 사생활 보호가 중요하다는 인식을 가지게 한다.
⑤ 면대면 형식으로 이야기하는 것이 문제해결에 더 효과적임을 강조한다.
⑥ 내담자의 타인에 대한 의존성 상태를 탐색하고 적절한 개입을 한다(자율성과 책임감, 독립심의 제고).
⑦ 내담자의 욕구지연이나 통제능력을 향상시키기 위한 개입을 한다.

질문 03

학교 담임선생님과 상담자 본인 간에 내담자에 대한 진단이 서로 다를 때는 어떻게 할 것인가?

| 답변 |

① 학교 담임선생님은 많은 시간을 통해 내담자를 관찰하고 있어 그 나름대로 정확성이 높다고 할 수 있다.
② 그러나 학교 담임선생님은 내담자의 외현적인 행동이나 언어, 태도를 보고 판단하는 수준에서 진단하였을 가능성이 높다.
③ 이에 비해 상담자는 다양한 상담이론과 상담기법을 적용하고 일대일의 대면을 통해 세심하게 관찰하며, 내담자가 작업동맹적인 관계에서 하게 되는 진솔한 보고와 욕구의 표현, 나아가 여러 가지 심리검사 결과를 기초로 좀 더 정확하게 내담자를 진단할 수 있다.
④ 그러나 진단의 차이점에 대해서는 다음과 같은 방안을 활용한다.
 • 학교 담임선생님의 진단 이유나 근거를 수집한다.
 • 학교 담임선생님과 대화하여 진단 차이에 대한 차이점에 대해 의견을 나눈다.
 • 다양한 심리검사들을 시행하여 보다 객관적인 진단을 판단한다.
 • 두 사람의 진단내용을 내담자를 통하여 확인해 본다.

질문 04

내담자의 특징을 MMPI-A, JTCI 검사 결과에 기초하여 이야기해 보아라.

| 답변 |

① MMPI-A
- Ma의 점수가 68로서 어느 정도 사고의 비약과 과장성을 보인다.
  예 친구의 주의를 끌고 조종하기 위하여 자살 이야기를 불쑥 꺼낸다. 상담시간 중에 적극적인 태도를 보이고 자신의 생각이나 감정을 과장되게 표현하고 있다. 자신의 주장이나 의견이 옳음을 강하게 이야기한다.
- 타당성 척도에서 L과 K가 어느 정도 높게 나타나 자신을 좋게 나타내려고 하고 부정적인 언급을 회피한다.
  예 부모로부터 구타나 무시를 당하고 있지만 자랑스럽다고 표현하고 있다. 자기의 잘못에 대해 변명, 변호를 하고 있다. 상담에 대해 좋은 평가를 내리고 있다.
- R의 점수도 어느 정도 상승해 있어 자신의 감정을 억압하고 있다.
  예 아버지에게 맞아도 저항하지 않고 있다.
- IMM이 70점이어서 상당히 미성숙한 면이 있는데 (예문에서는 구체적으로 나타나고 있지만 않지만) 자살 이야기로 친구나 교사의 주의를 끄는 행동과 즉흥적인 행동은 미성숙에 해당한다고 할 수 있다.
- K점수가 65점으로서 자신의 약점에 대해서 어느 정도 방어적인 태도를 취한다.

② JTCI
- 자극추구(72)가 상당히 높아 새롭거나 신기한 자극에 민감하게 반응한다.
  예 친구의 대화에 적극적으로 끼어든다. 매사에 적극적이다. 즉흥적으로 행동한다.
- 사회적 민감성(80)이 높아 사회적인 보상신호에 강하게 반응한다.
  예 친구를 배려하고 동정심이 많다.
- 자기초월(10)이 낮아 상대방을 통제하고 조종하며, 소유욕이 높다.
  예 자살 이야기로 상대방의 주의를 기울이게 한다. 친구들에게 인색하다. 유물론적인 면이 강하다(교회 거부).

4 학교폭력

올해 고2인 선우 군(17세, 남)은 최근 학교 밖에서 다른 학생과 함께 동급생을 구타하였고, 학폭위에서 전학 이상의 처분을 받을 예정이었다. 그러나 선우 군의 아버지가 적극적으로 나서서 피해학생과 그 부모에게 사죄하고 학교장에게 다시는 그런 일이 없도록 지도할 것을 약속하여 선우 군이 모와 함께 상담을 받는 조건으로 해결되었다. 선우 군은 평소에 조용하다가도 화가 나면 참지 못하고 친구들을 때리거나 교사의 지시나 주의를 무시하고 막말을 하면서 대들기도 한다. 선생님들은 수업시간에 그런 선우 군을 무관심과 무시로 피하고 있다.

선우 군의 가족관계는 다음과 같다.
- 부(48세) : 학교 관할구역의 경찰서 강력계 형사이며 집에 들어오는 날이 손에 꼽을 정도이다. 자녀들을 아주 무섭게 지도하고 있으며, 특히 선우 군이 친구들과 놀다가 통금시간을 어기거나 게임을 하다가 발각되면 가차 없이 매를 들었다.
- 모(45세) : 가정주부. 두 아들을 키우고 있는데 몸이 약하고 지병이 있어 기본적인 가사만 돌볼 뿐 많은 시간을 방에 누워서 지낸다. 이로 인한 우울증이 있고 남편이 아들들에게 체벌을 가할 때 이를 막으며 남편에게 폭발적인 분노와 원망을 퍼붓고 있다.
- 남동생(15세, 중3) : 아버지는 무서워하고 있으나 형은 깔보고 무시하고 있다. 최근 병원에서 ADHD 진단을 받고 약을 복용하고 있다. 공부하는 시간보다는 핸드폰으로 게임을 하는 시간이 더 많다.

선우 군의 심리검사 결과는 다음과 같다.
1. 내담자의 MMPI-A
    - 타당도 척도

F1	F2	F	L	K
55	54	57	65	60

   - 임상척도

Hs	D	Hy	Pd	Mf	Pa	Pt	Sc	Ma	Si
51	45	50	71	60	69	51	40	69	43

2. 내담자의 SCT 주요내용
    - 내가 나이가 어리다면 좀 더 공부를 열심히 할 것이다.
    - 나의 아버지는 인정사정없다. 무섭다. 나를 범인 취급한다.
    - 신경질이 날 때는 누군가에 시비를 걸고 싶다. 물건을 던진다.
    - 나의 어머니는 나에게 잘해준다. 아프지 않았으면 좋겠다.
    - 내가 없을 때 친구들은 나를 안 봐서 다행이라고 생각할 것이다.
    - 우리 가족은 대화가 없다. 모두 남남 같다.

질문 01

내담자가 권위적인 부모님으로 인하여 상담 중에 상담자에게 전이현상을 보일 때 어떻게 할 것인가?

| 답변 |

① 상담 중에 상담자가 내담자에게 보인 언어, 태도나 행동을 되돌아보고 내담자의 전이를 불러일으킬 수 있었던 부분을 찾아 수정한다.
- 상담자의 그런 모습에 부모나 형제를 연상하게 되어 상담자에게 투사한 것일 수도 있기 때문이다.
- 상담자의 전이유발 요소가 발견되면 내담자에게 이를 설명하고 사과한다.

② 내담자의 무의식 속에 있는 역동을 탐색한다.
- 상담자의 어떤 모습이 내담자가 부모나 형제를 연상하게 되는지 알아본다.
- 상담 시의 어떤 상황이 내담자와 부모/형제 사이의 상황으로 연결되는지 규명한다.
- 내담자의 좌절되거나 억압된 욕구를 탐색해 본다.

③ 내담자의 문제행동의 원인을 규명하여 내담자의 통찰을 통해 이를 해소하도록 돕는다.

질문 02

상기의 사례에서 더 필요하다고 생각되는 정보는 무엇인가?

| 답변 |

① 출생 후 성장과정에서 부모와의 안정된 애착형성 여부
② 평소 부모의 양육방식과 태도, 의사소통 방식
③ 내담자의 과거와 현재의 친구관계와 친구관계를 맺는 패턴
④ 내담자의 분노 표출방식과 분노를 촉발하는 요소
⑤ 내담자의 기질과 성격(JTCI 검사)
⑥ 내담자의 가족관계와 부모에 대한 내담자의 정서
⑦ 친구들과 시간을 보내는 활동내용
⑧ 내담자의 진로의식과 진로 발달수준
⑨ 부로부터 공격행동 학습 여부
⑩ 내담자의 내적 욕구(TAT, 로샤검사)

질문 03

학교폭력에 동조하였던 학생을 상담한다면 어떤 개입을 하고 싶은가?

| 답변 |

① 내담자의 진단
- 내재된 공격성의 유무 진단 : 학교폭력 동조자는 직접 폭력을 행사하지 않았지만, 폭력 가해자를 부추기고 피해자를 조롱하고 폭력현장을 즐기는 공격적 성향일 가능성이 높음
- 과거 학교폭력 피해자 경험 유무의 조사 : 과거 학교폭력의 피해자가 차후 가해자가 되거나 동조자가 되는 경우가 많기 때문
- 가정에서 부의 가정폭력 행사 유무 조사와 공격성 학습 가능성 판단
- 심리검사를 통한 공격성 여부 확인

② 학교폭력 인식의 변화 시도
- 학교폭력의 위법성 인지
- 학교폭력 가해자나 피해자에 대한 편견 개선

③ 사회적 기술의 향상
- 공감능력과 협동능력의 향상
- 적절한 자기주장, 자기통제 능력 향상
- 친구와의 건전한 취미나 기술 활동 참여
- 내재된 공격성향의 해소

④ 학교폭력 대처능력의 향상
- 학교폭력 예고현상 인지와 폭력발생 예방활동(교사에게 정보 제공, 가해자의 설득, 피해자 사전보호)
- 학교폭력 발생 시의 대처능력 향상(피해자 구제, 가해자 저지, 폭력발생의 신속한 신고, 주변 친구들의 도움 요청 등)

질문 04

상기 심리검사와 사례내용을 근거로 하여 상담의 목표와 전략에 대해 이야기해 보아라.

| 답변 |

① 폭력행동의 소거
- 분노의 인지(분노 감정을 객관화하기 - 인격을 가진 대상으로 취급)
  예 분노가 이제 시작되는가 보다. 분노, 너 너무 앞서 가!
- 분노의 제지와 자기통제
  예 분노가 일어날 때 그 자리를 피하기, 10까지 숫자세기, 심호흡하기, 다른 생각하기
- 자신의 감정을 언어로 표현하기

② 학교폭력의 위법성 알기
- 법률을 위반하는 불법행동이며 처벌이 따른다는 사실을 알기
- 피해학생의 육체적·심리적 고통을 이해하기

③ 미해결 감정이나 욕구의 취급
- 미해결된 감정을 상담기법을 이용하여 표출하게 하기
- 좌절된 욕구를 인지하게 하고 이를 긍정적으로 충족하도록 하기
- 미래의 꿈 작업과 이를 성취하기 위한 시도를 하도록 하기

④ 폭력적인 가정환경 개선
- 부와 모의 부부상담을 동시에 진행
- 체벌 위주의 양육방식에서 대화, 인정, 격려, 칭찬 등의 긍정적인 지도방식으로 전환하게 하기

제6절 2급 기출사례 - 2019년 18회

1 유기불안

올해 대안학교에 입학한 고등학교 2학년인 박 양(만 17세, 여)은 이질적인 한국 학교환경과 한국어 및 친구관계에서 어려움을 겪었다. 수업시간에 멍하니 바깥을 쳐다보면서 뭔가 불안해하는 박 양을 보고 대안학교 담임교사가 상담을 권유하였고, 박 양이 이를 수락하여 관할 청소년상담복지센터에 상담이 의뢰되었다. 박 양은 그 이외에도 복통을 여러 번 호소하여 조퇴한 적이 많이 있었다. 이러한 어려움 속에서도 과거 초등학교 때 호주에서 겪었던 어려움을 상기하며 극복하려고 노력하고 있다.

박 양은 초등학교 1학년 때에 무역회사에 근무하는 아버지가 호주로 발령이 나서 온 가족이 호주로 이사하였다. 그러다가 박 양이 초등학교 5학년 때에 다시 아버지가 한국으로 발령이 나서 부모님만 먼저 귀국하였고, 박 양은 호주에 살고 있는 이모에게 맡겨져 중학교 2학년까지 호주 현지학교에 다녔다. 박 양의 아버지는 박 양을 국제학교에 입학시키지 않고 호주 현지학교에 입학시켜 현지인과 같이 생각하고 생활하기를 원하였다.

박 양의 아버지는 일류 대학을 졸업하고 대기업인 무역회사에 취직하여 빠른 속도로 승진을 한 터라 항상 완벽한 일처리와 빠른 의사결정을 박 양에게 강조하였다. 그러다 최근 회사 내에서 하던 일이 잘못되어 퇴사의 압력을 받게 되어, 밤늦게까지 일을 하거나 일찍 퇴근할 때는 술을 마시고 들어오는 때가 많았다. 집에 퇴근해서는 박 양이 한국생활에 적응하기 힘들어하는 것을 보고 나무라거나 그럴 거면 집에서 나가버리라고 호통을 치기도 하였다. 이에 박 양은 자신을 버리다시피 하고 귀국한 부모를 원망하는 말로 저항하였다.

박 양의 어머니는 늘 남편의 뒷바라지를 하면서 남편에게 순종적이었으며 부녀 간의 갈등이 벌어질 때 중재하려고 노력하였다. 그러나 남편의 딸에 대한 강경한 태도와 어조에 늘 뒤로 물러나 있으며 딸과 남편이 자신의 스트레스원이라고 생각하고 있다. 그러면서도 남편처럼 딸이 낯선 환경에 적응하지 못하는 상황에 약간 불만이 있다.

박 양은 영어와 제2외국어 실력이 뛰어났으며, 수학, 과학, 국어 등 다른 과목의 점수도 상위권에 머물러 있다. 박 양이 학교생활을 어려워하는 것을 눈여겨본 같은 반 남자친구는 박 양에게 여러 가지 위로와 관심을 주고 있어 고맙게 생각하고 있지만 박 양은 언젠가는 그도 자신의 곁을 떠날 것이라고 생각하고 있다. 박 양은 이런 환경을 떠올리면 배가 아프고 두통이 발생하는 증상이 생겼다.

박 양의 심리검사 결과는 다음과 같다.

1. MMPI-A 임상척도 점수

Hs	D	Hy	Pd	Mf	Pa	Pt	Sc	Ma	Si
70	56	72	65	51	55	48	44	39	66

2. SCT의 유의미한 항목
   - 나를 괴롭히는 것은 <u>나에게는 영원한 친구나 보호자가 없다는 점이다.</u>
   - 언젠가 나는 <u>외톨이가 될 것이다.</u>
   - 아버지와 나는 <u>으르렁거린다. 아버지는 나를 너무 모르고 자기주장만 한다.</u>
   - 내가 어렸을 때는 <u>그런대로 좋았던 것 같다.</u>
3. MBTI 유형 : ISTJ

질문 01

상기 사례에서 내담자의 강점이나 보호요인은 무엇인가?

| 답변 |

① 새로운 환경에서 오는 어려움을 잘 참고 극복하려고 노력하고 있다.
② 자신의 문제를 잘 인지하고 상담의 도움이 필요하다고 인정한다.
③ 성적이 상위권에 있으며 외국어 성적이 높아 대학진학에 도움이 될 수 있다.
④ 내담자에게 주의를 기울이는 대상(담임교사, 남학생)이 있다.

질문 02

ISTJ 유형에 대해 아는 대로 설명해 보아라.

| 답변 |

① 일반적 답변
- I(내향형) : 에너지를 내부의 아이디어에 집중하며 신중하고 조용하다.
- S(감각형) : 오감을 통해 직접 인식하는 정보에만 주의를 기울인다.
- T(사고형) : 논리와 원칙, 옳고 그름에 주안점을 둔다.
- J(판단형) : 철저한 계획과 목적을 가지고 있고 자기의사가 명확하다.

② ISTJ 특징[심리유형의 역동과 발달, (주)어세스타, 김정택·김명준 옮김, 2011년]
- 주기능은 내향적 감각(S)이며, 부기능은 외향적 사고(T)이다.
- 자신이 경험하였던 현실에 초점을 두며 과거를 중시한다.
- 자신이 경험한 사실을 기초하여 외부상황을 판단한다.
- 한결같고 신뢰가 되는 부분이 있다.

질문 03

상기와 같이 다문화(多文化) 경험 학생을 상담할 때 상담자로서 초기단계 접근방법은 무엇인가?

| 답변 |

① 새로운 문화와 학교 환경에 부딪칠 때마다 느꼈던 당혹감이나 절망감을 이해하고 충분히 공감한다.
② 여러 문화에 적응하고 어려움을 극복한 것을 인정하고 칭찬한다.
③ 여러 문화가 주는 여러 가지 다양한 특징을 모두 경험할 때 다른 일반 학생에 비해 장점이 많다는 것을 인지하게 한다.
- 국제적인 감각
- 여러 이질적인 문화의 이해와 통합
- 어학실력이 뛰어나 대학진학이나 사회진출 시의 이점
④ 어학실력이 자연 뛰어난 점에서 자부심을 느낄 수 있다는 점을 부각한다.
⑤ 문화충격이나 외모의 이질성에서 오는 심리적인 문제를 탐색한다.

질문 04

매슬로우(A. Maslow) 욕구위계론에 근거하여 사례개념화를 하라.

| 답변 |

① 박 양은 안전욕구 훼손, 부모나 남자친구로부터 버림받는 것에 대한 유기불안 및 그로 인한 신체화 증상 (MMPI-A 1, 3번 척도 상승)이 나타나고 있다.
- 초등학교 어린 나이에 외국의 낯선 환경에 노출되었다.
- 자신을 혼자 남겨 두고 부모가 한국으로 가버렸다.
- 한국에 들어와서 새로운 한국 학교문화와 친구를 접하게 되었다.
- 집에서 쫓겨날지도 모른다는 불안감을 경험하고 있다.

② 사랑과 소속의 욕구 역시 완전히 충족되지 않아 부모의 비난에 강하게 저항하며 부모를 원망하고 있다.
- 부모에게서 따뜻한 위로나 이해를 받지 못하고 있다.
- 자신이 호주와 한국을 오가면서 문화와 학교에 정착하여 교류하는 기회가 없어 학교에서 친구를 잘 사귀지 못한다.
- 자신에게 관심을 보이는 같은 학교 남자학생과 정상적인 우정을 나누지 못하고 있다.

③ 존중의 욕구 또한 미충족되어 있다.
부모로부터 인정과 칭찬을 받지 못하고 비난과 비판의 대상이 되고 있다.

④ 상기의 원인을 바탕으로, 다음과 같이 상담한다.
- 부모의 상담을 통하여 부모가 박 양의 외로움과 한국에서의 당혹감을 이해, 공감하며 호주에 남기고 온 과오를 사과하게 하여 박 양으로 하여금 안정된 마음을 가지도록 한다.
- 한국문화에 적응하도록 돕고 능숙한 어학실력을 매개로 하여 친구의 외국어 학습을 도우면서 친구관계를 맺는 계기로 활용한다.
- 부모가 박 양을 혼자 남기고 온 것은 박 양이 외국을 더 많이 경험하게 하고 싶은 부모의 욕구임을 인지하게 하여 유기불안을 해소해 준다.

> **참고** 매슬로우(A. Maslow)의 인간의 욕구 5단계 이론

- 욕구위계이론 발표(1943년)
  - 사람은 누구나 태어나면서부터 5가지의 욕구를 가지고 태어난다.
  - 이런 욕구에는 우선순위가 있어 단계가 구분되며, 하위의 욕구가 충족되면 다음 단계의 욕구로 옮겨간다.
- 욕구의 5단계
  - 1단계(생리적인 욕구) : 수면, 음식섭취, 배설 등의 생리적인 욕구
  - 2단계(안전욕구) : 신체적·감정적·경제적 위험으로부터 보호받고 싶은 욕구
  - 3단계(사랑과 소속의 욕구) : 누군가를 사랑하고 싶은 욕구, 친구들과 교제하고 싶은 욕구, 가족을 구성하려는 욕구 등
  - 4단계(존중의 욕구) : 명예욕, 권력욕, 자신감, 독립과 같은 욕구
  - 5단계(자아실현의 욕구) : 자신이 발전을 이루고 자신의 잠재력을 끌어내어 극대화하고 싶은 욕구

② 애정결핍

지방에 살다가 서울시로 이사 온 설 군(14세, 중2)은 서울소재의 한 중학교로 전학한 이후에 예전보다 말수가 줄었고 기운도 없어 보였다. 그리고 전학하기 전과는 달리 학교 준비물을 챙겨 가는 것이나 과제수행 등을 까먹는 일도 생겼다. 평소 설 군의 뒷바라지를 열심히 해온 어머니는 설 군의 이런 모습이 여간 걱정되는 일이 아니었다. 설 군의 어머니가 학교에서 무슨 일이 있었느냐고 캐물어도 아무런 대답을 하지 않고 자기 방으로 들어가서 문을 잠그기도 하였다.

설 군의 아버지는 개인 사업을 하고 있어 항상 바쁘게 생활하고 있으며, 귀가 시간도 일정하지 않아 가족과 대화할 시간이 거의 없다. 그러나 아들들에게는 자상하여 사고 싶은 물건이 있을 때는 아낌없이 사주기도 한다. 설 군의 어머니는 직장에 다니다가 결혼 후에 직장을 그만두고 두 아들의 양육에 매달리고 있다. 결혼 초 시댁과 갈등을 겪었고, 몸이 약하여 설 군 출산 후 친정어머니가 설 군을 돌보았다.

설 군의 어머니는 설 군이 어릴 때부터 유치원에 데리고 다니고 또래친구를 선별적으로 사귀게 하였다. 지금도 설 군을 차에 태워 등교시키고 있다. 설 군의 남동생(12세, 초6)은 똑똑하고 혼자서도 자기 일을 잘하고 활동적이며 욕심이 많고 공부도 잘하여 항상 설 군과 비교되어 언급된다. 동생에 비해 설 군은 조용하고 말이 없으며 학교 쉬는 시간에 혼자 그림을 즐기고 모둠활동에도 적극적으로 참여하지 않고 발표하기를 두려워한다. 친한 친구 1~2명을 제외하고는 다른 친구들과는 말을 섞지 않고 있다.

설 군의 성적저하를 우려한 어머니의 손에 이끌려온 설 군은 눈맞춤이 어려웠고, 새로 전학 간 중학교에서 친구들이 너무 설쳐대며 자신을 무시하는 것 같다고 겨우 이야기하였다. 또한 어릴 적부터 아끼고 같이 놀던 곰 인형을 최근 어머니가 자기도 모르게 버렸다고 울먹였다. 또 어머니가 자신의 일에 너무 관여하고 간섭한다고 호소하였다.

설 군의 심리검사 결과는 다음과 같다.

1. 내담자의 MMPI-A
   - 타당도 척도

VRIN	TRIN	F1	F2	F	L	K
60	53T	50	43	70	41	46

   - 임상척도

Hs	D	Hy	Pd	Mf	Pa	Pt	Sc	Ma	Si
55	70	53	47	67	54	61	58	37	68

2. SCT 주요 내용
   - 내가 없을 때 친구들은 <u>분명히 나의 흉을 볼 것이다</u>.
   - 나의 아버지는 <u>좋으신 분이다</u>.
   - 나를 괴롭히는 것은 <u>공부, 친구, 엄마이다</u>.
   - 나의 어머니는 <u>그냥 어머니이다</u>.
   - 원하던 일이 잘 안되었을 때 <u>슬프다. 나를 도와줄 사람은 이 세상에 없다</u>.

질문 01

위의 사례에서 어떤 상담목표를 세울 것인가?

| 답변 |

① 상담목표의 요건
- 상담목표는 내담자의 주호소문제를 해결하거나 해소하는 것이어야 한다(내담자의 심리적인 문제나 고통의 해소가 가장 중요한 사항이다).
- 내담자에게 직·간접적으로 주호소문제와 관련하여 영향을 미치고 있는 환경적 요소의 개선을 포함한다.
- 추상적이지 않고 구체적인 것이어야 한다.
- 내담자가 실행할 수 있는 사항으로 구성되어야 한다.
- 내담자의 해결잠재력을 발견하여 이를 활용하는 것이어야 한다.

② 상담목표
- 어머니 상담을 통하여 내담자가 스스로 자신의 일을 하도록 돕게 한다.
    - 혼자 학교 가게 하기
    - 성적향상을 압박하지 않기
    - 사전 상의 없이 곰 인형을 버린 것을 사과하기
    - 자율적으로 하도록 독려하고 지지 및 격려하기
    - 남동생과 비교하며 비난하지 않기
    - 항상 관심을 기울이며 대화하고 인정하고 칭찬해 주기
- 친구관계를 좋게 하기
    - 반 친구들의 대화에 관심 기울이고 참여하기
    - 반 친구들을 돕고 칭찬하기
    - 반 친구들에게 친해지고 싶다고 이야기하고 어울리기
    - 친구들이 자신을 싫어하고 흉을 본다는 생각을 수정하기(REBT 기법)

※ 기억력이 없어진 것은 별도의 개입이 필요하지 않다고 판단된다. 심리적인 위축과 스트레스로 인하여 일시적으로 생기는 현상이라고 판단되기 때문이다.

질문 02

가족상담을 받아야 하는데 내담자의 부모가 가족상담을 받기를 거부한다면 어떻게 하겠는가?

| 답변 |

내담자의 부모에게 전화하여 다음과 같은 사항을 알린다.
① 상담을 받는다는 사실이 불편하다는 점을 공감해 준다.
② 내담자의 심리적인 문제가 가족관계에서 비롯된다는 사실을 강조한다.
③ 내담자의 문제행동이 가족체계와 기능과 관련이 있음을 이해시킨다.
④ 개인의 심리적인 문제는 가족 간의 위계질서, 역할, 가치관, 의사소통 방식의 변화에서 해결될 수 있음을 전달한다.
⑤ 부모가 변하지 않으면 자녀가 변하는 것이 상당히 어렵다는 점을 부각시킨다.
⑥ 가족 구성원 모두가 변해야만 내담자의 변화가 더 크고 지속적이다.
⑦ 내담자의 문제를 가족 공동의 문제로 다루어야 할 필요가 있다고 말한다.

질문 03

본 사례의 MMPI-A에 기초하여 내담자의 특징을 설명해 보아라.

| 답변 |

① 타당도 척도에서 L-F-K의 점수가 삿갓형으로 자신의 문제를 인정하고 도움을 청하고 있다.
② 2번 척도(우울)가 유의미하게 상승하여 우울을 경험할 가능성이 많고 부정적인 정서성도 강할 것이다.
③ 5번 척도(남성특성)가 높아 전통적인 남성성과는 거리가 멀고, 심미적이고 내면 지향적이며 예술적인 흥미를 보일 것이다.
④ 0번 척도(내향성)가 상당히 높아 에너지를 자신의 내부로 향하게 하고, 대인관계에서 불편감을 느끼며 열등감도 보일 것이다.

질문 04

청소년상담을 할 때 필요한 지역사회의 자원들은 어떤 것들이 있는가?

| 답변 |

① 방과후 돌봄교실
저소득층과 맞벌이 가정의 자녀를 방과후 저녁 때(오후 5~10시)까지 돌본다.
② 지역아동센터
지역사회의 아동의 보호, 교육, 건전한 놀이와 오락의 제공, 보호자와 지역사회의 연계 등 아동종합복지서비스를 제공한다.
③ 청소년쉼터
가출한 청소년들의 의식주 해결, 의료 및 법률자문 지원, 진로탐색 및 직업지도, 학업복귀 등을 돕는다.
④ 청소년상담복지센터(전화 1388)
청소년의 다양한 문제(가족갈등, 교우관계, 학업중단, 인터넷중독 등)에 대해 상담서비스를 제공한다.
⑤ 꿈드림센터
학교 밖 청소년의 학업지원(검정고시), 상담, 교육, 취업지원 등의 서비스를 제공한다.
⑥ 청소년문화의 집
청소년의 동아리활동, 문화활동, 실내스포츠, 진로교육, 창의적 체험활동 등을 지원 및 제공한다.
⑦ 청소년회관
청소년들이 여러 형태의 활동(수영, 탁구, 당구, 노래방, 헬스장 등)을 할 수 있도록 만들어진 공간이다.
⑧ 해바라기센터
성폭력과 가정폭력 피해 아동과 청소년을 지원(의료지원, 심리치료, 수사지원, 법률지원 등)하는 기관이다.
⑨ Wee Center
교육청에서 운영하는 센터로서 학교에서 선도하거나 치유하기 어려운 위기학생을 대상으로 진단, 상담, 치료의 3단계 서비스를 제공한다.

3 부모갈등과 자살생각

중학교 2학년인 남궁 군(14세, 남)은 학교시험이나 자기 자신과 부모님을 생각하면 매번 몸이 아프고 두통증세가 심하게 찾아온다. 그리고 자신은 버림받은 존재이며, 아무런 가치가 없다고 생각되어 학교 다니기도 싫어진다. 아버지는 가족에 대한 책임감은 투철하지만 술을 즐겨 마시고 집에 들어와서는 어머니에게 집안일을 제대로 하지 않는다고 화를 내거나 사사건건 어머니를 비난하고 있다. 남궁 군에게도 "성적이 나쁘다, 질이 좋지 않은 친구들과 몰려다닌다"고 큰 소리로 나무라고 소리를 지르며 집에서 나가라고 호통을 친다. 아버지와 어머니는 거의 매일 말싸움과 몸싸움을 벌이는데, 그럴 때마다 어머니는 며칠 간 가출하였다가 돌아오곤 하였다.

이런 부모의 갈등을 보아오면서 괴로움을 겪던 남궁 군은 초등학교 5학년 때 자기 집 옥상에 올라가서 뛰어내릴 생각을 하였다가 갑자기 무서운 생각이 들어 그만둔 적이 있었다. 어머니는 부부싸움을 하고서는 하나밖에 없는 남궁 군에게 으레 자신의 신세한탄을 하였으며 "너 때문에 내가 살고 있다"고 입버릇처럼 이야기하였다. 중학교에 들어와서 남궁 군은 아버지에게 대항하여 몸싸움을 한 적이 있고 이를 어머니가 말리면서 버릇없는 아들이라고 이야기해 충격을 받았다. 남궁 군은 '내가 과연 이 집안에서 필요한 존재인가?' 하는 강한 의구심이 들면서 죽고 싶다는 생각이 들기도 한다. 현재 사귀고 있는 여자친구도 '언젠가 나에게서 떠나가거나 나를 배신할 것이다'라고 생각하고 있다.

남궁 군의 아버지는 부동산 중개업을 하다가 요즘 경기가 좋지 않아 수입이 없는 날이 계속되어 술을 마시는 날이 점점 더 많아졌고 그에 따라 부모의 말다툼이 더욱 잦아졌다. 남궁 군의 어머니는 몸이 약하여 병원에 자주 다니고 집에 있을 때도 누워 있는 시간이 많았다. 남궁 군은 이런 집이 싫어 친구들과 어울리다가 늦게 집에 들어가는데 어머니는 "학생은 공부를 열심히 해야 한다. 내가 누구 때문에 사는데 네가 그 모양이냐? 엄마 말을 잘 안 들으면 그만 죽어 버릴 거야."라고 남궁 군에게 이야기한다.

남궁 군의 심리검사 결과는 다음과 같다.
1. 내담자의 MMPI-A
   - 타당도 척도

VRIN	TRIN	F1	F2	F	L	K
57	51F	54	43	55	70	45

   - 임상척도

Hs	D	Hy	Pd	Mf	Pa	Pt	Sc	Ma	Si
72	68	70	45	60	52	72	54	56	59

2. 내담자의 SCT
   - 언젠가 나는 지옥 같은 이 집을 떠날 것이다.
   - 나는 아무런 가치가 없는 존재이며, 아무도 나를 이해하거나 돌보지 않는다.
   - 나의 좋은 점은 전혀 없다.
   - 아버지와 나는 원수지간이다.
   - 좋은 어머니는 나를 위로하고 나의 편이 되어주며 나를 이해하는 분이다.
   - 나의 장래는 어둡고 앞이 보이지 않는다.

질문 01

본 사례의 검사결과를 보고 상담 시 주로 어떤 상담이론을 적용하고 싶나? 그리고 그 이유는?

| 답변 |

① 적용 가능한 상담이론

　인지치료, 현실치료, 대상관계 이론

② 이유나 근거
- 인지치료 : 인지적 왜곡이 관찰된다.
  - MMPI-A 1, 3번 척도가 높아 신체화 증세를 보이고 있다(몸이 아프고 두통증세를 느낀다).
  - MMPI-A 2번 척도가 높은 것은 인지적인 사항에서 비롯된다고 판단된다(자신은 버림받은 존재이다, 아무런 살 가치가 없다, 집안에서 불필요한 존재이다).
  - SCT에서 지옥 같은 집, 가치 없는 존재, 장점이 전혀 없는 존재, 비관적인 장래 등 인지상의 왜곡현상이 나타나 보인다.
- 현실치료 : 자신의 삶을 통제하거나 책임지지 않는다.
  - SCT에서 아무도 나의 편이 되어주지 않는다.
  - 현실에서 개인의 선택이 가출이나 자살과 같은 부정적인 선택을 한다.
- 대상관계 이론 : 부모의 좋은 점과 나쁜 점의 통합이 이루어지지 않는다.
  - 자기표상 : 무가치하고 버림받는 나
  - 대상표상 : 나를 무시하고 비난하고 적대시하는 대상
  - 투사적 동일시 : 여자친구가 자신을 버리고 떠날 것이다.

질문 02

내담자에게서 자살생각을 확인하면 어떻게 하겠는가?

| 답변 |

① 자살에 대한 구체적인 계획이나 시도가 있는지 먼저 확인한다. 이는 생각으로 그치는 자살생각인지 자살을 시도할 가능성이 큰 자살생각인지 판단하기 위한 목적이다.
② 자살생각을 유발하고 있는 원인을 탐색하고 충분히 공감해 준다.
③ 내담자 주위에는 도와줄 사람이 있으며 혼자가 아님을 인지시킨다.
④ 상담을 통해서 내담자의 정서적·인지적·행동적 문제를 하나하나 구체화시키고 이를 기초로 상담목표를 세운다.
⑤ 라포를 형성하면서 내담자의 문제가 상담을 통해서 해결될 수 있는 사안임을 확신시킨다.
⑥ 더불어 '생명존중서'를 작성하게 하여 차후 자살계획이나 자살시도를 하지 않도록 다짐을 받는다.
⑦ 만일을 대비하여 부모나 담임교사, 그밖에 소속되어 있는 센터의 장에게 이를 알리고 차후 가능한 자살시도 대처에 힘쓴다.

질문 03

상담의 구조화를 설명해 보아라.

| 답변 |

① 의 미

상담자와 내담자가 상호 협력해 나갈 것을 전제로, 상담에 대한 이해를 높이고 쌍방이 지켜야 하는 규범을 정하여 성공적인 상담을 진행하기 위하여 보통 상담 초기에 시행한다.

② 구조화 대상
- 상담에서 상담자와 내담자의 관계
- 내담자와 상담자의 역할
- 내담자의 권리
- 비밀보장, 기타 상담윤리 관련사항
- 상담절차, 방법 및 예정된 회기 수, 상담시간, 상담목표 등

③ 상담의 구조화를 할 때 상담자는 다음 사항을 염두에 두어야 한다.
- 구조화하는 이유를 잘 전달한다.
- 내담자의 준비도와 상담관계의 흐름을 감안하여 구조화 범위와 시기를 결정한다.
- 내담자의 인지·정서·행동의 특징을 감안하여 전달방법을 결정한다.
- 필요한 경우 재구조화를 행한다.

질문 04

상담을 하고 있는 내담자의 모가 찾아와 성적을 올리기 위한 상담을 해달라고 한다면 어떻게 하겠는가?

| 답변 |

① 성적향상에 대한 어머니의 욕구를 충분히 이해하고 공감한다.
② 성적이 잘 안 나오게 하는 요인을 어머니의 보고를 통해 탐색한다.
③ 상담 도중에 발견된 학습활동에 지장을 주고 있는 요소나 요인을 분석한다.
④ 학습부진의 원인을 내담자 내부원인, 환경적 요인, 부모의 양육방식이나 태도에 관련된 요인으로 분류하여 어머니에게 설명해 준다.
⑤ 현재보다는 차후 공부를 더 열심히 하게 하는 동기부여가 더 중요하며 상담에서 이를 다룰 것이라고 이야기한다.
⑥ 학습동기를 유발할 수 있는 부모의 협조사항을 전달한다.
※ 성적을 올리기 위하여 상담을 하는 것이 아님을 이야기하면 상담의 중단 또는 상담자의 무능이나 비난으로 연결될 가능성이 있다.

4 신체화 증상

성적 때문에 원하지도 않은 대학에 진학하여 1학년으로 재학 중인 곽 양(19세, 여)은 강의실에 있으면 숨쉬기가 어려워진다. 흉부에 강한 압박감과 통증을 느끼며 머리가 어지러워 앉아있기도 힘들고 교수의 강의도 귀에 들어오지도 않아 수업 중에 그냥 나와 버리고 만다. 곽 양은 출석일보다 결석일이 더 많을 정도로 학교 가기를 꺼려하고 있다. 집에 있을 때에는 스마트폰으로 패션이나 뉴스를 보거나 메신저로 고등학교에서 친하였던 친구들과 대화를 주고받거나 게임을 하면서 시간을 보내고 있다. 곽 양은 다음 학기에는 휴학을 할까 하고 생각하지만 화를 낼 아버지를 생각하면 엄두를 내지 못한다.

곽 양은 길을 가다가도 차에 부딪치지 않을까 조심조심 주위를 살피면서 걷고, 지하철의 손잡이를 잡으면 병균이 자신에게 옮지 않을까 걱정되어 손수건을 꺼내서 손잡이를 감싸 쥐고 서있다. 요즘 미국과 북한 간 대화단절에 대한 뉴스를 보면서 조만간 한국에서 핵전쟁이 일어날지도 모른다는 불안에 휩싸이기도 한다. 곽 양은 자신이 이러다가 정신병자가 되는 것이 아닌가 하고 학교 상담실을 찾았다.

상담사가 조사한 곽 양의 가족사항은 다음과 같다.

- 부(51세) : 건설회사 현장소장으로 근무하고 있으며 현장에서 생활하는 날이 많다. 집에 오랜만에 들어오면 딸들을 쥐 잡듯 한다. "집이 돼지우리 같다. 생활비가 왜 그렇게 많이 들어가냐. 자기 밥값도 못 하고 있다."라고 이야기하면서 화를 낸다. 이혼하기 전 아내가 게으르고 살림을 못한다고 구타한 적이 많다.
- 모(49세) : 대형 마트에서 계산원으로 근무하면서 남편의 구타를 피해 친정집에 몇 개월간 피신해 있다가 5년 전에 이혼하였다. 이혼 후에 혼자 살고 있다. 곽 양이 어머니에게 간혹 전화하면 자신이 이혼할 수밖에 없었던 처지를 곽 양에게 쏟아내어 어머니와 통화하는 것이 부담스럽다.
- 언니(23세) : 대학을 졸업하고 아직 취직을 못 하여 집에서 쉬고 있으나 여동생인 곽 양에게 이것저것 심부름을 시키고 있고 집안 살림을 거의 신경을 쓰지 않으며, 남자친구와 만나 늦게까지 있다가 귀가하고 있다. 홈쇼핑에서 쇼핑을 자주 하고 있어 곽 양과 자주 말다툼을 벌이고 있다.

곽 양의 심리검사 결과는 다음과 같다.

1. 내담자의 MMPI-2
   - 타당도 척도

F	F(B)	F(P)	FBS	L	K	S
62	60	79	45	53	42	43

   - 임상척도

Hs	D	Hy	Pd	Mf	Pa	Pt	Sc	Ma	Si
72	61	68	40	50	56	51	40	40	65

2. 내담자의 SCT 주요 내용
   - 가족을 부양하는 것은 <u>피곤하고 에너지를 소진하는 일이다</u>.
   - 내 이성친구는 <u>없다. 그리고 사귀고 싶은 생각도 없다</u>.
   - 스트레스가 생기면 <u>나는 어찌할 바를 모른다. 머리가 아프다</u>.
   - 다른 가정과 비교하면 우리 집안은 <u>불행 그 자체이다</u>.

질문 01

상기 사례에서 내담자에 대해 이해한 바를 이야기해 보아라.

| 답변 |

① 내담자는 정신적인 스트레스가 신체적인 증상으로 나타는 신체화 증세를 경험하고 있다고 추정된다.
- 흉부의 강한 통증과 압박
- 호흡의 곤란
- 현기증
- 강의가 들리지 않음

② MMPI-2에서 나타난 것과 같이 질병불안(건강염려증)을 겪고 있다.
- 척도 1번이 높음(T = 72)
- 전동차 손잡이의 병균침투 우려

③ 범불안장애 증세도 있어 보인다.
- 한국에서의 핵전쟁 발발
- 교통사고 발생 우려

④ MMPI-2에서 F(P)(비전형-정신병리척도)의 점수가 상당히 높아 비전형상태가 의도적인 것보다 병리현상으로 나타난다고 볼 수 있다.

⑤ 어머니 대신 가사를 책임지고 있는 점을 힘들어하고 있다.

⑥ 아버지와의 경험에서 이성에 대한 부정적인 사고를 지니고 있다.

⑦ 무책임한 언니와 갈등을 빚고 있다.

질문 02

가정폭력을 당하고 있는 내담자를 상담할 때는 어떻게 하겠는가?

| 답변 |

① 내담자가 학대받고 있는 사항을 감지하였을 때는 충분히 안정을 취하도록 하고 라포를 형성하여 피해사실을 이야기하도록 한다.
② 내담자가 학대받는 사항을 구체적으로 확인한다.
- 신체적 학대 증거(상처, 멍, 불에 댄 자국 등)
- 정서적 학대 증거(언어적, 정신적, 심리적)
- 성적 학대
- 물리적 방임(불결한 옷차림, 영양상태 등)이나 의료적 방임(피부병, 질병 등)

③ 내담자가 가정에서 학대를 당한다는 사실을 신고한다.
- 상담자는 우선 소속기관장에게 이 사실을 알린다.
- 아동학대범죄의 처벌 등에 관한 특례법에 의하여 아동학대(혹은 가정폭력) 사실을 아동보호기관이나 경찰서에 신고한다.

④ 내담자에게 적절한 보호조치를 취한다.
- 아동 보호시설을 알아보고 가해자가 아닌 내담자의 보호자에게 그 정보를 제공한다.
- 내담자에 대한 신상정보에 대해 비밀을 유지한다.

⑤ 내담자를 상담한다.
- 우울이나 자살 등과 같은 심리적인 문제가 있는지 탐색하여 개입한다.
- 기타 나타나는 심리적 문제에 대해 적절하게 개입한다.

질문 03

상기 사례에서 더 탐색해 본다면 어떤 점을 더 탐색하고 싶은가?

| 답변 |

① 출생 이후 학령기 이전의 양육자, 양육방식과 양육태도
② 교우관계
③ 부모에 대한 정서
④ 내담자가 느끼는 스트레스원과 과거 경험한 스트레스의 내용
⑤ 신체적인 이상을 느낄 때의 장소나 시간, 사건이나 상상, 생각의 내용 등의 정보
⑥ 흥미, 적성검사를 통한 진로탐색

질문 04

상담 중에 내준 과제를 잘하지 않는 내담자를 상담한다면 어떻게 하겠는가?

| 답변 |

① 내담자에게 과제를 수행하지 않은 충분한 이유가 있을 것이라고 이해한다.
② 과제 미수행의 원인을 탐색한다.
  - 내준 과제가 수행하기 어려운지?
  - 내준 과제를 단순히 하기 싫어하는지?
  - 과제를 수행한다고 하더라도 자신에게 아무런 효과가 없다고 생각하는지?
  - 상담을 싫어하거나 상담자에 대한 저항으로 과제수행을 거부하는지?
  - 학원이나 학교의 과제부담으로 상담자의 과제를 수행할 시간적인 여유가 없는지?
  - 그 외 친구와 놀기 바빠서, 부모와의 갈등으로 차분히 앉아서 과제수행을 할 환경이 못 되는지?
③ 원인별로 적합하게 개입한다.
  - 내담자가 과제를 어렵게 생각한다면 내담자가 쉽게 수행할 수 있도록 과제를 변경하거나 흥미를 가질 수 있는 항목으로 변경한다.
  - 내담자가 평소 다른 과제도 하지 않을 경우(게으르거나 친구와 논다고)는 과제를 내기보다는 내담자가 상담 도중에 할 수 있는 형태로 변경한다.
  - 과제를 수행한다고 하더라도 자신에게 아무런 효과가 없다고 생각하는 경우는 과제를 수행할 때 내담자가 얻게 되는 효과를 명확하게 해준다.
  - 상담을 싫어하거나 상담자에 대한 저항으로 과제수행을 거부하는 경우는 라포 형성에 주력한다.
  - 학원이나 학교의 과제부담이 많다고 느끼는 내담자에 대해서는 부모의 협조를 얻어 강화물 등을 제공하여 수행동기를 높이거나 학원의 과제부담을 경감해 준다.
④ 그 외 과제와 별도로 내담자가 과제를 수행하는 데에 부정적인 영향을 미치는 요소를 탐색하여 이를 적절히 소거해 준다.
※ 내담자의 행동수정을 하거나 행동조성을 위하여 주로 행동주의 상담이나 인지치료를 하는 경우 내담자에게 과제를 내주는 경우가 많다.

제7절 2급 기출사례 - 2018년 17회

1 무기력

선우 양(중2, 여)은 요즘 학교를 가지 않고 있다. 가끔 어머니가 교문 앞까지 차로 태워서 데려다 주지만, 어머니의 차가 안 보일 때까지 교문 뒤에서 기다리다가 학교에 들어가지 않고 바로 자퇴한 친구를 불러 같이 코인노래방이나 PC방에 가거나 거리를 배회하면서 시간을 보내다가 저녁 9시경에 집으로 들어가곤 한다. 아침에 어머니는 선우 양을 깨우기 위해 알람시계를 맞추어 놓고 출근하지만, 다시 집에 왔을 때 그대로 자고 있는 선우 양을 발견하는 일도 종종 있다.

담임교사는 선우 양이 자주 학교에 결석하는 것을 선우 양의 어머니에게 알렸다. 어머니는 되풀이되는 딸의 지각이나 결석에 실망하고 지쳐서 이 사실을 남편에게 알렸고, 선우 양의 아버지는 불같이 화를 내며 선우 양을 몇 차례 매질하였다.

선우 양의 아버지는 명문대학의 건축과를 졸업하여 대기업 건설회사에 근무하고 있으며, 업무수행 능력이 뛰어나 진급도 빨랐다. 아버지는 지방에 있는 건설현장의 소장으로 근무하고 있어 월 1~2회 정도만 집에 들어오신다. 선우 양의 아버지는 '훌륭한 사람이 되기 위해서 공부를 열심히 해야 하며 좋은 대학에 들어가야 한다'고 믿고 있으며, 기회가 있을 때마다 선우 양에게 이야기하신다. 아버지는 게으르고 무기력한 딸의 모습이 이해가 되지 않는다.

어머니는 사는 곳에서 얼마 멀지 않은 곳에 꽃가게를 운영하고 있다. 결혼하기 전부터 꽃집에서 근무하였고 결혼 후에도 꽃집을 계속 운영 중이시다. 어머니는 선우 양이 어렸을 때 잘 돌보아주지 못한 점을 항상 후회하고 있으며, 아버지만큼이나 딸의 성적에 관심을 기울이고 있다. 딸과의 정서적인 유대관계는 소원한 편이다.

선우 양의 계속되는 지각과 결석을 보다 못한 어머니가 인근 청소년상담복지센터에 상담을 의뢰하였고, 상담자를 처음 대면한 선우 양은 상담자의 부드럽고 따뜻한 말에 눈물을 울컥 쏟았다.

선우 양의 심리검사 결과는 다음과 같다.
1. MMPI-A 임상척도 점수

Hs	D	Hy	Pd	Mf	Pa	Pt	Sc	Ma	Si
50	72	61	48	32	55	68	43	38	71

2. SCT 주요 내용
   - 나를 괴롭히는 것은 <u>성적이다. 그리고 나는 아무런 능력이 없다</u>.
   - 내가 싫어하는 것은 <u>매일 같이 해야 하는 학습지와 학원숙제이다</u>.
   - 나의 어머니는 <u>나를 이해나 할까?</u>
   - 나의 미래는 <u>암울하다</u>.
3. MBTI 검사유형 : ISFJ

질문 01

상기 사례의 내담자를 볼 때 느끼는 감정이나 생각은 어떠한가?

| 답변 |

① 아버지의 지시적이고 강압적인 태도에 아무 말도 못 하고 힘들어하는 모습이 안타깝다.
② 어머니의 정서적 무관심 속에 외로움을 느끼고 있는 내담자의 모습에 연민이 느껴진다.
③ 소통이 어려운 부모를 둔 선우 양의 처지가 지금의 청소년이 직면한 가장 큰 문제가 아닐까 하는 생각이 든다.
④ 부모의 따뜻한 사랑과 관심을 받으면 힘을 얻어 학교부적응을 즉시 해소할 수 있을 것이라고 믿고, 그렇게 응원해 주고 싶다.
⑤ 너무나 쉽게 자신의 능력을 평가절하고 미래를 암울하게 생각하는 청소년에게 자신의 잠재력을 믿고 노력하면 좋은 결과가 나온다는 점을 명확히 전달하고 싶다.
⑥ 이해와 수용, 인정은 청소년상담의 가장 기초적인 요소임을 깨닫는다.

질문 02

우울한 청소년의 특징을 아는 대로 이야기해 보시오.

| 답변 |

① 말이 적고, 자신의 감정이나 의사를 잘 표현하지 않는다.
② 활동범위가 적고, 방과 후 친구를 만나지 않고 바로 집에 들어온다.
③ 집에서는 가족과도 대화를 잘 나누지 않고 방에 혼자 있기를 원한다.
④ 주의집중력이 떨어져 학습능률이 오르지 않고 학업성적이 낮다.
⑤ '죽고 싶다'는 말을 버릇처럼 하고, 자살에 대해 이야기하기도 한다.
⑥ 화를 잘 내거나 두통이나 복통을 호소하기도 한다.
⑦ 뚜렷한 선행사건 없이 눈물을 흘린다.
⑧ 안절부절 못하거나 부적절하게 죄책감을 느낀다.
⑨ 거의 매일 피로감을 호소하고, 즐거운 일이 있어도 즐거워하지 않는다.
⑩ 자신의 무가치함을 이야기한다.
⑪ 잠을 잘 자지 못하거나 과도하게 잠을 잔다.
⑫ 식욕감소나 식욕증가 등의 현상이 나타난다.

질문 03

이 사례를 맡은 상담자라면 첫 상담을 어떻게 하겠는가?

| 답변 |

① 등교하기 싫은 감정을 탐색하고 충분히 이해하고 공감한다. 그리고 내담자가 상담센터에 억지라도 온 것을 칭찬한다.
② 내담자의 현재 정서상태와 인지하는 사항에 대해 충분히 탐색한다.
③ 주호소문제를 경청한다.
④ 내담자의 현 상태(등교거부, 무기력, 우울)와 연관가능성이 있는 여러 가지 사항들을 탐색한다.
- 내담자의 부모에 대한 정서를 확인한다.
- 내담자의 친구관계를 살펴본다.
- 내담자의 학교생활 정보(성적, 교사와의 관계, 최근에 일어났던 사건 등)를 확인한다.
- 학교 가기 싫은 생각이 들었을 때, 학교를 실제 결석하였거나 조퇴하였을 때의 전후사건을 알아본다.
- 진로탐색 등을 통해서 진로를 결정해 보자고 제의한다.

질문 04

상기 사례에서 상담 개입방법을 이야기해 보시오.

| 답변 |

① 개입방법 결정 이전
- 내담자의 말과 태도, 행동을 잘 관찰한다.
- 내담자가 가장 불편함을 느끼고 개선하였으면 하는 점을 주호소문제로 다룬다.
- 여러 가지 심리검사를 실시하여 내담자의 인지, 정서, 행동을 유발하는 심리적인 문제에 대한 원인을 규명해 본다[가능한 검사 : 우울척도검사(BDI), MMPI-A, HTP, 로샤 검사 등].

② 내담자가 보이거나 경험하는 문제의 원인을 해소하는 개입방법을 정한다.
- MMPI-A 검사에서 우울과 내향성 척도가 높게 나오는데, 이 경우에는 만성적인 우울증세를 보일 가능성이 높다.
- SCT 내용을 봤을 때 자신의 미래를 암울하다고 느끼고 목표의식도 없는 무력감이 나타나 있다.
- MBTI의 ISFJ 유형으로 가족과 좋지 않은 관계경험과 학업의 스트레스로 사물을 부정적으로 판단하면서 무기력함을 느끼고 회피하고 있다.
- 이러한 내담자의 부정적 특성의 원인을 사례에서 찾아본다면 '부의 강요하고 무시하는 태도'와 '모의 무관심'에서 찾을 수 있다.

③ 개입방법
- 부의 양육방식의 개선(민주적이고 다정다감한 아버지상의 정립 권유)
- 모의 태도변화(내담자에 대한 관심과 애정표현, 가족행사의 증가, 딸과의 대화 증가, 딸에 대해 미안함의 표시 등)
- 자신과 자신의 환경을 긍정적으로 생각하기
- 자신의 잠재적인 가능성 깨닫기
- 장래의 꿈을 정하고 이를 성취하기 위해 노력하기
- 인정욕구 만족시키기(성취경험 하기)
- 학교부적응 개선하기(지각, 결석하지 않기)
- 자신의 의사나 주장을 표현하는 능력 기르기 등

2 성형중독

내담자인 김 양은 현재 21세의 여대생으로 자신의 얼굴에 불만이 많아서 성형수술을 하고 싶어 한다. 자신의 얼굴이 좀 더 예뻐질 수 있다면 돈을 빌려서라도 성형수술을 받고 예쁜 얼굴로 변하기를 바란다. 김 양은 고등학교 3학년 때부터 성형수술을 받았으며 최근에 4번째 수술을 받았다. 그러나 여전히 자신의 얼굴에 불만을 가지고 있어서 외출도 하지 않고 학교에도 잘 나가지 않고 있다.

김 양의 부모는 김 양이 중학교 입학하던 해에 이혼을 하였는데, 이혼 후 아버지는 젊고 예쁜 여자와 동거하고 있다는 소문이 있으며, 현재 전혀 연락이 닿지 않고 있다. 김 양의 어머니는 항상 김 양에게 "여자는 예뻐야 한다.", "돈이 좀 들더라도 비싼 옷을 입고 멋지게 보여야 한다."라고 입버릇처럼 이야기하고 있다. 현재 어머니는 미용실을 운영하고 있다. 어머니는 딸이 마음씨 착하고 씩씩한 남자와 만나서 연애라도 하였으면 좋겠는데, 학교도 가지 않고 외출도 하지 않는 딸이 못마땅하여 종종 언성을 높이기도 한다.

김 양은 자신만을 사랑해 줄 남자를 간곡히 원하고는 있지만 사귀는 남자는 없으며 사귀려는 노력도 하지 않고 있다. 김 양은 종종 자신이 남자를 사귀게 되면 그로부터 버림을 받을지도 모른다는 생각을 하면서 미리 불안해하고 있다.

김 양의 심리검사 결과는 다음과 같다.

1. 내담자의 MMPI-2 결과
   - 타당도 척도

F	L	K	S
44	65	58	68

   - 임상척도

Hs	D	Hy	Pd	Mf	Pa	Pt	Sc	Ma	Si
61	77	52	45	44	56	53	45	38	79

2. SCT 주요 내용
   - 나는 <u>언젠가 버려질 것이다</u>.
   - 여자는 <u>무엇보다도 예뻐야 성공할 수 있다</u>.
   - 나의 아버지는 <u>바람둥이고 엄마를 배신하였다</u>.
   - 나의 어머니는 <u>불쌍하지만 자신밖에 모른다. 나에게 바라는 것이 너무 많다</u>.

질문 01

라포 형성을 위하여 상담사가 갖추어야 할 자질은 무엇인가?

| 답변 |

① 내담자가 자신이 관심을 받고 이해받으며 존중받는다고 느끼게 하는 '인간적 자질'
  - 자신의 말을 끝까지 경청하는 태도
  - 내담자의 처지와 감정을 이해·수용·공감하는 태도
  - 정서를 잘 파악하고 이에 적합하게 반영하는 능력
  - 내담자의 외양(옷, 신발, 모자, 장신구, 머리염색 등)의 변화에 민감하게 반응해 주는 능력
  - 내담자의 해결 잠재력을 높게 평가하고 성장가능성을 일깨워 주는 능력
② 내담자가 혼란스럽고 대처하기 어려운 상황에서 방향을 잡도록 도와주는 '전문적 자질'
  - 질문, 명료화, 해석, 직면 등의 다양한 기법을 통하여 내담자가 통찰에 이르도록 도와주는 능력
  - 내담자의 문제와 그 원인을 정확하게 진단하고, 이에 적합하고 효과적인 개입방법을 사용하는 능력
  - 내담자의 숨겨진 욕구를 잘 이해하고 이를 상담에서 다루는 능력

질문 02

상기 사례에서 사례개념화를 하기 위하여 어떤 점을 탐색할 것인가?

| 답변 |

① 반복하여 성형을 받으려는 욕구의 유발요인 탐색
② 자신의 외모에 대한 불만감 유지요인 탐색
③ 모의 내담자 양육방식과 태도 탐색
④ 미모가 내담자에게 주는 의미나 효과에 대한 탐색
⑤ 유기불안의 원인 탐색과 성형과의 관계 탐색
⑥ 성형중독이 내담자에게 끼치는 영향 탐색
⑦ MMPI-A, SCT에 나타난 내담자의 정서와 사고의 내용과 원인 탐색

질문 03

내담자가 상담을 해도 나아지지 않는다고 하면서 상담사로서의 전문성을 의심한다면 어떻게 대처하는 것이 좋은가?

| 답변 |

① 먼저 내담자의 불만사항을 경청하고 겸허하게 받아들인다.
② 불만사항의 내용을 구체화한다.
  - 상담초기에 합의한 상담목표 달성정도 미흡
  - 내담자의 주호소문제의 미해결상황 지속
  - 내담자의 과제수행, 약속사항 실천, 상담참여 충실성 여부
  - 상담사에 의한 내담자 정서나 기분, 진술내용의 몰이해나 무시
  - 상담사의 일방적인 상담진행, 지시나 가르침, 실천 요구
③ 구체화된 원인별로 앞으로의 개선 예정사항을 전달한다.
④ 동시에 상담효과의 여부는 내담자의 통찰, 노력정도, 실천의지가 관건임을 알려준다.
⑤ 상담지속에 동의하지 않는다면 상담을 종결하고, 조기종결의 원인분석 및 평가를 하거나, 해당 사례의 수퍼비전(Supervision)을 받아본다.

질문 04

상기 사례의 내담자를 상담하게 된다면 어떤 개입방법을 사용할 것인가?

| 답변 |

① 상담목표
  - 왜곡된 신념을 수정한다.
  - 유기불안을 해소한다.
② 상담전략
  - 자신의 외모에 대한 불만감을 해소한다(강박적 사고의 수정, 이성과의 성공적 교제 경험).
  - 어머니의 이혼사유 귀인내용과 자신의 문제행동의 관계를 깨닫게 한다.
  - 예쁘지 않으면 열등하고 버림을 받는다는 신념을 수정한다.
  - 내적 아름다움의 중요성과 가치를 깨닫게 한다.

③ 불안

중학교 2학년인 길 양(14세, 여)은 초등학교 3학년 때 아버지가 돌아가신 날을 기억하면 두려움과 절망감을 느낀다. 길 양은 유복한 가정에서 태어나 아버지의 사랑을 독차지하였지만, 길 양의 9살 생일 하루 전에 아버지가 갑자기 심장마비로 돌아가시게 되었다. 이후에 길 양은 아버지가 자신의 생일 이벤트를 준비했었다는 것을 알게 되어 더 큰 슬픔을 느꼈고, 자신의 생일이 돌아올 때마다 더욱 아버지가 그리워 눈물을 흘리며 괴로워하고 있다.

길 양의 학교 성적은 상위권이며, 성격도 명랑하고 활달하여 학기 초에 반장으로 선출되었지만, 최근에 들어서 친구들은 고집이 세고 은근히 자신들을 무시하는 태도를 보이는 길 양의 통제에 잘 따라주지 않고 있다. 길 양은 이러한 상황을 담임선생님에게 불평하였고, 담임선생님은 항상 길 양을 위로해주었지만 종종 반장의 책임을 물어 길 양을 야단치기도 했다.

길 양은 학교생활에서 스트레스를 많이 받고 있으며 두통을 자주 호소한다. 길 양은 아직도 아버지가 돌아가신 것을 친구들에게 알리지 않았으며, 아버지의 이야기가 나오면 현재 해외에서 근무 중이라고 둘러대고 있다.

어머니는 초등학교 식당에서 근무를 하시는데, 몇 개월 전부터 몸이 불편하여 현재는 집에서 쉬고 계신다. 그러나 자신의 딸은 남보다 나은 인생을 살아야 한다고 생각하여 어려운 살림살이에도 불구하고 길 양을 학원에 보내고, 학습지 수업도 시키고 있다. 길 양은 공부와 성적에만 집착하는 어머니가 야속하기도 하고 원망스럽기도 하다. 길 양의 두 오빠들(대학생)은 집에 늦게 들어오며, 길 양에게 전혀 관심을 기울이지 않고 있다.

내담자의 MMPI-A의 결과는 다음과 같다.

- 타당도 척도

VRIN	TRIN	F1	F2	F	L	K
65	71T	54	45	48	57	58

- 임상척도

Hs	D	Hy	Pd	Mf	Pa	Pt	Sc	Ma	Si
65	44	73	55	61	62	53	41	58	42

질문 01

불안약을 복용하고 있다가 복용을 끊고 심리상담만 하려고 할 때 상담자로서 어떻게 개입하겠는가?

| 답변 |

① 약물복용에 따르는 부작용을 우려하는 내담자의 정서에 충분히 공감한다.
② 일단 내담자에게는 당분간 약물복용과 상담을 병행하자고 제의한다.
③ 약물을 처방한 의사와 면담한다.
- 내담자의 증세와 지금까지의 약물복용 기간
- 앞으로 약물을 복용할 예상 기간
- 처방한 약물의 부작용 내용 파악
- 약물처방을 끊을 때의 부작용 파악
- 완전히 나았을 때의 증세 소거상태 내용

④ 상담을 통해서 내담자 증세의 호전정도를 체크한다. 상담의 진행상태와 증세의 정보를 의사에게 전달한다.
⑤ 내담자의 증세가 소거된 상태를 상담자가 확인하고 의사에게 통보한다.
⑥ 의사가 이를 확인하고 약물투여를 중지한다.

질문 02

집단상담을 진행하는데 한 학생이 저항을 보이고 있다. 집단 상담자로서 어떻게 할 것인가?

| 답변 |

① 저항하는 구성원에게 주의를 기울이고 우선 그가 보이는 저항을 이해하고 존중한다. 그리고 저항은 집단발전의 한 과정임을 알린다.
② 다른 구성원으로 하여금 저항하는 구성원의 행동과 태도를 자연스럽게 다루고 피드백을 주게 한다.
③ 집단상담을 진행하면서 진행자는 저항의 원인(불만사항, 충족되지 않은 욕구 등)을 탐색하여 대응하는 조치를 취한다.
④ 저항이 집단상담의 진행이나 집단의 주제와 관련 없이 단순히 집단을 방해하는 의도라고 판단된다면, 진행자를 지원하는 구성원으로 하여금 그 구성원의 행동을 제지하고 전체적인 집단상담의 진행에 방해가 됨을 지적하게 한다.
⑤ 혹시 있을지 모르는 집단의 전체적인 진행방법과 과정, 진행상의 문제점 등을 참가자의 의견을 받아 개선한다.
⑥ 저항의 방법이 저속한 말씨, 진행을 방해하는 태도나 행동으로 지속될 때, 차기 집단회기에서 그 구성원을 제외한다.

질문 03

상기 사례의 내담자를 어떻게 상담할 것인가?

| 답변 |

① 우선 반장으로서 반 친구들을 이끄는 데 따르는 어려움과 친구들의 잘못을 대표로 책임지는 입장에서 생기는 어려움과 스트레스를 이해하고 공감한다.
② 내담자의 주호소문제를 경청하여, 상담목표를 합의하고 상담전략을 세운다.
③ 상담목표
　• 아버지에 대한 미해결감정을 해소한다.
　　- 빈 의자 기법
　　- 아버지를 마음속에서 떠나보내기
　• 대인관계 패턴 개선
　　- 친구에게 양보하고 의견을 청취하는 태도를 가지게 한다.
　　- 합리적인 결정을 하도록 한다.
　• 모와의 관계 개선
　　- 모와 면담해서 내담자를 이해하고 격려하는 양육태도를 가지게 한다.
　　- 모의 입장을 이해하고 수용한다.
④ 다음 사항을 탐색한다.
　• 반장으로서 반 친구들을 통솔하는 방법
　• 반 친구들에게 하는 행동패턴 탐색
　• 아버지에 대한 정서 탐색
　• 어머니에 대한 감정과 태도, 행동 탐색
　• 반 친구들의 반응에 대해 느끼는 내담자의 감정 탐색
　• 반 친구들과의 갈등회피 방식 탐색(MMPI-A 3번 척도가 높게 나옴)
⑤ 내담자의 주호소문제와 관련된 심리적인 문제를 파악하고 원인을 진단한다.
⑥ 원인을 해소하기 위해 상담목표와 상담전략을 수립한다. 이때 내담자와 상담목표를 합의해야 한다.
⑦ 상담목표의 달성정도를 평가한다.
⑧ 상담을 종결한다.

질문 04

내담자를 더 잘 이해하기 위하여 진행하고 싶은 심리검사는 무엇인가?

| 답변 |

① 내담자의 욕구, 불안, 친구들에 대한 대응양식(로샤 검사)
② 대인관계, 타인에 대한 감정, 자신의 신체상 탐색, 가족에 대한 정서(HTP)
③ 진로발달 수준과 직업의 흥미(Holland 진로탐색검사)
④ 자신과 가족, 대인관계, 성, 자아개념(SCT)
⑤ 자아와 환경과의 관계, 대인관계의 역동적인 측면(TAT)
⑥ 성격의 유형(MBTI)

4 따돌림 피해자

내담자는 고등학교 2학년 여학생(17세)이며 최근 어머니에게 자주 "학교 가기 싫다.", "죽고 싶다."라고 이야기하였다. 내담자는 고등학교 1학년 때 남을 잘 의심하고 농담과 진담 구분을 못하여 반 친구들에게 따돌림당하였다. 이를 어머니에게 여러 차례 말하였지만, "친구끼리 오해를 풀고 잘 지내야 한다."라는 이야기만 들었다. 결국 내담자가 현재 담임선생님에게 말하여 학교폭력대책심의위원회(학폭위)가 열렸고, 가해학생들로부터 정식사과를 받으며 일이 해결되었다. 하지만 이후 내담자는 친구 사이의 사소한 다툼으로 학폭위까지 열게 하였다는 이유로 다른 친구들의 눈총에 시달리는 처지에 놓이게 되었다. 내담자는 중학교 때부터 현재까지 높은 학업성적을 유지하고 있으며, 자신의 괴로움은 모두 어머니의 무관심 탓이라면서 원망하기도 한다.

1. 내담자의 부모의 정보는 다음과 같다.
   - 부(50세, 공무원) : 평소에 말이 없고 맡은 일에 충실하며 동료들 사이에서 성실한 사람이라는 평가를 받고 있다. 성격이 과묵하여 말수가 적고 자신의 의사를 잘 드러내지 않는 편이다. 일을 열심히 하고 저녁 늦게 퇴근하여 아내와 자녀와의 대화 기회가 적고, 휴일에는 혼자 등산을 즐기며 가족활동을 거의 하지 않는다.
   - 모(49세, 가정주부) : 성격이 활달하고 사람 사귀기를 좋아하며, 내담자가 다니는 학교의 학부모 모임에서 회장을 맡기도 하였다. 현재 지역 청소년단체 운영위원으로 활동하고 있으며 바쁜 생활을 하고 있다. 딸이 따돌림을 받고 있다는 이야기를 들었음에도 불구하고 내담자가 스스로 이를 극복하고 해결하는 것이 바람직하다고 생각하고 있다.

2. 내담자의 MMPI-A
   - 타당도 척도 : F = 64, L = 54, K = 55
   - 임상척도(T > 65) : D = 75, Pa = 69, Si = 65

질문 01

상담 중 불손하거나 상담에 불성실한 내담자로 인하여 화가 날 때 어떻게 하겠는가?

| 답변 |

① 내담자에게 그의 행동이나 태도를 구체적으로 언급하면서 이로 인하여 자신이 화가 나고 있음을 솔직히 표현한다.
② 동시에 내담자로 인하여 화가 나는 사실은 상담사로서의 기본적인 소양이 부족하다는 사실도 같이 전달한다.
③ 내담자의 문제가 되는 태도와 행동이 상대방에게 어떠한 느낌과 영향을 주는지 설명해 준다.
④ 이런 행동과 태도가 지속될 때 대인관계에 문제가 발생할 뿐만 아니라 상담효과에도 나쁜 영향이 생기는 점을 강조한다.
⑤ 그럼에도 불구하고 내담자의 태도나 행동이 개선되지 않을 때는 상담사의 소진을 예방하기 위하여 상담을 다른 상담사에게 의뢰하거나 종결한다. 이 경우 사전에 내담자에게 분명한 이유를 설명한 후에 행한다.
⑥ 상담자는 상담 중에 자신이 역전이를 일으키거나 의도된 감정처리 능력이 부족한지의 여부를 수퍼비전(Supervision)을 받아본다.

질문 02

상기 사례의 내담자에 대한 사례개념화를 해보시오.

| 답변 |

① 내담자의 문제
  - 학교에서 따돌림의 대상이 되고 있다.
  - 자신의 문제가 타인에 의하여 발생한다고 생각하여 남을 원망한다.
② 내담자의 특징
  - 부모의 관심을 제대로 받지 못하고 있어 우울한 기분(MMPI-A 2번 척도)을 느끼고 있다.
  - 내성적인 성격(MMPI-A 0번 척도)으로 자신의 의사나 주장을 상대방에게 제대로 표현하지 못하고 있다.
  - 문제를 인정하지만 자력으로 해결할 수 없어 도움을 요청하였다(L-F-K 삿갓형).
  - 문제를 타인의 도움을 통해 해결하려 했지만(교사나 어머니에게 이야기함) 성과가 없어서 결국 이를 회피하고(학교 가기 거부) 있다.
  - 친구관계에서 의심하고 사소한 일에 민감하게 반응함으로써(Pa가 상승) 친구로부터의 소외를 경험하고 있다.

> **참고** 사례개념화
>
> 사례개념화는 내담자에 대한 이해와 개입방법을 논리적이고 체계적으로 기술하는 것을 의미한다. 사례개념화에 포함되는 사항은 다음과 같다.
> - 내담자에 대한 기본정보
> - 내담자 호소문제의 구체적 기술
> - 내담자의 성장배경, 부모의 양육방식과 태도, 양육환경
> - 내담자의 인지적·행동적·정서적 특징과 원인
> - 내담자의 강점이나 자원
> - 내담자 문제의 유발(촉발)요소, 유지요소
> - 상담목표, 상담전략, 상담기법이나 적용된 상담이론 등

질문 03

또래상담 제도가 있음에도 불구하고 청소년상담사가 있어야 하는 이유는 무엇인가?

| 답변 |

① 또래상담 제도는 상담에 관심이 있는 학생들을 대상으로 하여 소정의 교육을 수료하게 한 후, 학교 현장에서 또래나 선후배의 고민이나 갈등을 해소하도록 정서적인 지지와 격려를 제공하게 하는 제도이다. 해당 학생들은 기본적인 상담교육을 받지만 그 내용이 제한적이고 경험이 부족할 뿐만 아니라 상담의 기법이나 사례를 이해하고 대응하는 능력이 떨어져 전문적인 상담의 효과를 거두기 힘든 면이 있다. 그리고 상담자의 역할이 같은 또래라는 점에서 피상담학생이 그의 조언이나 격려를 수용하고 따르는 데 어려움이 존재한다.

② 청소년상담사는 국가시험(필기, 면접시험)에 합격하고 소정의 학력과 경험을 갖추어야 자격을 취득할 수 있는 전문상담사로서 청소년을 '이론적'으로 잘 이해하고, 청소년 시기를 거쳐 성장한 성인으로서 청소년을 '경험적'으로도 잘 알고 있다. 또한 상담이론과 전문적인 기법을 숙지하고 있고, 청소년의 문제나 심리적인 상황을 잘 이해하는 능력이 있다.

③ 청소년상담은 지역사회와의 연계가 반드시 이루어져야 하고, 청소년에게 많은 영향을 미치고 있는 부모를 대상으로 하는 상담이 병행되어야 하기 때문에 상담전문기관에 소속되어 상담하는 청소년상담사가 필수적이라고 할 수 있다.

질문 04

자녀가 학교에서 왕따를 당해 찾아온 학부모를 첫 면담에서 어떻게 대할 것인가?

| 답변 |

① 자신의 자녀가 학교폭력(따돌림)의 피해자라는 사실을 받아들이기 힘든 당황스러움, 가해학생에 대한 분노, 동시에 자신의 자녀에게 느끼는 부끄러운 감정들을 충분히 감안해야 한다.
② 그렇기 때문에 마음의 침착함을 유지하도록 우선 차를 대접하거나 의자에 앉도록 권유한다.
③ 학교폭력은 언제든지, 누구든지 일어날 수 있는 일임을 인지시킨다.
④ 학교폭력 사실을 그대로 인정하게 하고 상담사와 부모, 학교 교사가 해결할 수 있는 일임을 확인시킨다.
⑤ 피해 자녀의 안전을 위한 조치를 강구하게 하고, 동시에 학교폭력 증거를 수집하게 한다.
⑥ 사안이 경미한 경우에는 학교 관계자와 가해, 피해학생 학부모 간에 조정과 합의를 하도록 권유하고, 재발 방지를 위한 학교의 조치를 요구한다.
⑦ 사안이 중대하다고 판단되는 경우에는 학교폭력 신고(117)를 하거나 학교를 방문하여 학폭위 소집을 요구하게 한다.

5 등교거부

고등학교 2학년 남학생(17세)인 내담자는 올해 1학기에 여러 학생으로부터 집단 따돌림을 심하게 받았다. 그 후유증으로 학교에 가면 불안증세를 보이고 친구들과 시선을 마주치지 않으며, 점심시간에는 혼자 도서관에 가서 책을 읽다가 오후 수업시간에 들어오곤 한다. 내담자는 초등학교와 중학교에 다닐 때도 혼자 있기를 좋아했고, 주말에는 주로 집에서 스마트폰으로 게임을 하거나 유튜브를 보면서 시간을 보낸다. 내담자는 부모님에게 자신은 고등학교만 졸업하고 바로 취직을 하여 돈을 벌겠다고 이야기한다. 내담자는 아침에 일어나는 시각이나 등교하는 시각 등은 철저히 지키고 있다.

1. 첫 상담에서 상담자가 기술한 내담자의 특징
   - 키가 약간 작고 과체중이다.
   - 눈맞춤을 어려워하며 말을 잘하지 않는다.
   - 상담자가 묻는 말에는 단답형으로 겨우 대답하는 정도를 보인다.

2. 상담자가 면담한 부모님의 정보
   - 아버지는 작은 편의점을 운영하고 있는데, 주위에 여러 편의점들이 들어서는 바람에 매출에 타격을 받아 수입이 상당히 줄었으며, 이로 인하여 가족들에게 자주 짜증과 화를 낸다. 아버지는 내담자의 형과는 좋은 관계를 유지하고 있으나, 내담자와는 소원한 관계이다. 아버지는 내담자의 소극적이고 게으르며 소심한 성격이 마음에 들지 않아 야단치는 일이 많다. 아버지는 대학교 1학년인 내담자의 형은 공부를 잘하고 모범생이며, 인기가 많은 학생이라고 소개한다.
   - 어머니는 최근 생활이 어려워지자 보험설계사로 근무하기 시작하였으며, 내담자가 집단으로 따돌림을 당하였을 때 학교에 몇 차례 방문하여 이를 학교장에게 항의하고 적당한 조치를 취할 것을 요구하기도 하였다.

3. 내담자의 MMPI-A
   - 타당도 척도

VRIN	TRIN	F1	F2	F	L	K
55	57F	72	65	68	51	54

   - 임상척도

Hs	D	Hy	Pd	Mf	Pa	Pt	Sc	Ma	Si
65	67	60	55	61	57	69	41	58	70

4. 기질 및 성격검사(JTCI) 요약
   - 기질 : 자극추구(NS) 점수가 낮고, 위험회피(HA) 점수가 높게 나왔으며, 인내력이 약간 높은 점수를 보였다.
   - 성격 : 자율성과 연대감은 평균보다 약간 떨어지는 수준이며, 자기초월은 약간 높은 편이다.

질문 01

등교를 거부하는 학생은 어떻게 상담하는가?

| 답변 |

① 학교에 가지 않는 이유를 다정하게 물어본 후 이를 경청하고 인정해 준다. 내담자 나름의 불편함을 이해하며 위로하고 격려한다.
② 충분하게 라포 형성을 하면서 등교거부의 이유를 단계적으로 탐색한다.
- 내담자의 진술과 행동, 정서의 관찰
- 학교생활 조사(친구관계, 교사와의 관계, 성적 등)
- 등교거부 행동의 전후 일어난 일 조사 및 평가
- 부모의 직업과 양육방식, 양육태도 점검
- 내담자의 부모·형제와의 관계와 정서 탐색
- 여러 가지 심리검사의 시행
- 위의 사항을 종합한 정확하고 구체적인 사례개념화 시행

③ 상담목표와 전략을 수립하고, 이때 내담자와 합의하여야 한다.
등교거부의 대표적인 원인은 친한 친구와의 갈등, 집단 따돌림, 교사의 비난, 성적하락, 게임중독, 비행청소년과의 교제, 부모의 학습 압력에 대한 저항이나 회피 등이 있다.
④ 내담자의 문제 원인을 해결하는 상담 개입방법을 결정하여 적용하면서 상담을 진행한다. 상담 중간에 상담목표 달성을 내담자와 같이 평가한다.
⑤ 필요한 경우, 부모의 협조를 구하고 때로는 학교에 방문하여 필요한 조치를 하도록 권유한다.
⑥ 상담목표를 최종적으로 평가하고 미해결 과제에 대한 내담자의 예정사항을 확정한다. 그런 후에 상담을 종결한다.

질문 02

내담자와 상담의뢰자의 주호소문제가 다를 때 어떻게 할 것인가?

| 답변 |

① 내담자와 상담의뢰자의 주호소문제가 상이한 상황은 많이 발생한다. 양측의 입장을 충분히 경청하고, 상담자가 균형감각을 가지고 판단하여야 한다.
② 우선 상담의뢰자(주로 부모)의 입장은 관찰자로서의 판단이기 때문에, 문제에 자신의 욕구나 일반적인 사회적 기준을 적용할 때가 많다. 그리고 내담자의 정서, 행동, 태도에 대한 외적인 판단만을 하여 정확도와 객관성이 다소 떨어질 수 있다고 보아야 한다.
③ 내담자가 상황을 인지하고 감정을 표현하며 행동하게 하는 동인(動因)은 내담자 스스로가 느끼는 문제이기 때문에, 내담자의 주호소문제가 내담자의 문제를 해결하는 데 더욱 직접적이고 정확한 정보를 제공한다고 할 수 있다. 상담자는 라포 형성을 통하여 내담자가 자신의 문제를 명확하고 정확하게 표현하도록 하여야 한다.
④ 그러나 상담의뢰자의 주호소문제 중에서 내담자가 인식하지 못하거나 문제라고 생각하지 않는 점 중에서, 상담사가 상담에서 다루어야 할 것으로 판단하는 것은 상담목표에 포함하는 것이 좋다.

질문 03

상담이 종료되었는데 내담자가 계속하여 상담 받기를 요구하는 경우 어떻게 할 것인가?

| 답변 |

① 상담목표를 충분히 달성하고 추가된 다른 목표가 없거나 추가 목표까지 달성되었다고 판단하는 경우 종결하게 된다.
② 종결을 예고하고 종결하는데 내담자가 상담을 계속하기를 원하는 경우는 다음과 같은 원인으로 추정할 수 있다.
  - 상담사에게 의존하여 의사결정을 하게 되어 의존성이 습관화되었거나, 내담자의 의존적인 성격이 개선되지 않았을 경우(이로 인하여 상당한 불안감을 느낀다)
  - 자신이 충분히 잘할 수 있음에도 불구하고 이를 인지하지 못하고 있는 경우
  - 의존성을 극복하지 못한 경우라면 다른 상담자가 상담을 계속하게 하여 그 문제를 해결하도록 의뢰하는 것이 바람직하다. 상담종결에 따른 통상적인 정서(자신감 부족)라면 종결 2~3회기 앞에서 종결예고를 하고, 내담자가 혼자서 충분히 의사결정을 하고 해결할 수 있다는 점을 확신하도록 만드는 노력이 필요하다.

질문 04

동료 상담사가 상담사의 윤리를 어기는 것을 알았을 때 어떻게 하여야 하는가?

| 답변 |

① 청소년상담사 윤리강령(한국청소년상담복지개발원)에 의하면, 타 상담사가 윤리에 어긋나는 행동을 하였을 때, 이를 인지한 상담사는 청소년상담자의 의무에 준하여 윤리위원회에 보고하여야 한다.
② 이처럼 윤리강령에 어긋나는 행동이 포괄적으로 규정되어 있어, 위반사항 발생 시 경중을 따지지 않고 일일이 보고하는 것이 어려울 경우가 많다고 본다.
③ 상담사가 품위유지 의무를 심대하게 위반하였거나(예 내담자 보호자와의 부적절한 관계), 허위 상담보고서를 작성하였거나, 내담자의 중대한 사생활 비밀보장 의무를 위반하였을 경우 보고하는 것이 바람직하다고 판단된다.
④ 그러나 상담활동 중에서 상담내용의 기록이나 영상녹화, 녹음 등을 할 때 내담자의 동의나 보호자의 동의를 사전에 받지 않은 경우는 해당 상담사에게 이야기하여 자신의 잘못을 인정하게 하고, 즉시 적합한 절차를 밟도록 하는 것이 바람직하다.
⑤ 상담사가 윤리강령에서 정한 사실을 잘 모르는 상태에서 경미하게 위반하는 경우에는 위의 ④와 마찬가지로 조치한다. 해당 상담사는 적절한 관리 감독이 필요할 수 있으므로 ④, ⑤의 경우는 기관의 장에게 보고하는 것이 좋다고 판단된다.

제8절 2급 기출사례 - 2017년 16회

1 PTSD

다음은 내담자에 대한 상담보고서이다.

1. 상담의뢰 배경

   전철역에서 60대 여자 승객의 사망사고를 목격한 이후 밤마다 사고가 반복되는 악몽을 꾸게 되었고, 절규하던 그 승객의 외침이 들려 계속 가위에 눌리게 되어 어머니가 급히 상담센터에 상담을 의뢰하였다.

2. 내담자의 인적사항 및 가족사항
   - 최희정(가명) : 17세, 여, ○○고등학교 2학년, 2녀 중 막내
   - 부(55세, 고졸) : 가난한 도시 가정에서 자라나 부모가 모두 자살하였고, 형도 연애실패를 비관하여 자살하였다. 초등학교 5학년 때부터 혼자 고모집에서 자랐다. 부는 평소 말이 없고 조용하다. 아내가 경제적으로 무능하다고 비난하자 이를 견디지 못하고 내담자가 중2 때 이혼하였다. 현재는 연락이 닿지 않고 있다.
   - 모(52세, 고졸) : 가난한 집안의 장녀로 태어나 어렵게 고등학교까지 다녔으며, 고등학교 졸업 후 아르바이트, 마트계산원, 식당 주방근무 등 다양한 경험이 있으며, 생활력이 매우 강하다. 지금은 보험모집원으로 가족을 부양할 만한 수입이 있다.
   - 언니(20세, 대학생) : 부를 싫어하고 모와 가까이 지내지만, 모와의 잦은 말다툼으로 인하여 하루 빨리 가정에서 독립하여 나가기를 바라고 있다. 내담자와는 성격이 많이 다르고 활발하며, 남자친구도 많다.

3. 내담자의 이해
   - 몸이 약하여 병원에 가는 일이 많았다. 타인의 관심이나 평가에 대하여 상당히 민감하다. 집을 떠난 아버지를 불쌍히 여기고 있다. 모로 인하여 부가 희생당하였다고 생각하고 있다.
   - 친구는 거의 없고, 주말에는 자기 방에서 책을 읽는다. 자기 처지를 비관할 때가 많으며, 남을 동정하고 공감하기를 좋아한다.

4. 심리검사
   - 내담자의 MMPI-A 임상척도의 T-Score

Hs	D	Hy	Pd	Mf	Pa	Pt	Sc	Ma	Si
55	71	66	50	32	62	60	43	41	69

   - SCT의 주요 내용
     - 내가 바라는 여성상은 <u>자신의 의견을 말할 수 있는 사람</u>이다.
     - 완전한 남성상은 <u>나를 언제나 제일 사랑해 주는 사람</u>이다.
     - 내가 나이가 들면 <u>슬프다</u>.
     - 내가 어렸을 때 <u>우리 가족은 불행하였다</u>.

> • HTP 내용요약 : 집 그림은 굴뚝에서 연기가 나고, 마당에 연못과 꽃을 그려 넣었다. 나무 그림에서는 사과가 달려있고, 뿌리를 그리지 않았다. 기둥에는 옹이를 그렸다. 사람 그림은 모두 종이의 가운데에 조그맣게 그렸다.

질문 01

내담자가 상담종결을 불안해하면 어떻게 하겠는가?

| 답변 |

① 상담이 종료되는 시점에서 내담자가 '혼자의 힘으로 잘할 수 있을까?' 하고 막연한 두려움을 가지는 경우에는 상담기간 중에 내담자가 보여준 자율적인 행동이나 태도, 능동적인 결정과 긍정적인 결과 등을 칭찬하면서 그 증거로 활용한다.
② 현재는 상담을 통해 문제가 해결되었지만, 차후 유사한 문제가 발생하고 뜻하지 않은 문제가 발생할 것 같은 두려움을 가지는 경우에는 상담 중에 변화해 갔던 과정이나 해결과정과 마찬가지로 하면 된다는 점을 전달한다.
③ 어려운 처지에 다시 처했을 때 의논하고 말할 대상이 없어짐에 따른 불안한 경우는 부모나 친구에게 이야기할 수 있고, 나아가 상담자에게 언제든지 전화가 가능하며 추수상담을 할 수 있음을 안내한다.
④ 기타 향상된 자존감을 강조하고 내담자가 시도하여 좋은 결과를 얻은 경험을 강조해 준다.

질문 02

상담자는 개인분석(교육분석)을 받아야 할 필요성에 대해 어떻게 생각하는가?

| 답변 |

① 청소년상담사 윤리강령에 의하면 "상담사는 자신의 전문성을 유지하기 위하여 교육, 자문, 훈련 등의 지속적인 노력을 추구하여야 한다."라고 되어 있다.
② 이런 목적을 수행하기 위하여 상담자가 내담자가 되어서 다른 상담자로부터 상담을 받는 형식의 교육분석이 필요하다. 교육분석을 통해서 상담자는 다음과 같은 사항을 배울 수 있다.
  - 내담자의 입장이 되어 봄으로써 자신이 상담하는 내담자의 정서와 생각, 태도 등을 좀 더 이해할 수 있다.
  - 자신의 감정관리 능력을 향상해 역전이가 발생하는 것을 방지할 수 있다.
  - 자신이 하지 못하고 있거나 실수를 하고 있는 부분, 착안하지 못한 부분(상담기법, 상담이론, 내담자의 이해 등)을 바로 알게 되는 계기가 된다.
  - 자신의 알아차림 수준을 높일 수 있다.
  - 혹시 있을지도 모르는 소진을 예방할 수 있다.

질문 03

이 사례에서 더 탐색해 보아야 할 사항은 무엇인가?

| 답변 |

① 부모와의 관계와 부모에 대한 정서
② 부모의 양육방식과 애착형성 과정
③ 스트레스의 처리과정과 신체화 경향 유무 탐색
④ 친구관계 탐색
⑤ 각종 심리검사를 통한 내담자의 성격, 욕구, 정서 등 파악
⑥ 언니와의 관계 탐색
⑦ 스트레스에 대한 반응과 내성, 처리방식 등
⑧ 사고로 인해서 생긴 변화(급성 스트레스 장애, PTSD 등)

질문 04

상기 사례의 보고서와 기타 심리검사를 보면서 내담자에 대해 이야기해 보시오.

| 답변 |

① MMPI-A
- 우울(2)이 높아 자신의 환경에 대한 불만이 크고 근심이 많으며 무기력하다. 타인의 불행에 대해 지나치게 동조한다.
- 히스테리(3)가 어느 정도 상승해 있어 현실적 어려움이나 갈등을 피하기 위하여 부인기제를 사용함에 따라 항상 스트레스에 취약하며, 심리적(자신과 가족이 불행하다고 생각함)·신체적 문제(가위눌림)를 야기하기 쉽다.
- 편집증(6)과 강박증(7)이 동반 상승해 있어 정도는 심각하지는 않지만 불안하고 걱정이 많으며, 의심이 많은 편이다.
- Hs-D-Hy(1-2-3)이 하강곡선을 보일 때는 직면하기를 회피하며, 사소한 기능장애에 대해 과민반응을 나타낸다.
- 내향성(0)이 높아 자신의 의견이나 주장을 제대로 피력하지 못하고, 사회적 관계에서 불편감을 느낀다.

② SCT
- 자기 자신과 가족에 대해 불행감을 느끼고 있어 우울을 어느 정도 보인다고 추정할 수 있다.
- 자신의 미래 또한 밝지 않음을 시사하고 있다.

※ 아래의 해석은 조금 논란이 있을 수 있으나, 사실이라기보다는 면접 당일에 그만큼 수험생이 다양한 지식을 가지고 있다는 점을 나타내는 효과가 있다고 볼 수 있다.

③ HTP
- 집의 그림에서 굴뚝과 연기를 그린 것은 사랑의 욕구를 나타내며, 집 주위의 부수적인 그림은 사랑의 대상을 갈구하는 것으로 해석이 가능하다.
- 나무기둥에 옹이를 그리는 것은 성장 시 외상경험이 있고, 자아의 힘을 회복하고 싶은 마음을 나타낸다고 해석되며, 열매의 그림은 사랑을 주고받고 싶어 함을 의미한다고 보아야 한다.
- 나무의 뿌리는 자신에 대한 안정감의 상징으로, 뿌리를 그리지 않은 경우는 불안정감이나 자신감이 없음을 나타낸다고 할 수 있다.

2 학업중단

고등학교 2학년 때에 학업을 중단한 내담자(17세, 여)는 친구의 소개로 상담센터의 문을 두드리게 되었다. 상담자와 마주 앉은 내담자는 앞으로 자신이 무엇을 해야 할지 모르겠다고 고민을 털어놓았다. 예전에는 유명한 화가가 되겠다고 마음먹었다고 한다. 내담자는 다른 친구들은 학교를 잘 다니고 있는데, 자신만 학교에서 나와 목표 없이 생활하고 있어 혼자 뒤처지는 것 같아서 불안을 느낀다고 이야기하였다.

내담자는 공부도 못하였고 자신은 잘하는 것이 아무것도 없으며, 외모도 남과 비교하여 수수한 편이고, 교사나 친구와의 관계는 나쁘지 않았다고 이야기한다. 고등학교 2학년에 올라가서 우연히 어머니가 아버지와 경제문제로 심하게 다투는 것을 목격하고는 자신이 학교에 다니는 것이 부모님에게 짐이 되고 있고 잘하는 것이 없는 자신이 고등학교를 졸업한 후 대학을 나와도 실업자가 될 수밖에 없다는 생각이 강하게 들어, 선생님이나 부모님의 만류를 뿌리치고 학교를 중간에 그만두었다.

1. 내담자의 가족사항은 다음과 같다.
   - 부(46세, 건설현장 일용직) : 성격이 유순하고 평소 말이 없다. 자녀와 이야기를 잘하지 않고 술을 즐겨 마시며, 자신이 무능함을 한탄하고 있다. 술을 마신 날은 내담자에게 뺨을 비비며 미안하다고 이야기하고, 자신이 못난 부모임을 내담자에게 하소연한다. 그러면서 남동생을 잘 돌봐야 한다고 입버릇처럼 이야기한다.
   - 모(44세, 마트 계산원) : 밤늦게까지 근무하여 집안일을 돌볼 수 없을 정도로 바쁘다. 남편에게 자신의 어려움과 힘든 상황을 불평하면서 위로를 받으려고 하지만, 그럴수록 자신을 피하고 있는 남편이 미워 자주 다투기도 한다. 가출을 자주 하여 이를 나무라는 자신에게 대드는 아들 때문에 속상해한다. 딸에게 어느 정도 의존하면서 집안일을 내담자가 흔쾌히 도와주기를 바라며, 실제 내담자가 집안일의 대부분을 하고 있는 실정이다.
   - 남동생(14세, 중2) : 나쁜 친구들과 어울려 다니며, 학교를 자주 결석한다. 초등학생들을 위협하여 돈을 갈취하고, 담배를 피우고 가끔 선배들과 술을 마시기도 한다. 어머니에게 욕을 하고 대들기도 하며 아버지를 무시하기는 하지만, 누나를 불쌍하게 여기고 있다.

2. 내담자의 MMPI-A 결과
   - 타당도 척도

F1	F2	F	L	K
67	40	62	44	52

   - 임상척도

Hs	D	Hy	Pd	Mf	Pa	Pt	Sc	Ma	Si
55	64	49	63	48	51	66	43	37	59

3. Holland 진로탐색검사 결과 : RS 유형

질문 01

내담자가 비자발적이지는 않지만, 상담자와 눈맞춤도 하지 않고 고개만 숙인 채 말을 하지 않으려고 한다. 이런 경우 상담자의 기분은 어떠할 것 같은가?

| 답변 |

개인적인 요소가 있어 일률적으로 대답하기 곤란하지만, 일반적으로 추정할 수 있는 상담자의 기분을 정리해 보면 다음과 같다.
① 우선 눈을 맞추지 않고 이야기를 하지 않으니 어떻게 이야기를 이어갈지 황당하고 당혹감을 느끼게 된다.
② 말을 억지로 시키려는 시도로 인하여 내담자가 '상담자는 너무 말이 많다'고 생각하여 상담자를 멀리하고, 다음 회기의 상담에 오지 않을 수도 있다는 두려움이 생긴다.
③ 상담을 받으러 왔다면 자신의 문제 정도는 잘 알고 이를 표현하여야 한다고 생각되어 아무 말도 없는 내담자에게 화가 난다.
④ 내담자의 이런 태도가 부모와의 애착형성이 불안정하여 생기는 결과라고 생각되어 부모를 탓하게 되고, 상담하기 어려운 대상자라는 불편함을 가진다.
⑤ 상담자가 취급할 수 없는 깊은 마음의 상처가 있어 상담효과가 쉽게 나지 않을 것이라는 생각에 자신감을 잃게 된다.
⑥ 상담을 받지 않으려는 의사표현이거나 상담자에 대한 거부반응이라고 판단해서 마음이 불편해진다.
⑦ 자기 표현력이 떨어져 친구로부터 소외될 수 있다고 생각하며 동정심이 생긴다.

질문 02

상기 사례에서 내담자가 느끼는 불안을 정신역동, 인간중심, 인지행동적 접근에서 비교해 보시오.

| 답변 |

정신역동	인간중심	인지행동
• 원초아(Id)의 추동(Drive)이 의식 속으로 들어와 자아(Ego)가 위협을 느끼는 현상 • 자신의 처지에서 오는 좌절과 회피욕구에서 의식하게 되는 미래에 대한 불안	• 실제의 자아와 이상적인 자아의 차이(Gap)를 의식하면서 생기는 심리적 문제 • 목표하는 자아의 모습과 현실의 자신의 모습을 비교하여 생기는 불안	• 비합리적이고 왜곡된 사고, 자기 비판적 사고방식으로 생기는 정서적 결과 • '잘하는 것이 없다. 나만 뒤처진다. 모두 내 탓이다.'라고 부정적으로 생각하여 나타나는 불안

질문 03

상기 사례의 내담자를 상담하게 된다면 상담의 목표는 무엇인가?

| 답변 |

① 진로결정
- Holland 진로탐색검사 혹은 Strong 직업흥미검사 실시
- 적성검사 실시
- 미래의 직업을 정하고 진학목표 세우기

② 자기존중감 증진
- 긍정적인 사고하기
- 자기의 가치 인정하기

③ 인지적 왜곡 완화
- 자기에게 책임이 있다고 생각하는 방식 개선
- 미래를 가망이 없는 것으로 보는 신념의 수정

④ 부모상담 병행
- 부부관계 개선
- 자녀들에 대한 애정과 관심, 이해, 존중의 실천

③ 학교부적응

현재 경기지역의 대안학교(고등학교)에 다니는 정 양(16세, 여)은 친구관계 문제로 상담실을 스스로 찾아왔다. 정 양은 초등학교 3학년 때 혼자 캐나다에 보내져 현지의 외삼촌 집에 머물면서 캐나다의 초등학교에 다녔다. 정 양의 아버지는 정 양이 어려서부터 영어를 완벽하게 배우고 선진 외국 문물을 접하는 것이 장래 경쟁사회에서 성공하게 만들 것이라고 굳게 믿고 있었기 때문에 아내의 만류에도 불구하고 유학을 보냈다.

정 양은 외삼촌의 보살핌이 있었지만 초기에는 말이 잘 안 통하였고 또래관계가 잘 이루어지지 않았다. 중학교에 진학하고서는 학교가 아시아인을 차별한다고 생각하고 이를 현지교사에게 항의한 적도 있었다. 주위 비행 청소년들과 어울리지 않았으며, 학교 성적은 높은 편이었다. 그러나 마음을 터놓고 이야기할 친구가 없어 항상 외롭고 쓸쓸함을 느꼈다. 중학교 2학년이 되면서 캐나다 생활을 할 수 없다고 아버지에게 졸라 결국 한국으로 귀국하게 되었다. 한국에 와서 중학교 2학년으로 편입하였으나 캐나다에서와 같이 친구 사귐에서 어려움을 겪었다. 자신의 의사를 한국어로 표현하는 것이 서툴러서 친구가 없어 학교 쉬는 시간이나 점심시간에 항상 혼자서 책을 읽거나 생각에 잠겨 있었다. 정 양의 아버지는 정 양이 고등학교에 진학하면서 대안학교로 전학시켰다.

이런 정 양이 최근 같은 대안학교에 다니는 한 남학생과 친해졌다. 정 양은 그 남학생에게 잘해주지 않으면 그가 자기에게서 떠나갈 것이라는 불안감을 느끼고 있다. 그래서 그에게 의존하면서 그에게 지나칠 정도로 많은 카톡을 보내고 답신을 항상 기다리고 있다. 정 양은 필요 없이 불안을 느끼며 두통 증세를 자주 호소하기도 한다.

정 양의 아버지는 캐나다에서 적응하지 못하고 중도에 귀국한 딸에 대해 분노하고 있다. 자신의 사업도 잘 안되어 술을 자주 마시고 정 양에게 폭언을 퍼붓는다. 정 양은 자신에게 외로움과 힘든 유학생활을 하게 한 아버지를 원망하며 대들고 있어, 남편과 딸의 중간에서 어머니는 중재하고 쌍방을 위로하느라 스트레스를 많이 받고 있다.

정 양의 심리검사 결과는 다음과 같다.

1. 내담자의 MMPI-A
    - 타당도 척도

VRIN	TRIN	F1	F2	F	L	K
57	57F	63	58	62	53	54

    - 임상척도

Hs	D	Hy	Pd	Mf	Pa	Pt	Sc	Ma	Si
68	53	61	71	47	58	55	42	56	48

2. MBTI 검사유형 : ISTP

질문 01

청소년상담사의 윤리강령 중에 자신이 가장 중요하다고 생각하는 내용은 무엇인가?

| 답변 |

여러 가지 답변이 있을 수 있지만, 면접관에게 좋은 인상을 주는 사항을 기술한다면 다음과 같다.
① 청소년상담사는 내담자와 그 보호자(부모)의 사생활과 권리를 최대한 존중해 주어야 한다.
   - 상담을 통하여 내담자/보호자(부모)는 상담자에게 자신의 약한 점이나 숨기고 싶은 사항을 노출했기 때문에 이를 존중하고 비밀을 지켜주어야만 그들이 심리적인 문제를 극복하고 보호받는다고 신뢰할 수 있다.
   - 내담자는 한 인간으로서 존중되어야 할 인격체이다. 상담을 거부할 권리까지도 보장해 주어야 한다.
② 전문적인 상담을 위하여 동료나 수퍼바이저(Supervisor)의 자문을 구해야 한다.
   - 상담자가 상담을 오래하게 되면 자신의 스타일이 고착화되어 다양한 내담자나 사례에 대해 전문적으로 개별화된 개입을 하기에 한계가 생긴다.
   - 이를 극복하기 위하여 끊임없이 자신의 개입방식을 동료나 전문 수퍼바이저를 통해 수정하고 개선해야 한다.
③ 상담자는 내담자와 이중관계를 맺지 않는다.
   상담자가 내담자와 상담 이외의 이해관계가 연관될 때 진정한 상담자의 책무나 역할을 하기 어려울 뿐만 아니라 내담자 역시 자신의 통찰을 통한 심리적 문제의 해결에 걸림돌이 된다.
④ 청소년상담사는 심리검사를 해석할 수 있는 능력을 배양하여야 한다.
   - 내담자를 이해하기 위하여 심리검사를 필수적으로 행해야 하는데, 바르고 정확한 결과해석을 위하여 상담자는 공부하고 이에 필요한 수련을 쌓아야 한다.
   - 결과의 오해석으로 말미암아 내담자와 상담효과에 발생하는 부정적 영향을 피해야 할 필요가 있다.

질문 02

상담자로서 자신의 관심사는 무엇이며, 자신의 역량을 어떤 식으로 개발할지 이야기해 보시오.

| 답변 |

일률적으로 답변할 수는 없지만, 보편적인 청소년의 문제를 이야기하는 것이 바람직하다.

① 관심사
- 청소년의 문제행동에 대한 변화 추구
- 또래관계의 개선
- 긍정적 자아개념 형성
- 진로상담
- 스마트폰 중독 현상 해소
- 위기행동(자살, 가출 등) 예방

② 개발방법
- 청소년에 대한 이해의 폭을 넓히기(청소년학 공부, 청소년활동 동참, 청소년문화 공유 등)
- 청소년의 발달이론 숙지(과업, 정체감, 인지적·사회적·생리적·문화적 특징 숙지와 이해, 공감)
- 긍정적인 시각으로 청소년 이해하기(청소년에 대한 열린 마음 가지기, 상담자 자신의 문제 이해와 해결 등)
- 진로이론과 상담의 경험과 이론 숙지
- 스마트폰의 기술적 변화 이해, 게임의 이해, 스마트폰 사용형태나 내용 파악, 중독의 일반적 특성 학습, 중독현상을 완화하기 위한 방법 고찰, 관련 학술서적 공부
- 위기행동을 직접 해결하고 청소년을 보호하는 기관에 근무하여 경험과 대처능력 향상

질문 03

상기 사례에서 내담자의 보호요인(자원)은 무엇인가?

| 답변 |

① 영어를 잘하고 외국문화를 잘 이해한다(해외유학의 이점).
② 심리적인 문제가 있었지만 비행청소년들과 어울리지 않았다.
③ 학업에 집중하여 성적이 상위권에 속하였다.
④ 독서량이 많다.
⑤ 어머니가 내담자를 이해하고 위로하는 태도를 지녔다.
⑥ 자신의 문제를 인지하고 상담센터에 스스로 찾아왔다.

질문 04

사례의 내담자에 대해 기술된 내용과 심리검사를 연계하여 이야기해 보시오.

| 답변 |

① MMPI-A
  - 타당도 척도에서 L-F-K가 삿갓형으로 되어 자신의 정서적·신체적 곤란을 인정하고 외부의 도움을 요청하지만 해결능력이 부족한 것으로 보인다.
  - 1번(Hs)과 3번(Hy) 척도가 쌍으로 높은 수준이어서 스트레스가 신체적인 증상(두통)으로 나타나는 경향이 있다.
  - 4번(Pd) 척도가 상당히 높은 것으로 보아 사회적으로 비순응적이고 권위적인 대상에 대하여 분노를 보일 수 있다(부친에 대한 저항, 현지 학교와의 갈등).

② MBTI의 ISTP형
  - 말을 잘하지 않고(친구와 잘 어울리지 않고 생각하고 책을 읽는다) 내부적으로 사고를 중시한다(인지적인 왜곡 발생 가능성, 남자친구가 자신을 떠날지도 모른다는 두려움).
  - 주변의 상황과 패턴에 감각적으로 인지하며(외국생활에서의 외로움과 쓸쓸함의 인지) 자신의 미래를 어둡게 조망한다.

질문 05

더 탐색하고 싶은 점은 무엇이고, 이를 위해 어떤 심리검사를 하고 싶은가?

| 답변 |

① 내담자의 욕구, 불안, 경험과 습관적인 반응양식 탐색(로샤 검사)
② 대인관계, 타인에 대한 감정, 자신의 신체상 탐색, 가족에 대한 정서(HTP)
③ 진로발달수준과 직업의 흥미(Holland, Strong 검사)
④ 자신과 가족, 대인관계, 성, 자아개념의 탐색(SCT)
⑤ 일반적인 적성 탐색(GATB)
⑥ 자아와 환경과의 관계, 대인관계의 역동적인 측면 탐색(TAT)
⑦ 기질과 성격(TCI)
⑧ 성격유형(MBTI)

4 학교폭력 피해자

고등학교 1학년인 내담자(16세, 여)는 중학교 3학년 때 따돌림을 당해서 그 충격으로 학교 가기를 거부하다가 겨우 중학교를 졸업하였다. 이후 고등학교에 진학하였으나, 고등학교 반 친구들도 자신을 왕따하고 투명인간 취급을 하고 있다는 생각에 괴로워한다. 확실치는 않지만 단체톡방에서 내담자를 비난하고 놀리는 대화를 반 친구들이 하고 있는 것처럼 느껴졌다. 내담자는 다시 등교를 하지 않고 집에서 외출도 하지 않은 채 PC게임을 하고 밤과 낮이 뒤바뀌는 생활을 하다가 어머니의 손에 이끌려 억지로 상담실을 찾게 되었다. 내담자는 아무런 도움을 주지 못하는 부모를 원망하고 있으며, 학교 교장이나 선생님들에게 분노를 느끼고 있다. 친구가 없어 외로움을 느끼고 있지만, 친구 사귐이 불편하고 어렵다고 이야기하며 자신에게는 아무런 희망이 없다고 말하고 있다.

1. 내담자의 가족은 다음과 같다.
   - 부(54세, 직업군인) : 어려운 가정에서 태어나 혼자 독학을 하며 공부를 하였고, 직업군인(부사관)으로서 열심히 군대생활을 하고 있다. 충실한 군생활을 핑계로 가정에 머무르는 시간이 적어 내담자와 대화할 시간이 거의 없다. 내담자의 이야기를 아내로부터 전해 들은 부는 내담자를 한심하게 생각하고 화가 나 벌을 세우기도 하며, "매사에 용감히 맞서 싸워라."라고 이야기하지만, 최근 등교를 거부하는 딸에 대해 포기한 상태이다.
   - 모(51세, 가정주부) : 내담자가 학교에서 따돌림을 겪는 이유가 자주 이사를 다니고 남편이 가정일에 너무 무관심해서 생겨난 일이라며 남편을 원망하고 있다. 말이 없고 무기력한 딸의 모습에 실망하고 딸이 못나 그런 지경이 되었다고 생각하지만, 불쌍하다는 느낌도 가지고 있다. 학교에서 담임교사의 면담요청 전화를 여러 차례 받았지만, 학교에 가기가 창피한 마음에 가지 않고 딸의 문제를 애써 회피하고 있다.

2. 내담자의 MMPI-A
   - 타당도 척도

VRIN	TRIN	F1	F2	F	L	K
55	59T	68	65	66	52	53

   - 임상척도

Hs	D	Hy	Pd	Mf	Pa	Pt	Sc	Ma	Si
68	71	48	43	41	43	39	40	32	68

   - 내용척도(T > 65) : A-anx 67, A-dep 68, A-ang 65, A-lse 70, A-sod 70, A-sch 69
   - 성격병리 5척도(T > 65) : NEGE 78, INTR 72

질문 01

상기 사례에서 부친에게 어떤 문제가 있다고 생각하는가?

| 답변 |

① 사람은 조직 속에서 강하게 행동하여 살아남아야 한다는 신념을 딸에게 강압적으로 요구하고 있다.
② 내담자의 심리적인 고통을 전혀 이해하지 못하고 관심도 없다.
③ 내담자의 말을 경청하고 이해하거나 공감하는 능력이 없다.
④ 내담자의 문제는 내담자가 알아서 해결하여야 한다고 생각한다.
⑤ 안정적인 가정환경을 마련해 주지 못하고 있다(잦은 이사로 인한 잦은 전학).
⑥ 내담자와 대화하거나 교류하는 기회를 만들지 않고 있다.
⑦ 내담자의 문제를 내담자의 잘못으로 이해하고, 학교부적응 문제를 벌로써 개선하려고 하고 있다.

질문 02

학교폭력을 당하고 있는 내담자가 이 사실을 부모에게 알리지 말라고 부탁한다. 이 경우 상담자로서 어떻게 할 것인가?

| 답변 |

① 청소년상담사 윤리강령에서 비밀보장의 예외사항이라고 할 수 있으므로 이를 부모나 학교 담임교사, 상담자가 속해 있는 기관의 기관장에게 신속하게 알려야 한다.
② 학교폭력 예방 및 대책에 관한 법률 제20조(신고의무)에 의거하여 즉시 상기 ①의 조치를 취하여야 한다.
③ 동시에 학교폭력 피해자인 내담자의 보호를 위한 적합한 조치가 마련되도록 한다(의무사항은 아님).

질문 03

상기 사례에서 MMPI-A 검사 이외에 어떤 심리검사를 해보고 싶은가?

| 답변 |

① MBTI
　인식하는 요인(감각인가 직관인가)과 판단하는 요인(사고적인가 감정적인가)을 파악하여 친구관계 형성에 어떤 생각과 감정의 패턴을 보이는지를 알아본다.
② TCI
　내담자의 기질과 성격차원을 규명하여 학교부적응 원인을 규명해 본다.
③ 투사적 검사(Rorschach Test, TAT, SCT)
　내담자의 내재된 욕구, 두려움, 환경에 대한 반응양상, 인지적 왜곡이나 자동적 사고 등을 판단해 본다.

질문 04

상기 사례의 내담자를 상담한다면 어떤 상담목표를 세울 것인가?

| 답변 |

① PTSD에 유무에 대한 진단

　내담자의 외상 후 스트레스 장애 여부를 병원과 연계하여 진단하고, 이에 해당한다면 적절한 약물치료를 하도록 한다(촉발요인이 중학교의 학교폭력임).

② 친구관계 개선
 - 가능한 인지적 왜곡을 수정한다.
 - 자기표현과 자기주장 훈련을 한다.

③ 스트레스 대처능력 향상
 - 긍정적인 생각과 행동하기를 연습한다.
 - 화를 인지하고 이를 통제하는 훈련을 한다.

④ 자존감의 회복
 - 자신의 장점, 강점, 가치감을 찾는다.
 - 이를 활용하여 친구에게 다가간다.
 - 작은 성취감을 경험한다.

⑤ 부모상담 병행
 - 바람직한 양육태도와 방식을 전달한다.
 - 내담자를 이해하고 존중해 주며, 함께 대화하여 내담자의 문제를 풀어간다.

제9절 2급 기출사례 - 2016년 15회

1 우 울

중학교 2학년인 김 양은 쉬는 시간에는 혼자 책상에 앉아 멍하니 허공만 쳐다보고, 점심시간에도 혼자서 밥을 먹는다. 이를 유심히 본 담임선생님이 걱정스러운 마음으로 김 양의 어머니에게 연락하여 상담이 필요한 것 같다고 말하였고, 어머니가 상담센터에 상담을 의뢰하였다.

김 양의 성적은 하위권에 있으며, 평소에도 힘이 없고 위축된 상태이다. 친구들이 어디 놀러 가자고 해도 어울릴 생각이 없다. 선생님이 수업시간에 김 양에게 뭔가 질문을 하면 깜짝깜짝 놀라기까지 한다. 김 양은 집에 있을 때도 자기 방에서 잘 나오지 않으며, 평소 가족과 대화가 없고 식사 때만 나와서 급히 밥을 먹자마자 다시 자기 방으로 급히 들어가서 핸드폰만 만진다.

김 양의 가족은 어머니와 김 양, 초등학교 6학년인 남동생, 친할머니까지 4인 가족이다. 김 양의 아버지는 김 양이 초등학교에 들어가기 전에 병으로 돌아가셨다. 어머니는 베트남인으로 국제결혼으로 한국에 정착하였으나, 교육수준이 낮아 한국어를 구사하는 데 아직도 어려움을 겪고 있다. 현재 식당에 나가고 있고, 주말도 없이 근무하고 있다. 김 양의 친할머니는 집안일을 하지 않는 김 양을 나무라며, 남동생처럼 공부를 잘하지 못한다고 핀잔을 주기도 한다. 그러면서 "내가 이런 꼴을 안 보려면 죽어야지."라고 푸념을 쏟아낸다. 이런 상황을 알고 있는 어머니는 딸이 측은하다고 느낄 때가 많지만, 따뜻하게 위로하고 감싸주지는 못하고 있다.

김 양은 상담센터에 와서도 말이 없고 눈맞춤이 되지 않으며, 바닥을 보면서 손톱만 만지작거리고 있다.

김 양의 MMPI-A 검사결과는 다음과 같다.

1. 타당도 척도

VRIN	TRIN	F1	F2	F	L	K
52	40T	48	44	68	46	48

2. 임상척도

Hs	D	Hy	Pd	Mf	Pa	Pt	Sc	Ma	Si
44	70	56	40	38	49	57	53	41	68

질문 01

다문화가정의 자녀인 내담자와 상담할 때 상담자가 감안하여야 할 점은 무엇인가?

| 답변 |

① 부모와 순간순간 느끼는 문화의 벽이나 의사소통의 어려움이 있다는 사실을 알아야 한다.
② 다문화가정의 자녀라는 사실이 창피하고 외부 사람이 이를 알게 되기를 원치 않는 마음이 강하다는 사실을 이해한다. 자신을 외계인으로 자처하며 정체성의 혼란을 겪을 수 있고, 자존감이 낮다는 것을 감안하여야 한다.
③ 행동과 감정, 태도상의 문제가 이질적인 문화에서 기인하는 점이 큰 것을 감안한다.
④ 외국인인 부모에 대한 양가감정(측은하게 여기는 동시에 원망하는 감정)이 존재한다는 것을 알고, 상담 시에 자기 스스로 인정하고 표현하게 하는 것이 중요하다.
⑤ 실패를 자기 자신에게 귀인하는 경향이 많다는 점을 인정하여야 한다.
⑥ 외국인인 부나 모의 한국어 구사능력이 부족하고 한국 내 자녀 학습정보에 취약하여 자녀의 학습지도나 학습동기 부여가 어려워 자녀가 학습부진을 겪을 수 있다는 점을 감안한다.
⑦ 반 친구들의 편견과 무시로 외톨이가 되어 왕따를 당할 가능성이 크다는 사실을 염두에 둔다.

질문 02

상기의 사례에서 가족상담이 필요한가? 필요하다면 그 이유는 무엇인가?

| 답변 |

가족상담이 필요하다고 생각한다. 그 이유는 다음과 같다.
① 우선 어머니와 김 양이 대화하는 기회가 적고, 서로 연민과 원망의 양가감정을 가지고 있다.
② 친할머니는 아들을 일찍 잃고 며느리 집에 얹혀사는 자신의 처지에 대해 비관적인 생각을 하기도 하고, 불편한 감정을 손녀인 김 양에게 투사하고 있다.
③ 가족구성원 사이의 정서적 단절이 발견된다.
④ 김 양이 친할머니와 어머니에 대해 갈등적 관계를 유지하는 것으로 나타나 있다.
⑤ 남동생과 차별대우를 받는다고 느껴 남동생과의 관계도 좋지 않을 것으로 추정된다.

질문 03

상기 사례의 내담자의 핵심감정과 위험요인, 보호요인을 생각나는 대로 이야기해 보시오.

| 답변 |

① 핵심감정
- 나를 아무도(가족, 학교친구, 교사) 이해해 주거나 보호해 주지 않는다.
- 남동생보다 못하다고 차별대우를 하는 할머니가 밉다.
- 내가 무엇을 해야 할지 모르겠고 혼란스럽다.
- 나는 불행하며 나의 미래가 암울하다.
- 외국인인 어머니가 밉고, 궂은일을 하는 것이 창피하다.
- 친구와 대화하기 싫고, 친구들은 나를 싫어하고 기피한다.

② 위험요인
- 자신이 불행하다고 생각하여 가출하거나 자살할 계획을 세울 수 있다.
- 친구들 사이에서 왕따를 당할 우려가 있다.
- 인터넷 중독의 가능성이 높다.
- 우울증을 앓을 가능성이 크다.

③ 보호요인
- 담임선생님이 김 양에게 주의를 기울이고 있다.
- 어머니 또한 김 양에게 연민을 느끼고 보호하려고 하고 있다.
- 상담을 받고 있다.

질문 04

상기 사례에서 내담자의 MMPI-A상의 주요 특징을 이야기해 보시오.

| 답변 |

① L-F-K의 프로파일이 삿갓형이어서 신체적·정서적인 곤란을 인정하며, 외부의 도움을 청하고 있으나 자신이 스스로 해결할 능력이 없다.
② 2번 척도가 상대적으로 높아 타인과의 친밀한 관계를 기피하며, 기운이 없고 혼자 있기를 좋아한다. 또한 스트레스에 당면하면 쉽게 포기하고 무기력해진다.
③ 0번 척도가 약간 높은 것으로 보아 내향적이고 수줍어하며 현실도피를 한다. 타인과의 교류에 불안해하고 자신감이 부족하다.
④ 2-0/0-2 상승척도 쌍을 보이는 것은 부적절함과 수줍음 및 사회적 상황에서 고립되는 경향을 나타내며, 감정억제가 눈에 띈다.

2 집단 따돌림

고등학교 2학년인 정 군은 친구들 사이에 '호구'로 통한다. 중학교 때부터 빵셔틀을 하였고, 고등학교에 입학한 이후에는 힘깨나 쓰는 반 친구들의 용돈을 조달해 주고 심부름을 하며, 학교 앞 분식집에서 그 친구들이 먹는 음식값도 지불하곤 한다. 그러나 정 군은 학교 담임선생님에게 이야기를 하지 않았고, 집에 가서도 그런 사실을 숨기고 있다.

정 군은 키가 약간 작고 몸이 뚱뚱한 편이다. 옷은 약간 때가 묻어 있고, 샤워를 매일 하지 않아 냄새도 난다. 반 단체대화방에서도 약간 모자라는 애로 통하며 놀림의 대상이 되고 있다. 정 군은 마음이 답답하고 힘들 때, 특히 자신을 괴롭히는 친구들을 생각할 때에는 현기증이 나고 두통을 심하게 느낀다. 잠을 설치기 일쑤고 열이 나기도 한다. 그런 날은 학교를 쉬게 되는 날이 많다.

정 군의 부모는 맞벌이를 하고 있으며, 정 군의 행동이 이상하다고 느꼈지만 그렇게 심각하게 생각하지는 않았다. 용돈이 과하다고 생각하지만, 부모는 정 군이 학원을 가고 학원 근처에서 저녁을 혼자 해결하여야 하는 상황에서 그럴 수도 있다고 생각하였다.

하루는 정 군이 자기 방에서 벽을 손으로 치면서 우는 것을 보고 정 군의 어머니가 깜짝 놀라서 이유를 물었으나, 대답을 하지 않고 짜증을 내면서 죽고 싶다고 하였다. 어머니는 급히 정 군을 상담센터에 데리고 왔는데, 정 군은 상담을 하면서도 말이 없고 눈맞춤도 어려워하고 묻는 말에만 "예, 아니요"로 짧게 대답하였다. 상담자는 정 군에 대해 MMPI-A, HTP, SCT 검사를 실시하였다.

질문 01

청소년상담이 청소년에게 어떻게 도움이 된다고 생각하는가?

| 답변 |

① 청소년의 문제행동에 대한 변화를 촉진하며 또래관계, 부모, 환경에 대한 적응기술을 증진한다.
② 청소년의 긍정적인 자아개념의 형성과 건전한 가치관의 정립을 돕는다.
③ 청소년의 진로의식 발달, 진학 의사결정 능력을 높인다.
④ 청소년의 이상심리를 치료하고 새로운 행동의 학습, 새로운 태도나 신념을 형성하도록 돕는다.
⑤ 청소년의 잠재력을 높이고 정체성을 확립하게 한다.

질문 02

상담을 하면서 실패하였던 경험과 그 해결방법에 대해 이야기해 보시오.

| 답변 |

조금 개인적 차원의 질문이라 정형화된 답변을 제시하기는 어렵지만, 다음의 사항을 예로 들어 열거해 본다.
① 어머니의 강요에 의하여 상담을 시작하였던 내담자가 2회기를 나오고 나서 재미없다며 상담에 나오지 않았다. 연락을 수차례 하였지만 휴대폰이 꺼져 있는 상태이다. 결국 상담을 중단할 수밖에 없었다.
  - 비자발적 내담자와 좀 더 철저한 라포 형성을 했어야 했다. 상담실에 오게 된 것을 칭찬했어야 하며 평소 어머니와의 갈등에 대해 공감이 부족하였다.
  - 상담 초기에 내담자가 이야기하지 않았던 자신의 불편한 점을 좀 더 탐색하고 주의를 기울이고 반응해 주었어야 했다.
  - 내담자가 흥미를 느끼는 사항에 관심을 보이고 더 알기를 희망하는 태도를 보여야 했다.
② 내담자가 시큰둥하고 질문하는 사항에 대해 대답하지 않고 눈맞춤도 하지 않아 상담자가 무시당한다는 느낌에 화가 나서 상담을 중단한 일이 있었다.
  - 상담자의 역전이 현상을 잘 통제하고 관리하지 못하였던 점을 인지하고, 교육분석을 받거나 자신의 미해결 감정을 해소하도록 노력한다.
  - 내담자의 저항이 어디서 오는지를 탐색하고 상담자 자신에서 비롯된다는 오해를 피해야 한다.
  - 내담자의 언어적인 반응에만 치중하여 비언어적 메시지의 탐색에 소홀히 했다는 점을 인정하고, 놀이나 상담실 외의 다양한 활동을 통하여 행동과 표정, 태도에 관심을 기울여 말을 자발적으로 하도록 유도해야 한다.

| 질문 03 |

정 군의 MMPI-A 임상척도를 추정해서 이야기해 보시오.

| 답변 |

① 1번 척도(Hs)-3번 척도(Hy)가 높을 것으로 추정된다. 정 군이 스트레스를 느낄 때 두통증세가 나타나거나 현기증을 느끼는 것은 심리적인 문제를 신체적으로 나타내는 전환장애의 경우가 많고, MMPI-A상에서 1번과 3번 척도가 같이 상승하게 된다.

② 단정할 수는 없지만 2번 척도(D)가 약간 상승되어 있을 것 같다. 자신이 처한 상황에 대해 불만이 있으나, 만성적인 우울에 적응하여 생활하고 때때로 슬픔과 공격성을 보이기도 한다.

③ 0번 척도(Si)가 높을 것으로 추정된다. 왜냐하면 내향적이고 수줍어하며 현실도피적인 성향을 드러내고 있기 때문이다. 또한 자신의 감정표현이나 주장을 잘 못하며, 자신의 감정을 지나치게 억압하고 있다.

③ 우울과 피해의식

고등학교 2학년인 고 군은 자신의 현재와 미래에 대해 걱정이 앞선다. 앞으로 어떤 직업을 가지고 살아야 할지 막막하고 답답하다. 특히 자신의 성적을 보면 한심한 생각이 든다. 끝에서 몇 등을 하고 있기 때문이다. 남들처럼 학원을 다니며 공부하고 싶지만, 고 군의 가정형편으로는 꿈도 꾸지 못하고 있다. 친구랑 밤늦게까지 어울려 다니며 담배를 피우고, 편의점에서 구입한 소주를 공원에서 마시기도 한다. 이렇게 공부를 하지 않자 성적은 점점 더 떨어지고 있다.

고 군은 집이 싫다. 아버지 잔소리에 질려서 일찍 집에 들어가고 싶은 생각이 전혀 없다. 그러나 아버지가 무서워 친구 집에서 자고 들어가지는 못하고 있다. 마음 같아선 무능한 아버지를 어릴 때 맞은 것에 대한 복수심으로 패주고 싶은 충동을 종종 느낀다. 고 군은 학교에서 지각이나 결석, 조퇴는 하지 않고 착실하게 잘 다니고 있다. 자기가 공부를 못하는 것은 유전적인 요인이 크고, 집안 환경이 뒷받침을 못 해주고 있기 때문이라고 믿고 있다.

고 군은 상담센터에 와서는 말을 잘하지 않고, 상담자를 힐끗 쳐다보며 무시하는 표정을 짓기도 하고, 상담에 집중하지 않고 약간 산만한 행동을 하고 있어 상담자를 곤란하게 하고 있다.

1. 내담자의 가족사항은 다음과 같다.
   - 부(46세, 대졸) : 무직. 성격이 급하고 화를 통제하지 못하여 과거 직장에 몇 번 다녔으나 동료와 상사와의 갈등으로 회사를 그만두었다. 그만둔 이후에 줄곧 집에서 놀고 있다.
   - 모(44세, 고졸) : 대형 편의점의 계산원(임시직)으로 근무하고 있으며, 자신의 처지에 대해 항상 불만을 털어놓고, 남편을 무시하고 남편의 화가 끝까지 올라 폭력을 행사하려고 할 때까지 잔소리를 해대고 비난한다. 고 군에게 입버릇처럼 "너의 아버지처럼 쓸모없는 남자가 되어서는 안 된다."고 이야기하고 있다.
   - 남동생(15세, 중3) : 학교 마치고 집에 오면 거의 매일 핸드폰으로 게임을 하거나 유튜브로 게임 진행 방송을 보면서 지낸다.

2. 내담자의 심리검사 결과는 다음과 같다.
   - MMPI-A에서 T-점수가 70점 이상인 척도 : 2, 4, 6
   - HTP : 집 그림에서 굴뚝에서 연기가 나는 것을 그렸다. 나무 그림에서 가지를 거의 그리지 않았으며, 지면의 경계선만 그리고 뿌리를 그리지 않았다. 가느다란 나무 기둥에 옹이와 다람쥐를 그려 넣었다. 사람의 그림에는 특이한 사항이 없지만 지면의 왼쪽 하단에 조그맣게 그렸다.

질문 01

청소년상담의 경험이 있는가? 있다면 상담자로서 어떤 것을 배웠는지 말해보시오.

| 답변 |

이 질문은 상당히 개인적인 질문이므로 모범답안을 제시하기가 곤란하다. 그러나 청소년상담을 한 경험자로서 몇 가지 다음과 같이 이야기할 수 있다.

① 상담자로서 인내하고 사랑하여야 한다는 점을 배웠다. 청소년은 감정기복이 심하고 상담약속을 지키지 않아 애를 많이 먹지만, 자신에게 관심을 기울이고 자신을 가치 있는 인간으로 생각하면 언젠가 문제행동이 개선된다는 믿음을 가지게 되었다.

② 내담자가 보이는 문제는 부모의 과거와 현재의 양육태도와 양육방식에 많은 영향을 받는다는 사실을 경험하게 되었다. 내담자를 변화시키면서 동시에 내담자의 부모 역시 변화하여야 한다고 생각한다.

③ 내담자의 비언어적인 메시지를 잘 알아야만 심리적인 문제에 잘 접근할 수 있다. 표정과 감정, 행동 등을 잘 관찰하여야 한다고 느꼈다.

④ 사건이 발생하였을 때의 내담자 정서가 중요함을 알았다. 정서는 내담자의 심리적인 기제를 잘 설명해 주기 때문이다.

⑤ 내담자는 부모보다는 친구들에게 더욱 주의를 기울이며 친구들의 말을 더 신뢰한다는 점을 알았다.

질문 02

자신이 내담자라고 생각하고 사례개념화를 해보시오.

___

| 답변 |

아래에서 언급한 사례개념화 구성항목에 맞추어 자신을 간단하게 정리해 보는 것이 좋겠다. 긴장된 면접장소에서의 이와 같은 질문은 상당히 까다로울 뿐만 아니라 거의 나오지 않는 질문이라고 할 수 있다. 사례개념화는 다음과 같은 구성요소를 가진다.

① 내담자의 이해
- 주호소문제
- 내담자의 사고, 정서, 행동 관찰
- 내담자의 발달배경(예 출생정보, 양육방식, 부모와 형제의 관계, 성장과정 등)
- 내담자의 인지적·정서적·행동적 특성
- 내담자 문제의 원인과 문제를 촉진·유지하는 요인에 대한 가설

② 개입방법
- 상담목표
- 상담전략
- 사용기법이나 적용 상담이론

질문 03

내담자의 어머니가 같이 와서 상담자인 자신에게 여자 상담사가 아닌 남자 상담사로 교체하기를 원한다고 이야기하면 어떻게 할 것인가?

| 답변 |

① 먼저 남자 상담사를 원하는 어머니의 심정에 대해 이해하고 공감하는 태도를 보인다.
  - "네, 남자 상담사가 아드님의 상담을 하기를 원하시는군요."
  - "어머님에게는 남자 상담사가 더욱 신뢰감이 드는군요."
  - "아드님과 같은 남자가 상담하면 아드님이 더욱 말을 잘 들을 것으로 생각하시는 것같이 들립니다."

② 남자 상담사를 원하는 이유를 천천히 물어본다. 이때 화를 내거나 자존심이 상하는 듯한 태도를 보여서는 안 된다.
  - "혹시 남자 상담사를 원하시는 이유에 대해 여쭤봐도 되겠습니까?"
  - "어떤 점에서 남자 상담사가 더 좋을 것이라고 생각하시는지요?"

③ 어머니의 대답에 대한 논리적인 접근을 하여 어머니를 설득한다.
  - 상담은 상담자의 성차로 인하여 전혀 영향을 받지 않는다. 상담자가 남자이든 여자이든 간에 내담자의 주호소문제를 해결하는 데 차이가 없다. 또한 내담자와 동성이든 이성이든 간에 내담자-상담자의 치료관계(동맹관계)에는 전혀 차이가 발생하지 않는다.
  - 상담자의 성에 따른 반응의 차이를 보인다면, 오히려 상담의 효과에 나쁜 영향을 미친다는 점을 강조한다.

④ 상담자 자신의 그간 내담자를 상대한 내담자의 성비(性比)나 상담효과를 설명하여 성공적인 상담결과가 있을 것임을 전달한다.

질문 04

상기 사례에서 상담의 목표를 세운다면 무엇으로 하겠는가?

| 답변 |

상담의 목표는 다음과 같이 세우면 좋을 것이다.
① 내담자의 적성 및 소질 파악과 진로결정
  • 홀랜드(Holland) 진로탐색검사, 진로적성검사
  • 내담자에게 맞는 직업과 대학의 전공 선정
② 자신의 행동에 대한 문제점 인식하기
  • 부모의 입장 이해와 자신의 현재 위치와 행동의 이해
  • 자신의 행동에 대한 책임의식 고양
  • 학생으로서 바람직한 행동 실천하기
  • 자신을 가치 있는 인간이며 존중받는 인간으로 생각하고 개선해야 할 세부 행동계획 수립 및 실천
③ 부모상담 병행
  • 부부관계의 개선
  • 부친의 폭력적인 행동 근절 및 취업활동 독려

질문 05

상기 사례에 해당하는 내담자의 욕구는 무엇인지 추정해 보시오.

| 답변 |

① 자신의 성적이 한심하다고 하는 것은 자신의 성적을 올리고 싶은 심정의 표현이다.
② 상처 난 자존감을 회복하고 싶다(나무옹이와 동물).
③ 가정의 화목함을 기대하고 부모의 사랑을 받기를 원한다(굴뚝과 연기 그림).
④ 자신에게 자원이 없음을 알고 이를 확보하기를 원한다(나뭇가지가 거의 없음).
⑤ 자신의 미래가 밝아지고 좋아지기를 바란다(아버지처럼 되고 싶지 않음).
⑥ 자신의 미래 직업을 결정하고 싶다.

4 친구관계

고등학교 2학년에 재학 중인 제 양(17세, 여)은 말이 없고 매우 소심하여 중학교 시절에는 친구 사이에서 왕따를 심하게 경험하였다. 다행스럽게도 고등학교에 진학하여서는 좋은 교사와 새롭게 친해진 친구들의 도움으로 학교생활도 그런대로 잘하고, 친구관계에서도 어려움을 겪지 않고 있다. 그런데 최근 제 양은 모든 일에 짜증을 느끼면서, 주변 친구들이 자신에게 '착한 친구인 척' 연기를 하는 것 같고, 위선적으로 행동하는 것 같은 생각이 들어 스스로 친구들을 멀리하게 되었다. 결국 친구들과 점점 멀어지면서 친구관계는 다시 악화되었다. 집에 와서도 괜히 남동생에게 짜증을 내고 이유 없이 화를 낸다.

제 양 아버지는 공무원으로 평소 과묵한 편으로 불평을 잘하지 않는 스타일이다. 딸의 지나친 행동에도 별다른 주의를 주지 않고, 자신의 일만 묵묵히 수행하며 주말에는 혼자 등산을 하러 다니곤 한다. 반면, 제 양 어머니는 지역아동센터에서 봉사활동을 하고 있으며, 평소 제 양에게 무슨 문제라도 생기면 발 벗고 나서서 해결하신다. 제 양이 중학교 시절 왕따문제로 어려움을 겪었을 때에도 가해자를 선도위원회에 회부하여 처벌을 받게 하는 등 적극적인 조처를 펼쳐 학교에서는 다소 유별난 어머니로 인식되었다. 제 양은 이런 어머니의 행동이 자신을 위한 당연한 행동이라고 생각하면서도 짐짓 쓸데없이 자기 일에 참견한다며 어머니를 비난했다. 그리고 현재 자신이 이렇게 힘든 것은 모두 가족의 탓이고, 위선적인 친구 탓이라고 생각하면서 모두를 원망하고 있다. 이러한 딸의 변화된 행동에 불안함을 느낀 어머니가 제 양을 설득하여 상담센터의 문을 두드렸다.

제 양의 상담사는 MMPI-A 검사를 하였고, 제 양의 임상척도 T-score는 다음과 같다.

Hs	D	Hy	Pd	Mf	Pa	Pt	Sc	Ma	Si
42	71	56	51	38	69	53	49	40	69

질문 01

청소년상담사 2급 자격증이 왜 필요한가?

| 답변 |

본 서의 파트 2 '면접관 현장질문 대비'의 〈개인 관련 질문사항〉에서 유사질문을 참고하기 바란다.

① 현재 청소년상담사 3급 자격증이 있고 상담을 하고 있는 수험생의 경우
- 자기계발의 필요성을 느껴서 도전하였다.
- 청소년을 상담하면서 상담의 효과나 상담의 질에 대해 부족함을 느껴 도전하였다.
- (솔직하게 이야기하여) 좀 더 좋은 직장에 나아가고 싶어서 도전하였다.

② 대학원을 졸업하고 상담에 입문하는 수험생의 경우
- 국가자격증을 취득하여 청소년 관련 상담기관이나 학교에서 상담사로 근무하고 싶다.
- 취업을 하지 않더라도 상담을 통하여 청소년이 직면한 심리적인 어려움을 해결해 주고 싶다.
- 청소년의 특성상 조금만 도와주면 훌륭한 성인으로 성장할 수 있는데, 상담이야말로 가장 적합하고 직접적인 효과가 있다고 믿기 때문이다.
- 최근 청소년문제가 사회적으로 큰 문제가 되고 있어, 이를 해결하기 위하여 청소년상담사의 길을 택하였다.
- 청소년상담사를 공부하면서 자신의 자녀를 이해하고 지도 및 교육을 하는 데 도움이 된다고 생각하기 때문이다.

질문 02

이 사례로 상담한다면 어떤 상담이론을 적용하고 싶은가?

| 답변 |

이 질문은 상담자에게 익숙한 상담이론을 적용하여 답변할 문제이지만, 상담이론 중에 명확하게 내담자의 문제에 바로 개입할 수 있는 이론은 인지행동이론, 현실주의이론, 행동이론이다. 그래도 가장 쉬운 접근은 현실주의 이론이다.

① 제 양의 Want는 친구와 잘 사귀고 싶고, 자신의 일을 자신이 잘 해결하고 싶다는 점이다.
② 그러나 제 양이 현재하고 있는 행동과 그에 대한 평가는 다음과 같다.
   - 어머니를 원망하면서 아직도 어머니에게 의존하고 있다.
   - 아버지의 무관심을 원망하고 있다.
   - 친구에게 자신의 감정이나 생각을 뚜렷하게 표현하지 못하고 있다.
③ 제 양이 할 일을 결정하고 실행하게 한다.
   - 아버지에게 자신이 먼저 관심을 보이고 대화를 한다.
   - 어머니에게서 심리적으로 독립하고 자신의 일을 스스로 결정하게 한다.
   - 일의 결과는 자신이 행한 바의 결과이고 이를 책임지는 태도를 가지게 한다.
④ 다음 면접관 3의 질문을 감안한다면 인지적인 이론을 적용할 수도 있는데, 가장 쉽게 접근할 수 있는 엘리스(Ellis) ABCDE 이론을 적용하자면 다음과 같다.
   - A(Activating Events) : 중학교 때의 왕따 경험
   - B(Belief)
     - 친구들이 자신에게 거짓된 태도와 행동을 보인다고 생각한다.
     - 자신이 힘든 것은 모두 가족들 때문이라고 여기고 있다.
     - 잘못을 남의 탓으로 돌리고 있다.
   - C(Consequence) : 집에서 짜증과 화를 낸다. 모두를 원망한다. 친구를 멀리한다.
   - D(Dispute)
     - 친구들이 실제로 위선적인지 증거를 찾게 한다.
     - 친구들과 대화를 하게 하여 자신에 대한 생각을 검증한다.
     - 어머님의 참견이 어떤 사항과 어떤 이유에서 이루어지는지 평가한다.
   - E(Effect) : 이성적이고 합리적인 생각이나 느낌을 가짐으로써 바람직한 행동과 태도를 보인다.

질문 03

제 양이 가지고 있을 법한 '인지적인 왜곡'에는 어떤 것이 있는가?

| 답변 |

① 친구들이 자신에게 거짓태도와 행동을 보인다고 믿는다.
② 자신이 불만을 내보임으로써 주위의 사람이 대신 해결하게 만드는 것이 일을 해결하기 위한 유일한 해결책이라고 생각한다.
③ 자신이 기분이 좋지 않고 불편한 것은 전부 남의 탓이다(MMPI-A에서 Pa 점수가 높고 가족 탓, 위선적인 친구 탓을 하고 있다).

제10절 2급 기출사례 - 2016년 14회

1 진로상담

고등학교 2학년인 최 양은 앞으로 대학의 전공을 무엇으로 결정하여야 할지 고민이 되어 상담실 문을 두드렸다. 최 양은 자신이 무엇을 해야 할지 알지 못하였으며, 딱히 어떤 사람이 되어야겠다는 생각도 없었다. 최 양의 부모님은 최 양이 좋은 대학의 영문과에 진학하여 무역회사에 다니는 남자를 만나 주재원 생활을 하든가 아니면 최 양이 외교관으로 나아가기를 원한다. 하지만 최 양은 부모의 그런 기대가 자기의 의지와 생각과는 영 맞지 않는 것 같은 느낌을 가지고 있다. 그렇지만 어떤 점이 마음에 안 드는지를 부모님에게 분명하게 이야기하기도 힘들었다.

최 양의 학교성적은 상위권에 들고 특히 영어를 잘한다. 이는 중학교 때 해외 어학연수를 제법 여러 나라에 다녀왔고 영어학원에서 열심히 영어를 공부한 탓이기도 하다. 최 양은 그림 그리기를 좋아하는데 특히 멋진 의상을 그리는 것이 취미이다. 학교 쉬는 시간에는 공책의 빈 곳에 의상을 차려입은 모델을 그리면서 시간을 보내기도 한다.

최근에는 부모와의 진로문제로 갈등이 심해졌다. 부모의 걱정 어린 관심과 영어영문과에 진학하라는 강압에 집을 나가고 싶은 적이 한두 번이 아니었다. 영어를 잘하기는 하지만 영어를 매개로 하여 자신의 미래를 결정하고 싶지는 않았다.

상담자는 최 양에게 홀랜드(Holland) 진로탐색검사를 실시하여 다음과 같은 결과를 얻었다.

R = 12, I = 10, A = 42, S = 21, E = 28, C = 11

질문 01

상기 사례에서 현재 내담자가 직면한 문제는 무엇인가?

| 답변 |

① 고등학교 2학년으로서 아직 진로의식이 없어 자신이 앞으로 어떤 직업을 가질 것인가에 대해 결정을 하지 못하고 있다.
② 부모와 진로문제에 대해서 갈등을 빚고 있다.
③ 자신의 의사를 타인에게 명확히 진술하거나 밝히지 못한다.

질문 02

상기 사례에서 홀랜드(Holland) 진로탐색검사 결과를 보고 어떻게 진로지도를 할 것인가?

| 답변 |

① 홀랜드 진로탐색검사 결과 최고점수가 A(42)이고 두 번째 높은 점수가 E(28)이다.
② 1순위와 2순위의 점수 차이가 10점 이상인 경우는 진로코드를 AA로 보아야 하고, 이는 내담자의 진로유형이 화가나 음악가와 같은 예술가적인 면이 강한 것을 알 수 있다.
③ AA 유형의 대표적인 직업은 미술가, 조각가, 무용가, 악기 연주자, 의상 디자이너인데, 그중에서 내담자가 의상 디자이너로 나아가는 것이 바람직하다고 추천할 수 있다.

질문 03

청소년상담사와 학교상담사의 업무 차이점은 무엇인가?

| 답변 |

구 분	청소년상담사	학교상담사
근무처	청소년상담복지센터, 아동복지센터, 청소년쉼터 등 다양	학교 내 Wee Class, 학교 밖 Wee Center
내담자	학교 밖 청소년, 학교 재학 중인 청소년	학교 재학 중인 청소년
업 무	개인상담(방과 후)	개인상담(수업시간 중), 집단상담
보유자격	청소년상담사, 상담심리사, 임상심리사 등 다양	청소년상담사, 상담심리사
주호소문제	학업, 진로, 가족문제 등 다양한 개인문제	주로 진로 및 학교적응 문제

질문 04

청소년의 진로상담의 중요성을 말해 보시오.

| 답변 |

① 청소년의 미래를 결정하는 직업의 선택과 결정뿐만 아니라 직업에 적응하고 진로를 변경하는 과정을 돕기 때문에 진로상담의 역할은 중요하다고 할 수 있다.
② 특히 청소년의 정체감 형성이 일생을 헌신할 만한 직업을 선택하고 결정하는 데 큰 영향을 미치기 때문이다.
③ 진로상담을 위해서는 자기이해를 전제로 하고 올바른 가치관과 태도형성에도 기여하여 청소년의 부적응 행동을 예방하는 차원에서도 중요하다.
④ 부차적으로 진로상담은 현대사회에서 정보를 탐색하고 활용하는 능력을 높여주는 역할을 하기도 한다.
⑤ 뚜렷한 진로의식과 결정을 보임으로써 차후 부모와의 진로 갈등을 피할 수 있다.

② 우울

다음은 상담 중인 중학교 2학년의 정 군에 대한 내용이다.

1. 내담자의 가족사항
   - 부(46세, 건설노동자) : 성질이 급하고 화를 잘 낸다. 내담자가 공부를 잘하지 못한다고 때리기도 한다. 권위적이고 지시적이다.
   - 모(43세, 가정주부) : 성격이 온순하며 남편에게 이야기도 잘 건네지 못하고, 남편에게 두려움을 느끼고 있다. 내담자인 아들에게 큰 기대를 걸고 있어 세세한 부분까지 간섭하고 신경을 쓴다.

2. 내담자의 MMPI-A, T-점수
   - L = 52, F = 72, K = 48
   - Hs = 65, D = 78, Hy = 74, Pd = 52, Mf = 48, Pa = 76, Pt = 42, Sc = 39, Ma = 46, Si = 62

3. 내담자의 SCT 내용
   - 나의 인생은 <u>실패작이다</u>.
   - 나의 미래는 <u>어둡다</u>.
   - 우리 가정은 <u>구제불능이다</u>.

4. 상담 시 내담자 관찰사항
   - 아버지는 술을 자주 마시고 집에서 행패를 부린다. 어머니는 이런 아버지를 원망하지만 한 마디 불평도 못 하고 살고 있다. 자신이 엄마의 말을 듣지 않으면, 엄마가 비관하여 언제 자살할지도 모른다고 생각한다.
   - 상담자를 멍한 눈으로 쳐다보기도 하고, 말없이 고개를 숙이며 말을 잘하지 않는다.

질문 01

상담자가 자기에게 '주도적인 삶을 살아라'라고 이야기하였다고 편지를 써놓고 내담자가 가출을 하였다며, 내담자의 어머니가 찾아와서 항의를 한다. 어떻게 하겠는가?

| 답변 |

① 우선 찾아온 어머니의 당혹함과 걱정, 분노, 원망에 대해 공감하며, 내담자의 가출에 대해 함께 고민한다.
② 상담자가 이야기한 '주도적인 삶'이란 부모나 다른 보호자에게 의존하여 자신의 생각을 무시하고 아무 생각 없이 부모의 결정에 그대로 따라 하는 것이 아니라 자신의 일에 대해 자기의 의견과 희망을 우선적으로 생각하여 결정하며, 자신의 결정에 대해 책임을 져야한다는 의미였다고 설명한다.
③ 가출 전후의 상황을 파악하여 부모가 적절하게 대처하도록 돕는다.
　• 친구들에게 연락하여 소재를 파악한다.
　• 계획적이거나 장기적인 가출로 의심된다면 경찰서에 가출신고를 하게 한다.

질문 02

다른 애들과 똑같이 학원에 보내고 교재도 구입하여 공부시켰는데, 성적이 다른 애들보다 형편없이 나왔다며 내담자의 어머니가 와서 어떻게 된 일이냐고 하소연할 때, 어머니의 기분을 상하지 않게 하면서 이야기하는 방법은 무엇인가?

| 답변 |

① 어머니의 답답함과 자녀에 대한 실망감에 대해 충분히 공감한다.
② 평소 자녀의 학습하는 습관과 인터넷 사용(게임, 유튜브, 페이스북 등) 여부를 점검한다.
　• 산만하거나 공부하지만 음악을 듣거나 하는 습관 여부 판단
　• 인터넷 사용 빈도와 시간, 횟수 점검
③ 학원에 가는 것이 부모의 요구에 부응하는 형식적인 측면일 가능성이 클 수 있다는 것을 전달한다.
④ 자녀를 인정하고 관심을 기울이며 지지, 격려, 칭찬하는 양육태도의 필요성을 인지하게 한다.
⑤ 자녀를 비난하고 다른 아이들과 비교함으로써 생길 수 있는 부정적인 결과를 설명한다.

질문 03

상기 사례에서 내담자의 '인지적 왜곡'은 무엇인가?

| 답변 |

① 내담자의 우울의 정도가 심하고(D = 78) 우울을 겪는 사람의 대표적인 증세, 즉 인지삼제(자신과 환경, 미래에 대한 부정적인 생각)를 나타낸다.
② SCT에서 그것을 확실히 알 수 있다. 자신의 미래가 어둡고, 가정이 구제불능이라고 언급하며, 자신의 인생이 실패작이라고 생각하는 자동적 사고를 가지고 있다.
③ 자신이 어머니의 말을 듣지 않으면 어머니는 자살할 것이라고 추론한다.

질문 04

우울이 높은 내담자의 CBT 치료법에 대해 이야기해 보시오.

| 답변 |

인지행동치료(CBT ; Cognitive-Behavioral Therapy)의 개입방법을 간단히 적용하면 아래와 같다.
① 내담자가 가지고 있는 문제를 정의한다.
② 문제와 연관된 내담자의 잘못된 인지도식이나 정보처리상의 오류를 탐색하고, 수정할 내용을 정한다.
③ 인지 재구성이나 합리적인 정서치료, 문제해결(행동의 변화)치료 등의 개입을 한다.
  - 문제의 목록(Problem List)을 작성한다(우울을 야기하는 사안이나 상황을 열거한다).
  - 문제의 정의와 정량적 측정을 한다(Beck의 우울증 척도, BDI).
  - 사례설계를 한다.
  - 행동개입을 한다(이면기제 지적, 새로운 계획 짜기, 보상과 처벌, 자극통제, 신체운동 등).

③ 학교폭력 가해자

고등학교 1학년인 제 군(16세, 남)은 사업을 하는 아버지의 재력으로 초등학교 때부터 해외연수를 자주 다녀왔다. 중2 때에는 1년간 친척 집에서 기거하면서 캐나다 현지 학교에서 공부하고 중3 때 귀국하였다. 이런 잦은 해외생활로 인해 국내 학교 수업방식이 낯설고 학교규율에 적응하는 데 어려움을 경험하였다. 제 군의 평균성적은 30점대이고, 반 석차는 32명 중에서 27등이다. 그러나 제 군은 체육시간에는 친구들의 부러움을 살 정도로 축구, 배구, 농구 등의 구기종목에서 탁월한 실력을 나타내었다. 또한 영어는 1등급의 좋은 성적을 내고 있다.

최근 수업 중에 여선생을 성희롱하고, 수업시간에 잔다고 야단치는 남자 교사에게 욕을 하면서 저항하는 등 학교규율을 어기는 행동으로 여러 번 선도위원회에 회부되어 정학 등의 처분을 받았지만, 제 군의 부적응 행동은 멈추지 않았다. 학교 내에서 교사들이 기피하는 학생으로, 누구도 제 군의 행동을 제지하려는 교사들이 없다.

제 군의 아버지는 중소기업을 운영하고 있는데, 수단과 방법을 가리지 않고 목적만 달성하면 된다고 가르친다. 성격이 불같아서 회사 직원들의 두려움의 대상이 되고 있으며, 마음에 들지 않는 행동을 할 때 주먹과 발로 제 군을 때리기도 하였다. 아버지는 제 군의 고등학교에서 중요한 직책을 수행하며 학교에 기부도 많이 하고 있어, 학교에서도 제 군을 제지할 수 없는 처지이다.

학교 Wee Class의 상담교사가 상담을 센터에 의뢰하여 상담을 시작하였는데, 제 군은 자신만만한 태도를 보이고 상담자를 무시하며 잘난 체하는 불손한 태도를 보였다.

MMPI-A 결과, 타당도와 임상척도의 T-score는 다음과 같다.

1. 타당도 척도

VRIN	TRIN	F1	F2	F	L	K
41	58T	40	38	41	55	55

2. 임상척도

Hs	D	Hy	Pd	Mf	Pa	Pt	Sc	Ma	Si
35	36	31	72	31	70	34	43	79	30

질문 01

상기 사례에서 내담자에게서 더 탐색하고 싶은 사항은 무엇인가?

| 답변 |

① 대인관계 탐색
- 친구들에게서 인정받으려는 욕구가 학교비행으로 나타나고 있는 것이 아닌지?
- 학교에서 문제학생으로 낙인이 찍혀있을 때, 내담자의 정서는 어떠한가?
- 친구관계를 맺는 방식
- 권위 있는 대상에 대한 인식과 태도

② 내담자의 가족환경과 성장사(成長史) 탐색
- 부모의 양육방식과 양육태도
- 학령 전·후기의 성장환경
- 주 부양자(어머니)와의 애착형성 과정
- 부모에 대한 내담자의 정서와 관계맺음

③ 내담자의 성격 탐색
- 자신의 행동에 대한 자기평가
- 자신의 강점에 대한 인정과 자존감 향상
- 아버지를 등에 업은(동일시) 자아팽창

질문 02

학교폭력에서 방관자의 심리는 무엇인가?

| 답변 |

① 목격자가 많을수록 자신이 느끼는 책임감은 가벼워진다는 제노비스 신드롬(Genovese Syndrome)이라고 할 수 있다.
② 방관자는 도움을 줄 수 있는 사람에게 도움을 줄 수 있는 상황을 무시해 버리는 위험한 심적 함정을 지니게 된다.
③ 또한 학교폭력 가해자로부터 보복을 받을 수 있다는 두려움을 가지게 되어 현실을 의식적으로 외면해 버리게 된다. 그럼으로써 현실을 외면한 자책감에 시달릴 수 있다.
④ 자신이 아니라도 '다른 친구들이 신고하겠지'라고 생각하는 무책임한 사고이다.

질문 03

비행청소년(내담자)이 상담자의 전문성을 의심하고 있다면 어떻게 하겠는가?

| 답변 |

① 우선 비행청소년의 불손한 태도에 대해 부정적인 감정을 억제하고, 미소를 지으면서 어떤 점에서 그렇게 생각하는지를 물어본다.
② 또한 거침없이 상대방에게 자신의 생각을 표현한다는 점에 대해 칭찬한다.
③ 비행청소년이 그냥 첫인상으로 그렇게 생각한 것이라면
   - 상담자의 전문성과 관계되는 사항을 설명해 준다.
     예 상담경력과 내담자 수, 성공한 사례의 소개(유사사례), 내담자들의 상담자에 대한 좋은 인상과 경험을 전달, 학력과 자격증 등
   - 상담자의 장점을 부각한다.
   - 내담자의 욕구, 현재의 감정, 자신에 대한 생각 등을 파악하여 그것을 이야기해 준다.
④ 상담을 피하기 위한 의도라면
   - 상담의 효과를 설명한다.
   - 내담자의 변화나 새로움에 대한 두려움에 대해 공감한다.
   - 상담에 대한 기타 정서에 대해 공감한다.

참고 학교폭력 관련자 용어

- 가해자 : 폭력을 직접 행사한 자
- 피해자 : 폭력을 당한 당사자
- 동조자 : 가해자와 같이 가해에 가담한 자
- 조력자 : 가해에 직접 가담하지는 않았지만 가해자와 동조자를 응원하고 부추기는 자
- 방관자 : 상황을 외면하거나 아예 관심이 없는 자
- 소극적 방어자 : 피해자를 안타깝게 생각하고 도와주고 싶지만, 실천하지 못하는 자
- 방어자 : 피해자를 위해 행동하는 자

질문 04

상기 사례 내담자의 강점으로 추정할 수 있는 점은 무엇인가?

| 답변 |

① 해외생활을 많이 하여 영어실력이 좋다.
② 운동능력이 뛰어나다.
③ 남들 앞에 주눅들지 않고 당당하게 행동하며, 리더의 소질이 다분히 있다.

질문 05

비행청소년의 MMPI-A상의 특징은 무엇인가?

| 답변 |

① 4-6/6-4 상승척도쌍을 보이는 내담자들은 화를 잘 내고 타인을 원망하며, 미성숙·자기도취적·자기중심적인 사람으로서 보통 어느 정도 적개심을 통제하다가 가끔씩 요란하게 터뜨린다.
② 4-6/6-4 상승척도쌍과 함께 9번 척도가 같이 상승하는 경우 상태가 더욱 심각하다. 규범을 어기고 권위에 도전하는 것이 자신의 가치감과 인정이라고 생각하며, 이런 행동을 되풀이하고 하등 죄책감을 느끼지 못한다.

질문 06

학교폭력 가해자 상담에서 개입방법에 대해 설명해 보세요.

| 답변 |

① 폭력성의 원인을 탐색하고 내재된 분노의 해소, 표출 및 조절을 위한 개입을 한다.
② 폭력유발 환경을 탐색하여 개선하고 부모의 양육태도나 방식의 개선을 도모한다(부모상담).
③ 학교폭력의 위법성을 전달하고 학교폭력 처리절차에 따라 본인에게 불리한 처분이 내려짐을 인지하게 한다.
④ 피해학생의 심리적 고통을 느낄 수 있도록 하며 그 고통이 초래할 수 있는 부정적 결과를 알게 한다.
⑤ 스트레스의 건전한 해소방식을 안내하고 스트레스 인내력을 향상한다.
⑥ 자기 자신의 행동에 대한 책임의식을 고양하고 도덕적, 윤리적 사고를 하도록 한다.
⑦ 자아존중감, 자기 가치감을 가질 수 있도록 한다.

4 자해행위

중학교 1학년인 최 양은 최근 손목을 면도칼로 긋는 자해행위를 하였다. 자신의 친한 친구를 같은 반 애들이 괴롭혀서 그랬다고 이야기하면서, 자기가 자해행위를 하면 그 애들이 자신을 두려워하여 친구를 괴롭히는 행동을 멈출 것이라고 생각한다고 말했다.

최 양은 예전에도 몇 번 친구관계의 어려움을 경험할 때마다 심한 복통을 호소하기도 하고, 때로는 손목을 긋는 과격한 자해행동을 한 적이 있다. 이렇게 반복되는 자해행위가 걱정되어 청소년 병원에 가서 심리검사를 받았고, 그 검사 결과 약물치료를 해야 한다는 의사의 진단에 고민을 거듭하다가 결국 상담센터의 문을 두드렸다. 최 양 역시 약물복용이 싫어 상담을 택하였다. 최 양은 자신의 몸은 약하며 그런 약물이 자신의 신체를 망가뜨린다고 믿고 있다. 체육시간에도 다치지 않으려고 앉아있는 경우가 많다.

상담 중에 최 양은 상담자와 눈을 자연스럽게 맞추지 못하고, 자신이 그은 손목을 만지면서 바닥만 주시하였다. 상담자가 묻는 질문사항에 대해 대답을 거의 하지 못하였고, 자신의 생각과 감정의 표현에는 어려움이 많았다.

최 양의 아버지는 대기업의 임원인데, 주말에는 회사일이나 골프 모임으로 바빠 집에 있는 시간이 거의 없었고, 어머니는 최근 자기계발을 위하여 주민센터나 백화점에서 하는 여러 교양강좌에 열심히 참여하고 있다. 최 양의 아버지는 이런 어머니에 대해 집안일을 등한시한다고 가끔 폭언을 하기도 한다.

최 양의 다면적 인성검사의 결과 눈에 띄는 점수는 다음과 같다.

1. 타당도 척도

   L = 43, F = 68, K = 40

2. 임상척도

   1번 척도 = 78, 2번 척도 = 72, 3번 척도 = 68, 0번 척도 = 70

질문 01

상기 MMPI-A에서 나타난 검사결과를 간단히 해석해 보시오.

| 답변 |

① L-F-K의 점수배열을 보면, 삿갓형으로서 자신의 신체적·정서적 문제를 인정하고 전문가의 도움을 청하고 있지만 자신의 해결능력은 없다고 보아야 한다.
② 1-2-3의 점수가 점진적으로 하강하는 형으로 자기생활에서 겪는 어려움의 실제원인과 직면하지 않음으로써, 방어적 태도가 강하고 증세가 만성적이며 변화를 거부하려고 한다.
③ 1번 척도가 높은 것으로 보아 자신의 신체적인 상태로 상대방을 조종하고 지배하려고 하고 있다. 또한 신체적인 증상에 과도하게 집착하여 요구사항이 많고 부정적이며 비판적이다.
④ 2번 척도(우울) 역시 70점을 넘어 자신에 대한 비관과 우울한 기분을 보이고 있다. 운동지체도 의심해 보아야 한다.
⑤ 0번 척도(내향성)가 70점 이상이어서 대인관계를 회피하고 사회적 접촉을 꺼려 한다고 보아야 한다.

질문 02

상기 사례에서 자해행위를 이해하기 위하여 더 고려해야 할 사항은 무엇인가?

| 답변 |

① 부모의 무관심이나 애정결핍, 화목하지 않은 가족관계
② 좌절된 욕구의 경험과 스트레스에 대처하는 패턴
③ 친구관계에서의 따돌림 여부
④ 학업성적
⑤ 자해를 하여 얻은 이차적 이득의 경험유무

질문 03

상담자가 기관에서 일하고 있는데 상급자와 의견이 맞지 않을 때 어떻게 대응할 것인가?

| 답변 |

① 상담자의 신분과 동시에 한 조직의 구성원이라는 점을 감안할 때, 상급자의 의견을 중시해야 할 필요가 있다. 그래서 자신의 의견을 어느 정도 내세우다가 갈등을 유발할 우려가 있는 경우 자신의 의견을 철회해야 한다.
② 이렇게 함으로써 일단 조직 내에서 자신이 받을 인간관계에서의 스트레스를 유발하지 않을 수가 있으며, 동시에 조직적인 화합을 위하여 필요한 것이다.
③ 자신이 항상 옳다는 관점을 수정할 수 있는 계기가 되고 자신을 돌이켜 볼 수 있다.
④ 자신의 의견에 확신이 있고 조직의 역량에 도움이 된다면, 다시 개진할 수 있는 기회를 만들어보는 것도 좋다. 개진하는 형태는 차상위 상급자에게 우회하여 보고하는 것보다 회의를 통해 자연스럽게 자신의 의견을 거론하여 공동의 의제로 삼아 결론이 나게 하는 쪽이 바람직하다.

질문 04

비자발적인 청소년 내담자를 처음 대하는 상담자의 접근은 어떻게 하는가?

| 답변 |

① 이유가 어떻게 되었든 간에 상담센터에 온 것에 대해 칭찬한다.
  - 부모의 욕구에 순응하려는 행동
  - 자신의 생각과 주장을 일단 양보하는 태도
  - 분명하지는 않지만 상담에 대한 호기심
② 상담센터에 올 때의 정서에 공감한다.
  - 자신은 아무런 문제가 없다는 생각
  - 타인과 자신의 문제를 이야기한다는 불편감
  - 새로운 환경에 대한 회피욕구
  - 자신을 변화시키려는 대상에 대한 저항과 두려움
③ 상담 중단 가능성과 상담효과에 대해 홍보한다.
  - 자신은 원하면 언제든지 상담을 하지 않을 수 있다.
  - 자신의 문제점을 알고 있다는 점을 시인하도록 유도한다.
  - 자신이 그 문제점에서 해방되는 상태를 상정하고, 그때 느끼는 만족감을 미리 느끼도록 한다.
④ 비밀유지를 강조한다.
  상담 중에 언급된 내담자의 관련 사항은 비밀이 보장된다는 점을 충분히 설명해 준다.

합격의 공식 **시대에듀** www.sdedu.co.kr

▲ 정오표

PART 05

실전 모의면접

CHAPTER 01	경계선 지능
CHAPTER 02	학교폭력
CHAPTER 03	우울과 유기불안
CHAPTER 04	스마트폰 과다사용
CHAPTER 05	절 도
CHAPTER 06	어머니와의 갈등
CHAPTER 07	우 울
CHAPTER 08	불 안
CHAPTER 09	틱 장애
CHAPTER 10	학교폭력 가해자
CHAPTER 11	존재감 혼란
CHAPTER 12	일 중독
CHAPTER 13	부모의 이혼 두려움
CHAPTER 14	무기력
CHAPTER 15	자기중심적 사고
CHAPTER 16	진로갈등
CHAPTER 17	명예훼손
CHAPTER 18	친구집착
CHAPTER 19	대인관계의 어려움
CHAPTER 20	자살생각

PART 05 | 실전 모의면접

핵심요약

이 파트는 면접시험에서 제시되는 사례의 주요 5가지 주제(친구관계, 부정적 정서, 인터넷/스마트폰 중독, 학교 부적응, 진로)와 수험생이 주의를 기울여 다루어야 할 다른 주제(학교폭력, 온라인 게임 시 명예훼손, 자기중심적 사고, 위험행동 등)를 망라하여 총 20가지 사례를 담았다.

면접현장에서 어떤 사례가 주어지더라도 수험생들이 당황하지 않고 자신 있게 대답할 수 있도록 사례경험의 폭을 확장하도록 하였다. 이 파트에 실린 질문 중 제시사례와 관계없이 던져지는 질문은 과거 년도 실제 면접관들이 질문한 것을 최대한 많이 인용하였고, 사례와 관련된 질문들은 실제 면접현장에서 면접관이 질문할 가능성이 큰 것으로 실었다.

많은 청소년의 사례를 접해보고 다양한 질문에 답해보는 것이 면접시험에서 좋은 점수를 받는 중요한 요소임은 아무리 강조해도 지나치지 않다고 생각한다.

제1절 경계선 지능

제시된 사례

중학교 3학년인 정 군(15세, 남)은 친구를 무척 사귀고 싶지만 잘 사귀지 못하며, 친구들도 정 군을 피하고 있다. 정 군은 초등학교 5학년부터 수업내용을 잘 이해하지 못했고 교사의 질문에 답을 못하며, 시험성적은 전 과목에서 50점 넘기가 힘들었다. 말도 약간 어눌하게 하여 친구들의 놀림 대상이 되기도 하였다. 정 군의 어머니는 정 군의 이런 학습부진과 따돌림 상태를 걱정하여 청소년병원에서 진단을 받게 했고, 그 결과 정 군의 지능이 정상 학생보다 낮고 약간의 운동지체가 있다는 사실을 알게 되었다.

정 군이 중학교에 진학한 후 정 군의 어머니는 학교 담임선생님과의 면담을 통해 반 친구들로부터 괴롭힘을 당하지 않도록 신경을 썼고, 덕분에 학교폭력 피해자가 되지 않고 있지만 친구들을 사귀고 어울리는 데에는 한계가 있었다. 정 군의 어머니는 아들을 일반학교보다는 특수학교에 보내는 것이 어떨지 고민하였는데, 아들의 상태가 더욱 나빠질 것을 염려하여 그냥 일반학교로 보내기로 하였던 것이다. 정 군은 모둠활동에서 제대로 역할을 하지 못하여 친구들로부터 활동에서 제외되는 경우가 많았다. 정 군은 자신을 은근히 무시하는 친구들에게 욕을 하거나 주먹을 날리기도 하였다.

정 군의 가족은 아버지(회사원)와 어머니(가정주부), 여동생이 있으며, 모두 정 군에게 주의를 기울이고 배려하여 정 군은 가정생활에서 행복감을 느끼고 있다. 학교에서는 친구들이 자신을 무시하고 따돌리는 것이 불만족스럽지만, 운동도 잘 못하고 공부도 잘 못하는 자신의 처지를 잘 이해하고 적응하려고 노력하고 있다. 그러다 보니 학교에서 항상 외톨이로 지내고 있으며, 방과 후에는 집으로 와서 TV를 보거나 핸드폰으로 게임을 하고 있다. 주말에는 혼자 코인노래방에 가거나 PC방에서 게임을 하다가 집에 들어온다. 어머니는 친구들과 연락해서 놀러 나가라고 이야기하지만, 정 군은 친구들과의 교류를 두려워하여 그렇게 하지 못하고 있다.

1. 내담자의 MMPI-A T-score
    - 타당도 척도

VRIN	TRIN	F1	F2	F	L	K
65	53T	53	47	50	67	57

    - 임상척도

Hs	D	Hy	Pd	Mf	Pa	Pt	Sc	Ma	Si
62	63	52	47	60	49	68	54	52	67

2. SCT 주요 내용
    - 진짜 하기 싫은 일은 <u>공부하는 것이다</u>.
    - 친구들이 나를 피할 때는 <u>때려주고 욕을 하고 싶다</u>.
    - 나의 좋은 점은 <u>요리를 잘하는 것이다</u>.
    - 나의 부모는 <u>나에게 잘해준다. 나를 걱정한다</u>.
    - 진짜 친구라면 <u>함께 놀고 같이 밥을 먹을 것이다</u>.

3. K-WISC-Ⅳ 검사 결과
    전체지능 68, 언어이해 56, 지각추론 71, 작업기억 69, 처리속도 65

면접관 질문

❶ 학교폭력 가해자인 학생이 상담 중에 자신은 아무런 죄가 없으며, 피해학생이 맞을 짓을 하였다고 이야기할 때 어떻게 할 것인가?

❷ 내담자가 친구와 잘 사귀지 못하는 이유를 이야기해 보시오.

❸ 자신이 성상담을 의뢰받았는데, 성상담에 대한 지식이나 경험이 전혀 없을 경우는 어떻게 할 것인가?

❹ 이 사례의 내담자를 상담한다면 어떻게 할 것인가?

| 답변 |

To. 면접관 ❶

① 우선 가해 내담자의 억울한 심정을 이해해 주며 그 주장을 경청한다.
② 학교폭력의 의미를 전달한다.
- 엄연한 범죄행위이며 처벌대상
- 피해학생의 고통 생각하기

③ 폭력적인 행동의 원인을 규명해 본다.
- 가해자 부모의 폭력 관용적인 양육방식이나 태도 유무 확인
- 소외당하였을 때의 부정적인 감정 발현 여부 확인
- 충동적이거나 공격적 성향 유무 점검

④ 분노를 인식하고 이를 통제하는 훈련을 한다.
- 분노에 제3자의 명칭 붙이기, 분노와 이야기하기
- 심호흡하고 숫자 세기, 그 자리 피하기
- 자신의 폭행이 처벌을 초래함을 생각하기

⑤ 분노를 유발하는 환경을 개선한다.
- 담임교사의 관심과 지도
- 내담자를 배려하는 분위기 조성
- 학교 적응적 행동 조성

To. 면접관 ❷

① 운동지체를 가지고 있어서 친구들과 같이 어울려 운동하는 것이 힘들고, 자연적으로 어울릴 기회가 없었을 것이다.
② 친구들에 의하여 소외당하거나 무시당한다고 생각되면 공격적인 행동을 보였다.
③ 강박적인 면이 있어서(7번 척도 상승) 고집이 세고, 고착된 행동을 했을 것이다.
④ 언어이해력이 떨어지고 처리속도가 낮아 친구들의 이야기 내용이나 맥락을 이해하지 못하고 순간적인 대응이 불가능하여 친구와 자연스럽게 대화하지 못했을 것이다.

To. 면접관 ❸

① 청소년상담사의 윤리강령에 의하면, 청소년상담사는 훈련받지 않은 상담기법의 오·남용을 삼가야 하며, 자기의 능력 및 기법의 한계를 인식하고 전문적 기법에 위배되는 활동을 하지 말아야 한다.
② 성상담에 대해 전문적인 기법이나 훈련을 받지 않았기 때문에, 자격이 있는 다른 상담사에게 의뢰하여야 한다.

To. 면접관 ❹

① 내담자가 친구와 사귀기를 원하지만 사귀지 못하고 있음을 이해하고 공감한다.
② 내담자가 친구에게 소외당하였을 때 느끼는 분노감을 통제하는 능력을 기르게 한다.
- 분노를 인식하는 연습
- 분노 발생을 제지하는 연습
- 분노를 회피하는 연습

③ 친구의 주의를 끌고 관심을 받을 수 있는 행동을 하게 한다.
- 반 친구를 돕는다.
- 반 친구들의 대화하는 친구들 곁에서 주의를 기울이거나 놀라는 표정을 짓거나 고개를 끄덕인다.
- 친근함을 표시하는 친구에게 먼저 다가간다.
- 친구를 칭찬하고 실력을 인정하는 말을 건네며, 호의적인 태도를 보인다.
- 재미있는 행동과 도구(카드마술 등) 사용을 익힌다.

제2절 학교폭력

제시된 사례

올해 초등학교 6학년인 김 군(12세, 남)은 학교에서 친구들과 자주 싸우고, 친구들에게 상처를 입혀서 피해학생의 부모들이 학교에 찾아와 학폭위 소집을 요구하여 학교의 징계를 몇 차례 받았지만, 친구들과 몸싸움을 하고 친구들에게 욕을 하는 행동이 좀처럼 없어지지 않고 있다. 김 군이 초등학교 4학년 때, 김 군의 어머니는 남편이 경제적 능력이 없이 매일 술을 마시고, 만취한 상태에서 아내를 때리고 소란을 피워 재판을 통하여 이혼을 하였다. 그러나 김 군의 아버지는 김 군을 끔찍이 귀여워하였다. 김 군의 아버지는 현재까지 어머니 몰래 김 군을 불러서 점심이나 저녁식사를 같이 하기도 하고, 선물을 사주기도 한다. 이 사실을 알게 된 어머니는 김 군에게 다시 아버지를 만나면 집에서 쫓아내겠다고 이야기하였다.

최근 김 군은 어머니가 바깥에서 저녁식사를 하자고 하여 남동생(초2)과 함께 따라 나섰는데, 처음 보는 남자를 소개하면서 이제 '아빠'라고 부르라고 이야기하였다. 김 군은 낯선 상황이 당황스러웠고, 어떻게 대처해야 할지 모르겠다고 느꼈다. 그 이후에 그 남자는 김 군의 집에서 살기 시작하였다. 그 남자가 퇴근하여 돌아올 때 김 군은 방에서 나오지 않고 목소리를 높여 인사만 하고 있어 어머니에게 야단을 맞고 있지만, 김 군은 그 남자에게 아빠라고 부르고 싶은 생각이 없다. 동생이 맛있는 것을 사주는 그 남자에게 "아빠, 아빠" 하고 가까이하는 것을 보면 화가 나기도 하고, 자신이 이상한 것인가에 대한 의문이 들기도 한다.

어머니는 오후에 식당에 나가 일을 하고 있는데, 새벽이 되어서야 집에 들어오고 있다. 김 군은 방과 후에 친구들과 어울려 PC방에서 게임을 하면서 시간을 보내고 있다가, 저녁 10시경에 들어와서 냉장고를 뒤져 저녁을 혼자 먹기도 하는데, 이때 그 남자가 나와 아무 말 없이 식사를 챙겨주기도 하여 미안하기도 해서 마음이 불편하다. 그래도 자신을 낳아준 아버지를 생각하면 새아버지에게 친절하게 대해서는 안 된다는 생각이 강하게 들어 머리를 흔들고 있다.

1. 김 군의 MMPI-A 임상척도

Hs	D	Hy	Pd	Mf	Pa	Pt	Sc	Ma	Si
47	61	52	68	41	51	44	38	60	41

2. 기질 및 성격검사의 결과(백분위 점수)
- 기질 : 자극추구 72, 위험회피 5, 사회적 민감성 23, 인내력 33
- 성격 : 자율성 55, 연대감 38, 자기초월 33

면접관 질문

❶ 청소년을 대상으로 하는 상담이 다른 상담보다 어렵다고 하는데, 그 이유가 무엇이라고 생각하는가?

❷ 다양한 청소년문제 중 어떤 문제에 관심이 있고 문제의 원인이 무엇이라고 생각하는가?

❸ 상기 사례에서 내담자의 새아버지에 대한 정서를 유추하여 설명해 보시오.

❹ 이 사례의 내담자를 상담한다면 어떻게 할 것인가?

| 답변 |

To. 면접관 ❶

① 청소년의 문제와 접근방법이 다양하기 때문이다.
② 청소년은 비자발적으로 상담에 임하기 때문에 좋은 상담관계를 맺기가 어렵다.
③ 청소년의 문화와 언어, 놀이, 행동패턴이 성인의 상담자로서는 경험하기가 힘든 면이 있어, 공감하며 같이 나눌 수 있는 영역을 확보하기가 힘들다.
④ 청소년의 특성상 상담의 효과를 인정하지 않거나 약속의 중요성을 무시하는 등 감정의 기복이 심하여 쉽게 상담을 중단하는 경우가 많다.
⑤ 현재 자신의 상태가 문제라는 것은 인지하고 있지만, 미래 조망능력이 성인보다 부족하여 현재의 상태가 미래에 어떤 영향을 미치고, 그 영향이 얼마나 심각한지를 잘 깨닫지 못한다. 즉, 자신의 통찰력이 충분히 발휘되지는 않는다.

To. 면접관 ❷

청소년문제는 다양하며 여기서 다 열거할 수는 없는 일이다. 그러나 최근 사회적 이슈가 되고 있는 청소년문제를 다음과 같이 열거하고 그 원인을 적어보면 다음과 같다.

① 스마트폰 과다사용문제
  - 스마트폰의 앱이나 콘텐츠(게임, 동영상)의 매력과 재미, 보상체계
  - 개인적인 성향(충동조절 문제, 낮은 스트레스 인내력, 학업에 대한 스트레스)
  - 친구들과의 소통과 대화의 주제

② 사이버 불링(Cyber Bullying)
  - 핸드폰의 높은 보급률로 인하여 핸드폰이 소통의 도구가 되고 이를 통한 폭력행위(언어폭력, 명예훼손, 개인정보유출, 성폭력, 사이버스토킹 등)가 이루어지고 있다.
  - 처벌하는 법률이 존재하지만 친구들 사이의 흔히 있을 수 있는 행동(심한 장난)으로 인식되어 합의로 무마하려는 경우가 많다.
  - 은밀한 가해 가능, 쉽고 큰 파급효과의 매력, 인터넷상의 행위에 대한 도덕심 결여, 익명성

③ 사이버 도박
  - 청소년들이 즐겨하는 게임이 사행성을 조장하여 아이템을 사거나 캐릭터를 선정, 강화, 합성하는 수단으로 돈을 결제하거나 구입하게 하고 있다.
  - 이와는 별도로 스마트폰의 앱으로 손쉽게 도박에 접할 수 있게 되었다(스포츠토토, 달팽이, 로하이, 바카라 등).
  - 또한 돈을 쉽게 빌릴 수 있는 사이트가 많아 도박을 하기 위해 돈을 빌리는 경우가 많다.
  - 청소년의 부족한 경제개념, 사행심과 재미추구 성향, 친구의 권유

④ 음주 및 흡연
  - 친구들의 권유, 소속감의 표현, 건전한 청소년 놀이문화의 부족, 느슨한 부모의 통제, 청소년의 흡연과 음주에 대한 성인들의 관대한 태도
  - 향락문화의 성업, 학교의 묵인 등

To. 면접관 ❸

① 생부와 만나면서 아버지의 존재를 느끼고 있는데, 갑자기 어머니가 새아버지를 아빠로 부르기를 강요해서 엄청난 혼란과 함께 강한 저항감을 느낀다.
② 생부를 만나지 못하게 하는 어머니로 인하여 새아버지에게 더욱 반감을 느낀다.
③ 자신을 챙겨주는 새아버지에 대해 고맙게 생각하고, 동시에 생부의 경쟁자로 의식하여 멀리하여야겠다는 양가감정(충성심, 갈등)을 가지고 있다.
④ 자신과 같은 집에서 살고 아버지의 역할을 하고 있어 불편감을 느끼고 있다.
⑤ 아무것도 모르는 남동생과 새아버지의 관계를 보면서 자신도 그 남자를 새아버지로 대우하여야 하지 않겠는가 하는 의구심을 가진다.

To. 면접관 ❹

① 상담 초기
- 내담자가 처한 당황스럽고 힘든 상황에 대해 이해하고 공감한다.
- 내담자와 상관없이 벌어지는 어른들의 만남과 헤어짐에 대해 이야기한다.
- 내담자의 생부와 새아버지에 대한 정서를 탐색한다.
- 부모상담을 통하여 양가감정으로 혼란스러운 내담자의 마음을 이해하고 수용하도록 권유한다.
    - 시간을 더 두고 내담자가 자연스럽게 새아버지에 적응하도록 한다.
    - 자연스럽게 가족활동을 증가시키고 대화의 기회를 많게 한다.
    - 생부와의 만남을 어느 정도 허락한다.

② 상담 중기
- 새아버지와의 친밀한 관계유지를 위한 행동과제 부여
    - 얼굴 보고 인사하기
    - 주말에 새아버지와 활동하기(자전거 타기, 마트에 같이 가기 등)
    - 학교에서 일어난 일을 저녁식사를 같이 하면서 이야기하기
- 생부와도 같이 만나는 기회를 가지기
    - 어머니와 이를 상의하여 횟수와 시간 등을 허락받기
    - 부모의 이혼을 현실로 받아들이기
- 공격성을 인지하고 행동수정 하기
    - 분노를 인식하고 이를 의식하기
    - 분노를 지연하는 연습하기
    - 친구들을 돕고 봉사활동 하기

③ 상담 후기
- 자신의 처지가 이상하지 않다는 사실을 인정하기
- 두 아버지(생부, 새아버지)의 존재를 받아들이기

제3절 우울과 유기불안

제시된 사례

현재 고등학교 1학년에 재학 중인 곽 양(16세, 여)은 초등학교 6학년 때 부모가 이혼한 후 외할머니 집에서 외할머니와 같이 생활하고 있다가(초6~고1), 최근 외할머니가 곽 양의 어머니에게 손녀(곽 양)가 너무 우울하다고 이야기하여 이를 걱정한 어머니가 곽 양을 자신의 집으로 데리고 와 같이 살면서 인근 상담복지센터에 상담을 의뢰하였다.

곽 양은 상담자를 만나 아무런 이야기를 하지 않고 불안한 모습을 보이다가 "제가 사막 한가운데서 방황하거나 낭떠러지에서 매달려 있는 꿈을 자주 꿔요. 그리고 어머니가 언젠가 저를 버리고 다시 떠날 거예요. 아버지를 생각하면 또 울게 돼요. 그리고 친구들이 저에게 서운한 말을 하면 저도 모르게 불같이 화를 내요."라고 이야기하면서 눈물을 흘렸다. 그러면서 자신이 아무것도 할 수 없는 무력한 존재임을 원망하였다.

곽 양의 가족사항은 다음과 같다.

- 부(대졸, 44세, 작곡가) : 대학을 졸업하고 작곡을 하고 있지만 작곡한 음악이 제대로 인정받지 못하여 수입이 거의 없는 상태이다. 수입이 없다 보니 아내의 구박을 받게 되고 결국 이혼하게 되었다. 성격은 우유부단하고 내성적이며 말이 없는 편이었다. 곽 양을 불쌍한 존재로 보았고 세상에 태어나지 말아야 할 딸이라며 푸념을 늘어놓았다고 모가 보고하였다.
- 모(대졸, 41세, 통신사 콜센터 직원) : 남편의 경제적 무능력에 항상 화를 내고 원망하였으며, 남편에 대한 원망감을 곽 양에게 쏟아내면서 나무라고 꼬치꼬치 매사에 관여하며 지시하고 있다. 성격은 활달하며 사회성이 좋아 회사생활에서 동료들과 어울려 저녁 늦게 시간을 보내고 있어 곽 양은 늘 혼자라는 느낌을 받고 있다.
- 외조모(중졸, 68세, 무직) : 딸이 손녀를 맡길 때 상당히 거부하였다가 딸이 회사에 나가고 있고 생활비를 어느 정도 받는 조건으로 손녀와 같이 생활하기 시작하였다. 공부를 하지 않고 책상에 앉아 멍하니 있거나 남자 친구들과 어울려 놀다가 저녁 늦게 들어오는 곽 양을 호되게 나무라고 있지만 불쌍한 아이라는 양가감정을 가지고 있다.

곽 양은 자신에게 관심을 보이는 친구들에게 잘해주려고 넉넉하지 않은 용돈을 털어 선물을 사 주거나 음식값을 대신 내기도 한다. 특히 동성친구들보다는 이성친구에게 더 적극적이며 호감을 얻기 위하여 노력하고 있다. 이런 곽 양의 태도를 못마땅하게 생각하는 동성친구들의 뒷담화에 시달리고 있다.

상담사가 실시한 내담자의 심리검사 결과는 다음과 같다.

1. MMPI-A 임상척도

Hs	D	Hy	Pd	Mf	Pa	Pt	Sc	Ma	Si
45	82	52	68	67	70	64	53	39	71

2. 기질 및 성격검사의 결과(백분위 점수)
    - 기질 : 자극추구 65, 위험회피 90, 사회적 민감성 20, 인내력 37
    - 성격 : 자율성 37, 연대감 45, 자기초월 20, 자율성 + 연대감 41

3. SCT 중요사항
- 어머니가 화를 낼 때는 무섭다. 심장이 멎는 것 같다.
- 남자들은 불쌍하다. 가족을 먹여 살려야 하니 말이다.
- 내가 없을 때 친구들은 나를 하찮은 존재라고 생각할 것이다.

면접관 질문

❶ 청소년상담사로서 자신의 철학은 무엇인가?

❷ 상기 사례에서 곽 양의 심리적인 문제는 무엇이고 어디에서 기인한다고 보는가?

❸ 곽 양의 심리검사의 결과와 실제 보이는 행동이나 태도를 연관해 보아라.

| 답변 |

To. 면접관 ❶

평소 자신의 청소년이나 인간에 대한 생각을 요약하여 이야기하면 좋겠다. 다음의 사항이 포함되면 좋은 답변이 될 수 있을 것이라고 판단한다.

① 인간은 선한 마음으로 태어났다고 믿는다.
② 환경이나 부모의 영향으로 잘못된 것은 충분히 개선이 가능하다고 생각한다. 왜냐하면 인간은 모두 '충분히 기능하는 인간'으로서의 능력을 가지고 있기 때문이다.
③ 청소년기는 아직 자아발달이 완전하지 못하여 정서적·인지적으로 문제를 유발할 수 있는 가능성이 크지만 이해하고 수용하며 개별성을 존중해 준다면 얼마든지 변화가 가능하다고 믿는다.
④ 청소년은 주위환경(부모의 양육태도나 방식, 친구관계, 사회의 가치나 문화 등)에 크게 영향을 받고 있어 내재적인 통제력이나 도덕심의 발달을 촉진하면 건강한 사회구성원으로의 성장이 가능하다.

To. 면접관 ❷

① 곽 양의 심리적인 문제
  - 부모의 이혼으로 인하여 자신이 관계를 맺고 있는 대상에게서 버림받을 것이라는 불안감으로 가득 차 있다.
  - 이 불안감으로 인하여 외로움과 우울감을 느끼고 있다(D = 82).
  - 이 불안감을 해소하기 위하여 관계를 맺는 상대방에게 지나치게 관심을 기울이고 관계유지에 돈을 사용하고 있다.
  - 자신의 자존감을 전혀 느끼지 못하여 무가치한 인간이라고 생각한다.

② 가능한 원인
  - 부모의 이혼으로 인한 유기불안
  - 외조모의 비난과 간섭
  - 자신이 현실에서 할 수 있는 일이 없다는 경험

To. 면접관 ❸

① MMPI-A
  - 우울 척도가 높아(D = 82) 책상 앞에 앉아 멍하니 있거나 자신의 처지를 호소하면서 눈물을 흘린다. 자신을 무가치한 존재로 인식하고 있다.
  - 편집(Pa)이 어느 정도 상승해 있어 대인관계에 민감하여 화를 내고 특정친구(이성)에 집착하는 모습을 보인다.
  - 강박적 사고(Pt)로 인하여 경험을 일반화하고 자신이 친구에게서나 어머니로부터 버림을 받을 것이라는 생각을 하고 있다.

② TCI 검사
  - 위험회피 점수가 높아 친구에게서 소외당하지 않으려고 노력하고 있다.
  - 사회적 민감성이 낮아 공감의 부족과 갈등상황을 유연하게 대처하지 못하여 친구문제를 경험하고 있다.

③ SCT 검사
  - 모가 자신을 버릴지도 모른다는 두려움을 가지고 있다.
  - 부에 대해 연민을 느끼고 있다.

제4절 스마트폰 과다사용

제시된 사례

초등학교 6학년인 정 군(12세, 남)은 학교에서 지내는 시간을 제외하고는 하루 종일 스마트폰을 끼고 살고 있다. 게임을 하고 웹툰도 보고 친구들과 카톡을 하기도 하며, 인터넷 검색, 유튜브 게임방송도 보고 있다. 경제적인 이유로 학원에 나가지 않고 있으며, 과자나 햄버거, 피자, 닭튀김, 콜라를 즐겨 먹고 있고 스마트폰 사용시간이 길다 보니 자연히 과자 등 간식을 입에 달고 있어 과체중이 되어 있다.

정 군의 부모는 2년 전부터 별거하고 있다. 인근에 살고 있는 정 군의 아버지(42세)는 가끔 정 군을 불러내어 저녁을 사 주고 원하는 물건도 사 주며 용돈을 주고 있다. 아버지는 중소기업에서 포크레인 운전을 하고 있는데 여자관계가 복잡하여 정 군의 어머니로부터 이혼요구를 받고 있지만 이혼은 아직 하지 않고 있다.

정 군의 어머니(40세)는 몸이 약하고 잔병치레를 많이 하고 있어 플라스틱 조립일을 공장에서 배정받아 집에서 돈을 벌고 있다. 정 군의 아버지가 매월 생활비를 넉넉히 지급하고 있어 그렇게 쪼들리는 생활은 하지 않고 있다. 정 군의 어머니는 남편의 외도문제로 여러 해 마음고생으로 현재 우울증 약을 복용하고 있으며, 몸이 아파 누워있는 시간이 많아 집안일에 소홀하고 정 군의 위생이나 영양, 학습 등 부모로서의 역할을 등한시하고 있다. 정 군이 핸드폰을 하고 있는 것을 평소에는 그대로 내버려 두다가 기분이 나쁘면 화를 내고 정 군을 패기도 한다.

친정어머니(정 군의 외할머니)가 가끔씩 집안일을 해주기도 하고 냉장고에 음식이나 반찬을 채워주기도 한다. 외할머니는 정 군이 공부를 하지 않고 핸드폰만 만지는 것을 보고 걱정이 되어 청소년상담복지센터로 정 군을 끌고 가 상담을 받게 하였다. 상담자와 마주한 정 군은 의자에 가만히 앉아있지 못하고 일어났다 앉았다 하면서 손가락을 연신 움직였다. 상담사의 질문에 대답을 하지 않고 약간 불안한 모습을 보였다. 정 군이 다니는 지역아동센터의 교사에 따르면 정 군은 움직임이 많고 인내력이 부족하며 학습과제를 정한 시간에 제대로 끝내지 못한다고 하였다.

상담사가 실시한 심리검사의 결과는 다음과 같다.

1. 내담자의 HTP 내용
   - 전반적으로 필압이 약하고 그림을 전부 왼쪽 상단에 작게 그렸다.
   - 집 그림 : 창문을 과도하게 많이 그렸으며, 집 주위에 태양, 나무 3그루와 담장을 그렸다.
   - 사람 그림 : 그림을 작게 그리고 졸라맨(막대기 모양의 몸통과 사지)으로 그렸다.
   - 나무 그림 : 뿌리도 없고 나무기둥과 작은 크라운만 그렸다(나뭇가지, 잎, 열매는 그리지 않았다).

2. 문장완성검사 내용 요약
   어머니에 대해서는 간단히 그냥 '친하다'라고만 표현하였고, 아버지는 자신과 잘 놀아주고 용돈을 주어 어머니보다는 더 좋다고 하였다. 친구들과는 친하지 않고 놀리는 친구들이 밉다고 하였다. 미래에는 가족이 다 함께 친하게 같이 지냈으면 하는 바람을 나타내었다. 소원은 수영장에 다녀 몸이 날씬해지는 것이라고 하였다.

면접관 질문

❶ 선호하는 상담이론과 그 주요기법에 대해 말해보시오.

❷ 심리검사 및 사례 언급에서 정 군의 특성을 추론하여 사례개념화를 해보시오.

❸ 정 군을 상담한다면 상담목표와 그 상담목표를 이루기 위한 개입방법은 무엇인가?

| 답변 |

To. 면접관 ❶

수험생이 개인적으로 선호하는 상담이론과 기법을 요약하여 이야기할 수 있지만, 여기서는 기법이 용이하고 필기시험을 거치면서 어느 정도 익숙한 상담이론과 기법을 적어보았다.

① 인간중심 상담이론
- 긍정적 자기존중
- 진실성
- 수용, 공감적 이해
- 무조건적 존중
- 충분히 기능하는 인간

② 행동주의 상담이론
- 자기효능감 고양
- 처벌과 상(정적/부적 강화, 정적/부적 처벌)
- 행동수정
- 소거, 토큰경제, 혐오요법

③ 인지·정서적 상담이론
- 비합리적인 신념 제거(ABCDE)
- 왜곡된 인지 유형(임의적 추론, 선택적 추상화, 과도한 일반화, 개인화 등)

④ 현실주의 상담이론
- 선택이론(통제이론)
- 인간의 기본 5가지 욕구
- WDEP 기법

To. 면접관 ❷

① 애착이 안정적으로 형성되어 있지 않다.
- 문장완성검사에서 어머니와 단순히 친하다고만 언급되어 있어 모와의 애착형성이 불안정함을 알 수 있다.
- 상담자와 같이 낯선 사람을 만날 때 불안한 행동을 보인다.
- 모의 우울증과 부와의 별거로 애정욕구가 강하다.

② 정서적으로 불안정하며 자신감이 부족하다.
- 그림의 크기가 작고 모퉁이에 그린 것은 위축감과 자신 없음을 나타낸다.
- 나무 그림에서 나무의 기둥이 작아 자아강도가 약하고 뿌리를 그리지 않아 안정감이 부족하며, 가지나 잎을 그리지 않아 사회적 기술이 빈약하다고 할 수 있다.
- 집 그림에서 창문을 과도하게 많이 그린 것은 친구들과 소통하고 싶은 욕구를 드러내며, 사람 그림에서는 걸림돌이 되고 있는 과체중을 해소하려는 욕구를 나타내고 있다.

③ 과잉행동과 주의력 결핍
- 지역아동센터 교사의 보고내용
- 첫 상담에서 보이는 산만한 행동과 움직임

To. 면접관 ❸

① 주양육자와의 건강한 애착형성
- 모와의 상담을 통하여 모의 양육방식이나 양육태도의 문제점 개선
- 필요한 경우 가족의 재결합을 위한 부부상담 실시

② 친구관계 개선
- 친구와 놀고 친구와 화해하며 양보하는 기술의 습득
- 핸드폰 게임시간의 통제와 조정, 대안활동의 개발로 친구와의 활동시간 늘리기
- 자존감 향상하기(체중조절, 식습관 개선, 군것질 근절 등)

③ 집중력 연습과 과잉행동의 조정
- 집중력을 기를 수 있는 훈련 실시
- 과잉행동을 줄이기 위한 조치(병원의 ADHD 진단 및 약물복용, 자극에 대한 과잉반응을 자제하는 훈련)
- 계획적인 학습과 핸드폰 사용시간 정하기

제5절 절 도

제시된 사례

중학교 1학년인 내담자(13세, 여)는 최근 법원에서 남자친구와 같이 편의점에서 맥주와 도시락을 훔친 혐의로 재판을 통해 12시간 수강명령(개인상담)을 받고, 관할 청소년상담복지센터에서 상담을 받게 되었다. 내담자는 남자친구가 맥주를 마시면 기분이 좋다고 하기에 호기심으로 편의점에 들어갔고, 단지 그가 시키는 대로 편의점 주인에게 말을 시키면서 주의를 딴 데로 돌린 죄밖에 없다고 판사에게 진술하였다.

내담자를 처음 상담한 상담자는 내담자에 대해 다음과 같이 기술하였다.

1. 외형적 특징
   - 키는 또래보다 약간 작은 편이며, 얼굴에는 화장을 한 상태이다.
   - 복장은 단정한 편이었으며, 개인위생 상태는 좋은 편이다.
   - 성격이 밝고 명랑한 것처럼 보였고, 처음부터 눈맞춤과 이야기를 잘한다.
   - 공부가 싫고 방과 후 거리에서 친구와 놀면서 저녁 늦게까지 시간을 보내는 것이 좋다고 이야기한다.
   - 지각을 자주 하고 아프다는 핑계로 결석을 종종 하기도 한다.

2. 부모의 정보
   - 부(41세) : 회사원. 가사를 전혀 도와주지 않고 있다. 자신이 좋아하는 악기연주(밴드활동 중)에 많은 시간을 할애하고 있으며, 주말에는 거의 매주 밴드활동을 하고 지방에 공연하는 일도 많다. 그러나 딸에게 친절하고, 화장하고 저녁 늦게 귀가하는 것을 그다지 나무라지 않으며 딸이 원하는 것을 아낌없이 사주고 있다. 주말 가족활동을 전혀 하지 않고 있다.
   - 모(41세) : 어린이집 보육교사. 어린이들을 돌보고 보호하는 일로 신경을 무척 많이 쓰고 있어 집에 돌아오면 힘들다고 남편에게 푸념을 늘어놓는다. 딸이 화장하는 것을 싫어하고 지각과 무단결석, 친구와 어울려 놀다 저녁 늦게 집에 들어오는 것을 나무라고 체벌도 가한다. 사사건건 딸의 옷차림, 화장, 남자애들과 어울리는 것에 대해 지적하고 야단치고 있다.

3. 실시한 검사내용 요약
   - MMPI-A : 전반적으로 정상적인 프로파일을 보이고 있으며, 임상척도에서 4번 척도가 상당히 상승해 있고(76점), 9번 척도도 약간 높은 편이다(69점). 내용척도에서는 낮은 자존감, 가정문제, 학교문제가 유의미하게 상승(70, 68, 74점)해 있었으며, 보충척도에서는 미성숙이 다른 점수보다 높은 편이다(66점).
   - SCT의 주요 내용 : 어머니의 잔소리가 싫고 돈을 빨리 벌어 집을 떠나고 싶다고 기술하였으며, 공부가 하기 싫고 미래에 대해서는 별로 걱정하지 않고 있다고 하였다.

면접관 질문

❶ 당신은 어떤 인간관을 가지고 있는가?

❷ 중·고등학교에서 혹시 본인이 적용하고 싶은 유익한 집단프로그램이 있는가?

❸ 상기 사례의 내담자를 상담한다면 어떤 사항에 개입하고 싶은가?

| 답변 |

To. 면접관 ❶
① 인간은 선하게 태어났으며, 개인마다 존재가치와 존엄성이 있다.
② 청소년은 특별한 경우를 제외하고는 모두 성장·발전할 수 있는 가능성과 잠재력을 가지고 있다.
③ 스스로를 이해하고 행동하면 비행청소년도 정상적인 청소년으로 충분히 변할 수 있다고 믿는다.
④ 인간의 선함은 환경의 영향을 받아 악해지기도 하지만, 결국 자신의 노력과 통찰을 통해 선함을 회복할 수 있다.

To. 면접관 ❷
다음의 집단프로그램을 언급한다면 좋은 답변이 될 수 있을 것이다.
① 대인관계 개선, 친구사귀기 프로그램
② 분노조절, 스트레스 대처 훈련 프로그램
③ 인터넷 중독 치료 프로그램

④ 자존감을 향상하는 프로그램
⑤ 학교폭력 가해자, 피해자 프로그램
⑥ 학교폭력 가해/피해 학생 부모 교육 프로그램

To. 면접관 ❸
① 부모의 양육태도 개선
   부의 무관심과 모의 지나친 간섭 개선(부모상담 병행)
② 학교 부적응 해소
   지각, 결석과 같은 부적응 행동의 수정
③ 낮은 자존감 향상
   미래의 꿈(직업)을 정하고, 이를 성취하기 위한 Life Plan 세우기(상급학교 진학과 전공포함)
④ 가족관계 개선
   부모와 대화하고 서로의 입장을 이해하고 수용하기, 내담자의 문제행동 개선하기, 가족행사 자주 가지기
⑤ 욕구의 지연 및 통제
   방과 후 친구와 만나 노는 시간과 빈도 줄이기, 학원 등록과 공부 시작하기

> **참고** 자존감을 향상하는 프로그램의 종류
> - 사회성 개발 : 부끄러움 극복을 위한 집단상담, 대인관계 향상을 위한 집단상담, 친구 사귀기 프로그램
> - 정서문제 해결 : 대인불안 극복을 위한 집단상담, 분노조절을 위한 집단상담, 비행청소년을 위한 집단상담, 약물남용 청소년을 위한 집단상담
> - 부적응 해소 : 우울과 자살관념 학생을 위한 집단상담
> - 성장 도모 : 자아성장 프로그램, 성취동기 육성을 위한 집단상담

제6절 어머니와의 갈등

제시된 사례

고등학교 1학년생인 독고 양(16세, 여)은 어머니와 잦은 말다툼으로 인하여 상당히 스트레스를 받고 있다. 어머니가 평소에는 아무렇지 않게 행동하다가 안 좋은 일이 있을 때 자신에게 심한 욕설을 하고 심지어는 자신을 때리려고 하는 일도 많아졌다고 상담사에게 호소하고 있다. 그럴 경우 자신도 화가 나서 어머니를 어찌 할까 봐 두려움을 느끼기도 한다는 것이다.

독고 양의 가족사항은 다음과 같다.

- 아버지(47세, 건설 목수반장) : 평소 조용한 성격으로 말수가 적고 딸인 독고 양을 무척 아끼고 사랑하고 있다. 어머니와 성격 차이가 뚜렷하여 자주 말싸움을 벌이다가 결국 1년 전에 가출하여 현재 아내와 별거하고 있다. 아버지는 어머니와 같이 살고 있는 독고 양에게 자주 전화하여 안부를 묻고 있다.
- 어머니(47세, 과일가게 운영) : 평소 말이 없는 편이고 저녁 늦게까지 가게 일을 마치고 집에 돌아오면 피로함을 호소하기도 한다. 독고 양에 대해 평소 별다른 간섭이나 통제를 하지 않고 있지만 고객과 다툼이 있었거나 독고 양이 집안일을 제대로 해놓지 않았거나, 집에 들어올 때 독고 양이 핸드폰을 보고 있을 때는 불같이 화를 내고 집에서 당장 나가라고 고함을 지른다. 심지어 독고 양이 친한 친구들과 통화하고 있을 때 그 친구들에게 들으라고 폭언을 옆에서 해대기도 한다.

독고 양은 상담 중에 자신에 대한 이야기를 자주, 상세히 하는 편이며, 그림을 잘 그리지만 앞으로 자신이 무엇을 하여야 할지 잘 모르고 있다. 즐겨보고 있는 웹툰의 작가가 부럽다고 말하였다. 독고 양은 공부에 별로 관심이 없어 성적은 하위권에 머물고 있으며, 부모의 별거에 마음의 상처를 입어 몇몇 친한 친구들과 통화하는 정도로 방과 후에는 거의 혼자 집에서 핸드폰으로 영상이나 영화를 보거나 연예인 기사를 계속하여 보고 있다.

상담사가 실시한 심리검사의 결과는 다음과 같다.

1. MMPI-A
   - 임상척도

Hs	D	Hy	Pd	Mf	Pa	Pt	Sc	Ma	Si
60	62	52	55	47	58	86	65	58	71

   - 내용척도(T score > 65) : A-anx 75, A-obs 80, A-dep 62, A-ang 71, A-lse 80, A-las 77, A-fam 83, A-sod 70
   - 성격병리 5요인(T score > 65) : AGGR(공격성) 70, DISC(통제결여) 66, NEGE(부정적 정서) 63

2. 문장완성검사
   - 나의 어머니는 <u>고집이 세고 나의 말을 완전히 무시한다. 엄마가 때리면 참지 않겠다.</u>
   - 나와 아버지는 <u>그저 그런 사이이다. 아버지는 착하기만 하여 답답하다.</u>
   - 내가 잘 하는 것은 <u>그림 그리는 것 이외에는 없다.</u>

3. Holland 진로탐색검사 유형 : AA

면접관 질문

❶ 집단 따돌림을 당하고 있는 내담자에게 어떻게 개입할 것인가?

❷ 수퍼비전이나 공개사례 발표 시 가장 많이 들었던 피드백은 무엇인가?

❸ 독고 양을 상담하기 위한 상담목표를 정하고 그 근거를 제시해 보아라.

| 답변 |

To. 면접관 ❶

① 우선 집단 따돌림으로 인한 어려움과 고통을 이해하고 공감한다.
② 집단 따돌림은 학교폭력의 일종으로 범죄행위이며, 피해자를 보호하기 위한 법이 존재한다는 점을 명확히 인지시킨다.
   - 학교폭력 대책 및 예방에 관한 법률의 소개
   - 학교폭력 신고 전화(117, 1388)
③ 혼자 해결할 수 없는 사안이며 더욱이 참고 견디는 것은 가해자들로 하여금 더욱더 가해행위를 하게 만드는 요인임을 각인시킨다.
   - 자신이 가해자들의 행동으로 피해를 보고 있다는 사실을 직접 경고한다.
   - 학교폭력 행동이라는 것을 가해자들에게 분명하게 알리고 계속하는 경우 117에 신고할 것임을 분명하게 한다.
   - 경고 이후에도 지속되면 부모나 담임교사에게 이를 알리고 필요한 경우 117로 학교폭력 신고를 한다.
④ 이와는 별도로 상담자는 내담자가 집단 따돌림의 대상이 되고 있다는 사실을 인지하였을 경우 소속 상담기관의 장에게 학교폭력 사실을 보고하고 내담자의 부모에게 이를 알린다.

To. 면접관 ❷

이 질문은 상담경험이 있는 수험생에게 던져지는 전형적인 질문이어서 실전모의면접 질문으로 포함했다. 이에 대한 답변은 정해진 것이 없고 자신이 피드백 받은 사항을 기억하여 이야기하면 좋겠다. 아직 상담 경험이 없는 수험생이라면 다음의 사항을 언급하는 것이 좋을 것이다.

① 충분한 사례개념화가 이루어지지 않고 성급하게 개입을 하였다.
② 상담목표나 전략이 너무 추상적이어서 구체적인 개입을 할 수 없었고 일반적인 개입수준에 머물렀다.
③ 충분히 라포가 이루어지지 않고 성급하게 내담자의 행동이나 인지적 변화를 시도하였다.
④ 상담목표와 전략과는 다르게 개입하고 있었다.
⑤ 내담자의 문제해결에 접근하지 못하고 일반적인 공감과 이해만 하고 있었다.

To. 면접관 ❸

① **상담목표**
- 모와의 갈등 해소
- 인터넷 사용시간 조절
- 장래희망 직업의 결정과 성취를 위한 노력

② **목표설정의 근거**
- 모와의 갈등 해소 : 모의 양육방식의 문제가 커 보이며 이로 인한 내담자의 심리적인 문제가 발생하고 있다. 또한 부모의 이혼사실에 대해 마음의 상처를 받았을 가능성이 높아 모에 대한 공격성이 잠재되어 있고 친구관계에 영향을 미치고 있다.
- 인터넷 사용 시간 조절 : 혼자 있는 시간이 많은데 공부를 하지 않고 핸드폰으로 인터넷에 접속하여 시간을 허비하고 있다. 또한 핸드폰 과다사용의 신체적·정서적·인지적 문제가 우려된다.
- 장래희망 직업의 결정과 성취를 위한 노력 : 현재 고등학교 1학년임에도 불구하고 장래희망 직업이 뚜렷하게 설정되어 있지 않고 이를 성취하기 위한 노력을 하지 않고 있다. 진로탐색검사 결과 자신이 부러워하는 웹툰 작가와 일치한다고 보아야 한다.

제7절 우울

제시된 사례

초등학교 6학년인 최 군(12세, 남)은 삶이 재미없다. 할머니는 항상 자신이 핸드폰 게임을 많이 한다고 나무라고 주변정리를 하지 않는다거나 세탁물을 즉시 내지 않는다고 잔소리를 퍼붓고 있으며, 사사건건 간섭하고 나무란다고 생각하니 모두 자신을 미워한다고 생각하고 있다. 최근 반 친구가 몸에서 냄새가 난다고 놀리는 바람에 그 친구의 얼굴을 가격하였고 아버지가 피해학생 부모에게 사죄하여 겨우 학교폭력 가해자의 위기를 모면하였다.

최 군의 어머니는 시댁과의 마찰로 1년 전에 가출하였으며 현재 연락이 닿지 않고 있다. 아버지는 최 군을 자신의 어머니 집에 맡기고 지방에서 공무원으로 근무하고 있다. 일주일에 한 번 어머니(최 군의 친할머니) 집으로 와서 아들과 같이 놀아주기보다는 피곤하다면서 잠을 자거나 TV를 보다가 일요일 오후에 다시 지방으로 내려가고 있다.

최 군이 최근 들어 자주 "죽고 싶다. 내가 왜 살고 있나? 나를 이해해 주는 사람이 없다."라는 말을 가끔 만나는 고모에게 이야기하여 고모가 깜짝 놀라 청소년상담복지센터에 상담을 의뢰하였다.

최 군을 상담한 상담자의 상담보고서는 다음과 같다.

1. 외형적 특성

   키가 작고 과체중이며, 말이 없고 눈맞춤도 부자연스럽다. 머리를 감지 않아서인지 몸에서 냄새가 나고 위생상태도 좋지 않게 보였다. 마스크를 절대 벗지 않으며 코로나로 자신이 죽을지도 모른다는 불안감을 내비쳤다.

2. SCT 검사

   문장을 거의 다 빈칸으로 남겨두었으며, 응답도 "모르겠다. 없다. 싫다."라고 짧게 적었다. 집에 있을 때는 게임만 한다고 적었고 가장 싫어하는 사람은 엄마와 할머니로 적었으며, 소원은 코로나나 전쟁으로 모두 죽었으면 좋겠다고 적었다.

3. MMPI-A 검사

   우울척도가 유난히 높았으며(82), Pt 68, Si 76으로 다른 척도보다 상대적으로 상승해 있다.

4. HTP 그림검사

   집 그림은 집의 형태만 겨우 인식할 정도로 대충 그렸으며, 사람은 손발을 동그라미로 그렸고 얼굴부분은 머리카락, 눈, 코, 입을 그리지 않았다. 나무 그림은 기둥과 크라운만 그렸다.

5. JTCI 검사(백분율)
   - 기질 : 자극추구 30, 위험회피 50, 사회적 민감성 3, 인내력 21
   - 성격 : 자율성 15, 연대감 2, 자기초월 9, 자율성 + 연대감 10

면접관 질문

❶ 집이 가난하여 가출을 하였으며, 절도로 검거되어 보호처분을 받고 상담을 하게 된 내담자에 상담초기 어떻게 대응할 것인가?

❷ 최 군의 자살생각이 어디에서 기인하는지 사례에서 추정해 보시오.

❸ 상기 사례의 상담자라면 상담목표와 전략은 무엇인가?

| 답변 |

To. 면접관 ❶

① 다음 사항을 이해하고 공감한다.
  - 경제적 결핍에서 오는 힘든 상황
  - 가출과 연이은 절도행동의 동기나 원인
② 청소년의 가출에 따른 위험성을 인지하게 한다.
  - 영양상태와 위생상태의 악화
  - 비행·가출 청소년의 유혹, 위협으로 약물중독, 범죄연루 가능성
  - 성비행과 성폭력 위험성 노출
  - 학업중단, 취업기회의 상실
  - 부모님의 슬픔

③ 가정의 가난함의 의미를 재해석하게 한다.
- 본인의 잘못이라거나 본인이 당장 개선하거나 해결할 사안이 아니다.
- 가난의 어려움은 참고 견딜 수 있는 것이며, 가난은 부모의 노력이나 가족의 단합으로 어느 정도 해결할 수 있다.
- 사회적인 지원체계가 존재하며, 특히 위기청소년에 대한 혜택이 있다.
- 가난은 가출의 원인이 될 수 없다. 가출은 회피행동으로 바람직하지 않다.
- 근로를 하거나 자신의 미래를 잘 준비함으로써 경제적 쪼들림을 어느 정도 해소할 수 있다.

④ 도덕과 윤리의식을 고양시킨다.
- 충족되지 않은 물질적인 욕구로 타인의 재물을 탐하는 것은 범죄이다.
- 남을 돕는 행동이 넉넉하여 하는 행동이 아니며, 가난하더라도 행복할 수 있고 남을 도울 수 있는 기회가 많다.
- 어려움을 참는 인내력은 자신의 성공을 성취할 수 있는 동력이 된다.
- 본인보다 더 어려운 사람들이 많고 다들 자신의 직분을 다하며 살고 있다.

To. 면접관 ❷

① 사례설명의 내용
- 어머니의 가출과 아버지의 무관심으로 의지할 대상이 없다는 절망감과 원망감
- 친구의 놀림과 소외
- 대화, 놀이, 위로, 상의할 대상의 부재
- 할머니의 지나친 통제와 비난

② 심리검사 결과의 내용
- SCT : 빈칸을 많이 남기고 짧게 응답한 것은 무기력과 높은 우울 수준을 반영한다.
- MMPI-A : 우울이 높고 내성적인 특성과 강박사고로 인해 자살사고를 한다.
- HTP : 나무 그림에서 뿌리가 없고(정서 불안정성) 기둥이 작아 자아강도가 약하며, 가지나 잎 등이 없어 사회적인 자원이나 수단이 부족하다. 사람 그림에서 눈, 코, 입 등이 생략된 경우는 애정교류의 심각한 좌절감이 있다고 추정할 수 있다.
- JTCI : 사회적 민감성이 떨어지고 인내력이 낮아 위험행동을 할 우려가 있다.

To. 면접관 ❸

① 정서적 안정감 향상
- 부모의 별거문제는 자신과 전혀 상관이 없는 문제이고 자신이 해결할 문제가 아니다.
- 아버지에 대한 관심과 대화를 통해서 부친과의 관계를 회복한다.
- 부와 조모의 상담을 병행하여 내담자의 좌절된 욕구와 심리상태를 설명하고 바람직한 양육태도를 조성한다.

② 자살생각의 해소
- 친구관계 개선(개인위생 개선, 친구를 돕고 같이 놀기)
- 대화의 기술, 화해의 기술, 배려하고 양보하는 행동 교육
- 자존감의 향상(내담자의 장점 발견과 칭찬, 가치 있는 인간의 존재감 부각)
- 인지적인 문제 발견과 개선(잘못된 신념이나 부정적 도식의 개선)

제8절 불안

제시된 사례

김 양(20세, 고졸)은 고등학교를 졸업하고 나서 방송국의 출연자 화장실(방송촬영을 위한 얼굴 화장) 메이크업 보조로 근무하다가 얼마 전에 그만두고 편의점 알바를 하고 있다. 최근에 가족처럼 아끼면서 키우던 개가 원인도 알 수 없는 병에 걸려 갑자기 죽어 화장(火葬)한 후 그 재를 반려견 공원묘지에 안장까지 하였고, 한동안 자신을 따르던 반려견의 죽음으로 슬퍼하였다. 그 이후로 자신이 언제 죽을지도 모른다는 생각이 머리에서 떠나지 않고 있으며, 자신이 천애의 고아라는 생각이 들 때마다 심한 불면증과 가슴통증, 구토증세를 느낀다. 인근 의원에 갔을 때 의사는 폐나 위에 아무런 문제가 없다고 하면서 반려견의 죽음 이야기를 들은 의원의 의사가 차라리 정신과에 가보는 것이 좋다고 이야기하여 자존심이 상하였고, 그 후로는 병원 가는 것을 그만두었지만 그런 증세는 계속하여 이어지고 있다.

김 양의 아버지(52세)는 1년 전 사업에 실패한 후에 친구를 따라 중국에 돈을 벌러 간다고 나간 후 소식이 끊겼다. 어머니는 오랜 투병 끝에 3년 전 암으로 사망하였다. 현재 김 양은 남동생(고2)과 같이 자취를 하고 있는데 남동생은 거의 매일 PC로 게임을 하고 있고 결석을 밥 먹듯 하고 있다. 인근에 살고 있는 고모가 조카들의 처지가 안타까워 틈틈이 김 양의 집에 들러 생활비를 주기도 하고 청소를 해주고 냉장고에 밑반찬을 만들어 넣어주고 있다.

김 양은 자신이 낭떠러지에 매달려 있다 떨어져 죽는 꿈을 꾸고 난 다음에 식욕도 없어져 결국 정신과에서 진료를 받았는데 우울 진단이 내려져 약을 처방받았지만, 약을 복용하기보다는 자신의 증세를 상담으로 치유하고 싶어 상담센터의 문을 두드렸다.

1. 김 양의 MMPI-2 검사 결과는 다음과 같다.
   - 타당도 척도

VRIN	TRIN	F	F(B)	FBS	L	K	S
51	54	68	76	70	57	49	62

   - 임상척도

Hs	D	Hy	Pd	Mf	Pa	Pt	Sc	Ma	Si
68	72	70	46	40	66	68	48	38	71

2. 상담사의 첫 상담 시 기록 내용
   - 수수한 티셔츠 옷차림과 화장기 없는 얼굴에 약간 수척한 모습으로 상담실을 찾았다.
   - 자신은 의지할 곳이 한 군데도 없는 고아와 같고 곧 죽을지도 모른다는 두려움이 있으며, 자신이 죽어도 어느 한 사람 울어줄 사람이 없다고 이야기하면서 울먹였다.
   - 어머니는 암 투병의 모습으로 김 양의 가슴에 응어리졌으며, 그다음이 자신의 차례일 것이라고 고백하였다.
   - 자신은 정신이 멀쩡하며 단지 일을 쉬고 있고 가난한 여성을 좋아할 남자가 없다고 이야기하였다.

면접관 질문

❶ 상담자 윤리에서 가장 중요하다고 생각하는 점은 무엇인가? 그리고 그 이유는?

❷ 상기 사례에서 다루어야 할 사항은 무엇이 있나?

❸ 상기 내담자의 사례개념화를 해보아라.

| 답변 |

To. 면접관 ❶

① 상담자의 윤리사항은 다음과 같은데, 자신이 중요하다고 생각하는 것을 하나 골라 이야기하면 좋겠다.
- 내담자의 보호, 녹음이나 공개사례 이용 시 사전동의
- 상담관계 이외의 다른 관계(경제적, 성적) 금지
- 비밀보장
- 심리검사의 정확한 해석
- 전문성의 유지 및 확보
- 수퍼비전을 받을 시 내담자에게 알림 등

② 예를 들어 내담자의 보호가 중요하다고 이야기할 때 그 이유로는 다음 사항을 들면 좋을 것이다.
- 내담자는 상담자보다 우열한 위치에 있어 약점을 이용하거나 약취 등의 가해행위를 할 수 있다.
- 전문적이고 효과가 있는 상담을 제공하여야 할 의무가 있다.
- 청소년의 발달을 감안한다면 긍정적 상담효과가 장래에 큰 영향을 미친다.
- 내담자의 복지를 향상시키고 위기청소년을 지원 또는 구제한다.

To. 면접관 ❷

① 신체화 증세
- 심리적인 문제를 해소하기 위하여 신체증세가 나타나고 있다.
- 불면증, 가슴통증, 구토증세

② 불안증세
- 자신이 반려견이나 어머니처럼 곧 죽을지도 모른다는 두려움
- 외로움과 잊히는 존재라는 슬픔

③ 인지적 왜곡
- 자신은 천애의 고아이며 주위에 관심을 기울이는 사람이 없다.
- 가난하여 여성의 매력이 없다(남성이 좋아하지 않는다).

To. 면접관 ❸

① 죽음에 대한 공포가 있다.
- 반려견의 갑작스러운 죽음
- 모가 암으로 사망함

② 성장과정에서 부모의 보호나 애정이 결핍되어 자신을 외롭고 불쌍한 존재로 인식하고 있다.
- 모의 오랜 기간 투병
- 부가 가족을 돌보지 않고 떠나감
- 돌봐 줄 사람이 없는 고아 신세라는 생각

③ 스트레스에 취약한 특징이 있고 스트레스를 회피하기 위한 신체화 증세가 일어나고 있다.
- 불면증, 가슴통증, 구토증세
- 악 몽

④ 부정적인 인지도식을 가지고 있다.
- 주위의 죽음을 통해 자신도 같은 일을 당하게 된다는 생각
- 부모가 없어 가난해서 쓸모없는 존재, 외로운 존재라는 생각
- 남자는 자기와 같이 가난한 여자를 좋아하지 않는다는 생각

⑤ 촉발요인 및 유지요인
- 촉발요인 : 아버지와의 교류 중단, 어머니의 암으로 인한 사망, 반려견의 죽음으로 인한 실존적 위기감
- 유지요인 : 부정적 인지도식, 우울과 내향성, 현실회피(Pa)와 비정상적 죽음공포(Pt)

제9절 틱 장애

제시된 사례

초등학교 2학년생인 이 군(8세, 남)은 괴상한 소리를 지르면서 몸을 떠는 틱 장애를 가지고 있다. 교실에서 소리를 갑자기 지르게 되면 다른 반 친구들이 깜짝깜짝 놀라기도 한다. 이 군 역시 자신이 참으려고 해도 갑작스럽게 찾아오는 틱 증세에 속수무책이다. 어머니는 최근 이 군이 자신에게 예민하게 반응하여 조금만 나무라면 울기 시작하여 신경이 쓰였으며, 이웃 아주머니가 틱 증세는 상담센터에서 놀이치료를 하면 개선된다는 말을 듣고 상담을 신청하였다.

이 군의 가족 구성원은 다음과 같다.
- 부(40세, 대졸, 공구상 운영) : 성격이 온화하고 말수가 별로 없다. 추석과 구정 각각 하루만 영업을 하지 않고 나머지는 주말도 없이 가게를 운영하고 있으며 늦게 퇴근하여 아내로부터 '하숙생'이라는 핀잔을 듣고 있다. 아내가 아버지의 역할 부재에 잦은 불평을 해도 아무런 대응을 하지 않고 있다.
- 모(39세, 주부) : 성격이 급하고 말이 많으며 자식에 대한 욕심이 많다. 이 군의 틱 장애를 고치려고 병원에서 약물 및 특수교육을 시키고 있어 조금씩 틱이 개선되고 있다. 이 군의 학습에도 관여하여 숙제를 내주고 직접 가르치기도 한다. 이 군이 이해를 못하거나 문제를 풀다 실수하면 큰 소리로 나무라고 체벌을 하기도 한다. 남편이 말려도 자신의 행동을 고치지 않고 있다.
- 형(12세, 초6) : 성적이 상위권에 있으며 앞으로 의사가 되겠다고 목표를 잡고 있다. 어머니의 관심과 사랑을 독차지하고 있다. 동생에게 심부름을 시키고 듣지 않으면 동생을 주먹으로 때리기도 한다.

상담실에 어머니와 같이 들어온 이 군은 머뭇거리고 상담사를 경계하며 어머니의 뒤로 숨는 행동을 하였다.

어머니가 이야기하는 내담자의 문제는 다음과 같다.
- 틱 장애로 인해 너무 위축되어 있고 겁이 많다.
- 정서적으로 예민하여 잘 운다.
- 활동을 하지 않고 책만 읽고 있다.
- 친구가 없어 주말에는 집에만 있다.

이 군은 현재 국어, 영어, 웅변학원에 다니고 있고 어머니가 차로 태워 데려가고 데려오고 있다. 상담실에서 상담사와 마주 앉은 이 군은 눈맞춤을 하지 않으려고 하였고 손가락을 쉴 새 없이 움직였으며, 상담사의 질문에 겨우 짧게 대답을 하였다. 수학을 못하여 엄마에게 꾸중을 많이 들어 수학이 싫다고 하였다. 자신을 놀리는 친구가 싫어 학교도 가기 싫고 상담 때에는 상담사와 놀고 싶다고 하였다. 가지고 싶은 것의 질문에는 핸드폰이라고 대답하였다.

1. HTP 그림검사
   - 집 그림 : 집은 종이 하단에 조금 작게 그렸고 창문이 없고 문만 그렸으며, 약간 비스듬히 그렸다.
   - 사람 그림 : 눈은 그냥 원으로 그렸고 조금 작게 중앙에 그렸다. 손발은 원으로 그렸다.
   - 나무 그림 : 크라운은 원으로 표시하고 기둥은 그냥 긴 직사각형으로 그렸다.

2. 모래놀이

자신을 염소라고 하고 주위에 사자와 악어, 뱀을 배치고 자신을 공격하고 있다고 설명하였다. 장소는 무인도라고 대답하였다.

3. 클레이 작업

막대를 든 사람을 만들었고 누구라고 이야기하지 않았으며 막 화가 나있다고 하였다.

면접관 질문

❶ 여러 군데의 상담실을 들락날락하여 상담에 대해 이미 잘 알고 있다고 생각하고 있는 내담자에 대해서는 어떻게 대응할 것인가?

❷ 내담자의 가족 구성원 간의 관계를 추정하여 이야기해 보시오.

❸ 상기 사례에서 상담자의 상담 개입사항을 이야기해 보시오.

| 답변 |

To. 면접관 ❶

① 상담에 대한 내담자의 지식이나 경험에 대해 놀라움과 칭찬을 표시한다.
② 다른 유사한 사례에 대한 조언을 먼저 물어본다. 어떤 조언이든 상담사는 좋은 조언이라고 인정하고 부족한 부분을 언급해 본다.
③ 그러한 상담사의 조언을 현재 자신의 문제로 연계해 직면시킨다.
④ 자신의 문제행동에 대한 통찰할 수 있도록 격려하고 행동변화를 가로막는 습관적 행동이나 인지적·정서적 문제를 해결해 준다.

To. 면접관 ❷
① 부의 가정에서의 역할은 거의 없고 아내의 내담자에 대한 양육방식에 관여를 하지 않고 있으며, 무관심한 것으로 추정된다. 부부관계는 자세히 알 수는 없지만 아내의 일방적인 불평에 무응답으로 대응하고 있다.
② 모는 내담자 관련 사항을 주도하여 대신 해주고 있고 학업에 대한 스트레스를 주고 있다. 관심과 칭찬 대신 꾸중과 체벌에 중점을 두고 있다. 이런 모에 양육방식에 대해 내담자는 두려움을 가지고 있다(모래놀이 및 클레이 작업 내용).
③ 내담자의 형은 부모의 칭찬을 독차지하고 있고 동생인 내담자를 무시하고 때리고 있다.
④ 이에 내담자는 도움을 청할 사람도 없다고 느끼며 어머니와 형을 두려운 존재로 인지하고 있다. 놀이에 대한 욕구가 크고 수학을 포함한 학습에 스트레스를 느끼고 있다.

To. 면접관 ❸
① 부모의 양육방식의 개선
- 장애를 가진 자녀를 둔 부모의 마음 공감
- 내담자에 대한 욕구의 이해와 공감(장애의 치료, 학업성취 욕구 등)
- 형과 내담자의 차별적 대우(말과 행동) 지양
- 관심과 지지적인 태도 함양
- 감정에 치우친 체벌과 과도한 통제와 나무람 금지
- 가정에서의 아버지의 역할 전달과 내담자와 같이 놀아주기 권유
② 두려움 해소
- 모에게 자신의 생각과 감정 이야기하기
- 형에게 수학공부 도움 요청하기
- 자신의 증세에 대한 이해와 완치에 대한 확신 가지기
③ 학교에 적응하기
- 친구와 놀고 사귀기, 친구에게 협조 요청하기
- 자신의 증세에 대한 친구들의 이해 구하기

제10절 학교폭력 가해자

제시된 사례

현재 중학교 2학년인 최 군(14세, 남)은 성격이 급하고 폭력적이다. 약한 친구들을 자주 괴롭히고 때리며, 친구에게서 돈을 빌려서 갚지 않고 재촉하는 친구를 오히려 위협하고 추가적으로 돈을 요구하기도 하였다. 이로 인하여 최 군은 여러 차례 학교 선도위원회로부터 교내 청소, 반성문 쓰기, Wee Class 상담 등 여러 종류의 벌을 받았지만 별로 나아지는 것이 없다. 어머니는 학교폭력에 연루되어 가해자로 낙인찍히지나 않을까 조바심을 내고 있다. 같이 살고 있는 큰이모가 최 군을 설득하여 상담 센터에 최 군과 같이 방문하였다.

최 군의 아버지는 2년 전에 어머니와 이혼하고 나서 지방 도시의 작은 교회에서 목사를 하고 있다. 이혼 전에 오랫동안 심장병과 우울증으로 약을 복용하고 아내를 구박하고 무시하였으며 생활비를 많이 쓴다고 지출내역을 체크하기도 하였다. 이를 견디다 못한 어머니가 이혼을 요구하여 이혼하였다. 현재 최 군의 아버지는 법원 판결에 못 미치는 양육비를 어머니에게 송금해 주고 있다.

몸이 약하고 심장병의 지병이 있는 최 군의 어머니는 알바자리도 구하지 못하여 언니 집에 최 군과 같이 기거하고 있으며, 딸(고2)은 단칸방 전셋집에서 혼자 공부하며 생활하고 있다. 큰이모의 남편은 현재 외국에서 근무하고 있어 동생 가족과 같이 살고 있다.

최 군은 초등학교 때 친구들을 자주 때린다고 아버지에게 맞고 자랐는데, 맞을 때는 분노에 찬 표정을 짓고 손을 부르르 떨기도 하였다.

상담실에서 실시한 심리검사의 내용은 다음과 같다.

1. HTP 그림검사
   - 집 그림 : 창문이 많고 굴뚝에 연기가 나고 있는 것을 그렸다.
   - 나무 그림 : 나무기둥에 옹이를 그렸고 다람쥐가 그 속에 산다고 하였다.
   - 사람 그림 : 종이를 가득 차도록 크게 그렸고 손가락을 상세하게 표현하였다.

2. MMPI-A(T > 65)
   - L = 67, K = 70
   - Pd = 76, Mf = 25, Pa = 70, Ma = 68

3. 우울척도검사(BDI)
   낮은 우울 점수(25점)를 보였다.

4. 문장완성검사(SCT) 주요 항목
   - 나의 어머니는 <u>나를 위해 희생하신 분이다</u>.
   - 나의 아버지는 <u>나를 학대하였다. 길에서 만나도 알아볼까?</u>
   - 학교에서 나는 <u>애들이 무서워하고 피한다. 학교 바깥에서 만나는 친구들이 더 좋다</u>.
   - 나는 커서 <u>권투선수가 되겠다</u>.

면접관 질문

❶ 학교에서 친구를 놀리고 자주 괴롭히는 내담자의 부모와 상담할 때 주의할 점은 무엇인가?

❷ 최 군의 폭력성을 각 상담이론에서 그 근거를 찾아보아라.

❸ 최 군의 상담 시 상담목표와 전략은 무엇인가?

| 답변 |

To. 면접관 ❶

① 문제자녀의 부모로서 겪는 불편함과 억울함을 공감한다.
   - 문제가 있을 때마다 담임교사의 면담요청이나 학교출두 시의 어려움
   - 자녀에 대한 원망과 분노
   - 피해학생의 잘못을 따지지 않는 학교 측 태도에 대한 불만
   - 자녀의 문제가 자신의 문제라는 동일감에 대한 자책감

② 자녀가 부모의 태도나 행동을 학습한다는 점을 전달한다.
   - 부모의 나쁜 면이나 부족한 면이 표현되지 않도록 한다.
   - 바람직한 양육방식이나 태도를 가르치려고 하면 안 된다.
   - 양육태도 검사를 통해 잘못된 양육방식을 개선한다.

③ 자녀를 비난하고 체벌하기보다는 긍정적인 사항을 전달하기를 강조한다.
   - 이해나 공감, 믿음과 자랑스러움
   - 지지적이며 자녀의 존재가치를 인정함
   - 기대감의 표명(장래에는 개선될 것이라는 확신 전달)

To. 면접관 ❷

① 정신분석이론

남을 공격하고 싶은 본능의 원초아(Id)가 자아(Ego), 초자아(Superego)의 통제를 벗어나 폭력적 행동을 유발하게 된다.

② 행동주의 이론

아버지의 폭력적 행동을 학습하였다.

③ 대상관계이론

체벌하는 아버지와의 관계에서 내면화된 공격적 대상표상 및 자기표상이 형성되고 대상과 맺는 관계에서 기본방식을 공격적 행동으로 발현한다.

④ 게슈탈트 이론

상대방에 대한 부정적 감정을 알아차리고 분노의 게슈탈트가 형성되며 이를 해소하기 위하여 에너지를 동원(공격적 행동)하게 된다.

⑤ 인지치료이론

상대방의 반응을 역기능적 인지도식(임의적인 추론, 선택적 추상화 등)을 통해 역기능적 행동(공격, 구타 등)을 하게 된다.

⑥ 교류분석이론

어린이 자아가 어른 자아의 중재를 거치지 않고 분노를 표출한다.

⑦ 정보처리이론

공격적인 사람은 정상적인 사람보다 더 적은 정보와 더 부정적인 정보에 근거하여 행동한다.

To. 면접관 ❸

① 공격성 완화
- 피해학생의 입장 되어 보기
- 분노의 인식과 공격적 행동 자제하기
- 친구를 돕고 친구와 친해지기
- 주말에 봉사활동 참여하기(고아원, 노인복지관 등)
- 인지행동치료(복식호흡, 긴장이완, 심상법, 명상훈련 등)
- 어머니를 돌보고 어머니의 기대사항에 귀 기울이기

② 교내 학교폭력 예방 및 선도활동 하기
- 친구 간 다툼이 있을 때 이를 중단하고, 중재하는 활동 참여
- 학교폭력 행위 감시와 경고활동 전개

③ 장래목표 성취를 위해 노력하기
- 훌륭한 권투선수가 되기 위한 훈련 참여
- 체육대학에 입학할 수 있도록 학습하기

제11절 존재감 혼란

제시된 사례

중학교 1학년 문 양(13세, 여)의 어머니는 속이 편하지 않다. 사사건건 딸이 자신을 무시하는 것 같고 공부는 하지 않고 외모와 옷차림에만 신경 쓰는 것이 왠지 모르게 걱정되고 화가 난다. 그래서 야단이라도 치려고 하면 문 양은 자기 방에 들어가 문을 잠그고 나오지 않는다. 딸이 초등학교 때에는 정말 이웃이 다 인정할 정도로 똑똑하고 어머니의 지시에 잘 따랐는데, 중학교에 들어가면서부터 친구들과 밤늦게까지 백댄스(Back Dance) 연습을 하고 있는 것이 못마땅하다. 성공하려면 좋은 대학에 진학해야 하고 그러기 위해서는 공부를 열심히 해야 한다고 어머니는 굳게 믿고 있다.

문 양의 어머니(43세, 고졸)는 큰딸(고1)은 공부도 잘하고 서울에 있는 사범대학에 진학할 목표를 세우고 열심히 공부하고 있는 데 반해 둘째 딸인 문 양은 공부도 잘하지 않고 외모에만 신경 쓰고 있으니 어머니로서는 속이 타는 일이다. 그런 딸과 가까워지기 위해 학교나 학원에 문 양을 차로 태워 데려다 주었다가 집으로 데려오기도 한다. 그런 어머니의 행동을 문 양은 오히려 힘들어하며 제발 학교나 학원에 오지 말라고 호소하고 있다. 문 양에 신경을 집중하다 보니 시댁의 가족행사에 자연히 이유를 들어 빠지게 되었다.

문 양의 어머니는 문 양의 학원을 자세히 조사하고 주변 사람들의 평을 듣고 좋은 학원에 등록하여 다니게 하고 친구관계 및 학습시간 등을 꼼꼼히 체크하고 있다. 남편(49세, 대졸, 제약회사 영업)은 문 양이 좀 더 나이를 먹으면 언니처럼 잘할 것이라고 이야기하고 있다. 그러다가 문 양의 어머니는 갑자기 모든 문제가 자신에게서 비롯되고 있지 않나 하는 의구심이 강하게 들어 자신이 상담을 받고 싶어 상담신청을 하였다.

상담사의 앞에 앉은 어머니는 딸이 왜 그렇게 멀어졌는지 알 수가 없고 자신은 딸을 위해 언니보다 몇 배의 정성을 들이고 신경을 쓰고 있는데 딸이 남처럼 느껴지는 일이 많아졌다고 하소연하였다. 자신으로서도 지치고 힘들다고 하였다. 최근에는 편두통 증세와 불면증에 시달리고 있다.

1. 문 양 어머니의 MMPI-2 임상척도 결과

Hs	D	Hy	Pd	Mf	Pa	Pt	Sc	Ma	Si
65	77	70	55	32	57	70	44	33	58

2. 문장완성검사
   - 내가 정말 행복해지려면 <u>나의 잘못을 깨닫고 고쳐야 한다</u>.
   - 내 생각에 남자들이란 <u>가정을 위하여 헌신한다. 돈을 버는 책임이 무겁다</u>.
   - 나의 가장 큰 결점은 <u>애정과 관심을 너무 받으려고 하는 것이다</u>.
   - 내가 가장 하고 싶은 일은 <u>사회에서 활발히 활동하며 명성을 얻는 것이다</u>.
   - 나의 성생활은 <u>언제 성관계를 했는지 기억이 안 난다</u>.

면접관 질문

❶ 오랫동안 사귀었던 여자친구를 성추행하여 보호처분을 받은 아들로 인해 자신도 상담을 받아야 하는 사실(8시간 수강명령)에 불만을 표시하는 아버지에 대해 어떻게 대응할 것인가?

❷ 문 양의 어머니에게 문제가 있다면 어떤 문제가 있다고 보는가?

❸ 문 양 어머니의 상담자라면 어떤 개입을 할 것인가?

| 답변 |

To. 면접관 ❶

① 우선 상담에 불만을 표시하는 아버지에 대해 이해와 공감을 표시한다.
   - 오랫동안 사귀어 서로를 잘 알고 있는 상태에서 아들의 실수(성폭행이 아니라 성추행 수준의 실수)를 문제 삼는 피해자 측의 태도에 느끼는 실망과 분노
   - 아들의 성추행 사건에 연루되어 자신이 수강명령을 이수해야 한다는 사실에 불편하고 자존심이 상하는 사실
② 실제 성행위까지 가지 않고 그 정도에 그친 사실이 다행이라는 점을 전달한다.
   - 청소년은 성호르몬의 활발한 분비로 인하여 위험한 성행동을 할 수 있는 위험성이 있다.
   - 청소년들이 쉽게 음란물에 노출되어 잘못된 성지식을 습득할 가능성이 높다.
   - 그러나 성추행은 엄연한 범죄행위임을 알린다.

③ 부모의 이성 간의 사귐에 대해 무관심한 자세를 지적한다.
  - 자녀들의 사귐에 조심성 있는 관찰과 관여
  - 위험한 성행동 예방조치나 데이트 시간의 제한, 가족과의 만남 주선
  - 가정에서의 적절한 성교육 실시
④ 화가 나고 억울한 심정은 아버지의 낮은 성인지감수성의 결과이며, 불합리한 성고정관념임을 전달한다.

To. 면접관 ❷

① 성공하기 위해서는 공부를 열심히 해야 한다고 생각하고 있다.
  - 좋은 대학이 성공의 열쇠라고 과신한다.
  - 자녀의 흥미나 관심사에 관심을 두지 않고 공부에 전념하기를 바란다.
② 자녀를 통제하고 관리하려는 욕구가 강하다.
  - 청소년의 자율성을 무시하고 있다(일방적인 지시와 감독, 학원의 결정).
  - 초등학교 때처럼 문 양이 중학교에서도 자신의 욕구대로 행동해 줄 것을 바라고 있다.
③ 자신이 이루지 못한 욕구를 자녀를 통해 이루려고 한다.
  - 자녀는 자신이 못다 이룬 꿈을 대행하는 존재가 아니다.
  - 남편과 소원한 욕구불만을 자녀의 성공으로 보상받으려고 한다.

To. 면접관 ❸

① 자녀에 대한 과도한 통제와 관여의 자제
  - 자녀는 자신의 욕구를 채워주는 대상이 아님을 인지한다.
  - 자녀와의 정서적 융합을 깨트린다.
  - 자녀의 자율성을 확보해 준다.
② 자녀의 미래 진로에 대한 합의
  - 좋은 대학에 진학하는 것보다 자녀의 흥미와 욕구에 귀를 기울이게 한다.
  - 가족이 충분한 대화를 하여 자녀(문 양)의 진로를 결정한다.
  - 문 양의 백댄서로서의 의지가 강하다면 이를 지지하고 협조하여 꿈을 성취하도록 한다.
③ 자신의 정체성 탐색
  - 자신의 존재감을 자녀의 성공을 통해서 확인하는 것은 바람직하지 않다는 사실을 인지한다.
  - 자신이 흥미를 붙이고 할 수 있는 활동을 시도한다(문화센터 등록과 수강, 친구 사귀기, 시간제로 일하기 등).
  - 전환장애의 가능성과 이의를 해소한다.
④ 남편과의 관계 개선
  - 남편과 부부상담을 받는다.
  - 시댁의 가족행사의 참여를 남편과 조정하고 합의한다.
  - 서로의 욕구를 표현하고 수용 여부를 결정한다.
  - 가족여행이나 부부여행을 떠난다.

제12절 일 중독

제시된 사례

특성화 고등학교 2학년에 재학 중인 민 군(17세, 남)은 앞으로 ○○대학교 게임과에 진학할 목표로 친구들과 주말에도 미팅을 하면서 현재 개발 중인 게임의 줄거리, 캐릭터, 게임 아이템, 보상체계 등을 개발한다고 쉴 새가 없다. 민 군은 한번 뭔가를 해야 한다고 생각하면 밤낮을 가리지 않고 일을 한다. 일반과목 공부는 특성화 고등학교의 특성상 약간 미루어 놓아도 대학 진학에는 별다른 영향을 주지 않는다는 것을 알고 있다.

저녁 늦게까지 학교에 남아 노트북으로 작업하며 저녁을 근처 편의점에서 대충 때우기도 한다. 심지어 자다가도 뭔가 개선할 점이 있으면 바로 일어나서 컴퓨터 앞에서 작업을 한다. 그리고 저녁 늦게까지 작업하기 위하여 하루에 커피를 4~5잔씩 마시면서 일을 하고 있다. 이런 아들이 걱정되어 어머니(45세, 대졸)는 말려보기도 하였지만 그의 일에 대한 지나친 집념을 완화할 수는 없었다. 지방에서 공무원으로 근무하는 아버지(49세, 대졸)는 그런 아들이 오히려 대견하다고 생각하고 있다.

실제 민 군은 과도한 카페인 섭취에 불면증에 시달리고 있으며, 거기에 힘들다고 에너지 음료를 물마시듯 하고 있다. 그러다 보니 간이 나빠져 최근 병원에 다녀왔는데 과로가 원인이라고 하면서 휴식이 필요하다는 의사의 권고에도 계속하여 일에 매달리고 있는 상황이다. 가족은 3식구로 민 군이 외동아들이다.

그러다가 최근 들어 갑자기 작업하던 게임이 중간에 끊기고 랙(Lag ; 진행속도가 느려지고 명령어 입력에 일시 작동하지 않는 현상)이 발생하여 아무리 친구들과 원인을 파악하기 위해 노력하였지만 허사였다. 이 게임 작품은 대학에 입학하기 위해 시연해야 하는 것이기도 하여 조바심을 내고 안절부절못하며 잠을 잘 수가 없다. 민 군은 이러다가 자신이 갑자기 죽을 것이라는 불안감에 휩싸였고 이를 지켜보던 부모님의 권유로 상담실을 찾게 되었다.

1. 내담자의 MMPI-A 임상척도 결과

Hs	D	Hy	Pd	Mf	Pa	Pt	Sc	Ma	Si
70	62	73	55	66	63	76	52	41	67

2. MBTI 검사유형 : INFJ

3. TCI 백분위 점수
   위험회피(HA) 93, 사회적 민감성(RD) 85, 자율성(SD) 80

4. 모의 민 군에 대한 언급
   아들이 모든 일의 결과를 부정적으로 예측하며 식사를 제대로 하지 않고 잠을 잘 자지 못한다. 항상 머리를 싸매고 뭔가 걱정하지만 괜찮다고 한다. 건강에 대한 걱정이 최근 부쩍 높아졌다.

| 면접관 질문 |

❶ 상담자가 내담자에 대해 역전이가 발생하려고 할 때 어떻게 해야 하나?

❷ 상기 사례의 민 군의 심리적인 특징을 심리검사 결과를 기초하여 설명하라.

❸ 민 군을 상담하게 된다면 어떻게 개입할 것인가?

| 답변 |

To. 면접관 ❶

① 특정 내담자에 대한 상담자 자신의 감정을 객관화한다.
  - 상담자 자신의 과거 경험을 연상케 하는 내담자의 태도나 행동을 인지한다.
  - 내담자와의 정서적인 거리를 유지한다.
  - 즉시적인 반응을 피하며 내담자의 욕구를 파악한다.
  - 치료자의 입장에서 내담자의 문제를 분리하여 해결방안을 모색한다.
② 상담자 자신의 미해결 감정을 해소한다.
   상담자가 가지고 있는 미해결 감정은 유사한 상담사례에서 역전이를 유발한다.
③ 상담 및 상담관계를 개선한다.
  - 내담자에게 상담자가 적정한 자기개방을 시도한다.
  - 상담 시의 역동을 바로 이해하고 상담자 자신을 잘 통찰하여야 한다.
  - 사례개념화를 명확히 하고 상담목표와 전략을 항상 염두에 둔다.
④ 교육분석을 정기적으로 받는다.
   상담자의 역전이를 불러일으키는 사례에 대해 수퍼비전을 받는다.

To. 면접관 ❷

① 자기건강에 대해 과도하게 염려하고 있다.
- MMPI-A 1번 척도가 상승해 있다.
- 내향성(I), 직관적(N)인 성향으로 불안을 느끼고, 자기가 죽을 것이라고 생각하고 있다.

② 1-2-3번 척도가 ∨형이고 1, 3번 척도가 70 이상이어서 증세가 만성적이며, 변화를 거부하고 방어적인 태도를 보이고 있다.
- 건강을 염려하면서도 일상생활에서 건강을 해치고 있다.
  - 커피 과도하게 마시기, 에너지 음료 음용, 야간작업
  - 저녁을 편의점에서 해결하기
- 어머니에게 자신은 괜찮다고 이야기하고 일시적인 현상이라고 설명하고 있다.

③ TIC에서 위험회피와 사회적 민감성이 높아 게임상의 문제에 대해 심각하게 생각하고 이로 인한 실패결과를 심각히 추론하여 이를 개선하기 위해 몰두하고 있다.

To. 면접관 ❸

① 바른생활 습관 형성하기
- 자는 시각, 일하는 시각, 휴식시간 등을 정하고 이를 지키기
- 저녁을 집에서 먹기
- 커피보다는 차 마시기
- 에너지 음료 마시지 않기

② 업무 스트레스 완화하기
- 과도한 일의 성과 집착 경감하기
- 친구와 정기적으로 만나 놀기
- 대학입시를 위한 게임완성 단계 평가(외부 전문가의 평가나 조언 듣기)

③ 강박적 사고 개선하기
- 대학입시까지 충분한 시간이 있음을 인지하기
- 파국화 사고도식 개선하기(문제점은 차후 개선의 여지가 되고 발전의 동기가 된다는 생각 가지기, 과거 잘 진척되고 해결된 사항 상기하기 등)
- 급한 일을 하루 연기해 보기와 그 결과를 알아보기

제13절 부모의 이혼 두려움

제시된 사례

고등학교 2학년에 재학 중인 팽 군(17세, 남)은 공부가 손에 잡히지 않는다. 오랫동안 부모가 싸우며 갈등하고 있고 어머니가 이혼 서류를 준비하고 있는 것을 우연히 알게 된 것이다. 팽 군의 아버지(50세, 대졸, 은행지점장)는 강원도에서 근무하다 주말에 서울로 올라오거나 직장에서 멀지 않은 곳에 있는 팽 군의 할머니 집에서 주말을 보내기도 한다. 아버지는 서울에 올 때는 자신에게 잘 대해주고 집안일을 많이 하고 있다. 어머니(47세, 대졸, 은행과장)는 일을 정열적으로 수행하고 있고 능력은 있으나 직장 내에서 고집이 세고 자신의 소신을 굽히지 않아 진급에서 누락되고 있어 직장에 대한 불만이 상당히 크다. 그리고 야근을 자주 하고 있다.

어머니는 강원도 시댁의 제사나 명절 때 가기를 싫어하여 팽 군과 남동생(15세, 중3)만 아버지와 함께 할머니 집에 가기도 하였다. 아버지는 효자로 거동이 불편한 어머니(팽 군의 친할머니)를 끔찍하게 생각하고 있다. 팽 군의 어머니는 작년 시댁 방문 시 시어머니(팽 군의 할머니)와 대판 싸웠다. 노후에 둘째 아들네 집(팽 군의 아버지)에 살고 싶다고 이야기하여 장남이 아직도 정정하고 일을 하고 있는데 왜 자신이 시어머니를 모셔야 하느냐고 화를 내고 자신은 못 한다고 선언하였다.

팽 군의 학교성적은 상위권에 들고 있고 학교행사에는 학습을 이유로 참여하지 않고 있다. 친구들에게 자신의 가족상황이 알려질까 두려워하며 무엇보다도 불행한 가정의 자식이라는 낙인이 싫다. 빨리 졸업하여 강압적인 어머니로부터 해방되고 싶은 생각이 들지만 당장 자신이 생활비를 번다는 것은 지극히 하기 싫다. 그렇다고 해서 자신이 부모 사이를 중재하거나 관계 개선을 위한 행동은 하지 않고 있다. 그냥 행복하지 않은 집에서 탈출하고 싶다고 생각한다. 팽 군은 이러다가 미칠 것 같아서 상담실 문을 두드렸다.

1. 내담자의 문장완성검사
   - 우리 가정은 왜 행복하지 못할까? 부모님은 자식 생각을 하지 않는 것 같다.
   - 내가 짜증이 나는 것은 부모님 때문으로 내가 공부에 집중할 수가 없다.
   - 어머니와 나는 그저 그렇다. 성적 이외에는 나에게 관심이 없다.
   - 아버지와 나는 친한 편이다. 불쌍하다고 생각한다. 엄마가 너무 심하게 대한다.

2. MBTI 검사 성격유형 : ISFJ

3. MMPI-A(T score > 65)
   - 타당도 척도 : L = 68, K = 67
   - 임상척도 : D = 69, Pa = 65 Pt = 72, Si = 70
   - 기타 척도 : A-dep 68, A-ang 65, A-fam 83, A-trt 70, INTR 66, A 70, R 60

면접관 질문

❶ 팽 군이 느끼고 있는 불편사항은 무엇인가?

❷ 심리검사를 기초로 하여 팽 군의 특징을 열거해 보아라.

❸ 팽 군을 상담하게 된다면 어떤 상담목표와 전략을 세울 것인가?

| 답변 |

To. 면접관 ❶

① 부모의 불화에 신경이 쓰여 공부가 잘 안된다.
② 어머니는 큰 잘못이 없는 아버지를 거부하고 있어 가정의 불행을 초래하고 있다.
③ 부모가 나에게 관심을 주지 않아 불만이다.
④ 어머니는 자신보다는 자신의 성적에 더 관심이 많다고 생각하고 있다.
⑤ 당면한 문제를 회피하기 위해 가출을 생각하고 있다.
⑥ 이혼가정의 자녀라는 문제에 봉착하는 것이 싫다.
⑦ 자신의 학습문제를 부모의 탓으로 돌리고 있다.

To. 면접관 ❷
① 자기중심적이며 이기적인 생각을 하고 있다.
- 부모가 자식(I형)생각을 하지 않는 것 같다.
- 부모님 때문에 공부에 집중할 수가 없다.
② 내성적인 특징(I형)으로 행동보다는 사고에만 그치고 있다.
③ 부모의 불화를 의식하고 이를 문제로 인식하고 있다(A-fam = 83).
④ 사고가 부정적이고 이를 확산하고 있다(Pt = 72).
⑤ 우울(D = 69)과 분노(A-ang 65)를 느끼고 있는데 그 원인이 부모의 불화에서 기인한다고 유추할 수 있다.
⑥ 발생한 주위의 사안(事案)에 대해 부정적으로 대응하고 대처한다(A-trt 70).
⑦ 가정불화로 자신에게 미치는 결과에 대해 불안을 느끼고(A = 70) 이런 감정을 억압하고 있다(R = 60).

To. 면접관 ❸
① 부모의 불화에서 오는 스트레스 경감
- 부모의 불화와 자신의 학습을 분리하도록 노력하기
- 부모의 불화는 자신이 어떻게 할 수 없는 사실임을 인지
- 부모와 대화하여 조정하고 합의하도록 중재
② 사고와 태도, 행동의 수정
- 이기심과 남의 탓으로 돌리는 사고의 개선
- 부정적인 결과를 예측하고 불안을 느끼거나 우울해지는 인지도식 개선(A-trt, INTR, A, R 점수가 높음)
- 가족 한 구성원으로서의 책임 인지
- 남에게 좋게 보이려는 태도보다는 솔직함이 중요함을 알기
- 부모에 대한 생각과 정서를 부모에게 알리고 요구하기
③ 부모상담 병행
- 부모의 불화가 자녀에게 끼치는 부정적 영향 전달하기
- 부모가 서로에게 가지는 불만을 경청하고 그 불만을 해결하기
- 이혼은 자녀에게 큰 상흔을 남긴다는 사항을 인지하기
- 서로 존중하고 경청하고 배려하는 태도 가지기
- 주말에 가족의 대화나 활동 기회 가지기
- 자녀를 이해하고 존중하고 동등한 인격체로 인정하고 대우하기

제14절 무기력

제시된 사례

김 군(13세, 중1, 남)은 학교에 가는 날은 심기가 불편하다. 엄마의 감시가 워낙 심하여 어쩔 수 없이 등교하지만 학교 가기가 너무 싫다. 마음에 안 드는 친구들 얼굴을 보는 것도 힘들고 부담스럽다. 그리고 과제를 잘하지 않아 담임선생님으로부터 야단을 듣는 일이 많기도 하다. 공부를 누가 만들었는지 원망스러워 소리도 지른다. 모둠활동에서 팀원들이 자기들 의견만 중시하고 자신의 의견을 들은 척도 하지 않아 화가 난다. 국어, 영어, 수학시간에는 아예 책상에 엎드려 잠을 잔다. 선생님들은 처음에 김 군을 깨우기도 하였지만 바로 다시 잠을 자기 때문에 그냥 그대로 내버려 두고 있다. 잠을 자지 않는 경우에도 수업내용에 신경 쓰지 않고 멍하니 앉아있다.

김 군의 가족사항은 다음과 같다.
- 부(44세, 고졸, 공장근로자) : 가정일에 전혀 관심을 가지지 않고 있다. 주말에는 집에서 소파에 누워 TV를 보거나 잠을 잔다. 약간 게으르고 움직이기를 싫어한다.
- 모(41세, 고졸, 마트 계산원) : 오후 4시에 출근하여 오후 11시에 퇴근한다. 자녀들과 남편이 집안일을 도와주지 않아 청소며 빨래 등의 가사일에 힘들어하고 있다. 성격이 급하고 남편과 자녀를 심하게 나무라고 비난하고 있다.
- 남동생(10세, 초4) : 게임을 즐기며 친구들과 어울려 다니고 친구 집에서 컴퓨터로 게임을 하고 있다. 형에게 대들고 욕을 하기도 한다.

학교에서 실시한 '정서행동특성검사'에서 자살의 가능성이 높은 것으로 나와 담임선생님이 상담을 권유하여 어머니가 김 군을 억지로 끌고 인근 청소년상담복지센터로 방문하게 되었다. 물론 김 군은 자신은 상담받을 필요가 없다고 강하게 저항하였지만 어머니의 강요로 억지로 상담실을 찾은 것이다. 김 군은 상담사 앞에서 상담 역시 귀찮은 듯이 아무 말도 하지 않고 허공을 바라보았고, 상담자의 질문에 거의 대답을 하지 않았다.

1. MMPI-A 결과 요약
   - 타당도 척도에서 F, K가 67, 68로 상당히 상승해 있었다.
   - 임상척도에서는 우울이 상승해 있었고(D 85, A-dep 80), 내향성(Si)이 70으로 높았다.
   - 내용척도에서 분노(A-ang)와 낮은 자존감(A-lse), 낮은 포부(A-las) 점수가 모두 70 이상이었다. 학교문제(A-sch)는 68이었다.

2. SCT 검사 결과 요약
   SCT에서는 빈칸이 많았으며 공부가 하기 싫고 모든 게 귀찮다고 언급하였다. 부모는 동생만 귀여워한다고 적었다. 그리고 앞으로 자신이 자살할지도 모른다고 적었다.

| 면접관 질문 |

❶ 학교폭력예방과 대책에 관한 법률에 대해 아는 대로 이야기해 보시오.

❷ 김 군처럼 자신이 상담을 받기 싫어하고 무반응으로 일관하고 있는 내담자와의 첫 면담 시 상담자로서 어떻게 하겠는가?

❸ 상기 사례의 김 군을 상담하게 된다면 어떤 상담목표와 전략을 세울 것인가?

| 답변 |

To. 면접관 ❶

「학교폭력예방과 대책에 관한 법률」의 구체적인 법률 관련 정보는 국가법령정보센터(법제처) 홈페이지 (http://www.law.go.kr)에서 확인할 수 있다.

제1조(목적)

    이 법은 학교폭력의 예방과 대책에 필요한 사항을 규정함으로써 피해학생의 보호, 가해학생의 선도·교육 및 피해학생과 가해학생 간의 분쟁조정을 통하여 학생의 인권을 보호하고, 학생을 건전한 사회구성원으로 육성함을 목적으로 한다.

제2조(정의)

    이 법에서 사용하는 용어의 정의는 다음 각 호와 같다.

  1. "학교폭력"이란 학교 내외에서 학생을 대상으로 발생한 상해, 폭행, 감금, 협박, 약취·유인, 명예훼손·모욕, 공갈, 강요·강제적인 심부름 및 성폭력, 따돌림, 사이버폭력 등에 의하여 신체·정신 또는 재산상의 피해를 수반하는 행위를 말한다.

1의2. "따돌림"이란 학교 내외에서 2명 이상의 학생들이 특정인이나 특정 집단의 학생들을 대상으로 지속적이거나 반복적으로 신체적 또는 심리적 공격을 가하여 상대방이 고통을 느끼도록 하는 모든 행위를 말한다.

1의3. "사이버폭력"이란 정보통신망을 이용하여 학생을 대상으로 발생한 따돌림, 딥페이크 영상 등(인공지능 기술 등을 이용하여 학생의 얼굴·신체 또는 음성을 대상으로 성적 욕망 또는 불쾌감을 유발할 수 있는 형태로 편집·합성·가공한 촬영물·영상물 또는 음성물)을 제작·반포하는 행위 및 그 밖에 신체·정신 또는 재산상의 피해를 수반하는 행위를 말한다.

2. "학교"란 초·중등교육법 제2조에 따른 초등학교·중학교·고등학교·특수학교 및 각종 학교와 같은 법 제61조에 따라 운영하는 학교를 말한다.

3. "가해학생"이란 가해자 중에서 학교폭력을 행사하거나 그 행위에 가담한 학생을 말한다.

4. "피해학생"이란 학교폭력으로 인하여 피해를 입은 학생을 말한다.

5. "장애학생"이란 신체적·정신적·지적 장애 등으로 장애인 등에 대한 특수교육법 제15조에서 규정하는 특수교육이 필요한 학생을 말한다.

제20조(학교폭력의 신고의무) 제1항

학교폭력 현장을 보거나 그 사실을 알게 된 자는 학교 등 관계기관에 이를 즉시 신고하여야 한다.

※ 중요 : 상담자는 내담자인 학생이 학교폭력의 피해자라고 인정된다면, 상담센터장이나 부모에게 이를 즉시 알려야 한다.

To. 면접관 ❷

① 상담실에 찾아온 내담자의 용기에 대해 칭찬해 준다.
② 학교생활의 힘듦과 학업의 스트레스에 대해 충분히 공감한다.
③ 상담자가 관찰하는 내담자의 장점이나 강점에 대해 언급하고 상담자의 확신을 전달한다.
④ 상담 분위기를 부드럽게 조성하고(과자나 음료수 제공), 상담이 내담자를 변하게 만드는 것이 아님을 전달한다. 그리고 자신의 고민이나 힘든 일, 그리고 그 이유를 이야기하도록 유도한다.
⑤ 필요한 경우 상담자의 자기노출(학생 때 학교 가기 싫어하고 공부가 싫었던 경험)을 한다.
⑥ 내담자가 흥미를 끌 수 있는 놀이(보드게임, 몸동작 등)나 그림 그리기, 감정카드 등을 활용하여 상담에 흥미를 느끼도록 한다.

To. 면접관 ❸

① 정기적으로 하는 활동 정하기
   - 무기력을 털어내기 위해 정기적으로 땀을 흘리며 할 수 있는 활동하기
     예 줄넘기, 수영, 악기 연주하기 등
   - 생활계획표 작성하여 실천하기(부모의 관심과 지지가 필요한 사항)

② 성취 경험을 갖게 하기
   - 친한 친구 만들기 목표(한 학기에 2명 만들기 등)
   - 학업성적 목표 세우기(10~20% 성적 향상목표)
   - 어머니 돕기(어머니의 칭찬으로 자존감 향상)

③ 학교 부적응 해소
   - 과제해 가기, 지각하지 않기, 수업시간에 자지 않기를 단계적으로 실천하기
   - 친구의 의견 존중해 주기, 자신의 의견이나 생각 주장하기

④ 부모상담 병행
   - 차별적인 양육방식 금지, 자녀에 대한 이해와 지지 태도 조성하기
   - 가족행사 늘리기(외식, 캠핑, 산책, 운동 등)

제15절 자기중심적 사고

제시된 사례

대학교 3학년에 재학 중인 곽 양(21세, 여)은 아버지와 항상 갈등을 빚고 있다. 곽 양의 학교 성적은 중상위권에 있으며, 전공은 간호학과이고 졸업을 앞두고 있어 간호사 국가시험을 준비 중이다.

곽 양의 가족에 관한 사항은 다음과 같다.
- 아버지(53세) : 가족형 가내 수공업을 운영하고 있으며 주문이 밀리면 온 가족과 먼 친척까지 동원되어 물량을 맞추기도 한다. 1남 3녀의 농촌 집안에서 장남으로 자랐으며, 경제적인 어려움을 겪었지만 책임감이 강하고 생활력이 강하여 여동생들을 다 결혼시키기도 하였다. 현재 농촌에 살고 있는 홀어머니를 주말마다 찾아가고 있으며, 아내를 동행하고 곽 양 역시 할머니에게 효도하여야 한다고 데리고 가고 있다.
- 어머니(51세) : 남편에게 순종적이어서 가끔 과도한 요구를 하는 시어머니가 마음에 안 들지만 남편을 생각하면서 불평을 입 밖에 내지 않고 묵묵히 따르고 있고, 남편의 일을 열심히 돕고 있다. 종종 곽 양이 남자친구와 데이트하거나 공부 때문에 늦게 집에 돌아와 가사에 소홀한 점에 대해 야단을 치기도 한다.
- 남동생(15세) : 중학교 3학년에 재학 중인데, 공부보다는 핸드폰을 사용하는 시간이 더 많다. 누나인 곽 양에게 식사, 청소, 빨래 등을 요구하면서 누나가 게으르다고 불평하고 있지만 자신의 주변 정리나 개인위생에 소홀히 하고 있다.
- 남동생(12세) : 초등학교 6학년인데, 부모님의 지시를 잘 따르고 내성적이며 공부를 열심히 하고 있어 부모의 사랑을 독차지하고 있다.

곽 양은 항상 이래야 된다, 저래야 된다고 비난하는 아버지가 싫으며 아버지의 편에 서서 자신을 같이 나무라는 어머니는 더욱 싫어한다. 아버지가 어머니와 같이 일하러 나가면서 곽 양에게 집에 일찍 들어와 동생들 식사를 잘 챙기라고 하였는데, 곽 양은 남자친구와 만나고 기말고사 준비로 약간 늦게 귀가하였고, 저녁을 먹지 않고 기다리는 바로 밑의 남동생에게 라면을 끓이라고 이야기한 후에 남자친구와 카톡을 하였다. 이를 뒤늦게 안 아버지가 장녀로서의 자격이 없다고 하면서 그렇게 하려면 집에서 나가라고 고함을 쳐서 대항도 못 하고 눈물만 흘렸고, 결혼하여 나가면 다 해결될 것이라고 생각하였다. 곽 양은 상담 중에 남자 동생에 비해 자신이 집안에서 차별대우를 받는다고 슬퍼하였으며, 자신이 집안일을 하기 싫어하는 것이 아니라 국가시험 준비로 바쁘기 때문이라고 생각하고, 남동생은 그 나이에 식사 정도는 스스로 해결하여야 한다고 주장하고 있다.

현재 같은 대학의 4학년 남자친구와도 종종 갈등을 빚는데, 데이트하자는 문자를 잘 보지 않고 만나자는 약속시간에 늦게 나타나기도 해 남자친구가 화를 내면 바쁜 자신을 이해해 주지 못하는 그를 원망하기도 한다. 시험공부를 한다고 하지만 다른 일을 하다가 시험이 가까워져야만 책을 든다. 캠퍼스에서 곽 양은 남녀 구분 없이 폭넓게 사귀고 있고 방과 후 모임이 잦아 귀가 시간이 늦다. 모임 시 경비는 곽 양이 많이 부담하는 편이어서 아버지로부터 돈을 과하게 쓴다고 야단맞은 적도 있다. 한번은 어머니가 아버지 일을 같이 도와야 한다고 아침에 이야기하였는데, 남자친구와 데이트 약속이 있다고 이를 거절하였다.

1. 내담자의 MMPI-2 척도 중에서 T score 65를 초과하는 것은 다음과 같다.
   - 타당도 척도 : L = 68, F = 45, K = 66, S = 73
   - 임상척도 : Hs = 65, Hy = 68, Pa = 75
2. 내담자의 MBTI 검사 결과는 다음과 같다.
   성격유형은 ENFP이며, E > I, P > J의 점수 차이는 20점 이상이다.

면접관 질문

❶ 청소년에게 가정이란 어떤 의미를 가지는가?

❷ 상기 내담자가 아버지와 갈등을 자주 빚는 이유는 무엇이라고 생각하는가?

❸ 심리검사의 결과와 내담자의 인지·행동적인 특징을 서로 연계시켜 보아라.

❹ 내담자와 상담하게 된다면 상담자로서 개입방향은 무엇인가?

| 답변 |

To. 면접관 ❶

① 보호기능을 한다(의식주 해결, 기타 생리적 욕구 해결수단 제공).
② 사회성 형성의 학습장이 된다(부모의 가르침, 부모의 양육방식, 부모의 행동 학습, 부모의 훈육, 버릇 들이기, 친구 사귀기 등).
③ 자아정체감 형성의 근본을 제공한다(부모의 직업, 부모의 가치관 학습, 자기 정체성 형성 영향).
④ 의사소통의 장이 된다(부모와의 대화, 갈등화해 학습).
⑤ 대상관계 형성의 장이 된다(자기표상, 대상표상, 관계 형성).
⑥ 평면적이고 민주적인 관계형성을 경험하게 한다.

To. 면접관 ❷

① 장녀로서 해야 할 가정의 책무 요구를 부당하다고 생각하고 있다.
② 자신을 이해하지 못하고 비난만 하는 것이 싫다.
③ 아버지가 남자 동생들에 비해 자신을 차별대우하고 있다고 생각하고 있다.
④ 아버지의 가치관이 구시대적이며 이를 자신에게 강요하고 있다고 생각한다.
⑤ 자신의 행동 하나하나에 간섭하고 조언하는 것이 싫다고 생각한다.
⑥ 자신이 집에 늦게 들어오는 이유가 합당하다고 생각하는데, 이를 비난하는 것은 불합리하다.

To. 면접관 ❸

① MMPI-2에서 S(과도한 자기제시)의 점수가 높은 것
  - 자신의 입장만 주장하고 상대방을 배려하고 이해하는 점이 부족하다.
  - 자신이 남동생과 가정에서 차별대우를 받는다고 생각한다.
  - 남자친구의 문자를 소홀히 보거나 약속을 어기는 행동을 한다.
② MMPI-2에서 L-F-K의 배열이 역삿갓형인 것
  좋게 보이려고 노력하여 친구들과의 경비 분담에서 자신이 경비를 많이 분담하는 행동을 하게 된다.
③ MMPI-2에서 Pa가 상대적으로 높이 나타나는 것
  - 어려운 상황을 회피한다(결혼하면 갈등에서 벗어난다고 회피함).
  - 상대방에게 문제의 원인을 찾으려고 하고 있다.
④ MBTI 검사 결과
  - 외향적(E)이어서 친구 사귐이 활발하다.
  - 감정형(F)이어서 친구와의 관계를 중시하고 모임이 잦다.
  - 인식형(P)이 강하여 계획적이지 못하고 유유자적하여 하여야 할 일을 미룬다.

To. 면접관 ❹

① 내담자의 억울하고 답답한 마음을 이해 및 공감한다.
② 아버지의 성장환경을 알고 아버지의 특징을 이해한다.
  - 책임감이 강하다(여동생을 다 결혼시키고 어머니에 대해 효도한다).
  - 그 책임감을 자녀에게, 특히 장녀에게 강하게 바란다(자신이 해 온 것을 자녀에게 그대로 바라고 강요한다).
  - 자신의 욕구(역할기대)가 내담자를 통해 충족되지 않을 때 비난한다.

③ 내담자 자신을 이해하고 갈등의 원인을 알고 대처하게 한다.
- 자신의 일 이외에는 신경을 별로 쓰지 않아 부모와 갈등을 빚고 있다.
- 부모의 자신에 대한 역할기대가 주된 갈등의 원인임을 알고 이런 기대사항을 생각해 보고, 자신이 할 수 있는 일부터 실천해 보도록 노력한다.
- 부모와 솔직한 대화를 나누게 하여 실제 부모가 남동생을 자신보다 더 귀하게 여기는지를 알아본다.
- 자신의 일정을 먼저 부모에게 알리고 양해를 구한다.

④ 아버지와 화합한다.
- 사랑의 메시지를 아버지에게 보내기
- 아버지의 가장으로서의 고단함을 이해하고 표현해 주기
- 아버지와 스킨십하기

⑤ 기타 관계인과 좋은 관계를 유지한다.
- 가사를 어느 정도 분담하기
- 남자친구의 문자를 빨리 확인하고 회신해 주기
- 약속의 중요함을 인지하고 이를 지키거나 사전에 양해를 구하기

⑥ 자신이 가치 있는 존재임을 인지하기
 간호사 자격취득을 위한 노력을 인정하고 가치 부여하기

제16절 진로갈등

제시된 사례

인문계 고등학교 2학년에 재학 중인 문 군(17세, 남)은 6살부터 피아노를 배운 이후 초·중학교를 거쳐 현재의 고등학교에서도 계속하여 레슨을 받고 있다. 지금까지 피아노 대회에서 입상을 한 적은 없지만, 학교 학생들에게 실력을 인정받고 있다. 문 군은 피아노를 칠 때 모든 걱정이 다 없어지고, 종종 자신이 세계적인 피아니스트가 되어 무대 위에서 박수갈채를 받는 상상을 한다. 성적은 중간 수준에 머물고 있다(평균점수 75점, 석차 12등/25명).

문 군의 아버지는 일류 대학의 경영학과를 졸업하고 현재 통신업체의 임원으로 근무하고 있으며, 어머니는 미술을 전공하셨는데 지금은 인테리어 관련 사이트를 운영하고 있다. 최근 문 군의 아버지는 문 군에게 피아노 치는 것은 취미로만 하고 일류 대학에 진학하여 출세하는 데 집중해야 한다고 말씀하셨다. 문 군의 어머니는 아들을 격려하고 있지만, 속으로는 문 군이 아버지의 뜻을 따라 이제라도 강남 유명 학원의 족집게 수업을 수강하기를 바라고 있다. 문 군의 형은 아버지의 뜻대로 현재 서울 소재 대학 법학과에 입학하여 공부하고 있다.

문 군은 변호사가 되기를 강요하는 아버지의 요구에 저항하여 아버지에게 대들고 있으며 집에서 받는 스트레스를 탈피하기 위하여 가출이나 자살을 해버릴까 하고 고민하다가 용기를 내어 상담실을 찾았다.

1. 내담자의 MMPI-A

Hs	D	Hy	Pd	Mf	Pa	Pt	Sc	Ma	Si
50	70	55	66	69	51	70	40	38	65

2. Holland's SDS(고등학생 진로탐색검사)
   - 진로정체성 : 희망직업과의 일치성 높음, 일관성 높음, 긍정응답률 보통, 변별성 높음
   - 진로유형 : AAR

3. MBTI 성격 검사유형 : INTP

4. 문장완성검사
   - 내가 앞으로 하고 싶은 일은 <u>전국 피아노 경연대회에서 최고상을 받고 싶은 것이다.</u>
   - 나를 가장 화나게 하는 것은 <u>부모님이 나의 피아노 실력을 인정하지 않는 것이고 형만을 좋아하는 일이다.</u>
   - 우리 부모님과 나는 <u>친하지 않다. 나를 이해하지 못한다.</u>

면접관 질문

❶ 내담자의 심리상태를 정리해 보시오(심리검사 결과에서 추론하는 심리상태 포함).

❷ 문 군의 저항의 원인을 이야기하고 상담자로서의 생각을 이야기해 보시오.

❸ 문 군을 상담하게 된다면 어떻게 개입할 것인가?

| 답변 |

To. 면접관 ❶

① 피아노를 통해 자신의 꿈을 이룩하고 유명해지기를 바라고 있다.
- 부모님이 자신을 이해하지 못하고 반대하는 것이 야속하고 밉다.
- 아버지와 싸워서라도 자신의 뜻을 관철하고 싶다.
- 진로정체성이 확고하고 일관성 있게 이를 희망하고 있어 이를 반대하면 큰 저항을 유발하게 된다.

② 자신의 꿈이 좌절됨에 따른 심리적인 문제가 발생할 가능성이 크다.
- 상당히 높은 우울수준(D = 70)
- 상당한 강박적인 사고(Pt = 70)
- 심미적이고 수동적이며(Mf = 69), 내향적 성향(Si = 65)으로 우울을 증가시킨다.
- 문제적 행동을 할 수 있다(가출 및 자살시도).

To. 면접관 ❷
① 저항의 원인
- 형에 대한 부모님의 차별적인 관심과 인정
- 진로문제와 관련하여 부모와의 의견 차이에서 오는 갈등
- 자신을 인정하지 않는 부모의 태도

② 상담자로서의 생각
- 부모와의 진로갈등은 빨리 해소되어야 하는 사안이다.
- 부모와의 다툼으로 학교 등교거부나 인터넷 게임중독, 가출, 자살 등 위험행동을 할 가능성이 있다(우울과 강박적 사고, 내향성이 유의미한 수치를 보인다).
- 진로탐색검사에 나타난 흥미를 감안할 때 내담자가 원하는 진로를 추천하고 싶다. 또한 내담자의 욕구가 강하기 때문에 이를 지지하는 것이 바람직하다고 본다.
- 부모상담을 제안하여 부모의 욕구대로 자녀의 진로를 정하는 것은 자녀의 장래에 바람직하지 않다는 점을 인지하게 한다.

To. 면접관 ❸
① 진로갈등에 대한 충분한 공감과 이해
- 피아노를 전공하여 성공하고 싶어 하는 마음에 공감
- 이를 이해하지 못하는 부모의 태도에 대한 서운함 이해

② 내담자의 진로결정이 과연 피아노를 전공하는 것이 자신이 궁극적으로 추구하는 길인가, 아니면 부모에 대한 서운한 감정으로 저항하는 것인가를 규명해야 한다. 피아노를 포기하면 어떤 결과가 나올 것인가에 대한 내담자 탐색을 촉구한다.

③ 진로결정
- 내담자가 진로에 대한 결심이 확고하지 않은 경우
  - 진로탐색검사를 수행하여 자신의 성격이나 적성에 맞는 직업군을 알아낸다.
  - 학교 진로상담 선생님이나 담임선생님과 진로상담을 하게 한다.
  - 그 결과를 가지고 부모와 상의한다.
- 내담자가 피아노가 아니면 안 된다는 결심이 확고한 경우
  - 자신의 장래 계획을 세운다.
  - 이 계획을 실천하여 피아니스트로 성공할 수 있음을 부모에게 확신시킨다.

④ 부모상담 병행
- 부모 자신의 욕구와 자녀의 욕구 분리
- 바람직한 양육환경의 조성
  - 형제간의 차별적 태도 지양
  - 내담자에 대한 관심과 지지
  - 내담자의 결정 자율성 인정과 협력

제17절 명예훼손

제시된 사례

기독교 재단의 대안학교에서 중학교 2학년에 재학 중인 남 군은 인터넷 게임 LOL을 온라인으로 즐기다가 임의적으로 한편이 된 참여자(남, 24세)에게 게임에서 자신과 협력이 제대로 되지 않는다고 게임 중에 문자로 입에 담지 못할 욕을 하였다. 그런데 그 청년이 욕이 담긴 화면을 캡쳐하여 명예훼손으로 고소하면서 남 군은 재판을 받게 되었고, 12시간 상담을 받으라는 법원결정을 받았다.

남 군은 다니고 있는 대안학교에서 예절상도 받을 만큼 어른을 공경하고 학교에서 봉사하며 성실한 학생으로 인정받고 있다. 대안학교 특성상 반 친구들은 모두 8명 정도이고, 교과학습 이외에 기도, 성경공부, 기타 여러 가지 활동을 한다. 남 군의 부모는 독실한 기독교 신자로서 설립목사를 따라 대안학교 설립에 기여하였고, 지금까지 대안학교 부설 유치원에서 교사로 재직하고 있다. 내담자와 아침, 저녁으로 기도하고 경건한 생활과 봉사하고 나누는 삶을 존중하며, 내담자가 그러한 삶을 살도록 교육해온 부모로서는 청천벽력과 같은 일이었다.

남 군은 기숙사 학교에서 엄격한 수업을 받은 후, 금요일 오후에 집에 와서 인터넷으로 게임을 즐긴다. 종종 남 군이 수업 중에 아프다고 하여 집으로 쉬러 오는 경우도 있다. 남 군의 부모는 남 군이 학교생활에 지친 것을 인정하고, 그냥 게임을 자유롭게 하도록 허용하였다. 대안학교와 집이 가깝게 위치하고 있고, 도시와는 많이 떨어진 시골에 위치하고 있어서 남 군이 대도시로 나가는 일은 거의 없다.

상담사와 마주한 남 군은 부모님은 신앙으로 똘똘 뭉친 사람이며 자신에게 신앙인으로 모범적인 생활을 하라고 하시지만, 그것을 실천하기가 어렵고 오히려 마음의 부담이 된다고 솔직하게 이야기하였다. 그러나 신앙심이 깊은 아들로 행세하고 싶었고 스트레스를 많이 받아 조그만 일에도 화가 나고 소리를 치는 일이 심해졌다고 실토하였다.

남 군의 심리검사 결과는 다음과 같다.

1. MMPI-A 검사

Hs	D	Hy	Pd	Mf	Pa	Pt	Sc	Ma	Si
77	82	56	37	44	59	51	44	40	69

2. SCT의 주요 내용
   - 나의 부모는 <u>완벽하게 좋으신 분들이지만 나를 잘 모른다</u>.
   - 내 친구들은 <u>너무 친하고 착하다. 모두 잘 알고 있다</u>.
   - 여자애들은 <u>평등하고 나와 친하다</u>.
   - 나의 좋은 점은 <u>착하고 어른의 말을 잘 듣는다</u>.
   - 내가 화가 날 때는 <u>참을 수가 없다</u>.
   - 나의 소원은 <u>눈치 안 보고, 내가 하고 싶은 것을 마음대로 하는 것이다</u>.
   - 나는 <u>건강하지 못하다</u>.

면접관 질문

❶ 대낮에 학교 근처 놀이터에서 한 무리의 초등학생들이 같은 또래의 학생을 괴롭히고 있다. 이를 목격한 당신은 어떻게 할 것인가?

❷ 상담 경험이 있다고 하였는데, 상담자가 소진할 때가 있다면 어떤 경우에 그런가?

❸ 믿는 자식(내담자)에게서 배신감을 느낀다는 부모에게 상담자로서 어떻게 이야기하겠는가?

❹ 상기 사례의 내담자에 대해 설명하시오.

| 답변 |

To. 면접관 ❶

① 어느 정도 거리를 유지한 채 큰 소리로 괴롭힘을 당하는 학생의 이름이라고 생각하고 큰 소리로 부른다.
  예 "○○아, 지금 엄마가 너를 찾고 있는데 무엇을 하고 있니? 삼촌과 빨리 가야지!"
② 일단 위기에 빠진 학생을 무리에서 분리하여 안전을 확보하고 나서 무리에게 정색을 하면서 질문해 본다.
  예 "혹시 ○○를 위협하였니?"

③ 무리의 학생의 소속을 짐짓 추측하여 신분 노출의 가능성을 보여준다.
　　예 "너희들 이곳에 있는 초등학교 학생들이구나."
④ 무리의 반응을 보고 바른 행동의 이야기하고 친구와 잘 지내야 함을 강조한다.

To. 면접관 ❷

약간 개인적인 질문에 가깝지만, 일반적인 상담자의 소진의 경우는 다음과 같다.
① 상담자로서 배운 이론과 실제의 상담내용이 너무나 차이가 나서 혼란에 빠질 때
② 상담일에 대한 불확실하고도 과도한 기대를 하여 그것이 충족되지 않을 때
③ 온갖 정성을 다한 내담자로 상담을 중도에 포기할 때
④ 상담을 수행하면서 자신이 너무 몰라 어떻게 대처하여야 할지 모를 때
⑤ 상담자가 아니라 조직원으로 행정적인 일을 많이 하여 상담자의 정체성 혼란을 느낄 때
⑥ 상담의 성과를 가시적으로 확인하지 못할 때 등

To. 면접관 ❸

① 자녀가 자신들의 바라는 모습과 다르게 행동하는 경우
   - 자녀는 자신의 욕구를 실행하는 도구가 아니다.
   - 지나친 기대는 자녀에게 스트레스로 작용하며, 자녀는 이에 저항하여 의도적으로 다른 행동을 한 것이라고 이야기한다.
   - 자녀에게 관심을 보이며 이해·수용하고, 기대감을 표명함으로써 부모가 원하는 방향으로 행동조성을 할 수 있다.
   - 자녀의 욕구와 희망에 대해 이해하고 수용하거나, 자녀의 의사를 타진하여 합의하는 자세를 가져야 함을 강조한다.
② 자녀가 생각하지도 않았던 실수나 범죄를 저질렀을 때
   - 자녀의 평소 욕구를 억압하지 않았는지 생각하게 한다.
   - 자녀를 지시하고 통제하고 무시하지 않았는지 생각하게 한다.
   - 자녀의 정서를 파악하지 못하고 교우관계, 학교생활에 무관심하고 방치하지 않았는지를 생각하게 한다.
③ 기타 언급사항
   - 청소년기 특징(인지적·정서적·행동적 특징)
   - 부모와의 정서적 독립과 친구와의 관계 중시
   - 개별성, 독립성, 자율성 존중

To. 면접관 ❹

① MMPI-A에서 1-2가 동반 상승한 것을 볼 때, 신체적 증상에 대해 호소하고 수동적이고 의존적인 양상을 보인다. 내성적인 성향에서 평소 부정적인 정서를 억압하다가 어떤 계기가 될 때 폭언이나 폭력적 행동을 하는 양상을 띠게 된다.
② 기독교 신자로서 바람직하고 훌륭한 언행을 하여야 한다는 주위사람의 강한 시선에 부응하는 자기억압에서 벗어나고 싶은 욕구가 강하다. 그리고 자신이 남이 생각하는 것처럼 착하지는 않다고 생각한다.
③ 억제된 분노감이 언제든지 폭발할 가능성이 있다.
④ 자신의 통제되지 않은 본연의 모습을 경험하면서 상당한 심리적인 문제를 경험하게 된다.
⑤ 감정의 억압이나 행동의 자제가 내재된 공격성을 발현한다.
⑥ 기대되는 자아(봉사하고 기도하는 착한 자아)와 현실적인 자아(게임과다, 욕설하는 나쁜 자아)의 차이(Gap)에서 오는 심리적인 문제가 발생할 수 있다.

제18절 친구집착

제시된 사례

중학교 2학년인 강 양(14세, 여)은 거의 매일같이 어울렸던 단짝 친구가 최근 자기를 멀리하고 다른 애들과 보란 듯이 같이 다니는 것을 볼 때마다 죽고 싶은 생각뿐이다. 과거에는 담임선생님이나 다른 반 애들이 너무 단짝 친구하고만 친하게 지낸다고 핀잔을 줄 만큼 친하게 지냈다. 집도 같은 방향이어서 수업이 끝나는 시각이 다르면 서로 기다렸다가 같이 가곤하였다. 그러다가 지난 6월에 교내 수행학습에서 준비물 관계로 말다툼을 하고 난 다음부터 그 친구는 강 양을 피하고 다른 친구와 붙어 다니고 있다. 강 양은 그 친구에 미안하다고 이야기하고 싶었지만 자존심 때문에 그럴 수도 없었다.

강 양은 학교 가기가 싫다고 이야기하고 식사도 잘하지 않게 되었다. 강 양의 부친은 부동산업을 하고 있고, 어머니는 은행에서 근무하고 있다. 강 양과 여동생(초5, 11세)은 외할머니가 딸네 집에 들어와서 돌보고 있다. 강 양의 아버지는 특히 강 양을 귀여워하고 강 양이 원하면 무엇이든지 사주었다. 아내가 애 버릇이 나빠진다고 핀잔을 주어도 아랑곳하지 않았다.

강 양은 초등학교 때부터 친구에게 배신을 당했다고 괴로워한 적이 많았다. 중학교에 입학하고 나서부터 단짝인 친구와 만나 잘 지내다가 초등학교 때처럼 배신감에 괴로워하며 죽고 싶다고 일기장에 수차례 적었다. 강 양은 슬픈 감정이 일 때는 언제나 심한 두통을 수반한다. 또한 자신이 큰 병에 걸려 죽을지 모른다는 생각으로 조금만 신체에 이상이 생기면 바로 병원을 찾는다. 그리고 진정한 친구는 자신의 마음을 알아주는 사람이며, 자기만을 바라보아야 하는데 이 세상에는 그런 사람은 아주 적다고 이야기한다.

토요일 강 양의 방을 청소하던 외할머니가 우연히 강 양의 현재의 일기장을 보고 '죽고 싶다'는 글귀를 발견하고 놀라서 딸에게 이야기하고, 강 양의 어머니는 강 양을 설득하여 센터 상담실을 찾았다.

강 양의 MMPI-A 결과는 다음과 같다.

1. 임상척도

Hs	D	Hy	Pd	Mf	Pa	Pt	Sc	Ma	Si
68	52	64	52	41	77	62	58	55	77

2. 내용척도(T-score > 65)

   A-anx 77, A-obs 76, A-dep 76, A-aln 78, A-ang 65, A-cyn 74, A-sod 67

3. 보충척도(T-score > 65)

   IMM 65, A 70

4. 성격병리 5요인 척도 : NEGE 79

면접관 질문

❶ 상담 초기 내담자와의 관계형성이 잘 안되었을 경우 어떻게 하겠는가?

❷ 강 양의 인지적·정서적 문제는 어디에서 기인한다고 보는가?

❸ 외부 학교와 긴밀한 협력이 필요한 경우 청소년상담사의 역할은 무엇인가?

❹ 강 양을 상담하기 위한 상담목표를 설정해 보시오.

| 답변 |

To. 면접관 ❶

① 내담자가 편안한 마음을 가지기 이전에 내담자의 문제를 탐색하다 보면 내담자가 위협을 느낄 수 있다. 이런 경우 라포 형성이 잘 안되는데, 상담자는 상담 장면에 내담자가 편안하게 적응할 수 있도록 한다.
- 내담자가 좋아하는 일이나 활동을 같이 해본다.
- 내담자와 만나는 장소를 변경해 본다(외부공원, 분식집, 영화관, 음악회 등).
- 내담자의 외모나 복장 등에 대해 관심을 보이고 칭찬한다.
- 부모에게 얻은 내담자의 정보를 활용하여 장점과 강점, 특히 시간을 많이 사용하는 활동에 대해 같이 공유하고 참여해 본다.

② 내담자의 욕구나 상담에 대한 태도 파악이 안 되어 내담자와 공유하는 면이 적어 내담자와의 관계형성이 어려울 때는, 내담자에게 이해와 공감, 존경의 태도를 견지하여 내담자의 자기노출을 하도록 유도한다.

③ 상담자가 부모의 대리자나 선생님처럼 가르치려고 한 적이 있는지 곰곰이 생각해 보고, 내담자의 입장에서 생각하고 느끼도록 노력한다.

To. 면접관 ❷

① 성장할 때 아버지의 사랑을 독차지하여 자신의 욕구대로 모든 것이 다 충족되어 상대방에 대한 이해와 배려심이 없었다.

② 자신의 욕구대로 상대방을 조종하고 통제할 수 있다고 생각하고 있다가 의외의 행동(자신을 배척하는 행동)으로 괴로워하고 있다.

③ 가정에서 대인관계를 맺고 유지하는 사회적인 기술이나 개념에 대한 교육이나 지도가 전혀 없었다(양부모 근로, 아버지의 무조건적 보살핌).

④ 전환장애(1-2-3번 척도의 ∨형 배열)와 같이 심리적인 스트레스를 신체적인 증세로 나타내는 기제를 가지고 있다. 또한 건강에 대한 염려증이 높아(1번 척도) 경미한 신체적 증세에도 병원을 찾게 된다.

⑤ 현실의 어려움을 도전하지 않고 회피하는 경향이 있고, 친구관계의 폭이 좁고 친구를 독점하려고 하고 있다.

To. 면접관 ❸

① 각 학교에는 대부분 Wee Class가 있어 학교 부적응의 문제가 발견된 학생을 1차적으로 상담을 하게 되지만, 워낙 상담할 학생들이 많아 간단한 진로상담 이외에는 대부분 해당 지역의 청소년상담복지센터에 상담을 의뢰하는 실정이다.

② 이런 상황을 감안한다면, 우선 의뢰받은 학생(내담자)의 학교생활 정보를 담임교사나 Wee Class 상담사에게 얻어야 한다.
- 학교 결석, 조퇴, 지각 등의 정보
- 학교 수업 중의 행동과 태도, 성적과 학업방식
- 학교 내 교우관계
- 기타 학교 부적응 행동(선도위원회, 학폭위 회부 등)

③ 학교의 비행예방프로그램, 좋은 친구관계 유지프로그램, 친구상담(Peer Counselor) 제도 정착, 학부모 교육 시 바람직한 양육방식이나 자녀 이해의 강의 등 학교행사에 적극적으로 참석하고 정보를 공유한다.

④ 담임교사와 과목교사들이 학생에 대한 이해와 관심을 기울이게 하고, 공감능력을 향상시키기 위해 교육이나 토론을 한다.

⑤ 입시위주, 문제학생 징계나 처벌과 같은 사후 교육행정보다는 학생들의 문제행동을 예방하고 학생 개별관리를 지향하는 교육제도 수립에 기여한다.

To. 면접관 ❹

① 친구관계 개선
- 학교생활에서 친구에게 먼저 다가가고, 관심 가지고 친구들 대화에 끼어들기
- 다양하고 많은 친구를 사귀는 것이 좋다는 경험을 해 보기
- 자신이 어떻게 하느냐에 따라 친구의 반응이 달라진다는 것 알기
- 친구를 독점하고 조종하려는 태도 버리기

② 불안의 감소
- 친구에게서 소외당한다는 불안감의 경감
  - 친구와 일시적으로 멀어지면 사과하고 관계회복을 위해 애쓴다.
  - 친구와 멀어지는 것은 그 친구로부터 버림을 받는 것이 아니다.
- 생각과 반대되는 연상을 통한 불안감의 경감
- 스트레스에 도전하고 스트레스원을 해소하기
- 건강염려증 해소(운동하고 취미생활 하기)

③ 사회적인 기술 향상
- 먼저 상대방을 이해하고 상대방의 입장을 배려한다.
- 상대방의 말을 경청하고 공감하는 태도를 조성한다.
- 사귀는 친구의 폭을 넓히기 위한 노력을 하게 한다.

제19절 대인관계의 어려움

제시된 사례

다음은 학교 수업시간에 잠만 자고 학교 친구들과 사귀지 못하다 학업을 중도 포기한 17세 남학생의 사연이다.

김 군은 작년 고등학교 2학년 때 친구들의 따돌림과 괴롭힘에 어려움을 느끼다가 학교가 싫어 학교 다니는 것을 포기하고, 집에서 대학교 검정고시를 준비하고 있는 학교 밖 청소년이다. 김 군의 지능은 경계선(전체지능 68)에 있으며, 의욕 및 흥미 저하, 정신운동지체, 자살사고 등 우울의 증세를 보이고 있으며 자신 및 주위 사람들에 대해 불편감, 분노감과 원망감을 느끼고 있다. 이를 걱정한 어머니가 김 군을 설득하여 상담센터에 방문하였다.

1. 김 군의 가족사항은 다음과 같다.
   - 아버지(50세, 회사원) : 내담자가 어렸을 때부터 많은 기대를 해왔다. 가정형편이 어려워 고학을 하면서 현재 중소기업의 회사원으로 일하고 있다. 아들에게 걸었던 기대를 접었다고 상담자에게 이야기하였다.
   - 어머니(47세, 회사원) : 내담자가 학령기 전후 학습능력이 부진하다고 매질을 하였고, 지능검사 결과를 알고 난 이후에는 아들을 학대하였다고 자책하고 있다. 그러나 아들을 보살피거나 이해하고 공감하지는 못하고 있다.
   - 누나(20세, 대학생) : 누나는 외향적이고 활발하여 내담자와 장난을 치며 놀리기도 한다. 내담자 동생의 심리적인 문제는 눈치채지 못하고 있다.

2. 김 군의 주호소문제
   친구 사귀기가 어렵고 타인에게 말을 거는 것이 두렵다.

3. 김 군의 지능검사와 MMPI-A 검사 결과
   - 지능검사 : 전체지능(68), 언어이해(51), 지각추론(71), 작업기억(80), 처리속도(56)
   - MMPI-A(임상척도) : 1(50), 2(71), 3(44), 4(63), 5(43), 6(72), 7(77), 8(70), 9(49), 0(72)

면접관 질문

❶ 상기의 내담자가 첫 면담에서 자신에게는 상담이 전혀 도움이 안 된다고 강력하게 주장한다. 상담자로서 당신은 어떻게 할 것인가?

❷ 이성교제에 문제가 있고 이성친구가 안 생겨서 상담하게 된 내담자가 2회기 때 여자친구가 생겼다고 종결을 요구할 때 어떻게 하겠는가?

❸ 만약 학교폭력 가해자가 상담을 요청하여 내담자로 온다면 어떤 개입을 할 것인가?

❹ 상기 사례에서 내담자의 대인관계의 어려움은 어디서 기인한다고 판단하는가?

| 답변 |

To. 면접관 ❶

① 그래도 어머니를 따라서 상담실에 온 용기에 대해 칭찬한다.
② 상담실에 들어선 일에 대해 느끼는 감정에 충분히 공감한다.
- 낯섦, 당혹감, 불편감 등
- 자신을 놀림감으로 취급한 친구들에 대한 분노감
③ 자신이 타인에게 노출된다는 불편감과 두려움을 감소시킨다.
- 비밀보장 약속
- 기대되는 상담효과에 대해 미리 설명
④ 과거 경험하였던 일에서 내담자가 느꼈을 법한 감정을 떠올리면서 공감하는 모습을 보인다.
- 과거 학교를 자퇴할 당시의 주저함과 자책감
- 현재 공부할 때 연상되는 여러 가지 사건과 생각에 대한 괴로움 등
⑤ 상담을 통해 이러한 문제가 해결될 수 있다는 희망을 전달한다.
- 성공한 유사사례 소개
- 상담자의 경험과 전문성 시사

To. 면접관 ❷

① 우선 여자친구가 생긴 점에 대하여 내담자와 같이 기쁨을 공유한다.
② 내담자가 여자친구가 생김으로써 변화된 사항을 같이 이야기하고 공감한다.
③ 앞으로 여자친구와의 활동계획 등을 관심을 가지고 묻고 듣는다.
④ 여자친구가 생겼으므로, 상담의 필요성이 더욱 커졌음을 전달한다.
- 여자친구와의 건전하고 안전한 사귐의 요령 전달
- 앞으로의 여자친구와의 활동계획 세워보기
- 청소년으로서 여학생이 가지는 특징과 심리의 설명
- 여자친구와의 사이에 발생할 수 있는 갈등이나 다툼의 해결방안 세우기
⑤ 상담의 목표가 여자친구를 포함하여 내담자의 생활에서 생기는 여러 가지 심리적인 문제를 해결하고, 반 친구나 부모님과의 갈등을 해소하며 나아가 진로문제를 해결하는 광범위한 활동임을 전달한다.

To. 면접관 ❸

① 자발적으로 상담을 받으러 온 내담자를 칭찬한다.
② 다른 친구를 때렸을 때의 상황을 파악한다.
- 자신이 피해자라고 이야기할 때 동조하지 않고 자신의 억울함에 공감한다.
- 자신의 분노를 통제하지 못한 이유를 탐색한다.
- 폭력적인 행동 이외에 할 수 있었던 다른 방법에 대해 생각하게 한다.
③ 내담자의 가해행동의 내용을 파악한다.
- 담임교사와의 면담으로 가해행위가 처음 일어난 것인지, 아니면 여러 번 되풀이 된 행동인지 알아본다.
- 먼저 때린 행동인지 친구가 때린 후 한 대응행동인지 알아본다.
④ 내담자의 부모 양육방식과 태도를 탐색한다.
- 가정에서의 폭력성 학습여부를 탐색한다.
- 남에게 무조건 이겨야 한다는 교육이 있었는지 탐색한다.

⑤ 상기 탐색한 결과에 의거하여 개입한다.
- 가정에서의 폭력성 학습의 결과인 경우
  - 부모상담을 통하여 부부관계를 개선하게 한다.
  - 민주주의적인 양육방식으로 변화하게 한다.
- 분노를 인식하고 통제하는 훈련을 한다.
  - 자신의 주장을 양보하는 태도를 조성한다.
  - 자신이 옳고 상대방이 나쁘다는 인식을 개선한다.
  - 갈등이 발생할 때 심호흡을 하고 숫자를 5까지 헤아리게 한다.
  - 자신의 폭력이 가져올 결과에 대해 생각하고 이를 열거해 본다.
- 자신의 욕구를 조절하고 학교에서 친구와 즐겁게 지내는 활동을 익힌다.
- 다양한 사회적 기술을 연마한다.
  - 양보하기
  - 배려하기
  - 칭찬하기
  - 돕 기

To. 면접관 ❹

① 전체 지능이 68이어서 경계선의 지능을 가지며, 특히 언어이해에 있어 51 정도의 점수밖에 안 되어 친구와의 대화를 잘 이해하지 못하고, 대화의 맥락을 잡지 못하여 대화에 참여할 수 없었을 것이다. 그래서 친구로부터 자연 소외를 당하게 되었고, 친구와의 사귐에서 실패의 두려움이 일반화되어 대인관계의 단절을 겪게 된 것으로 추정된다.
② MMPI-A 결과
- 6번(Pa)-8번(Sc) 척도가 높아 대인관계에서의 의심과 불안이 커지고, 자신을 대인관계에서 철수하게 된다. 심한 스트레스를 받으면 친밀한 대인관계를 회피하고 사회적으로 고립되는 동시에 상대방에 대해 적대적인 태도를 보인다.
- 7번(Pt) 척도도 높아 긴장과 불안함을 느끼고 경직됨으로써 대인관계가 어려워진다.
③ 문제를 회피하고 자신의 생각이나 주장을 펼치지 못하여 스스로를 소외한다.
④ 잠재된 공격성과 원망감으로 타인의 접근을 어렵게 한다.
⑤ 상대방의 호의를 가식적인 것으로 판단한다.

제20절 자살생각

제시된 사례

고등학교 3학년에 재학 중인 채 양은 작년에 친구들로부터 마음의 상처를 받고 등교거부를 하다가 올해 3월에 학업중단을 하려고 하였다. 아버지의 강력한 반대에 부딪쳐 학교로 돌아가게 되었지만 학교를 자주 결석하고 있다. 학교 친구들이 자신을 비웃고 하찮게 생각하고 있다고 생각하고 있으며, 집에서 혼자 지내면서 교복을 입고 학교에 가는 학생들을 보고 쓸쓸한 표정을 짓고 허공만 쳐다보며 한숨을 자주 짓는다. 고등학교 1학년 때 학교 화장실에서 손목을 칼로 그은 적이 있어 급히 병원에 후송되기도 하였다. 채 양은 옥상이 개방되어 있는 인근 아파트를 직접 가보기도 하였다.

채 양의 가족사항은 다음과 같다.
- 부(46세, 고졸, 택시기사) : 채 양에게 지시적이고 엄한 아버지이며, 가정의 경제적인 책임은 남자가 져야 한다고 생각하며 생활력이 강함. 택시 일로 채 양과 대화할 기회가 거의 없음. 딸이 어떤 수를 쓰든지 간에 고등학교를 졸업하고 대학을 졸업해야 사람구실을 한다고 생각하고 있음. 딸이 지금까지 고분고분 자신의 말을 잘 듣다 최근에 자신을 무시하고 멋대로 행동하고 있어 불편하고 화가 나있음
- 모(46세, 고졸, 보험설계사) : 조용하고 말이 없으며 몸이 약하여 여러 가지 잔병을 앓고 있음. 딸에 대해서는 딸 편에 서서 이해하고 딸의 요구를 들어주려고 하고 있음. 딸의 무기력한 모습에 걱정하고 있는데 주위에서 상담을 권하여 상담센터에 딸과 같이 방문하였음
- 오빠(21세, 대학생) : 성실하며 공부를 잘함. 여동생을 위하여 뭔가 조언도 하고 관심을 기울이고 있으나, 여동생이 별로 변하는 모습을 보이지 않아 이제는 관심을 보이지 않고 있음

채 양은 모든 것이 귀찮고 무의미하며, 현실에서 자신이 사라지는 것이 가족에게 부담을 줄여준다고 생각하고 있다. 그러나 관계를 맺고 싶은 욕구는 강하여 자기에게 관심을 보였던 몇 안 되는 친구들에게 카톡으로 연락하고 있고 자신은 곧 학교에 나갈 것이라고 이야기하고 있다.

채 양의 심리검사 결과는 다음과 같다.

1. MMPI-A
   - 타당도 척도

VRIN	TRIN	F1	F2	F	L	K
65	51T	61	65	70	55	60

   - 임상척도

Hs	D	Hy	Pd	Mf	Pa	Pt	Sc	Ma	Si
42	87	63	48	37	55	64	48	49	78

2. SCT의 주요 내용
   - 아빠는 <u>무섭고 이야기하기 싫다</u>.
   - 엄마는 <u>착하고 불쌍한 것 같다</u>.
   - 내가 가장 걱정하는 것은 <u>나의 미래이다</u>.
   - 나의 나쁜 점은 <u>너무 빨리 포기하는 것이다</u>.
   - 나는 친구가 <u>없다</u>.

면접관 질문

❶ 자살하려고 하는 사람의 특징은 무엇인가?

❷ 중요한 약속으로 급히 퇴근하려고 하는데, 예고도 없이 내담자가 방문하여 도움을 청한다. 이때 어떻게 할 것인가?

❸ 인터넷 도박을 자주 하는 학생을 상담할 때 어떻게 할 것인가?

❹ 채 양에 대한 상담을 어떻게 할 것인가?

| 답변 |

To. 면접관 ❶

① 보통 우울을 경험하고 행동이 충동적이다.
② 죽음에 대해 지나치게 생각을 많이 하거나 몰두한다.
③ 죽고 싶다고 친구나 가족에게 이야기하거나 일기장에 글로 남긴다.
④ 자신이 가치가 없다고 생각하거나 미래에 대해 부정적인 생각을 한다.
⑤ 아끼는 물건을 다른 사람에게 주거나 버린다.
⑥ 섭식에 갑작스러운 변화가 생기고 잠을 잘 자지 못한다.
⑦ 조그만 일에도 수치심을 느끼거나 죄의식을 가진다.

To. 면접관 ❷

① 우선 방문한 내담자가 무척 급하고 중요한 사안이 있다는 것을 인정해 주고 공감한다.
② 5분이나 10분 정도의 시간만 허용됨을 내담자에게 알리고, 찾아온 목적을 분명히 이야기하게 한다.
③ 사안의 중대함 정도에 따라 행동한다.
- 사안이 중대하고 위급한 경우, 약속을 취소하고 일단 내담자와 상담을 한다.
- 사안이 위급하지 않지만 내담자가 심각하게 생각하는 경우
  - 심각성의 정도를 경감시키는 이야기를 해준다.
  - 정규 상담시간이나 내일 상담을 하자고 제의한다.
- 사소한 일이며 상담자의 관심을 끌기 위하여 충동적으로 행동한 경우
  - 상담 이외의 시간에는 서로 존중하는 태도가 중요함을 전달한다.
  - 다음 상담에서 이야기하자고 이야기한다.
  - 이 경우 너무 쌀쌀맞다는 인상이나 너무 허용적인 인상을 주지 않도록 한다.

To. 면접관 ❸

① 도박을 하게 된 경위와 빈도, 액수, 학업에 끼치는 영향 등을 조사한다.
② 도박의 위험성을 전달한다(감당할 수 없는 채무, 중독성, 자살의 위험성, 학업중단 가능성 등).
③ 도박하는 빈도나 액수 등 중독 가능성이 커 전문기관의 도움이 필요하다고 판단되는 경우
- 한국도박문제관리센터에 상담을 의뢰한다.
- 형법 제246조(도박, 상습도박)의 처벌대상이 됨을 교육한다.
- 도박 상담전화 : 1336번
④ 아직 도박중독 증상이 경미한 경우
- 도박이 불법이라는 사실을 인지하게 한다.
- 건전하게 여가시간을 즐길 수 있는 활동을 찾아서 하게 한다.
- 친구에게서 돈을 빌리는 행동을 근절하게 하고 빌린 돈은 꼭 갚게 한다.
- 돈을 적정하게 사용하는 습관과 일확천금의 환상을 가지지 않게 한다.
- 부모의 방임과 무관심을 해결하기 위한 부모상담을 병행한다.
- 기타 사행성 게임의 앱을 삭제한다.

To. 면접관 ❹

① 라포를 형성한다.
- 채 양의 현재감정에 충분히 공감한다.
- 학교가 싫지만 학교에 가는 애들이 부러운 양가감정을 이해하고 이를 전한다.
- 자신의 문제를 해결하고 싶은 마음을 칭찬한다.

② 우울(D = 87)의 원인을 밝히고 이를 해소한다.
- 자신의 문제를 알고 해결하고 싶은 마음이 있는 것은 강점이고 자원임을 알게 한다(L-F-K 점수).
- 인지적인 왜곡 여부를 점검하고 이를 수정한다(F score가 높음).
- 자신의 심리적인 문제를 해결하기 위한 자해는 위험행동이며 자해 이외에도 좋은 방법이 많고 도울 사람이 많다는 점을 인지시킨다.
- 자신의 생각과 의사를 잘 전달하고 이야기하도록 만든다.
- 필요한 경우 우울에 대한 병원진단과 약물치료를 병행한다.

③ 친구관계를 개선한다.
- 친구에게 먼저 다가가 대화하기
- 가까운 친구에게 자신의 고민을 전하고 위로받고 조언 듣기
- 자신의 감정이나 생각을 친구에게 솔직하게 이야기하기

④ 부모의 상담을 한다.
- 내담자에게 관심을 기울이며 이해하고 격려하는 태도를 보이게 한다.
- 부친으로 하여금 학력에 대한 욕구가 딸에게 많은 좌절과 스트레스를 주고 있다는 사실을 이해하게 한다.
- 부부가 서로 화합하고 사랑하며 그런 모습을 자녀에게 보이도록 한다.
- 차후 자살 위험성을 전달하고 세심히 관찰할 것을 부탁한다.

> **참고** 청소년 온라인 도박
> - 도박게임 : 스포츠토토, 사다리 게임, 달팽이 게임, Power Ball, 로하이
> - 도박의 개인적 요인 : 충동성, 재미추구, 인내력 부족, 위험회피 자각, 스트레스 인내력 부족
> - 도박중독 단계 : 도박연습 – 도박환상 – 전념 – 일탈 – 중독

합격의 공식 **시대에듀** www.sdedu.co.kr

▲ 정오표

PART 06

면접자료

CHAPTER 01　문제유형별 상담개입전략
CHAPTER 02　청소년 위험행동
CHAPTER 03　청소년 관련 정보

PART 06 | 면접자료

> **핵심요약**
> 이 파트에는 면접시험에서 혹시 면접관이 질문하게 될지도 모르는 사항을 별도로 정리해 놓았다. 또한 면접시험 며칠 전에 빠른 시간 내에 복습할 수 있도록 문제유형별로 상담개입전략 및 청소년 위험행동에 대한 지식을 정리해 보았다. 비록 완전한 개입전략이 아니라고 하더라도 수험생 여러분이 쉽게 이해하고 행할 수 있는 전략이며, 또한 면접에서 무난히 인정받을 수 있는 수준이라고 생각한다.
> 그러나 무엇보다 중요한 것은 이 파트에서 언급된 지식보다는 미래 상담자로서의 자부심과 청소년을 사랑하는 태도, 그리고 어려운 여건을 극복하면서 전문가로 성장하려는 열정과 이에 수반되는 끊임없는 노력이라는 것을 생각하여야 한다.

제1절 문제유형별 상담개입전략

(1) 교우관계

① 왕따, 따돌림, 괴롭힘, 학교폭력
 ㉠ 괴로움을 공감하고 이해한다.
 ㉡ 자신의 행동을 점검한다.
  • 친구를 원망하기 이전에 나의 행동이나 태도에 문제가 없었는지 점검한다.
  • 친구를 무시하거나 혹은 친구가 싫어하는 행동이나 태도를 취하였는지 살펴본다.
  • 너무 잘난 척한 것은 아닌지 반성해 본다.
 ㉢ 우호적인 친구를 물색하고 그와 사귐을 시도한다.
  • 나를 동정하고 이해하는 친구를 찾는다.
  • 그와 친구관계를 맺는다.
  • 그 친구를 매개로 하여 다른 친구를 사귄다.
 ㉣ 대인기술을 습득한다.
  • 상대방에게 자신의 감정을 분명히 이야기한다.
  • 자신의 감정이나 의사를 가해자에게 분명히 표현한다.
  • 학교폭력을 신고(117)한다는 경고를 가해자에게 전달한다.
 ㉤ 보호요청을 한다.
  • 교사와 부모님에게 알린다.
  • 학교폭력 신고(117) 조치를 행한다.

② 친구로부터의 소외
  ㉠ 친구에게서 소외당하는 감정에 공감한다.
    • 당혹스러움, 서운함, 괴로움의 이해
    • 자신이 소외되고 있다는 객관적인 증거 수집(인지적 왜곡여부 체크)
  ㉡ 먼저 자신의 행동을 점검한다.
    • 이기적, 가식적, 남이 싫어하는 태도나 행동여부 점검 및 수정
    • 친구의 말이나 태도, 행동에 대한 과민한 반응여부
  ㉢ 대인기술을 습득한다.
    • 친구 돕기, 친구 칭찬하기 훈련
    • 바람직한 대화법, 자기 의사표현 훈련
  ㉣ 동정적인 친구를 물색하여 친구 사귀기를 시도한다.
    • 상대방 입장 이해하기
    • 우정으로 친구 사귀기 재시도

(2) 부모와의 갈등 및 애정결핍으로 인한 부적응 행동
① 범법행위의 비행
  ㉠ 촉진적 상담관계 형성
    • 공감, 수용, 이해
    • 범행 당시의 자신에 대한 현재의 생각과 정서 이야기하기
    • 자신의 강점과 가능성, 희망 찾기
    • 자신의 노력 여하에 따라 미래가 달라진다는 사실 인지하기
  ㉡ 상담목표

부모상담 병행	• 바람직한 양육방식과 태도 권장 • 폭력행사, 폭언 및 지나친 간섭 개선, 애정과 대화
비행근절	• 도덕교육 • 비행과 그 결과에 따른 형벌 교육 • 스트레스 대처, 분노조절 프로그램 참가
자존감의 향상	실행 가능한 작은 목표설정과 성공체험
미래에 대한 통찰과 계획	• 학습목표 세우기, 목표성취를 위한 실천계획 세우기 • 장래희망 사항, 장래직업 정하기

② 가출시도와 자살생각
  ㉠ 자기 잘못에 대한 부모의 용서 전달
    • 부모의 내담자 용서 확인
    • 위험행동(가출이나 자살시도)의 방지
  ㉡ 도움과 해결책 깨닫기
    • 모든 일은 그 해결책이 있음을 알기
    • 주변의 도움을 청할 수 있음을 알기

ⓒ 부모상담 병행
　　　　• 자녀의 불안을 야기하는 행동과 태도의 변화
　　　　　- 처벌 위주의 훈육 탈피
　　　　　- 권위주의적인 양육방식 개선
　　　　• 위험행동으로 발전할 수 있는 가능성 인지
　　　　• 평소의 바람직한 양육방식 알기
　　　ⓔ 내담자 개인상담 실시
　　　　• 자존감 형성(격려, 성공적 체험, 성공사례 학습)
　　　　• 자신의 실수 인정과 재발 방지를 위한 행동계획 세우기
　　　　• 욕구지연과 통제 능력 기르기
　③ 강압적 부모에 대한 저항으로 가출
　　　㉠ 부모의 뉘우침 전달
　　　　• 가정으로 전화가 왔을 때 혹은 친구를 통해 부모가 잘못을 인정하고 뉘우치고 있음을 알게 하기
　　　　• 가출 이후의 위험요소를 알게 하기
　　　ⓒ 부모상담 병행
　　　　• 자녀의 저항을 야기하는 행동과 태도의 변화
　　　　　- 처벌위주, 권위주의적인 양육
　　　　　- 지나친 간섭, 행동제약
　　　　• 애정과 관심, 신뢰와 격려
　　　ⓒ 내담자 개인상담 실시
　　　　• 자존감 형성(격려, 성공적 체험, 성공사례 학습)
　　　　• 부모와의 관계 개선
　　　　　- 부모입장 되어보기
　　　　　- 자신의 기분이나 의사, 주장을 부모에게 바르게 전달하기
　④ 가정불화로 인한 가출과 비행
　　　㉠ 이해, 공감, 감정의 분출과 정화도모
　　　ⓒ 상담목표
　　　　• 부모와 애착관계 형성
　　　　　- 부모의 상담병행으로 부모의 문제행동 개선
　　　　　- 부모의 이해와 포용
　　　　　- 부부관계 개선
　　　　• 비행근절
　　　　　- 도덕교육
　　　　　- 비행과 그 결과에 따른 형벌 교육
　　　　　- 스트레스 대처법, 분노조절 프로그램
　　　　• 자존감의 향상

- 미래에 대한 통찰과 계획(학교 밖 청소년의 경우)
  - 직업학교, 대안학교
  - 장래희망, 미래직업 설정

⑤ 비행청소년에게 접근하는 전략
  ㉠ 우선 비행·문제청소년의 특징을 이해한다.
  - 애정결핍이 많다.
    - 관심을 기울이며, 애정을 가지고 이해·수용
  - 인정받기를 원한다.
    - 청소년의 좋은 점, 장점 부각
    - 그가 처한 사정이나 그렇게 될 수밖에 없는 사정에 대해 공감
    - 자신이 결심하면 어떤 일이든지 가능하며 미래가 밝음
  ㉡ 비자발적으로 상담을 받으러 온 경우가 많다.
  - 부모 또는 자신에 대한 감정발산을 유도한다.
  - 일종의 멘토(Mentor)를 만나 자신의 문제를 해결한다는 가벼운 마음을 가지게 한다.
  - 비밀보장을 약속한다.
  ㉢ 부모상담을 병행한다.
  - 부모교육 : 자녀의 이해, 수용, 절제된 관심과 간섭, 좋은 양육방식을 전달한다.
  - 자녀 양육에 대한 인식, 태도, 방식을 개선한다.
  ㉣ 자기통찰을 유도한다.
  - 비행결과의 부정적인 결과의 인식과 평가
  - 자아개념 정립, 자아존중감 향상
  - 주된 상담의 기법 : 직면·해석·저항의 처리, 명료화, 요약
  ㉤ 기타 상담기법
  - 분노와 감정조절 능력의 훈련
  - 생활방식의 변화 도모
  - 비행의 재발방지를 위한 조치
  - 욕구지연과 통제의 연습
  - 부모에게 효율적으로 요구하는 기술 익히기

(3) 인터넷(음란물) 중독
  ① 인터넷 게임중독
    ㉠ 게임 몰입 이유 탐색
      - 부모의 방임, 무관심, 지시적이고 강압적인 태도
      - 양부모의 근로(낮 시간대의 관리, 통제기능 부재)
      - 인정의 욕구, 스트레스 취약기질, 높은 충동성, 주의력 부족
      - 친구의 따돌림, 학습욕구 저하, 자기정체성 혼미, 미래의 희망 미결정
    ㉡ 인터넷 게임시간 줄이기
      - 대안활동 모색과 권유 : 스포츠활동, 동아리 활동, 기타 취미활동(대안활동의 요건 : 정기적, 회비 등 돈이 들어가는 활동, 부모와 같이 하는 활동, 땀 흘리는 활동)

- 게임시간 정하기와 실천(부모와 자녀의 합의, 부모의 모범적 행동)
- 학습계획 수립과 실천(목표성적의 결정, 달성 시 긍정적 보상약속)
- 부모의 관심과 자신의 결심 적어내기
ⓒ 부모와 행동계약서 작성
- 바람직한 행동(학습 등)에 대한 정적강화
- 토큰경제
- 기간, 상과 벌의 내용 명시
- 부모의 책임, 부모에게 요구되는 역할 명시와 준수
ⓔ 보호프로그램 설치
검색어 차단, 사이트 접속 제한 프로그램 설치 등

② 음란물 중독
ⓐ 내담자 감정에 공감
- 음란물 접촉상태 파악
- 자기회의와 자책감 공감
- 자기테스트 실시 : 중독성 여부 체크
ⓑ 성지식 오류 위험성 설명
- 과장되고 잘못된 지식
- 폐해 인지(이성을 쾌락의 상대로 봄, 성도덕의 마비 등)
- 과도한 탐닉으로 인한 성기능 이상 위험성 깨닫기
ⓒ 대 책
- 인터넷 시간 줄이기
  - 대안활동 모색 : 스포츠, 동아리 활동
  - 늦게까지 독서실에서 공부하기
- 부모와 행동계약 만들기
  - 바람직한 행동에 대한 포상
- 컴퓨터에 보호프로그램 설치
  - 검색어 차단, 사이트 접속 제한 등
  - 게임시간 선택제 실시(부모 혹은 18세 미만의 청소년 본인이 신청하며 원하는 시간에 게임을 차단할 수 있는 제도 ; 2012.1.22. 시행)
- 기타 해결책
  - 자기 전까지 자기 방문 열어놓기
  - 가족과의 대화 많이 하기, 가족행사 적극 참여하기

③ 자위행위
ⓐ 공감과 이해
자위 후의 죄책감, 수치감, 공허감
ⓑ 자위에 대하여 설명
의학적으로는 무해하다고 하지만, 계속하여 반복하면 심리적 문제도 유발하고, 성기의 과도한 마찰로 상처가 날 우려가 있다는 사실 교육

ⓒ 대 책
- 성적에너지의 생산적 처리 : 스포츠, 건전한 이성 간의 만남(동아리), 봉사활동, 체험활동
- 자기통제력 향상
  - 방문 열어놓고 인터넷 하기
  - PC에 보호프로그램 설치(검색어, 사이트 차단)
  - 독서실에서 공부하다가 늦게 오기
  - 충동 시 주의를 딴 곳으로 돌리기
- 부모와의 애착형성
  - 가족과 대화하기
  - 가족행사 참여하기

(4) 진로결정
① 부모와의 갈등이 있는 경우
  ㉠ 이해와 공감
    - 부모와 진로 불일치로 인한 괴로움
    - 자신의 욕구나 희망사항에 대한 부모의 몰이해를 향한 짜증과 분노
  ㉡ 자신에 대한 정확한 이해 점검
    - 흥미, 적성, 성격검사 결과 분석
    - 학교 선배들의 조언
    - 희망직업에 대한 정확한 정보취득
    - 진로상담
  ㉢ 자신이 원하는 진로에 확신이 서면 부모를 설득
    - 부모의 입장을 충분히 이해하는 태도 보이기
    - 명확한 계획과 꿈
    - 꿈을 실현하려는 정열과 포부 설명
② 진로선택에 어려움을 겪고 있는 경우
  ㉠ 이해와 공감
    자신이 어떤 진로를 선택해야 할지 모르는 것에 대한 당혹감에 공감
  ㉡ 자신에 대한 정확한 이해
    - 적성, 흥미 및 성격검사
    - 홀랜드(Holland), 스트롱(Strong) 진로탐색검사
    - 진로상담 선생님과 상담
  ㉢ 희망직업에 대한 정확한 정보취합 및 평가
    - 연봉, 자격요건, 경험요건 등 조사
    - 희망직업과 자신의 흥미, 적성 일치여부 확인
  ㉣ 최종적 결정
    - 자신의 흥미, 적성과 희망하는 진로직업의 비교 및 평가
    - 자신의 성적과 자격요건 등을 종합하여 판단하고 결정

(5) 자살위기 상황 대처
　① 목 표
　　㉠ 청소년에게 손상을 입히지 않고 위기가 지나가게 한다.
　　㉡ 청소년에게 희망이 존재한다는 것을 알게 한다.
　　㉢ 위기에 처한 청소년에게 자살이 아닌 수많은 다른 대안이 있음을 알게 한다.
　　㉣ 청소년을 도와줄 수 있는 자원이 많으며, 이 자원들을 이용할 수 있는 방법을 알게 한다.
　② 상담의 방법
　　㉠ 삶의 곤경에 대한 대처능력을 키운다.
　　㉡ 면역체계를 세운다.
　　㉢ 지지망을 갖게 한다.
　　㉣ 청소년의 관심이 무엇인지 경청한다.
　　㉤ 충고를 강요하지 않는다.
　　㉥ 문제를 최소화하지 않는다.
　　㉦ 의사소통의 연락망을 계속 열어놓는다.
　　㉧ 언제든 망설이지 말고 도움을 요청하도록 한다.
　③ 자살을 이야기할 때 해야 할 것
　　㉠ 말하지 말고 참을성 있게 경청한다.
　　㉡ 침착함을 유지한다.
　　㉢ 중요한 자료를 확보한다(청소년의 이름, 주소, 전화번호, 부모의 직장 전화번호 등).
　　㉣ 청소년에게 계속하여 이야기하도록 한다(경청유지).
　　㉤ 자살계획을 가지고 있는지 파악한다.
　　　• 어떻게 자살할 계획인가?
　　　• 얼마나 오랫동안 계획하고 생각하고 있었는가?
　　　• 어떤 사건으로 인해 이러한 상황까지 오게 되었는가?
　　㉥ 몇 가지 즉각적인 대안들을 제시해 준다.
　　㉦ 자살을 하지 않겠다는 약속을 하게 한다(생명존중서 작성).
　　㉧ 부모를 개입시켜 자살행동을 미연에 방지한다.
　④ 자살을 이야기할 때 하지 말아야 할 것
　　㉠ 홀로 남게 하거나 멀리 보내지 않는다.
　　㉡ 청소년의 관심사를 최소화하거나 위험에 대해 가볍게 대처하지 않는다.
　　㉢ 침묵에 대해 조급하게 대응하지 않는다(생각할 시간이 필요하다).
　　㉣ 자살에 대해 대화하였으니, '이제 안심이다'라는 생각의 덫에 빠지지 않는다.
　　㉤ 인내심을 잃지 않는다.
　　㉥ 비밀을 약속하는 것 대신 도움을 약속한다.
　　㉦ 자살이 옳고 그른지에 대해 논쟁하지 않는다.

제2절 청소년 위험행동

(1) 10대 임신
　① 증가요인
　　　㉠ 임신가능 연령이 낮아짐
　　　㉡ 성에 대한 개방적인 태도
　　　㉢ 성경험 연령이 낮아짐
　　　㉣ 부모와의 대화부족
　　　㉤ 피임방법을 모르거나 귀찮다고 피임을 하지 않음
　　　㉥ 포르노 영상매체에 무제한 노출
　　　㉦ 성파트너에게 자신의 무경험을 표현하려는 의도
　② 문제점
　　　㉠ 미숙아 출산의 가능성 높음
　　　㉡ 산모와 아이의 건강문제
　　　㉢ 저학력으로 인한 경제적인 문제
　　　㉣ 아이의 유기나 입양으로 인한 정신적인 문제

(2) 청소년 성(性)문제
　① 종류
　　　㉠ 성폭력
　　　　• 육체적 고통 : 부상, 임신, 성병 등
　　　　• 정신적 고통 : 공포, 우울증, 좌절감과 죄의식, 수치심, 가해자에 대한 혐오감, 자살 등
　　　㉡ 성매매
　　　㉢ 음란채팅
　　　㉣ 음란사이트 중독
　② 원인
　　　㉠ 성 호르몬 분비에 따른 성욕증가
　　　㉡ 뇌기관 이상에 따른 성욕증가
　　　㉢ 그릇된 성문화의 악영향(성의 상업화, 대중매체의 영향)
　　　㉣ 경제적 이익을 취하기 위한 의도적 행동
　③ 대처방안
　　　㉠ 유해환경의 감소 : 퇴폐업소의 정리, 대중매체 접속차단
　　　㉡ 성교육 실시(성평등, 성지식 바로 알리기, 성적 의사결정력 키우기)
　　　㉢ 청소년성보호 관련 예산증액, 성문제예방 전담교사 배치

(3) 청소년 자살
   ① 원 인
      ㉠ 학업성적에 대한 비관
      ㉡ 부모의 무관심이나 애정결핍, 화목하지 않은 가족관계
      ㉢ 경제적 어려움
      ㉣ 학교폭력
      ㉤ 이성문제(성관계, 성폭력)
   ② 과 정
      ㉠ 자살생각
      ㉡ 자살계획
      ㉢ 자살시도
      ㉣ 자살실행
   ③ 특 징
      ㉠ 충동적으로 일어나기 쉽다.
      ㉡ 다분히 감정적이다.
      ㉢ 친구와 동일시하여 집단자살을 하기도 한다.
      ㉣ 가정불화가 자기의 책임이라고 생각하여 죄책감에 빠지기도 한다.
   ④ 대처방안
      ㉠ 국가, 지방자치단체의 '청소년 자살 예방프로그램'
      ㉡ 학교와 지역사회의 정서적 지원(사회적 관심의 증가)
      ㉢ 위기개입 : 청소년에게 언제든지 다가가 도와줄 수 있는 지원체계 구축
      ㉣ 대학입시 중심의 교육체계 개선
      ㉤ 대중매체를 이용한 긍정적인 가치관 교육 실시
      ㉥ 자살사이트의 엄중단속
         • 차단어를 수록하여 사이트 검색차단
         • 사이트 운영자 처벌
   ⑤ 관련사항 : 보통 남자가 여자보다 자살 성공률이 높다.

(4) 거식증
   ① 개 요
      ㉠ 신경성 무식욕증, 신체상과 체중감소에 강박적으로 집착하여 의도적으로 음식을 거부함
      ㉡ 여자 청소년에게 많이 발생
      ㉢ 쉽게 우울증에 빠짐
   ② 많이 걸리는 사람
      ㉠ 엄격한 부모, 가정에서 자란 모범생
      ㉡ 완벽주의자, 다이어트 강박증세가 있거나 비만에 대한 강한 두려움을 가진 여자 청소년

③ 원 인
  ㉠ 뇌의 결함, 시상하부의 교란
  ㉡ 날씬해져야 한다는 사회적 압력에 대한 반응
  ㉢ 지나치게 간섭하는 부모에 대한 반응
  ㉣ 내향성, 불안, 의존성, 강박관념
④ 치 료
  ㉠ 구조적 가족치료(Minuchin)
  ㉡ 약물치료(항우울제)

(5) 폭식증
  ① 증 세
    ㉠ 엄청나게 많이 먹고, 스스로 토함(변비약, 설사약, 이뇨제 등 사용)
    ㉡ 폭식 후 자신에 대한 열등감, 혐오감, 낮은 자존감을 나타냄
    ㉢ 화를 잘 내고, 충동적이거나 성취 지향적임
  ② 원 인
    ㉠ 가족으로부터 받지 못한 애정에 대한 심리적인 굶주림
    ㉡ 신경전달물질의 이상(세로토닌, 엔돌핀 기능이상)
    ㉢ 자신의 외모에 대한 과도한 관심과 걱정
  ③ 치 료
    ㉠ 항우울제 투여
    ㉡ 집단치료(인지행동치료, 환자의 무의식적인 면에 대한 심리치료)

(6) 비행청소년
  ① 특 성
    ㉠ 자아정체감이 제대로 형성되지 않음
    ㉡ 자기통제력 부족
    ㉢ 저소득층 청소년은 교육기회 및 좋은 직장을 얻을 기회의 부족으로 비합법적인 수단을 이용하게 되어 비행에 가담
  ② 비행청소년 가족
    ㉠ 가정규칙이 없다.
    ㉡ 부모의 관리감독이 소홀하다.
    ㉢ 자녀훈육에 일관성이 없다.
    ㉣ 가족문제나 위기를 효율적으로 해결하는 능력이 없다.
    ㉤ 과도한 관용을 보이거나 방임한다.

(7) 인터넷 중독
    ① 인터넷 자체의 특징
        ㉠ 쌍방향 통신가능
        ㉡ 무한한 개방성
        ㉢ 금단현상, 내성, 일상생활 장애 발생
    ② 인터넷 중독의 개인심리적 특성
        ㉠ 우울증, 충동성
        ㉡ 외로움의 회피, 인정욕구
    ③ 인터넷의 주된 용도
        ㉠ 온라인 게임
        ㉡ 도 박
        ㉢ 채 팅
        ㉣ SNS(페이스북, 인스타그램, 카카오톡, 유튜브 등)
    ④ 중독에 잘 빠지는 유형
        ㉠ 성적저하, 부모의 방임이나 방치, 친구와의 갈등, 소외감
        ㉡ 인정에 대한 강한 욕구
        ㉢ 우울증, 낮은 자존감
    ⑤ 조 처
        ㉠ 자신의 인터넷 이용형태를 중심으로 하여 '생활일지'를 작성한다.
        ㉡ 시간을 효과적으로 관리할 수 있는 기법을 활용한다.
        ㉢ 가족의 관심, 애착, 대화의 기회를 만든다.
        ㉣ 외부의 방해물(차단장치) 설치 : 일정시간이 경과하면 자동으로 전원을 차단한다.
        ㉤ 인터넷을 대체할 수 있는 활동을 개발한다(사물놀이, 운동, 정기적인 활동, 취미활동 등).
        ㉥ 청소년 문화, 여가환경의 개선을 도모한다.

(8) 약물 오남용
    ① 신체적 징후 : 눈의 충혈, 콧물이 나옴, 눈초점 안 맞음
    ② 원 인
        ㉠ 호기심, 모험심, 강박적인 사용
        ㉡ 스트레스와 문제처리
        ㉢ 사회 도구적 동기(집단구성원이 되기 위한 시도)
    ③ 대처방안
        ㉠ 가 족
            • 무조건적으로 수용하며, 자녀의 입장에서 생각하고 이해한다.
            • 마약류의 폐해에 대해 정확하게 이야기해 준다.
            • 중독이 자기 자신의 책임이라는 것을 인식하고 협력적 태도를 보인다.
            • 같은 개입이 소용이 없을 때는 병원 등의 기관에 치료를 의뢰한다.

ⓒ 학 교
- 정기적인 실태조사를 한다.
- 술, 담배 및 기타 약물사용에 대한 학교의 규칙과 벌칙들을 청소년 스스로 수립하여 실천하도록 한다.
- 정책을 공정하고 일관성 있게 시행한다.
- 종합적인 예방교육을 시행한다.
- 학교, 지역사회, 학부모회, 치료기관, 민간단체 연계 등 도움을 받을 수 있는 체계를 구축한다.

ⓒ 지역공동체
- 지역별 약물치료센터와 예방시설을 설치한다.
- 전문가를 시설에 배치한다.
- 지역의 학교에 전문가를 파견하여 효과적인 예방교육을 시행한다.

(9) 학업중단
① 원 인
ⓐ 부모의 지나친 관심과 기대 혹은 무관심이 자녀와의 갈등을 유발
ⓑ 학업성적이 낮은 학생의 실망감, 차별대우
ⓒ 학벌주의 사회구조
ⓓ 유해한 업종, 유해한 매체물, 유해환경들의 유혹
ⓔ 문제를 회피하려는 성향
ⓕ 스트레스의 내성 취약성

② 특 징
ⓐ 개인적인 요인보다는 학교와 같은 환경적 요인이 더 크게 작용한다.
ⓑ 학업 중퇴자의 사회적인 낙인으로 소외감, 절망감을 경험한다.
ⓒ 비행에 연루가 될 가능성이 높다.

③ 정 책
ⓐ 직업훈련
ⓑ 대안학교
ⓒ 청소년쉼터
ⓓ 청소년상담

④ 정책적 대안
ⓐ 도시형 대안학교 및 대안중학교의 설립
ⓑ 비정규학교 지원 및 학력인정
ⓒ 실업계 직업교육의 확대
ⓓ 상담 전담교사의 의무적 배치
ⓔ 학교방문 순회상담의 강화

⑤ 학업중단 청소년을 위한 사후 지원대책
㉠ 위탁직업교육 및 시설 학력인정제 도입
㉡ 국가기술자격시험 필기시험 면제
㉢ 청소년쉼터와 학교 간의 연계체계 구축
㉣ 복학 및 복교 프로그램 이수 의무화

(10) 청소년 가출
① 원 인
㉠ 방출요인
- 가정 : 부모와의 불화, 부모의 별거나 이혼, 부모의 부부싸움, 경제적 어려움
- 학교생활에서의 소외감, 학업에 대한 심한 압박감

㉡ 유인요인
PC방, 노래방, 찜질방, 유흥업소, DVD방

㉢ 촉발요인
- 가정 밖(가출) 청소년의 정서적·행동적 특성
- 또래집단의 유혹

② 특 성
㉠ 범죄가담 가능성
㉡ 학업중단을 초래함
㉢ 다양한 이동경로(친구 집, 이성친구 집, 돈이 필요하면 유흥업소에 나감)

③ 당면문제
㉠ 고용 및 주거문제
㉡ 신체적·정서적인 문제 : 임신, 임신중절, 출산, 낮은 자아존중감, 심리적인 불안, 타인에 대한 두려움과 분노
㉢ 학교의 퇴학처분
㉣ 약물남용, 비행문제 발생

④ 대 책
㉠ 가정 밖(가출) 청소년 보호법 제정 : 구체적인 지원시행
㉡ 청소년쉼터 확대 및 기능적 특성화
㉢ 자립, 자활을 위한 중장기 시설의 확대
㉣ 의료 서비스의 제도화 : 무상치료 시스템의 구축
㉤ 학교 밖 청소년의 취업기회 확대

⑤ 학교와 부모의 지도방안
  ㉠ 부모와 자녀 간의 의사소통 강화
  ㉡ 건강한 가정의 유지
  ㉢ 즐거운 학교환경 조성
  ㉣ 학교 내 민주적인 분위기 조성(체벌금지, 강압적 분위기 해소, 입시 위주 교과진행 지양)
  ㉤ 학교사회사업의 정착 : 각종 문제행동에 개입, 개별적이고 전문적인 학교사회사업 전개

(11) 폭 력
  ① 개 념
    ㉠ 금품이나 물건의 강탈, 폭행, 공갈, 협박, 성폭력
    ㉡ 신체적·정서적·성적 가해행동
  ② 원 인
    ㉠ 개인적 원인 : 성격적·정서적 측면, 인지처리 과정의 왜곡
    ㉡ 가정적 원인 : 결손가정·빈곤가정, 부모의 적대적·권위적·방임적 태도, 부모의 처벌적 양육방식
    ㉢ 학교적 원인 : 학업포기 학생의 방임, 입시위주의 교육환경, 교사의 무관심
    ㉣ 사회환경적 요인 : 대중매체의 폭력노출
  ③ 학교폭력에 대한 정책의 방향
    ㉠ 예방적 접근, 연계체계 구축, 정부-민간업체의 연계
    ㉡ 피해학생과 가해학생의 문제해결을 위한 명확한 지침
    ㉢ 교육시행 : 학교장, 교사(학교폭력 관련 연수교육), 학생(인권교육)
    ㉣ 기구 : 학교폭력대책심의위원회
    ㉤ 폭력문화추방 캠페인 전개
  ④ 학 교
    ㉠ 성적중심이 아닌 다양한 학내 프로그램 운용
    ㉡ 전문 상담교사의 배치, 교내의 순찰활동 강화
    ㉢ 다양한 인성교육
  ⑤ 가 정
    ㉠ 부모의 바람직한 양육태도
    ㉡ 대화의 활성화, 관계개선 노력
  ⑥ 사 회
    ㉠ 유해환경의 제거
    ㉡ 대중매체의 폭력에 대한 자율적인 규제
    ㉢ 건전한 놀이문화 육성을 위한 문화공간 확보
    ㉣ 상담지원과 법률적 지원 체계
    ㉤ 청소년치료센터의 설립, 치료프로그램의 개발

> **참고**
>
> **학교폭력 발생 시 방관학생들을 위한 조치**
> - 일단 가해자와 피해자의 부모에게 알린다.
> - 반드시 학교에 사건을 신고하고 심의위원회를 통해 사건을 해결하도록 한다.
> - 학교는 학생들에게 "방관자의 입장은 가해자의 책임과 같다"고 교육한다.
> - 고자질이 아니라 신고가 최선의 예방책임을 기억하도록 한다.
>
> **학교폭력 사안처리 원칙**
> - 피해자 우선 보호원칙(응급조치)
> - 가해행위 중단(가해행위의 방치는 폭력의 재발을 부른다)
> - 학교폭력의 피해와 가해의 진실을 밝힘
> - 피해, 가해 학생의 학교적응
> - 즉각적인 개입과 적극적인 해결의지
> - 학교폭력법에 의한 처리과정의 공식적 진행
> - 사건의 왜곡, 오해 방지를 위해 사건의 표면화 및 적극적인 대응
> - 필요 시 전문기관에 연계
>
> **학교폭력 예방기술**
> - 친구 사귀는 기술
> - 공감훈련
> - 긍정적 자기진술
> - 나 표현법
> - 자기주장훈련
> - 갈등해결
>
> **학교폭력 상담절차**
> - 시작 단계
> - 구체적인 정보수집 단계
> - 욕구파악 단계
> - 문제해결 방법 탐색 단계
> - 상담종결 및 연계 단계

(12) ADHD

① 정의 : 주의력결핍 과잉행동 장애(ADHD ; Attention Deficit Hyperactivity Disorder)는 아동기에 많이 나타나는 장애로서, 지속적으로 주의력이 부족하여 산만하고 과다활동, 충동성을 보이는 상태를 말한다.

② 원 인

㉠ 신경·생물학적 요인
- 유 전
- 뇌손상과 뇌기능 장애
- 신경전달물질(도파민, 노르에피네프린)의 이상 - 삼환계 항우울제 치료효과

ⓒ 환경요인 및 심리·사회적 요인
　　　• 임신과 출산 합병증
　　　• 가정환경
　　　• 부모-자녀관계와 상호작용
　　　• 교사-아동관계와 상호작용
　　ⓒ 여러 가지 요인의 상호작용
③ 특 성
　　㉠ 주의력 결핍(부주의)
　　　• 세부적인 면에 주의를 기울이지 못하고, 실수를 자주 한다.
　　　• 놀이를 할 때도 지속적으로 주의를 집중하지 못하고, 일을 끝까지 해내지 못하는 경향이 많다.
　　　• 대인관계에서도 다른 사람의 말에 귀를 기울이지 못한다.
　　　• 좋아하는 활동 시에는 더욱 주의를 집중하기도 하지만, 지루한 수행에는 쉽게 싫증을 낸다.
　　　• 주의집중이 요구되는 초등학교 고학년이 되면서 학습부진과 함께 학습동기의 저하나 정서적인 문제를 유발하기도 한다.
　　㉡ 과잉행동
　　　• 가만히 앉아있지 못해서 부모들이 "잠시를 가만히 있지 못한다", "마치 모터나 바퀴가 달린 것 같다"고 호소한다.
　　　• 연령에 따라 나타나는 양상에 차이가 많고, 집단활동에 어려움을 보인다.
　　㉢ 충동성
　　　• 억제능력의 결여로 인하여 충동통제에 어려움을 보이며, 참을성과 인내력이 부족하다.
　　　• 성급하게 대답하거나 행동하고, 다른 사람의 활동을 방해하거나 간섭하기도 해서 대인관계에서 어려움을 경험한다.
　　　• 충동성으로 인해 행동의 결과를 예상하지 못하므로, 위험한 행동을 하게 되거나 뜻하지 않은 사고를 당하기도 한다.
④ 부수적인 문제

학습문제	• 지적 잠재력에 비해 학교성적이 낮고, 과제를 수행하는 능력이 매우 부족하다. • 부주의와 충동성으로 인해 주의를 필요로 하는 과제의 수행 시 정보처리 과정에서 순차적이고 논리적으로 과제를 조직화하지 못한다. • 학습과제가 어려워지는 초등학교 고학년의 경우 학습문제를 호소하는 경우가 많다.
정서문제	• 스스로 자신의 행동을 통제할 수 없음을 인식하고, 주변으로부터 부정적인 피드백을 경험해서 자존감이 낮아지고 좌절감과 우울감을 경험하는 경우가 많다. • 주변 사람들에 대한 서운함과 억울함이 분노감으로 지속되면서 반항적인 태도와 행동을 나타내기도 한다.
대인관계 문제	• 부주의와 과잉행동, 충동성 때문에 주변의 사람들과 원만한 관계를 형성하는 데 어려움이 많다. • 놀이 시 기본규칙을 지키지 못하고, 상대방을 배려하는 면이 부족해서 따돌림을 당하기도 한다. • 부모와의 관계에서는 아동의 문제가 만성적으로 지속되고, 성장하면서 학습문제나 행동통제의 문제가 동반되면서 관계가 악화되는 경우가 많다. • 특히, 부모가 양육과정에서 스트레스와 무력감을 느끼는 경우가 많다.

제3절 청소년 관련 정보

(1) 청소년 관련 기구
    ① 청소년보호위원회(여성가족부 산하)
        ㉠ 시·군·구 청소년상담복지센터
        ㉡ 청소년쉼터
    ② 교육청 산하
        ㉠ 17개의 시·도 교육청 청소년상담센터
        ㉡ 한국직업능력연구원 진로상담센터
        ㉢ 한국교육개발원 상담실
        ㉣ 한국교육학술정보원 에듀넷(Edunet) 교육종합상담실
        ㉤ 14개 독학정보상담실(평생교육진흥원)
    ③ 보건복지부 및 여성가족부
        ㉠ 아동복지시설 : 아동상담소, 아동보호치료시설 등
        ㉡ 여성복지상담센터 : 여성보호센터(가출·부랑여성을 보호 – 숙식제공, 사회재활)
        ㉢ 간이상담소
        ㉣ 사회복지관
        ㉤ 정신건강복지센터
        ㉥ 장애인 지역사회재활시설
    ④ 법무부
        ㉠ 소년분류심사원
        ㉡ 소년원
        ㉢ 한국법무보호복지공단
        ㉣ 보호관찰소
    ⑤ 기타 사회단체운영
        ㉠ 사회단체 상담실
        ㉡ 종교단체 상담실
        ㉢ 기업체운영 상담실
    ⑥ 초·중·고 WEE CLASS
    ⑦ 대학의 학생상담소

(2) 자살방지 기구
    ① 한국자살예방협회(www.suicideprevention.or.kr)
    ② 청소년사이버상담센터(www.cyber1388.kr)
    ③ 생명의전화(www.lifeline.or.kr)
    ④ 보건복지상담센터(www.129.go.kr)

(3) 청소년 관련법(청소년 대상연령)
   ① 청소년기본법, 청소년복지지원법, 청소년활동진흥법(9세 이상~24세 이하)
   ② 청소년보호법, 아동·청소년의 성보호에 관한 법률(19세 미만)
   ③ 소년법, 보호소년 등의 처우에 관한 법률(19세 미만)
   ④ 한부모가족지원법, 국민기초생활보장법(18세 미만, 취학 중인 경우 22세 미만인 자)
   ⑤ 근로기준법(15세 미만, 중학교 재학 중인 경우 18세 미만), 민법(19세 미만)

(4) 청소년 보호단체
   ① 청소년보호위원회
      ㉠ 청소년보호법에 근거하여 1997년 국무총리 산하 기관으로 설립, 여성가족부에서 운영하고 있다.
      ㉡ 청소년을 유해환경으로부터 보호하기 위하여 각종 정책을 입안·심의·결정하는 기구이다.
      ㉢ 위원장 1명을 포함한 11명 이내의 위원으로 구성된다.
   ② Help Call 1388(청소년전화)
      ㉠ 위기청소년을 위한 사회안전망의 일환으로 청소년사이버상담센터에서 365일, 24시간 운영하는 청소년상담전화이다.
      ㉡ 청소년, 그 부모뿐만 아니라 청소년기의 고민 등에 대해 궁금한 사람은 누구나 이용 가능하다.
   ③ 보호관찰소
      ㉠ 의미 : 지역사회에서 재범하지 않도록 관리·감독하며 사회에 잘 적응할 수 있도록 지원하는 업무를 한다.
      ㉡ 대상 : 소년법의 보호처분을 받은 청소년, 형사법원의 집행유예를 받은 성인
      ㉢ 업무 : 보호관찰, 사회봉사 명령/수강명령의 집행, 갱생보호

(5) 청소년보호제도
   ① 청소년 보호구역
      ㉠ 지방자치단체가 청소년 보호를 위해 필요하다고 인정하는 경우, 청소년통행 금지구역(24시간 금지)과 청소년통행 제한구역(일정시간 금지)을 설정할 수 있다.
      ㉡ 상세한 내용은 조례로 정할 수 있으며 관할경찰서, 학교, 관계기관, 지역주민의 의견을 반영하여야 한다.
   ② School Zone
      ㉠ 어린이 보호구역을 말한다.
      ㉡ 초등학교 및 유치원 정문에서 반경 300m 이내의 주통학로를 보호구역으로 지정하여 교통안전시설물 및 도로부속물 설치로 학생들의 안전한 통학공간을 확보하여 교통사고를 예방하기 위한 제도이다.
      ㉢ 1995년 도로교통법에 의해 도입하였다.
   ③ Green Food Zone
      ㉠ 어린이 식품안전보호구역을 말한다.
      ㉡ 학교(초·중·고교) 매점과 학교 주변 200m 이내의 통학로에 있는 문방구·슈퍼마켓 등에서 건강저해식품, 부정·불량식품, 유해첨가물식품 등의 판매를 금지하는 제도이다.

④ 청소년문화센터
   ㉠ 청소년들에게 다양한 문화적 체험의 기회를 제공하며, 전문성 개발을 돕기 위해 여러 가지 프로그램을 개발·운영·보급한다.
   ㉡ 청소년 자치활동, 문화축제(We즐)·놀토·미터 체험활동 등의 자발적인 청소년 자치활동을 지원한다.
   ㉢ 청소년 국제자원봉사, 유럽문화체험여행, 다문화·이문화 소통프로그램과 청소년 역사문화유산 리뷰(H.R.C) 및 학교 연계 프로그램 등을 실시한다.

(6) 비행청소년 분류
   ① 촉법소년 : 10세 이상 14세 미만 형벌법령에 저촉되는 행위를 하였으나 형사책임 능력이 없는 관계로 처벌을 받지 아니하며 보호처분의 대상이 된 소년
   ② 범죄소년 : 14세 이상 19세 미만으로 범죄를 저질러 형사책임이 있는 소년
   ③ 우범소년 : 10세 이상 19세 미만으로 장래 형벌법령에 저촉되는 행위를 할 우려가 있는 소년

(7) YP(Youth Patrol, 청소년 스스로 지킴이) 프로그램
   ① 자기 통제력이 부족한 청소년이 인터넷 게임중독, 유해매체물·약물·업소·물건 등 주변 생활환경의 유해성으로부터 스스로를 보호할 수 있도록 분별력과 조절력을 길러주는 청소년 보호프로그램이다.
   ② 일방적인 주입식 교육을 지양하고, 교과수업이나 창의적 체험활동 등의 시간을 활용, 학생 스스로 사고하고 판단하며 행동하게 함으로써 올바른 습관을 형성하도록 도와주는 자기주도적 학습활동이다.

(8) 청소년 보호프로그램
   청소년들이 이용하는 인터넷상에서 유해 성인사이트나 음란물을 차단하거나 PC 사용시간 관리를 하기 위한 소프트웨어이다.

(9) 진로상담 사이트 - 고용24(www.work24.go.kr)
   ① 청소년, 성인을 대상으로 하여 채용정보, 직업정보를 제공하며, 직업심리검사 및 진로상담 서비스를 제공한다.
   ② 검사종류 : 청소년 직업흥미 검사, 청소년 적성검사 등

(10) 청소년의 달 : 5월
   국가, 지방자치단체, 공공단체, 청소년단체 등은 청소년의 달(5월)에 청소년의 문화·예술·수련·체육 행사나 청소년의 인권 증진 및 육성에 관한 연구발표 행사, 모범청소년이나 청소년지도자 및 우수한 청소년단체에 대한 포상, 대중매체 등을 활용한 홍보행사 등을 하도록 노력하여야 한다고 명시되어 있다(청소년기본법 제16조, 동법 시행령 제17조 참고).

(11) 청소년의 정책입안에 참여
① '청소년참여위원회' 운영을 통해 청소년들을 중앙 및 지방자치단체 정책 및 사업 과정에 주체적으로 참여토록 함으로써, 청소년 시책의 실효성을 제고하고 있다.
② '청소년특별회의'를 통해 청소년과 청소년 전문가가 함께 참여하여 범정부적 차원의 청소년정책을 추진해 나가도록 하고 있다.
③ '청소년운영위원회'를 통해 청소년수련시설의 운영 및 프로그램 등에 청소년의 의견을 반영함으로써 청소년이 주인이 되는 시설이 되도록 하고 있다.

(12) 청소년 Drop-in Center
① 청소년들이 잠깐 들러서 휴식을 취할 수 있게 근접성이 높은 위치에 만들어 놓은 장소
② 기 능
　㉠ 청소년의 쉼터(인터넷-정보탐색, 책도 읽고 진로정보도 제공받음)
　㉡ 단기적으로 모든 청소년에게 도움을 제공
　㉢ 심리검사 및 상담

(13) 대안학교(Alternative School)
① 학업중단 학생 등 부적응 학생들에게 다시 한 번 정상적인 생활로 복귀할 수 있는 기회를 주기 위해 일반학교와는 달리 전인교육과 체험학습 등에 중점을 둔 별도의 교육 프로그램을 운영하도록 고안된 학교이다.
② 공교육의 문제점을 보완하고 자율적인 프로그램을 운영하도록 고안되었다.
③ 교육부 인가가 난 곳도 있다.

(14) 아동복지센터
국가와 사회의 보호가 필요한 아동에 대하여 상담과 보호·치료 등의 기능을 수행하는 아동복지 전문 행정기관이다.

(15) 위기상담
실직, 배우자 사망, 청소년 자살시도 등 내담자가 위기상황에서 자살 등 부정적이고 과격한 이상행동을 할 가능성이 클 때, 행동을 제지하거나 보류하기 위하여 가족이나 보호·기구의 개입을 신속하게 진행하는 상담형태이다.

(16) 역할연습
① 모레노(Moreno)가 창안하고 형태주의 상담이론가 펄스(Perls)가 사용했다.
② 자기의 역할을 연극하듯 행동하게 하여 정서적 카타르시스를 경험하게 함으로써 정서적인 문제를 해결하는 기법이다.
③ 다른 사람들이 그 역할연기에 대해 평가하고 피드백한다.
④ 역할놀이와 행동연습으로 구성된다.

(17) 한국청소년상담복지개발원
　① 설립 : 1991년 청소년기본법 제정으로 설립
　② 역 할
　　　㉠ 청소년상담기법, 정책개발
　　　㉡ 청소년상담인력 양성
　　　㉢ 청소년상담 관련연구
　③ 목적 : 청소년상담의 저변확대, 질적향상 도모

(18) 청소년보호법상 청소년보호 관련 용어
　① 청소년 시청보호시간대
　　　㉠ 평일 : 오전 7시~오전 9시, 오후 1시~오후 10시
　　　㉡ 공휴일, 토요일 및 초·중·고교의 방학기간 : 오전 7시~오후 10시
　② 청소년 유해매체물 심의등급 분류
　　　㉠ 방송물 : 9세, 12세, 15세, 19세
　　　㉡ 영상물 : 12세, 15세, 전체 관람가, 청소년 관람불가
　　　㉢ 게임 : 전체, 12세, 15세, 18세
　　　㉣ 정보통신문, 간행물 : 19세 미만
　③ 출입 제한·금지 장소
　　　㉠ 금지구역 : 유흥주점, 단란주점, 비디오관람점, 전화방, 무도학원
　　　㉡ 제한장소
　　　　• PC방 : 오후 10시~오전 9시
　　　　• 찜질방 : 오후 10시~오전 5시

(19) 한국성폭력상담소(사단법인)
　① 설립 : 1991년 4월 설립
　② 기 능
　　　㉠ 성폭력 피해생존자 상담·지원
　　　㉡ 성차별적 성문화 바꾸기
　　　㉢ 성폭력관련법, 정책 감시 및 제언

(20) Edunet(한국교육학술정보원)
　① 설립 : 1999년 4월 22일
　② 기 능
　　　㉠ 교육정보화를 통한 공교육 강화
　　　㉡ 고등교육 및 학술정보화를 통한 국가연구 경쟁력 제고
　　　㉢ 교육행정 정보화를 통한 선진 교육행정 서비스 구현 및 학부모 알 권리 신장
　　　㉣ 이러닝(E-Learning) 세계화를 통한 국가 위상 강화

(21) 소년분류심사원

① 법원소년부(가정법원 소년부 또는 지방법원 소년부)가 결정으로써 위탁한 소년을 수용하여 그 자질(資質)을 분류·심사하는 시설이다.
② 분류심사는 의학, 심리학, 교육학, 사회학, 사회사업학 등의 전문적인 지식과 기술에 근거를 두고, 보호소년의 신체적·심리적·환경적 측면을 조사·판정한다.
③ 소년의 신체, 성격, 소질, 환경, 학력 및 경력과 그 상호관계를 규명하여 보호소년의 교정에 관한 최선의 방침을 수립하는 것을 목적으로 하는 것이다.

(22) 학교폭력예방 및 대책에 관한 법률(학교폭력예방법)

① **학교폭력** : 학교 내외에서 학생을 대상으로 발생한 상해, 폭행, 감금, 협박, 약취·유인, 명예훼손·모욕, 공갈, 강요·강제적인 심부름 및 성폭력, 따돌림, 사이버폭력 등에 의하여 신체·정신 또는 재산상의 피해를 수반하는 행위를 말한다.
② **학교폭력대책위원회(국무총리 소속)의 심의사항**
  ㉠ 학교폭력의 예방 및 대책에 관한 기본계획의 수립 및 시행에 대한 평가
  ㉡ 학교폭력과 관련하여 관계 중앙행정기관 및 지방자치단체의 장이 요청하는 사항
  ㉢ 학교폭력과 관련하여 교육청, 학교폭력대책지역위원회, 학교폭력대책지역협의회, 학교폭력대책심의위원회, 전문단체 및 전문가가 요청하는 사항

(23) 컴퓨터 과다사용에 따른 신체적 증상

① **거북목증후군** : 컴퓨터나 스마트폰을 오래 사용하면 거북목 자세를 유지하게 되어 척추 윗부분에 힘이 가해져 점점 목 뒷부분의 인대가 늘어나고, 이 경우 뒷목과 어깨, 허리까지 통증이 생겨 오래될 경우 '근막통증증후군'이나 '척추 디스크' 등 각종 근골격계 질환으로까지 발전할 수 있다.
② **손목터널증후군** : 손과 손목에 통증이 있으며 손가락이 저린다.
③ **시각계통 이상 증후군** : 시력이 떨어지거나 각막염, 결막염 등의 눈병이 생긴다.
④ **근막통증증후군** : 뒷목이나 어깨, 허리가 뻐근하거나 쿡쿡 쑤시어 통증이 심하다.
⑤ 이외에도 안구건조증, 소음성 난청, 척추측만증 등이 있다.

(24) 청소년시설

① 청소년활동(청소년수련시설 + 청소년이용시설), 청소년복지, 청소년보호에 제공되는 시설을 말한다.
② **청소년수련시설** : 청소년수련관, 청소년수련원, 청소년문화의 집, 청소년특화시설, 청소년야영장, 유스호스텔
③ **청소년이용시설** : 수련시설이 아닌 시설로서, 그 설치목적의 범위에서 청소년활동의 실시와 청소년의 건전한 이용 등에 제공할 수 있는 시설
  예 독서실, Drop-in Center 등

(25) 청소년수련활동 인증제도의 인증기준

구 분	영역 및 유형	기 준	
공통기준	활동프로그램	• 프로그램 구성 • 프로그램 자원운영	
	지도력	• 지도자 자격 • 지도자 역할 및 배치	
	활동환경	• 공간과 설비의 확보 및 관리 • 안전관리 계획	
개별기준	숙박형	• 숙박관리 • 영양관리자 자격	• 안전관리 인력 확보
	이동형	• 숙박관리 • 영양관리자 자격 • 이동관리	• 안전관리 인력 확보 • 휴식관리
특별기준	위험도가 높은 활동	• 전문지도자의 배치 • 공간과 설비의 법령준수	
	학교단체 숙박형	학교단체 숙박형 활동 관리	
	비대면방식 실시간 쌍방향	실시간 쌍방향 활동 운영 및 관리	
	비대면방식 콘텐츠 활용 중심	콘텐츠 활용 중심 활동 운영 및 관리	
	비대면방식 과제수행 중심	과제수행 중심 활동 운영 및 관리	

(26) 인증수련활동 유형

① **기본형** : 전체 프로그램 운영 시간이 2시간 이상으로서, 실시한 날에 끝나거나 또는 2일 이상의 각 회기로 구성되어 있으며, 숙박 없이 수일에 걸쳐 이루어지는 활동이다.
② **숙박형** : 숙박에 적합한 장소에서 일정기간 숙박하여 이루어지는 활동이다.
③ **이동형** : 활동내용에 따라 선정된 활동장을 이동하여 숙박하며 이루어지는 활동이다.
④ **학교단체 숙박형** : 학교장이 참가를 승인한 숙박형 활동이다(개별단위 프로그램 : 학교단체 숙박형 활동을 구성하는 각각의 프로그램).

(27) 국제청소년성취포상제

① 포상단계(금장, 은장, 동장)별 공통으로 4가지 포상활동(신체단련, 봉사, 자기계발, 탐험)을 정해진 일정기간 이상 활동하면서, 각 활동별 성취목표를 달성하면 국제적인 포상을 받을 수 있다.
② '합숙활동'은 금장 포상단계에만 추가로 활동해야 한다.
③ 참가대상 : 만 14~24세(만 25세 생년월일 생일전까지) 국내외 청소년 누구나 가능하다.
  ㉠ 동장(만 14세 이상)
  ㉡ 은장(만 15세 이상)
  ㉢ 금장(만 16세 이상)
④ 원칙 : 개별성, 비경쟁성, 성취 지향성, 자발성, 발전성, 균형성, 단계성, 영감을 줄 것, 지속성, 재미

(28) 청소년자기도전포상제
　① 만 7~15세(초등학교 1학년~중학교 3학년) 청소년들이 자기계발·신체단련·봉사·탐험·진로개발의 5가지 활동영역 중 4가지를 선택하여 스스로 정한 목표를 성취해가며, 숨겨진 끼를 발견하고 꿈을 찾아가는 자기성장프로그램이다.
　② **활동영역** : 자기계발활동, 신체단련활동, 봉사활동, 탐험활동, 진로개발활동
　③ **기본이념** : 다양한 활동, 스스로 하는 활동, 재능의 발견 및 개발의 기회, 단계적 활동, 경쟁이 없는 활동, 성취 지향적 활동, 좋은 친구가 되기 위한 활동, 즐길 수 있는 활동

(29) 청소년방과후아카데미
　① 여성가족부와 지방자치단체에서 공적 서비스를 담당하는 청소년수련시설(청소년수련관, 청소년문화의 집 등의 공공시설)을 기반으로 방과 후 돌봄이 필요한 청소년(초등학교 4학년~중학교 3학년)들에게 학습지원, 전문체험, 자기계발, 생활지원, 특별지원 등을 제공한다.
　② 청소년들의 건강한 방과 후 생활과 삶의 질 향상을 위해 다양한 청소년 활동프로그램 운영, 청소년 생활관리 등 청소년을 위한 종합적인 교육·복지·보호서비스를 제공하는 국가정책 지원사업이다.

(30) 청소년 아웃리치(Outreach) 활동
　청소년상담사들이 청소년 관련 기관 직원, 인근 경찰서의 경찰과 같이 저녁이나 방학 직후, 시험일, 크리스마스 이브일 등과 같이 청소년들이 안전한 통제에서 벗어나 거리를 배회하거나 공원이나 야산 등에서 위험행동을 할 가능성이 있는 장소와 시간대에 청소년들을 상담하고 지도하여 학교, 가정, 보호기관, 쉼터로 돌려보내는 봉사활동을 의미한다.

많이 보고 많이 겪고 많이 공부하는 것은
배움의 세 기둥이다.

- 넬슨 만델라 -

**2025 시대에듀 청소년상담사 2급 2차 면접대비
한권으로 끝내기**

개정2판1쇄 발행	2025년 04월 15일 (인쇄 2025년 02월 12일)
초 판 발 행	2023년 05월 10일 (인쇄 2023년 03월 29일)
발 행 인	박영일
책 임 편 집	이해욱
편 저	문두식
편 집 진 행	박종옥·장민영
표지디자인	김지수
편집디자인	최미림·김휘주
발 행 처	(주)시대고시기획
출 판 등 록	제10-1521호
주 소	서울시 마포구 큰우물로 75 [도화동 538 성지 B/D] 9F
전 화	1600-3600
팩 스	02-701-8823
홈 페 이 지	www.sdedu.co.kr
I S B N	979-11-383-8795-8 (13330)
정 가	32,000원

※ 이 책은 저작권법의 보호를 받는 저작물이므로 동영상 제작 및 무단전재와 배포를 금합니다.
※ 잘못된 책은 구입하신 서점에서 바꾸어 드립니다.